한국 민족사의 인문학적 성찰

한국 민족사의 인문학적 성찰

이민홍 지음

학자원

『한국 민족사의 인문학적 성찰』을 펴내며

단기 4354년(2021)에 『동아시아 역대왕조의 經國理念과 文物典章』을 출간했다. 4년이 흐른 지금 다시 『한국 민족사의 인문학적 성찰』을 펴낸다. 필자에게 이 책의 주제는 학문에 뜻을 둔 30대부터 줄곧 관심을 가졌던 분야로, 기존에 발표된 21권의 저서들과 논문들에 단편적으로 언급되었기 때문에, 중복된 사례도 있지만 본고에서는 이를 종합적으로 정리하여 마무리했다. 이 책이 고찰한 시기는 단군 즉위년(서기전 2333)부터 단기 3251년(서기 918)까지 약 3천여 년이다. 고대사의 경우 3천여 년은 긴 시간이 아니다. 서기를 출발점으로 한 서양사의 시대인식과 연구방법론이 아닌, 한국의 주체적 민족사에 입각한 인문학적 시각으로 이 난고(亂藁)를 집필했다. 본고는 시차를 두고 집필되었기 때문에 내용의 중복이 많지만, 전후 문맥상 불가피하여 그대로 살렸다.

'국조단군(國祖檀君)'은 서양사적 시각에 물든 근래 학자들에게, 신화시대의 인물로 규정되어 잊혀진 지 오래이다. 우리 중세 선학들은 국조단군의 치세를 '영이사적(靈異事績)'으로 일컬어 실재한 '국조'로 인식했다. 이집트를 비롯한 서양사는 단군시대 이전부터 역사시대로 본다. '제천제지(祭天祭地)'의 경우 단군시대부터 엄연한 민족종교로서 역대 제왕들이 친히 제사를 지냈으며, 그 유적이 지금도 도처에 남아있다. 한국 최초의 '통일국가'인 '천년왕국 신라'를, 다시 통일을 이룩해야 하는 오늘의 암울한 현실을 지양하기 위한 지표로 삼기 위해 재평가했다. 동아시아 통치이념의 근간인 '황제예악(皇帝禮樂)'의 핵심강령이었던 '칭제건원(稱帝建元)'을 처음으로 당당하게 시행한, 지금은 잊혀 진 태봉국의 황제 '궁예(弓裔)'를 고찰했다.

한국 민족사는 중원이념에 심취한 구사대주의자들과 서양이념에 몰두한 신사대주의자들에 의해 왜곡되었고, 이들의 논리를 추종한 젊은 학인들과 순박한 민인들에 의해, 지금도 이 같은 과오가 되풀이 되고 있다. 특이한 점은 이들 신구사대주의자들은 자신을 민족주의자로 착각했으며 후배들 역시 그렇다고 여겼다. 김부식은 신라의 '자체연호(自體年號)'를 사년(私年, 正道가 아닌 年號)이라고 비하했는데, 고려조와 조선조 학자들 거의 전부가 이를 정당한 판단으로 여겼다. '황제예악, 제후예악(諸侯禮樂), 칭제건원, 제천제지, 연호'가 가진 의미가 무엇인지도 모르는 학자들과, 제후왕(諸侯王)에 불과한 조선조 왕들은 자체연호를 사용할 수 없다고 믿는 학인들은, 민족사를 말하거나 연구할 자격이 없다.

필자는 단기 4273년(1940) 경진년(庚辰年) 1월 1일(양력 2월 8일)에 경상좌도 장기현 모포리에서 태어났다. 그 동안 저서 20여 권 번역서 5권 학술논문 100여 편 장편소설 1권 단편소설 2편과 논설문을 위시해서 모두 320여 편장을 집필했다. 『25사』「동이전(東夷傳)」을 읽을 때마다 울분을 느껴, 이에 대한 글을 쓰고 싶은 의욕은 있다. 『사기』「동이전」은 동아시아 민족국가들을 중국의 군현으로 만들려는 야욕이 주제이고, 이후 발간된 사서들의 「동이전」의 주제 역시 동일하나, 그나마 본문이 아닌 각주에는 당대의 진실이 얼마간 담겨 있다. 우리는 이제 중원 사가들이 파 놓은 이들 함정에서 빠져나올 때가 되었다.

『한국 민족사의 인문학적 성찰』의 핵심 주제의 하나인 강역문제를, 연암은 『열하일기』 「도강록」 편장을 통해 '후세 지계(地界)를 잘 몰랐던 학인들이, 한사군의 위치를 압록강 이남에 잡고, 패수(浿水)를 압록강 청천강 대동강 등으로 비정하여, 조선의 강역을 부전자축(不戰自蹙, 싸우지 않고 스스로 영토를 축소함)했으며, 아울러 대동강을 패수로 규정한 것은 중원 사서를 맹신한 자소지론(自小之論, 스스로 강역이 작다고 여김)에 불과함에도 불구하고, 또 이를 올바른 영역 규정이라고 자부했다.'라고 준열하게 비판했다.

이후 '만리강역(萬里疆域)'이 '삼천리강산(三千里江山)'으로 위축되었으며, 다시 '천오백리 영역'으로 남북한이 분단된 오늘까지, 고려조를 지나 조선조를 거치며 천여 년 동안 '칭제(稱帝)'는 물론이고 '제천제지(祭天祭地)'도 할 수 없었고, 자체기년인 '연호(年號)'도 조선조의 경우 10여 년밖에 사용하지 못했던 '제후국(諸侯國)'에 만족하며, 즐겨 중국에 '이소사대(以小事大)'를 했다. 최근 중국의 시진평이 '한국은 역대로 중국의 속국(제후국)'이었다고 말한 사실도 이와 관련이 있다. 우리 학인들과 민인들 모두가 이소사대를 당연시 했고, 이를 비판하는 사람들을 이상하게 여기는 것이 현실이다.

'청와대(青瓦臺)'라는 건물이 있다. 한국 최고통치자가 거처하는 곳의 호칭이다. '푸른 기와를 인 집'이라는 뜻인데 청색은 동방을 상징하는 색채이다. 중국 황제가 거처하는 자금성(紫禁城)의 기와는 세계의 중심이라는 의미인 황색이다. 푸른 기와를 올린 집이라는 호칭은 동방의 제후가 사는 집이라는 의미로, 스스로 황제가 아닌 제후 왕임을 자인하는 용어이다. 우리와 달리 베트남의 궁성은 모두 황색이다. 청와대라는 호칭은 과거 동아시아의 '예악론(禮樂論)'을 몰랐던 모 대통령이 자랑스럽게 정한 명칭으로, 후인들이 그 내재한 의미도 알지 못하고 지금도 쓰고 있다.

또 '법조계(法曹界)'라는 말이 널리 통용되고 있는데, 법부(法部)는 황제국, 법조(法曹)는 제후국 관청의 칭호이다. 조선조 500여 년 동안 줄곧 '법조'로 통했다. 그 여파가 남아 타성적으로 법조계(法部界가 옳다)라고 일컫고 있다. 청와대와 자금성의 색상이 갖는 의미를 분별할 줄 모르고, '법부'와 '법조'가 가진 층위도 모르는 지식인들은 자중함이 옳다. '삼국시대'로 되돌아 간 참담한 오늘의 현실도 의식하지 못한 채, 설상가상으로 청와대와 법조계 등 제후예악에 파생된 무수한 용어들이 계속 통용되어도 좋은지를 묻고 싶다. 끝으로 이 난고를 상재(上梓)해준 김병환 사장께 감사를 표한다.

단기 4358년(2025) 蕤賓之月(5월) 日

磊山精舍에서 月城 李敏弘 謹識

차례

제3장 천년왕국 신라의 삼국통일과 향국전략

제4장 후삼국시대와 태봉의 칭제건원

제1장

단군임금과 한국 고대사

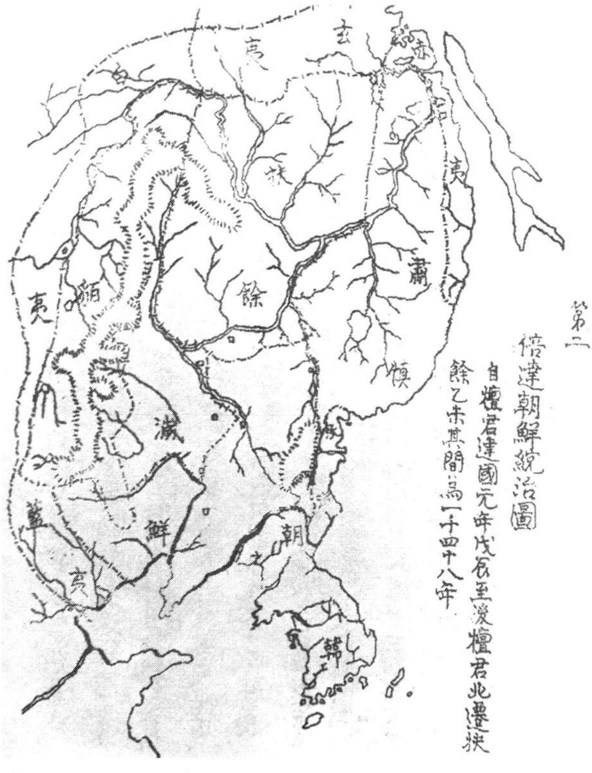

▌11쪽 그림. 배달족강역형세도 제2 배달조선통치도. 단군을 조선천왕으로 추대한 九族(夷)의 거주지.

1. 만리강역과 삼천리강산

개국시조(開國始祖) 단군의 위상은 고려조를 지나 조선조에 들어와서 강화되었다. 사서(史書)들의 기술도 단군세가(檀君世家)인 '제후예악(諸侯禮樂)'을 극복하여, '황제예악(皇帝禮樂)'인 단군본기(檀君本紀)로 격상되었다. 국조 단군(壇君, 檀君)을 숭앙하는 성소(聖所)를 총괄하여 「단(壇), 사(祠), 전(殿), 묘(廟)」라 했다. '단'은 제천단(祭天壇, 檀君) 보본단(報本壇, 渤海), '사'는 성제사(聖帝祠, 高麗) 삼성사(三聖祠, 朝鮮端宗), '전'은 숭령전(崇靈殿, 朝鮮英祖), '묘'는 목엽산묘(木葉山廟, 遼朝) 태백산묘(太白山廟, 金朝) 신묘이소(神廟二所, 高句麗 단군묘[檀君廟, 朝鮮世宗] 삼성묘[三聖廟, 朝鮮英祖]) 등을 칭한 것으로, 단군시대 이후 '고려, 발해, 요, 금, 조선조'로 이어지는, 단군을 숭배하는 동아시아 역대왕조의 사우(祠宇)들에 대한 명칭이다.[1] 우리는 단군임금의 사적을 서구식 신화(神話)가 아닌 '영이사적(靈異事跡)'이라 일컬어 고대제왕의 신령스런 업적으로 보았다. 시대가 이행될수록 신화적 요소는 배제되고, 한민족의 개국시조로 칭하며 숭앙되었다.

이들 기록에서 주목되는 점은 거란족의 요나라와 만주족의 금나라를 단군의 후예로 인식하여, 요하(遼河) 이동 흑룡강(黑龍江) 이남의 만주와 한반도의 삼한고지 전체를 단군의 만리강역(萬里疆域, 요[遼]나라와 금[金]나라를 위시하여 [예, 맥, 숙신, 부여, 옥저, 한]과 [시라, 고례, 남북옥저, 동북부여, 예, 맥] 등의 국가들은 모두 단군의 후예들로서 공부[貢賦]를 바쳐 단군의 통치권에 있었다고, 이원태[李圓台]는 배달족강역형세도[『倍達族疆域形勢圖』]를 통해, 한국과 중원의 문헌들을 예시하여 실증적으로 밝혔

1 金敎獻; 『神檀實記』 「壇祠殿廟」편 27~33혈의 檀君을 모신 '壇, 祠, 殿, 廟'의 실상을 요약 정리했다.

다)에 포함시켰다. 단군임금의 영이사적은 『삼국유사』에 최초로 등장한다. 『삼국유사』보다 시기가 앞선 『삼국사기』에는, 암유적인 표현 이외의 구체적인 기록이 없는 대신, 실질적으로 우리 고대사와 무관한 '기자'는 네 차례나 나온다.

『삼국사기』 이후 구사대주의자들에 의해, 요하유역(遼河流域)에 있었던 '기자'의 봉지(封地)를, 한반도 평양으로 가져와 '기자릉(箕子陵)'을 만들고 평양의 도시유적을 '정전법(井田法)'의 유허라고 했으며, '팔조금법(八條禁法)'을 실시했다는 등의 설을 퍼뜨려 이를 믿고 또 영광으로 여겼다. 중원이 만주와 한반도를 차지하기 위해 의도적으로 단군을 삭제한 『25사』를 비롯한 각종 사서들의 기록을 신봉한 결과이다. 요하주변 압록강이북에 있었던 소위 '한사군'을 전부 한반도로 끌고 온 것도 같은 맥락이다. 『삼국유사』의 단군에 관한 기록 역시 『위서(魏書)』를 인용한 두어 줄이 전부이고, 나머지는 모두 우리 전래의 『고기(古記)』에 근거했으며 기자는 단 한차례밖에 없다. 김부식도 국조단군의 사적을 적은 『고기』를 보았을 터인데, 이를 완전히 무시하고 중원역사에 심취하여 이를 실증으로 믿고, 만리강역(萬里疆域)을 삼천리강산(三千里江山)으로 축소시켰을 뿐 아니라, 이를 자랑스럽게 여긴 구사대주의자의 대표적 인물로 자처했다.

국조단군의 영이사적이 수록된 문헌은, 『삼국유사』, 『고려사』, 『동국통감』, 『필원잡기(筆苑雜記)』, 『조선왕조실록』, 『증보문헌비고』, 『신증동국여지승람』, 『제왕운기』, 『해동역사(海東繹史)』, 『21도회고시』, 『택리지』, 『사군지(四郡志)』, 『수산집(修山集)』, 『대동운부군옥(大東韻府群玉)』, 『규원사화(揆園史話)』, 『임하필기(林下筆記), 『신단실기(神檀實記), 『배달족강역형세도(倍達族疆域形勢圖)』, 『환단고기

(桓檀古記)』, 『사천년문헌통고(四千年文獻通考)』 등을 위시하여, 각종 개인문집들에 천여 년 동안 연면하게 전해오고 있다. 『고려사』에는 한두 차례밖에 나오지 않는 데 반해, 『조선왕조실록』에는 엄청난 분량이 실려 있다. 이는 시대의 진행에 따라 '단군임금(檀君壬今)'의 위상이 격상`되고 있었다는 증거이다. 민족분열이 심화되고 있는 현실에서, 남북한이 모두 국조단군을 긍정하고 있는 것은 민족 재통합을 위해 천만다행이다.

우리 민족은 고래로 해외유학에 관심이 많았다. 삼국시대 중엽 '빈공제자(賓貢諸子)'를 필두로, 신라 발해의 당나라유학은 국가적 관심사였으나, 그 대표적 빈공제자인 최치원(857~908 이후)도 단군성조(壇君聖祖)에 대해 관심이 없었으며, 단지 고구려의 후예들이 북쪽으로 단군과 관련이 있는 '태백산(太白山, 白頭山)'에 의거하여 발해를 개국했다는 기록만 전한다.[2] 근 현대에 들어와 해외유학을 떠난 학생들은 헤아릴 수 없을 정도로 많다. 이들의 특징은 거개가 유학 간 나라의 문물을 흠모하는 신사대주의자들로 변신했지만 민인들에게는 동경의 대상이 되었다. 선진문물을 수용한 업적 못지않게 민족의 자존적 긍지의 손상이라는 폐단도 수반되었다.

18세기 연암 박지원(朴趾源, 1737~1805)은 중국을 오가며 저술한 『열하일기』는 일반 여행기와 다르게, 민족의 과거와 미래에 대해 반성과 나아갈 바를 설파했다. 역사적 사실에 근거하여 묘사한 중원문물 가운데 국가강역에 관한 부분이 인상적이다. 연암은 단군성조이래 확보

2 『三國史記』 卷 第四十六 「列傳」 六 崔致遠, 高句麗殘孼類聚, 北依太白山下, 國號渤海.

한 민족의 '만리강역'을 언급하며 「도강록(渡江錄)」에서, "봉황성(鳳凰城) 신축현장에서 혹은 이 성을 '안시성(安市城)'이라고도 하는데, 고구려 방언에 큰새를 '안시(安市)'라고 하는 것과 뱀을 '백암(白巖[배암])'이라 칭하는 사실과도 연관이 있으며, 수당(隋·唐)시대에도 봉황성을 '평양(平壤)'으로 칭했음에도 불구하고, 압록강 청천강 대동강을 '패수(浿水)'로 여겨, 요하 유역에 있는 '평양'과 '헌우락수(헌[僻字]芋濼水)'를 우리나라로 끌어드려 평양과 대동강으로 환치하여, 이를 자랑스럽게 여겨 스스로 강역을 축소시킨 옹졸한 '구니지사(拘泥之士)'들의 '부전자척(不戰自蹙)'과 '자소지론(自小之論)'의 패배의식"을 비판했다.[3]

우리는 반만년 역사를 가진 문화민족이라고 자랑한다. 반만년의 역년은 국조단군임금부터 계산한 것이다. 우리민족의 자체기년인 '단기'를 쓰지 않는 사람은 반만년이라는 말을 사용할 수가 없다. 19세기를 지나면서 서구의 소위 실증주의 학풍에 침윤된 선대 학인들에 의해, 단군을 중심한 민족의 '고대사'를 황당한 신화로 단정하여 배척하는 풍조가 만연되었다. 동서양을 불문하고 고대사는 근대적 실증주의로 재단하려는 태도는 잘못이다. 동서양 공히 고대사의 절반은 실증이 불가능하다. 서양 학계와 동아시아의 중국과 일본도 그들의 고대사에 실증주의의 칼날을 휘두르지 않는 데 반해, 유독 근

3 朴趾源;『燕巖集』卷之十一 別集『熱河日記』「渡江錄」, 方新築鳳凰城, 或曰此則安市城也, 高句麗方言, 稱大鳥曰, 安市, 今鄙語往往有訓, 鳳凰曰, 安市, 稱蛇曰, 白巖, 隋唐時取國語, 以鳳凰城爲安市城,…按『唐書』,…鳳凰城亦稱王儉城, 「地志」又以鳳凰城稱平壤,…或指鴨綠江爲浿水, 或指淸川江爲浿水, 或指大同江爲浿水, 是朝鮮舊疆, 不戰自蹙矣.…遼陽爲平壤者, 指헌(僻字)芋濼水曰, 此浿水, 指蓋平縣山曰, 此蓋馬大山也. 雖未詳孰是, 然必以今大同江爲浿水者, 自小之論耳.

현대에 들어와 우리 학인들은 이를 척도로 하여 검토했으며 이를 진보적 사관이라고 자만했다. 선인들은 단군성조에 대한 사서의 기록들을 '영이'라 칭했다.

국조단군에 대한 연구는 선학들에 의해 그 업적이 많이 축적되어 있다. 본고의 내용도 선학들의 업적과 중복된 부분이 많다, 이를 감안하면서 본고를 작성하는 이유는 혹 선학들이 빠뜨린 문제들을 찾기 위해서이다. 필자는 단군의 '영이사적'을 독자들이 원전을 통해 스스로 공감하기를 기대하면서 본고를 작성했다. 선학들과 달리 원문을 전재한 까닭도 여기에 있다. 원전을 정치하게 분석했을 때 선학들이 간과한 사실이 밝혀질 수 있다는 기대도 작용했다.

장구한 우리민족사와 고대사를 『삼국사기』와 『삼국유사』에만 의지하여 연구하는 학계의 풍토도 반성할 때가 되었다. 이제부터 이들 양대 사서의 범주로부터 해방되어, 연구의 폭을 확장해야 할 시점에 우리는 와있다. 단군시대의 우리 영토는 만리강역(萬里疆域)이나 되었으며 따라서 '만리지국'으로 알려졌는 데 반해, 김부식(金富軾, 1075~1151)의 『삼국사기』 이후 선인들에 의해 '삼천리강토'로 축소되었으며, 이를 당연시 하는 현실도 아쉽다. 한동안 의연하게 사용하던 '단군기원(檀君紀元)'도 폐지되었고 단기와의 병기조차 없어졌다. 우리와 무관한 '서기'를 자랑스럽게 사용하며, 단기를 말하는 사람을 고루한 사람으로 취급하는 풍조는 어디에서 유래된 것인가. 공산주의에 물던 중공정권이 수천 년 동안 자체기년을 써오다가 이를 버리고, '공원(公元)'이라 일컬으며 '서기'를 사용하고 있는 사실과 달리, 아랍제국과 여타 유수한 국가들을 비롯하여 대만 일본 및 북한까지 '독자기년'을 시행하는 마당에, 특정 종교에 유래한 서기를 자랑스럽게 사용하는 현실을 필자는 이해할 수 없다.

널리 사용되는 '단군왕검(檀君王儉)'이라는 용어 대신 '단군임금(檀君壬儉)'이라 칭한 데는 까닭이 있다. '임검'은 '왕검'보다 고형으로 한자어의 영향을 받기 이전 우리 고유의 제왕에 대한 '존호(尊號)'이다. 신라초엽 최고 통치자의 호칭 '거서간(居西干1위, 太祖), 차차웅(次次雄1위, 승려?), 이사금(尼師今16위, 임금), 마립간(麻立干4위, 머리간)' 중 '이사금'에 대응되는 호칭이며, '이사금'이라는 명호가 압도적으로 많았던 이유는 선인들이 이를 선호했다는 증거이다. 그러므로 고대에는 '단군왕검'이 아니라 '단군임금'으로 불렀다고 필자는 인식한다. '임금님 귀는 당나귀 귀'라는 속설도 이와 관련이 있다.[4]

조국광복을 위해 스스로 자결하거나 글로서 항거하는 유형이 아닌, 무력을 키워 조국을 행동으로 되찾겠다는 강인한 의지를 내세워, 일송(一松) 김동삼(金東三)이 설립한 '신흥무관학교(新興武官學校)'의 교제로 사용했던, 비치된 엄청난 문헌을 참고하고 '비고문'까지 첨부하여 편찬된 이원태(李圓台)의 『배달족강역형세도(倍達族疆域形勢圖)』를 단기 4305년(1972) 강천봉(姜天奉)이 이를 번역하면서, "중세이후 우리민족은 사대모화사상 및 당쟁과 파벌에 빠져 주체성을 잃어, 단군성조의 치화(治化)가 융흡(融洽)하던 '만리강역'이 삼천리강토로 위축되었고, 이제는 삼천리강토마저 양단된 촌토(寸土)로 점축(漸縮)되었다."[5]라고 통탄했다. 『배달족강역형세도』가 '단군교(檀君教)'의 주

4 金敎獻; 『神檀實起』「檀君世紀」, 開天一百二十五年, 戊辰十月三日, 國人推戴神人, 爲壬儉, 是檀君.

5 李圓台; 『倍達族疆域形勢圖』를 번역한 姜天奉의 '譯刊에 부침(단기 4305[1972])' 장절 편 참조

지를 담은 서적이긴 하나, 단군과 단군시대의 우리 영토에 관해 온갖 자료를 검색하여 실증적으로 한국 고대사를 편술한 저술이다. 이들 문헌이 학계 일부에서 논란이 되고 있지만, 그 민족적 자긍심에 공감되므로 필자는 이를 인용하여 논의를 전개했다.

우리의 강역을 두고 15세기에 양성지(梁誠之, 1415~1482)도 "우리 동방 사람들은 요수(遼水) 동쪽에 살았으며, '만리지국'으로 단군 이래 관아와 주군을 설치하여 독자적으로 국가를 경영했다. 전조 태조는 신서(信書)를 지어 국인의 의관과 언어 등 민족의 고유문화를 지켜야 한다고 했습니다. 만일 의관과 언어가 중국과 다르지 않다면 민심이 정착되지 않아, 제나라 사람이 노나라에 간 것과 같습니다. 전조 때 불만을 품은 사람들이 계속 원나라로 투화하여 문제가 많았습니다. 바라 건데 의관과 조복 이외는 중국을 따르지 말아야 하며, 언어도 통사(通事, 통역관)를 제외하고는 우리말을 쓰도록 해야 합니다. 연등(燃燈)과 척석(擲石) 같은 고유 민속도 지속해야 합니다."[6]라고 말하며 민족 고유의 언어와 복장 그리고 민속도 보존시켜야 한다고 역설했다.

유럽과 서구 등의 맹랑한 신화는 예찬하고 이를 즐겨 인용하면서, 단군의 '영이사적'은 폄하하고 비난하는 구사대주의자들과 신사대주의자들의 착시에서 벗어나, 공변된 사고를 되찾아 우리의 귀중한 '고

6 『世祖實錄』 卷 一, 元年 七月 戊寅, 集賢殿 直提學 梁誠之 上疏, 吾東方世居遼水之東, 號爲萬里之國, 三面阻海, 一面負山, 區域自分, 風氣亦殊, 檀君以來, 設官置州, 自爲聲教. 前朝太祖作信書教國人, 衣冠言語, 悉遵本俗, 若衣冠言語, 與中國不異, 則民心無定. 如齊適魯, 前朝之於蒙古, 不逞之徒, 相繼投化. 於國家甚爲未便, 乞衣冠則朝服外, 不必盡從華制, 言語則通事外, 不必欲變舊俗, 雖燃燈擲石, 亦從古俗, 無不可也.

대사'를 객관적 판단을 할 때가 되었다. 저자 이원태가 「비고문(備考文)」 제1, 제2에 인용한 서적은 한 결 같이 객관적으로 공인된 문헌들이다. 저자가 인용한 『설문(說文)』, 『후한서(後漢書)』, 『산해경(山海經)』, 『이아(爾雅)』, 『논어집해(論語集解)』, 『죽서기년(竹書紀年)』, 『동래집(東萊集)』, 『급총주서(汲冢周書)』, 『풍속통(風俗通)』, 『순오지(旬五志)』, 『청학집(青鶴集)』, 『해동역사(海東繹史)』, 『구이고(九夷考)』, 『계림유사(鷄林類事)』, 『양촌집(陽村集)』, 『해동역사속(海東繹史續)』, 『사기(史記)』, 『상서(尚書)』, 『모시(毛詩)』, 『주례(周禮)』, 『맹자(孟子)』, 『삼국지(三國志)』, 『다산강역고(茶山疆域考)』, 『수산집(修山集)』, 『세종실록』 등의 문헌들을 위시하여, 이어지는 「제 44도(圖)」까지 「비고문」에서 인용한 80여 종이 넘는 문적들을 참고했는데, 이들 저자가 참고한 서적들은 학계의 공인된 문헌들로 인용문도 오류가 거의 없다.[7]

왕검과 임검에 관한 기록은 북애자(北崖子)의 『규원사화(揆園史話)』에도 있는데, 김교헌(金敎獻, 1868~1923)의 『신단실기(神檀實記)』와 『규원사화』 중 어느 것이 고형인지는 단정키 어렵다. 『규원사화』 이전 『왕조실록』의 수집 목록에도 나오는 『조대기(朝代記)』, 『고조선비사(古朝鮮秘記)』, 『지공기(誌公記)』, 『삼성밀기(三聖密記)』, 『진역유기(震域遺記)』를 위시한 각종 『고기(古記)』에도 실려 있었다. "임검성(壬儉城)은 전래의 고어이며 경성(京城)의 뜻으로 수도를 의미한다. 『괄지지(括地志)』에 이르길 고려는 평양성을 경영했는데 본래는 왕검성(王(壬?)儉城)이다. 『사기』, 『한서』, 『통전(通典)』 등에 나오는 '왕험성(王險城)'의 '험(險)'자는 모두 '검(儉)'자의 오류로서, 단군이 '임검성(壬儉

7 李圓台는 『倍達族疆域形勢圖』를 통해 44편의 지도를 첨부하여 金, 遼, 淸나라까지 포괄한 檀君의 '萬里疆域圖'를 편차하여 그 강역을 구체적으로 밝혔다.

城)'에 수도를 정한 뒤 성곽을 쌓고 궁실을 지었다."라는 기록도 동일 선상에 있다. 이 인용문에 나오는 '왕(王)'자는 모두 '임(壬)'자의 오기로 여겨진다.[8]

'대종교(大倧敎)'는 '천주교, 기독교, 불교, 회교' 등의 외래 종교와는 본질적으로 다르다. '대종(大倧)'은 상고의 '신인(神人)' 또는 실존했다고 여겨지는 성인 국조단군을 의미하고, '교(敎)'는 실존신인(實存神人)으로 인식한 단군의 '치국이념'을 뜻한다. 대종교의 '교'는 민인들을 바르게 훈육하는 강령으로, 기도하면 천당이나 극락세계에 가거나 무한한 복록을 받는다는 유의 공리적인 교리와는 그 성격이 다르다. 대종교 측에서 발간한 문헌들의 내용 거의 모두가 담당자들이 서양식 '신화(神話)'가 아닌 '사실'로 인식코자 했던 역사적 사안들이 주조를 이루고 있다. 16만 년 전후부터 한반도와 만주에 인류가 살았다는 설도 있는 만큼, 단군기원(檀君紀元) 4300여 년은 긴 시간도 아니다. 우리는 서양의 신화들은 거의 실증이라고 믿으면서, 우리의 고대사를 허랑한 신화로 치부하여 부정하거나 과소평가하는 것이 예사이고, 논의조차 하지 않으려는 경향이 있는데, 이는 우리의 고대사를 스스로 축소하고 비하시키는 처사이다.

'단군성조시대'부터 우리민족은 탁월한 지혜와 체격을 가진 겨레로 동아시아의 맹주로 군임 했다. 역대로 오만불손한 중원왕조도 소위 여타 사이(四夷)와 달리 우대했다. '한류(韓流)'가 전 세계를 석권하고 있는 오늘의 현상은 우연이 아니고 필연이다. 만일 남북이 통일되어

8 北崖子;『揆園史話』三「檀君記」, 壬儉城字, 卽古語京城之意也.…『括地志』云, 高麗治平壤城, 本王(壬?)儉城.『史記』,『漢書』, 及『通典』, 皆有王險城字, 此, 又儉字之誤也.…檀君旣建都於壬儉城, 乃築城郭, 建宮室.

하나가 된다면 동아시아의 맹주로의 군임은 물론이고, 세계를 영도하는 국가로 부상할 것이 다. 우리의 고대사를 문헌에 기록된 단군임금 이전으로, 검증 안 된 문헌들에 의거하여 무한정 소급시키는 것은, 역풍을 맞을 우려도 있는 만큼 신중을 기하는 하는 것이 옳다.

9세기 전후 중원과 일본 등에 전파된 발해조가 창출한 종합예술의 정화였던 '발해류(渤海流)'가 이미 동아시아 제국에 풍미하고 있었다. 국명 발해의 경우 '발, 발(勃,渤)'은 크다는 뜻이고, '해(海)'는 물산이 풍부하게 생산되는 땅 즉 대지(大地)라는 사전적 의미도 있다.[9] 그러므로 '발해'라는 국명은 물산이 풍성한 광활한 땅을 겸병한 '대국'이라는 견해도 타당하다. 사실 발해는 방대한 강역에서 동남쪽 일부를 제외하고 바다와 별 관련이 없는 왕조였다.

역사적으로 찬란한 업적을 구가했던 우리의 민족사를, 소위 제도권의 학인들 일부가 과거와 현재 그리고 좌 우파를 막론하고, 폄하와 비판 그리고 무시하는 것을 자랑으로 삼았으며, 이를 진보적 사유로 여겨 일부 민인들도 부화뇌동(附和雷同)하여 동조했다. 반면 장점을 말하고 긍정적으로 평가하는 학자들을 일컬어 고루한 국수주의자로 격하했고, 일반 민인들도 여기에 편승하는 것을 당연시했다. 글을 쓸 때도 별 관련이 없는 중국과 서양의 비슷한 사례를 반드시 먼저 언급하는 것이 상례화 되었고 이를 명문이라고 생각했다.

이 같은 해묵은 전래의 풍조를 극복하여 17세기 후반, 단기 4008년(숙종원년, 1675) 3월 상순에 북애노인(北崖老人, 생몰미상, 현종, 숙종대

9 尹郁山 鄭光浩;『長白山史話(中華民國 建國, 50周年[1998] 吉林文化出版社)』, 第三章「長白山的古今民族」, '濊人, 貊人, 勃人'篇, 勃人改水名, 在于自稱, 勃人之海, 源出民族心理意識. 古漢語語義中, '勃, 潑'爲'大'的意思. 當他們再次東徙離開渤海時, 又被後來者復稱爲'渤海', 一直沿傳至今.

의 인물)은 사대적 인식을 탈피하고, 자존적 이념에 입각하여 저작된 『규원사화』의 서문을 통해, "압록강만 넘어서면 우리 땅이 아니다. 조상이 살던 옛 강토가 남의 손에 들어 간지 천년이 지나, 그 해독이 날로 심해지니 옛날을 동경하고 오늘을 슬퍼하며 안타까움을 금할 수 없다. 조선은 제대로 된 『국사』가 없다. 중원의 경우 『춘추(春秋)』는 명분을 바르게 했으며 『강목(綱目)』은 정윤(正閏, [正統]과 윤통[閏統]) 을 분명히 했다. 『춘추』와 『강목』은 올바른 선비들에 의해 저작되었다. 반면 우리나라는 귀중한 『경사(經史)』가 병화를 입어 죄 소실되었다. 이로 인해 후세 고루한 학인들이 중국서적에 빠져 '존주(尊周)'를 능사로 삼는 사대주의자들에 의해, 나라의 근본을 세워 국가를 빛내야 한다는 인식이 망각되었다. 고려 이후 조공을 수백 년을 계속하면서 이를 한하지 않고, 유독 만주족의 청나라를 불구대천의 원수로 여기는 까닭은 무엇인가. 내 일찍부터 역사 기술에 뜻이 있었지만, 사료가 없고 명산석실에 비장된 서적도 청빈하여 구하지 못하다가, 청평(清平)이 기술한 『진역유기(震域遺記)』 중 삼국이전 『고사(古史)』와 『한사제전(漢史諸傳)』 및 사기(士氣)를 함축한 항간의 전설을 참작하여 이 『사화(史話)』를 작성한다."[10]라고 한 글 또한 본고작성의 일인이

10 北崖老人;『揆園史話』著者序文, 若越一葦狎江水則, 已更非我土矣. 噫, 我先祖舊疆, 入于敵國者已千年, 而今害毒日甚, 乃懷古悲今, 咨嗟不已.…朝鮮之患, 莫大於無『國史』. 夫『春秋』作, 而名分正,『綱目』成, 而正閏別.『春秋, 綱目』者, 漢士之賴以者也. 我邦『經史』, 屢經兵火, 散亡殆盡, 後世固陋者, 流溺漢籍, 徒以事大尊周爲義, 而不知先立基本, 以光我國.…自勝朝以降, 貢使北行累百年, 而不爲之恨, 猝滿洲之讎, 不俱戴天則, 獨何故耶.…余嘗有志於述史, 而固無其材, 且名山石室, 渺無珍藏, 以余清貧匹夫, 亦意奈何哉. 然何幸峽中, 得清平所著,『震域遺記』中, 有三國以前『古史』, 雖約而不詳, 比於巷間所傳區區之說, 尙可士氣萬丈. 於是, 復采『漢史諸傳』之文, 以爲『史話』.

되었다.

윗글 북애자의 서문에서 무수한 병화를 입어 고대사를 적은 문헌들이 소실되었다는 기술 중, 고구려를 점령한 당나라 장수 이적(李勣[李世勣], 594~669)이 평양의 왕궁과 창고를 불사르고 왕을 비롯한 신하들과 민인들을 포로로 잡아가면서, 서고에 비축된 장서를 모두 꺼내어 불태웠다는 전언에 근거하여, 고구려가 소장하고 있었던 문헌들 모두가 회진되었다고 북애자는 기록했다.[11] 『삼국사기』에는 이에 대한 기록이 없다. 사실여부를 떠나 병란으로 인한 고문헌의 회진은 민족문화연구에 많은 제약을 주었다. 천여 년간 전래된 문헌과 사료에 의거하여 연구에 임하다 보니 자료의 반복과 재인용은 불가피했지만, 논의를 전개하면서 가급적 필자의 견해는 언급하지 않으려고 노력했다.

2. 단군과 『삼국유사』, 『고려사』, 『제왕운기』, 『동국통감』

본고는 '단군왕검(檀君王儉)' 대신 '단군임금(檀君壬今)'으로 일컬어 논의를 전개한다. 단군시대에는 한자가 유입되기 이전이므로, '왕검'이 아니라 '임검(금)'으로 칭했다고 여겨지기 때문이다. 그러나 후세 무수한 사서들은 한자가 들어온 후에 채록되었으므로, 『규원사화』 등 몇몇 사서를 제외하고 모두 '단군왕검'으로 표기했으나, '단군임검'이 아니고 '단군임금(檀君壬儉)'으로 기록하는 것이 한결 본원에 가깝다. 신라의 고유존호 '이사금(尼師今)'과도 관련이 있다.

11 北崖老人; 『揆園史話』 三 「檀君記」, 或曰, 平壤之敗, 李勣盡燒宮室庫藏, 復虜其公侯世族, 則『史籍』亦不免灰塵.

북한 강동 아달산 기슭에 있는 전 단군릉인데, 이를 근거하여 북한은 거대한 석조 원시조단군릉을 다시 조성했다.

'단군임금'이 등장하는 최초의 문헌은 13세기에 발간된 『삼국유사』인데, 저자 일연(一然, 1206~1289)은 고조선(古朝鮮, 王儉朝鮮) 편에, 『위서(魏書, [위, 魏], [북위, 北魏], [동위, 東魏], [서위, 西魏], 중, 어느 왕조의 사서인지는 불명이다)』와 『고기(古記)』를 인용하여 논했다. 현전 『위서』에 단군에 대한 기록은 없고, 『위서』의 저본인 『위략(魏略)』은 일부가 인용만 되었을 뿐 전질이 전하지 않으니 상고할 방법도 없다. '단군임금'의 사적을 비교적 상세하게 기술한 『고기』는, 저자가 구체적으로 어떤 책인지 밝히지 않아 실체를 알 수 없다. 13세기 전후까지 단군임금의 사적을 적은 문헌이 존재했음을 이 기록을 통해 확인된다. 『위서』에서 인용한 내용은 간략한데 반해, 『고기』에서 취한 내역은 매우 상세하다. 『위서』는 단군이 조선을 개창한 연대가 당나라 요왕(堯王, 재위서기전 2357~2258?)과 같다고 했다. 중국 측 사서들에 단군이 배제된 이유

가 이와 관련이 있는 것일까.[12]

단군(壇君, 『삼국유사』가 단군(檀君을 '단군[壇君]'으로 표기한데는 그만한 이유가 있었을 터인데, 이를 여타의 『전적』에 준하여 '檀君'으로 수정하는 것은 문제가 있다)의 '영이사적'이 실린 『삼국유사』「고조선」 편은 4단으로 구성되었다. 『위서』와 우리 고대 문적인 『고기』와 『당서(唐書)』「배구전(裵矩傳)」 및 『통전』에서 따온 내용이 그것이다. 이 가운데 「배구전」과 『통전』은 '기자'와 '고죽국(孤竹國)' 그리고 '한사군'을 중심으로 기술했기 때문에 일단 배제하고, 『위서』와 『고기』의 내용들을 중심으로 논의를 전개하겠다.

단군이 우리 문헌에 최초로 등장한 것으로 의미가 있으며, 또 단군이 아니라 '단군왕검(壇君王儉)'으로 표기된 점도 특이하다. 『위서』는 "2천 년 전 '아사달'에 도읍하여 국호를 '조선(朝鮮)'이라 했으며, 중국 '요(堯)'임금과 동시대 인물이다."라고 말했다. 『삼국유사』를 근거로 했을 때 어느 때 편찬된 책인지는 불명이나, 단군의 영이사적이 수록된 『고기』로 범칭 되고 있는, 우리 고유의 문헌이 오래전부터 있었음이 분명하다. 고려조와 달리 조선조에 들어와 단군을 중시하여, 그 영이사적을 기록한 문헌들이 여러 종류가 있었음이 『왕조실록』 등에서 확인된다.[13] 『고기』는 주(周) 무왕(武王, 재위서기전 1121~1116?)이 즉위년(서기전 1121)에 기자를 조선에 봉하자, 장당경(藏唐京)에 이어

12 『三國遺事』「紀異」 卷 第一 古朝鮮(王儉朝鮮), 『魏書』云, 乃往二千載, 有壇(檀)君王儉, 立都阿斯達(經云, 無葉山, 亦云, 白岳, 在白州地.或云, 在開城東, 今白岳宮是), 開國, 號朝鮮, 與高(唐堯, 高麗, 定宗의 이름 '堯'字를 忌諱)同時.

13 『世宗實錄』의 『靈異 檀君古記』, 『世祖實錄』의 『古朝鮮秘詞, 大辯說, 朝代記, 周南逸士記, 誌公記, 三聖密記, 三聖記』, 『睿宗實錄』의 『表訓天詞, 記智異聖母河沙良訓, 地華錄』, 『成宗實錄』의 『道詵讖記, 道證記』 등등 지금 접할 수 없는 많은 문헌들이 등장하는데, 이들 서적들을 대체로 『古記』라고 칭했다.

(移御)했다가 다시 아사달에 은거하여 산신이 되었다고 했지만, 『위서』는 단군성조를 요임금과 동시대 인물로 보아 준 실존적 인물로 묘사했다.

일연이 『고기』에서 인용한 부분 중 '웅(熊)'과 '호(虎)'가 같은 굴에 살았다는 내용이 나오는데, 상식으로 곰과 범은 함께 살 수 있는 동물이 아니다. 이를 두고 서구적 시각에 근거하여 토테미즘으로 해석하고 있지만, 이는 우리 민족 심성에 와 닿지 않는다. 우리 민족은 동물이 아닌 '산천(山川)'을 예부터 숭앙했고 지금도 마찬가지이다. 산에는 산신령(山神靈)이 있다고 현재에도 믿고 있다. 범은 백발이 성성한 산신령이 기르는 동물로 신선도(神仙圖)에 나오는 것도 이 같은 정감의 표현이다. '호식(虎食)할 팔자'라는 속언이 옛날부터 있었는데 이는 선인들이 제일 싫어하는 말이었다. 동아시아의 경우 곰은 북쪽 범은 남녘을 상징하는, 두려운 짐승이었지 존숭의 대상은 아니었다. 그러므로 곰과 범을 토템으로 보는 시각에는 문제가 있다. 따라서 '동혈(同穴)'에 살던 곰과 범이 '신웅(神雄, 환웅[桓雄])'의 금기시험(禁忌試驗)에 곰이 이긴 것은, 남방민족과 북방민족의 투쟁에서 북방민족의 승리를 상징한 표현인 듯하다.

옛적 하늘나라에 '환인(桓因, 一然은 불교식으로 제석[帝釋]이라 했다)'이 아들 중의 '환웅(桓雄)'이 인세(人世)에 뜻이 있음을 알고, '천부인(天符印)'을 주면서 세상에 내려가 '홍익인간(弘益人間)'의 이념으로 통치하라고 했다. 환웅이 3천의 무리를 이끌고 '삼위태백(三危太白, 일연은 묘향산[妙香山]이라 했지만, 백두산일 수도 있다)' 산정에 강임하여 세상을 다스렸다. 당시 동혈에 살며 사람이 되고자 했던 곰과 범 중, 곰이 '웅녀(熊女)'로 변신하여 아이를 갖고 싶다고 기원하니, 환웅이 인간이 되어 웅녀와 혼인하여 '단군왕검(壇君王儉)'을 낳았다고 했다. 일연이 인용한 『고기』의 이 내역을 두고 모계사회의 흔적이라고 말하지만, 오히려 부계사회의 정황을 묘사한 것으로 생각된다. 모계사회의 특징은 아버지가 불분명하다. 성(姓)을 아버지로부터 받는 것도 부계사회의 증거이다.[14]

고려 말엽 담암(淡庵) 백문보(白文寶, 1303~1374)는 공민왕(恭愍王, 재위1352~1374)에게 예종(睿宗, 재위1105~1122)의 사례에 따라 청연각(淸燕閣)과 보문각(寶文閣)의 설치를 건의하면서, "우리 동방은 단군으로부터 지금까지 이미 3600년이 지나 주원(周元)의 기회가 되었습니다. 마땅히 '요순'과 『육경(六經)』의 도를 따르고 '공리화복(功利禍福)'의 설을 배척하면, 하늘이 홍복을 내리고 '음양'이 순조롭게 되어 '국조(國祚)'가 연장될 것입니다."라고 건의하면서 나라의 기원이 단군으로 비롯되었다고 천명했으며, 「지리지(地理志)」 유주(儒州) 편에는 구월산(九月山)은 세상에 전하기를 아사달산(阿斯達山)의 '아사'는 방언의 아홉에 가깝다)에 유래한 것으로 보았다, 또 삼성사(三聖祠)의 삼성을 '단인(檀因), 단웅(檀雄), 단군(檀君)'으로 칭했다.[15] 과문일 수도 있지만 방대한 『고려사』 가운데 단군에 관한 기록은 위에 언급한 세 네 차례밖에 없다. 고려조 470여년의 역년 가운데 '원(元)'나라의 '부마국(駙馬國)'으로의 전락 등, 그 삼분의 일 정도는 치욕의 역사였음을 유추할 때, 개국시조를 논의할 상황이 못 되었던 것일까.

---

14 『三國遺事』「紀異」 卷 第一, 古朝鮮(王儉朝鮮) 章을 개괄적으로 다시 검토했다.

15 『高麗史』「列傳」 卷 第二十五 白文寶, 吾東方, 自檀君至今, 已三千六百年, 乃爲周元之會, 宜遵堯舜『六經』之道, 不行功利禍福之說, 如是則, 上天純祐, 陰陽順時, 國祚延長.…「志」 卷 第十二 地理 三 儒州…有九月山(世傳阿斯達山), …三聖祠(有檀因檀雄檀君祠).

단기 3614년(1281) 무렵에 『삼국유사』가 발간되었고 그 6년 뒤, 단기 3620년(1287) 이승휴(李承休, 1224~1300)는 『제왕운기(帝王韻紀)』를 통해 단군에 대해, 『삼국유사』보다 진일보한 내역을 비교적 실증적으로 서술하면서, '경(經), 전(傳), 자(子), 사(史)'의 내용을 사리에 벗어난 표현을 제거하고, 합당한 논리에 입각하여(거음사[去浮辭], 취정리[取正理]) 저술했다고 밝혔다. 이승휴는 '단군(壇君)'을 '단군(檀君)'이라 했고, '웅녀(熊女)'를 '손녀(孫女)'로 표기했다. 이는 일연이 『고기』에서 웅녀가 단군의 어머니로 본 문맥에 대한 불만과 관련이 있는 것 같고, 이후 문헌들에 단군성조의 영이사적에 '웅녀'는 사라졌다. 단군을 중국 고대 제왕과 결부시켜 논한 이들 내용 가운데 합리적으로 해석이 안 되는 부분도 더러 있다.

初誰開國啓風雲	최초에 누가 나라를 세웠나
釋帝之孫名檀君	단군이라 일컬은 석제의 손자이다.
並與帝高興戊辰	요임금과 같은 해 무진년에 일어나
經虞歷夏居中宸	순임금 지나 하나라까지 왕위를 누렸다.
於殷虎丁八乙未	은나라 왕 무정 8년 을미에
入阿斯達山爲神	아사달산에 들어가 산신이 되었다.
享國一千二十八	나라를 누린 일천이십팔 년은
無乃變化傳桓因	환인 천왕의 조화에 말미암았다.
却後一百六十四	그 후 일백육십사 년에
仁人聊復開君臣[16]	어진이 나타나 군신제도가 마련되었네.

위에 인용한 한국 최초의 개국임금에 대한 사적을 칠언시로 형상

16 李承休; 『帝王韻紀』 卷 下 東國君王 開國年代 幷序, 「前朝鮮」 편 머리 부분.

하면서, 인용된 구절 중 기존의 고문헌에 나온 '단군(檀君), 아사달(阿斯達), 군신(君臣)'에 관한 구체적인 내용을 각주 형식으로 부기하여 이해를 도왔다. 먼저 단군의 경우 어느 문헌인지를 밝히지 않고 막연히 「본기(本紀, 황제의 역사)」라고 칭하며 이를 인용하여 비교적 자세하게 설명했다. 『삼국유사』가 인용한 『고기』와 내용이 유사하지만 다른 점도 있다. '본기'라는 말이 나온 걸 봐서 『고기』 가운데 '사서체(史書體)'의 형식을 갖춘 책으로 유추되고, 3천의 무리를 두고 '도(徒)'가 아니라 '귀(鬼)'라고 했다.

이승휴는 단군에 대한 부연 설명으로 "「본기」에 이르기를 상제(上帝) 환인(桓因)의 아들 중 '웅(雄)'이 있었는데. 환인이 삼위태백(三危太白, 백두산, 묘향산?)에 내려가 홍익인간의 뜻을 펴겠느냐고 물어 뜻이 있음을 확인하고, 천부인 3개를 전수받아 3천의 귀신을 대리고 태백산 정상 신단수(神檀樹) 아래 하강했는바 이가 '환웅천왕(檀雄天王)'이다. 뒤에 '손녀'에게 약을 먹여 사람이 되게 한 뒤, '단수신(檀樹神)'과 결혼하여 '단군'을 낳아 조선 땅의 왕이 되었다. 그 후 등장한 '시라, 고례, 남북옥저, 동북부여, 예, 맥' 등은 모두 단군의 자손들이다. 1038년을 통치하다가 아사달산에 들어가 신이 되어 영생했다."[17] 라는 각주를 달았다. 위에 인용한 시에는 역년이 1028년으로 되어 있다.

단군성조의 영이사적에 대해 단기 3478년(仁宗23, 1145)에 발간된 『삼국사기』에는 직접적인 언급은 없고, 동천왕(東川王, 재위227~248)

17 李承休;『帝王韻紀』卷 下 前朝鮮(檀君朝鮮) 檀君 附注,「本紀」曰, 上帝桓因有庶子曰雄云云謂曰, 下至三危太白, 弘益人間歟, 故雄受天符印三箇, 率鬼三千, 而降太白山頂神檀樹下, 是謂檀雄天王也云云, 令孫女飮藥成人身, 與檀樹神婚而生男, 名檀君, 據朝鮮之域爲王, 故尸羅, 高禮, 南北沃沮, 東北扶餘, 穢, 與, 貊, 皆檀君之壽也. 理一千三十八年, 入阿斯達山爲神, 不死故也.

21년(단기2, 580, 서기247) 조에 “평양은 본래 ‘선인왕검(仙人王儉)’의 택(宅, 땅)인 바, 혹은 왕이 왕검에 도읍했다.”고 하여 단군을 직접 언급하지 않고 선인이라 칭했다.[18] 고구려의 환도성(丸都城)은 ‘환도성(桓都城, 환국의 도성[桓國의 都城?])’의 오기로 보기도 한다. 평양은 평야라는 뜻도 있고 고구려 중엽에는 현재의 평양을 남평양(南平壤)이라 칭했다. 여기의 평양성은 지금의 평양이 아니라 강계지방(江界地方)의 동황성(東黃[皇]城)이라는 견해도 있다. 단군은 136년이 지난 단기 3614년(충렬왕7년, 1281)에 편찬된『삼국유사』에『위서』와『고기』를 인용하여 최초로 등재되었다.

단기 3818년 성종16년(1485, 시작은 세조9[1463])에 발간된『동국통감(東國通鑑)』「외기(外紀)」단군조선 편에, 동방에 처음엔 군장이 없었는데 신인이 단목아래 내려오자 국인이 옹립하여 임금으로 삼았다. 이가 단군이고 국호를 조선이라 했다. 때는 당 요(唐堯)임금 무진년(서기전 2333)이다. 처음엔 평양에 도읍했다가 뒤에 백악(白岳)으로 옮겨 상(商) 무정(武丁)8년(서기전 1317) 을미(乙未)에 아사달산으로 들어가 신이 되었다. 신 등이 고찰컨대, “『고기』에 이르길 단군은 요와 더불어 무진년에 즉위하여 우(虞)와 하(夏)를 거쳐 상(商)의 무정(武丁)8년 을미(乙未)에 아사달산으로 들어가 신이 되었는데, 1천48년의 수명을 누렸다고 했지만 이는 믿기 어렵습니다. 이재 살펴보니 요 임금의 즉위는 상원갑자(上元甲子)인 갑진년(甲辰年, 서기전 2357)인데, 단군 즉위가 그 후 25년 무진년(戊辰年)이라면 요와 더불어 같이 즉위했

18『三國史記』卷 第十七「高句麗本紀」第 五 東川王, 二十一年, 春二月, 王以丸都城, 經亂不可復都, 築平壤城, 移民及廟社, 平壤者, 本仙人王儉之宅也, 或云, 王之都王儉.

다는 것은 잘못입니다. 당 우(唐 · 虞)로부터 하 상(夏 · 商) 시대에 오면, 세태가 경박해져 왕들의 향국(享國)이 5, 6십년에 불과 했습니다. 그런데 홀로 단군이 1천48년간 나라를 다스렸다는 것은 잘못된 설입니다. 앞선 분들이 단군이 1천48년을 살았다는 말은, 단씨(檀氏)의 전세(傳世) 역년의 수이지 단군의 수명을 말하는 것이 아니라는 주장은 합당합니다. 근세(近世)의 권근(權近, 1352~1409)이 천정(天庭, 明의 수도)에 갔을 때, 태조 고황제(1328~1398)가 단군을 제재로 시를 지으라고 하자, '세대를 전한 것이 얼마인지는 모르나, 역년은 천년을 지났네.'라고 읊자 황제가 가당하다고 했습니다. 주원장이 단군을 알고 있었다는 사실이 흥미를 끈다. 이에 이를 훗날의 참고토록 하기위에 남깁니다."고했다.[19]

단기 3785(文宗원년, 1451)에 발간된 『고려사』에도 단군에 대한 기록은 몇 차례 밖에 없지만, 기자는 교화예의를 최초로 시행한 인물로 무덤을 구하고 사당을 축조하여 제사를 지내야 한다고 주장한 예부(禮部)의 건의에 따라 숙종(肅宗, 1054~1105)이 이를 시행했다.[20] 삼국

19 『東國通鑑』「外起」 檀君朝鮮, 東方初無君長, 有神人降于檀木下, 國人立爲君, 是爲檀君, 國號朝鮮, 是唐堯戊辰歲也. 初都平壤, 後徙都白岳, 至商武丁八年乙未, 入阿斯達山爲神. 臣等按, 『古記』云, 檀君與堯並立於戊辰, 歷虞夏至商武丁八年乙未, 入阿斯達山爲神, 享壽千四十八年, 此說可疑. 今按堯之立在上元甲子, 甲辰之歲, 而檀君之立在後二十五年戊辰, 則曰與堯並立者非也. 自唐虞至于夏商, 世漸澆漓, 人君享國久長者. 不過五六十年, 安有檀君獨壽千四十八年, 以享一國乎, 知其說之誣也. 前輩以謂其曰, 千四十八年者, 乃檀氏傳世歷年之數也, 非檀君之壽也, 此說有理. 近世權近入天庭, 太祖高皇帝, 命近賦詩, 以檀君爲題. 近詩曰, '傳世不知幾, 歷年曾過千.' 帝覽而可之. 時論亦以近之言爲是, 姑存之以備後考.

20 『高麗史』「志」 第 十七 禮 五 雜祀, 肅宗 七年 十月 壬子 朔, 禮部奏, 我國敎化禮義, 自箕子始, 而不載祀典, 乞求其墳塋, 立祠以祭, 從之.

시대와 고려조 전반기까지 단군임금은 주목을 받지 못했다. 조선조가 제후예악에 준하여 예조(禮曹)로 칭한 반면, 고려조는 황제예악에 입각하여 예부(禮部)로, 제왕에게 올리는 글도 '주(奏)'와 '계(啓)' 등의 변별이 있었다. 서기전 2333년이 단군기원 원년이니 그 장구한 기간 동안 어디에 어떻게 전해왔는지. 일연이 언급한 문헌 중 『고기』가 관심을 끄는데, 소위 『고기』가 어떤 책인지 우리는 소상하게 파악하지 못하고 있다. 언전(諺傳)이나 속전(俗傳)으로 알려진 민간의 구비전승이거나, 아니면 제도권 밖 재야에 비전(秘傳)된 문헌일 수도 있다.

3. 단군과 『태조실록, 태종실록, 세종실록, 성종실록, 정조실록』

고려조 말엽 일연과 이승휴가 중심이 되어 단군임금이 개국시조로 부각되어 민족사의 화두로 부상했다. 고려조가 멸망하고 조선조가 건립된 다음부터 단군은 왕조 차원에서 본격적으로 논의되기 시작했다. 방대한 『조선왕조실록』과 근세의 『고종태황제실록(高宗太皇帝實錄)』 『순종황제실록(純宗皇帝實錄)』에도 언급되고 있으며, 특히 『태조실록(太祖實錄)』에 조박(趙璞, 1356~1408)이 역대사전(歷代祀典)을 논하는 과정에, '조선단군(朝鮮檀君)'은 우리 동방에 처음으로 천명을 받은 왕이라고 밝힌 것을 필두로, 단군성조에 관련된 기록이 80여 회나 나온다.[21] 이들 기록은 단군을 기자와 결부시켜 논했다. 고려조와 달리 조선조의 경우 왕실을 비롯해 조정대신과 사인들이 함께 단군성조에 대

21 『太祖實錄』 卷 一 元年 八月 庚申, 禮曹典書趙璞等 上書曰, 臣等伏覩歷代祀典,…朝鮮檀君, 東方始受命之主, 箕子始興敎化之君, 今平壤府, 以時致祭.

한 인식이 증폭되었음을 의미한다.

고려시대의 『실록』을 위시한 많은 사료들이 『고려사』를 편찬하면서, 소위 '정사체'의 시각에 기준하여 취사선택되어 폐기되었음으로 단군성조의 기록이 배제된 것으로 여길 수도 있다. 고려조가 『실록』 일부를 원나라에 보냈다가 얼마 후 원나라가 돌려보냈다는 기록도 있다. 『정사(正史)』가 완성되면 참고했던 모든 사료들은 소각하는 것이 관례였다. 조선조의 경우 제반 자료들이 완벽하게 보존되어 있기 때문에 조선시대를 객관적으로 파악할 수가 있다. 조선조 『태조실록』은 예부터 천명을 받은 제왕은 요(堯) 임금의 평양(平陽), 하(夏)나라의 안읍(安邑), 상(商)나라의 박(亳), 주(周)나라의 풍호(豊鎬), 한(漢)나라의 함양(咸陽), 당(唐)나라의 장안(長安) 등 지세를 살펴 수도를 경영했던 것처럼, 우리 동방 역시 단군을 '개국시조'로 받들며 여러 왕조도 각각 수도가 있었다고 했다.[22]

'척불숭유'를 국시로 삼았던 조선조는 불법을 숭신했던 '위(魏), 진(晉), 송(宋), 원(元)'이 삼대(三代) 이전 '요(堯), 순(舜), 우(禹), 탕(湯), 문(文), 무(武)'가 백세(百世)를 누렸던 것과 달리, 얼마못가 멸망했던 중원왕조들의 사례를 열거한 다음, 우리 동방의 경우 '단군조선'과 '기자조선'이 각기 천년을 누렸던 것도 당시에 불교가 없었기 때문이라고 했다. 이후 고구려 백제가 불사를 짓기 시작한 후부터 먼저 멸망했으며, 신라 말기에 또한 성중에 사찰이 태반을 차지한 것이 패망의 원인으로 작용했고, 고려 태조도 신라를 본받아 불사를 많이 지어 이

22 『太祖實錄』 卷 六 三年 八月 辛卯, 竊惟自古往者受命而興, 莫不定都而宅其民. 故堯都平陽, 夏都安邑, 商都亳, 周都豊鎬, 漢都咸陽, 唐都長安.…吾東方檀君以來, 或合或分, 各有所都.

로 인해 멸망을 재촉했다고 했으며, '단군'과 기자의 시대가 2천여 년간 존속한 소이를 불교가 유입되지 않았기 때문이라고 여겼다.[23]

80여 회가 넘는 『조선왕조실록』의 단군성조 기사 중, 평양강신단(平壤江神壇)의 기자전신위판(箕子殿神位版)에 '조선후기자지위(朝鮮侯箕子之位)'를 조선조의 '사의(祀儀)'에 기준하여 '지위(之位)' 자를 삭제하여 '후조선시조기자(後朝鮮始祖箕子)'로 바꾸고, 단군신위판(檀君神位版)의 '조선후단군지위(朝鮮侯檀君之位)'도 '후(侯)' 자와 '지위(之位)' 자를 제거하여 '조선단군(朝鮮檀君)'으로 표기했다. 이들 위판 중 단군을 임금(왕검)이 아니고 제후(諸侯)의 '후(侯)'로 위계를 낮춘 표기는 고려시대로 여겨진다. 기자는 모르겠지만 단군을 '후'로 칭한 것은 잘못이고, 세종 대에 위판의 글자를 바꾼 것은 옳다.[24] 기자를 주 무왕이 조선에 책봉했다는 설에 기준하여, 천명을 받아 즉위한 단군임금을 기자와 동격으로 처리했는데, 이는 전형적인 구사대주의자들의 인식에 말미암은 것이다. 여러 정황으로 봐서 기자는 요하 유역의 평양(平壤, 요하 부근에도 평양이 있었다)에 책봉되었다. 한술 더 떠서 기자를 한반도 '평양'으로 끌어와, '기자릉(箕子陵)'을 만들고 계획도시의 유허를 '정전법(井田法)'의 흔적으로 보았다.

23 『太祖實錄』 卷 十 五年 乙酉 十一月 癸丑, 三代以前, 未有佛法, 堯舜禹湯文武, 俱享百世,…魏晉以降, 至于宋元, 亂亡相繼,…吾東方檀君箕子, 俱歷年一千, 當時亦未有佛法, 至三國時, 高句麗百濟, 始作佛寺, 三國之中, 二國先亡, 新羅之季, 城中佛寺太半, 國隨以亡, 前朝太祖, 作遺戒書, 宜鑑新羅, 多作佛寺, 以至於亡.

24 『世宗實錄』 卷 四十九 十二年 庚戌 八月 甲戌, 一, 平壤江神壇,…一, 箕子殿神位版, 書曰, 朝鮮侯箕子之位, 依本朝諸祀儀式, 改書曰, 後朝鮮始祖箕子, 削'之位'二字. 一, 檀君神位版, 書曰, 朝鮮侯檀君之位,…依本朝諸祀儀式, 改書曰, 朝鮮檀君, 削'侯'字, 及'之位'二字.

단기 3725년(태조원년, 1392) 8월 경신(庚申)에 예조전서(禮曹典書) 조박(趙璞) 등이 “원구(圓丘)는 천자제천(天子祭天)의 예이므로, 방금 조선조가 개국하여 명을 다시 받은 터에, 전조 군왕들이 사원(私願)에 의거하여 개설한 ‘의례(儀禮)’를 새 나라를 개국한 마당에 모두 혁거하고, 제의의 격을 ‘제후반열(諸侯班列)’로 변경함이 타당하다고 주장하면서, ‘조선단군’은 동방에 최초로 하늘로부터 명을 받은 지도자이고, ‘기자’는 처음으로 교화를 일으킨 군주임으로 평양부로 하여금 때를 맞추어 제사를 올려야 합니다.”라고 건의하자 태조가 이를 수락했다.[25] 조선조가 제후국으로 출발했으니 천자만이 제천할 수 있다는 동아시아 ‘제의질서’와 결부시켜 제천의례는 폐지함이 당연하나, 개국시조와 교화군주는 제사를 올려야 마땅하다고 하여, 단군과 기자를 ‘국조사전(國朝祀典)’의 중요한 성인으로 부각시켰다.

『태종실록』에 ‘제천’을 조선조가 제후국인 만큼 폐지해야 한다는 주장이 제기되자, 경성부윤(敬承府尹) 변계량(卞季良, 1369~1430)은 단군 성조를 논거로 하여, “천자는 하늘과 땅에 제사를 지내고, 제후는 역내 산천에만 제사를 올린다는 것은 제도입니다. 그러나 하늘에 비를 비는 것은 참월이 아니고 상례입니다. 우리 동방이 제천을 하는 것은 당연하므로 폐지해서 안 됩니다. 단군은 우리 동방의 시조로서 하늘에서 내려온 성인이지, 중국 천자가 분봉한 분이 아닙니다. 단군이 하강한 연대는 중국 당나라 요임금 무진년(戊辰, 서기전 2333)으로 지

25 『太祖實錄』 卷 一 元年 壬申 八月 庚申, 禮曹典書趙璞等上書曰, 臣等伏觀歷代祀典,…圓丘, 天子祭天之禮, 請罷之.…前朝君王, 各以私願, 因時而設, 後世子孫, 因循不革, 方今受命更始, 豈可蹈襲前弊, 以爲常法, 請皆革去. 朝鮮檀君, 東方始受命之主, 箕子, 始興敎化之君, 今平壤府, 以時致祭.

금부터 3천 여 년 전입니다."라고 밝히며 제천지례의 지속을 요구했다. 변계량은 단군을 기자와 연계시키지 않고 독자적으로 논했다.[26]

세종10년(단기 3761, 서기 1428) 6월 우의정으로 치사한 유관(柳寬, 1346~1433)은, "황해도 문화현은 신의 본향으로, 단군성조 사적에 대해 부노(父老)들로 부터 들은 바에 의하면, '구월산'은 현의 '주산(主山)'으로 단군조선 대에는 '아사달산'이라 칭했는데 신라시대에 '궐산(闕山)'으로 바꿨습니다. 산명 '궐(闕)'자를 천천히 발음하면 '구월'이 됩니다. 산마루 중턱에 '신당(神堂)'이 있는데 언재 지어졌는지는 모릅니다. 북벽에는 '단웅천왕(檀雄天王)' 동벽에는 '단인천왕(檀因天王)' 서벽에는 '단군천왕(檀君天王)'이 봉안되어 있습니다. 문화현 주민들은 이를 '삼성당(三聖堂)'이라 칭하고 당 아래 마을을 '성당리(聖堂里)'라 합니다. 삼성당 내외에는 오작이 집짓지 않고 미록도 들지 않습니다. 혹자가 이르기로 단군이 '아사달산'에 와서 신이 되었다는 것은 단군의 도읍이 이곳임을 뜻하고, 삼성당이 아직 남아있고 문화현 동쪽의 '장장(藏壯)'을 부노들이 '왕검성(王儉城)'이라 합니다. 지금 '기자묘(箕子廟)'와 함께 있는데, 단군은 요임금과 동시대 인물로 기자와는 천 여 년의 간극이 있습니다. 또 단군이 수변(樹邊)에 내려와 출생했다고 하는데, 이들 주장은 황괴하므로 성감(聖鑑)으로 유사에 명하여 고쳐 주십시오."[27]

---

26 『太宗實錄』卷 三十一 十六年 丙申 六月 辛酉, 敬承府尹卞季良上書曰,…天子祭天地, 諸侯祭山川, 制也, 禱雨於天非僭也歟, 臣曰, 天子祭天地者, 常也. 禱雨於天, 處非常之變也.…然吾東方, 有祭天之理, 而不可廢. 臣請得而條其說, 願殿下淸鑑焉. 吾東方, 檀君始祖也, 蓋自天而降焉, 非天子分封之也. 檀君之降, 在唐堯之戊辰歲, 迄今三千餘年矣.

27 『世宗實錄』卷 四十 戊申 六月 乙卯, 右議政仍令致仕柳寬, 上書曰, 黃海道文

유관은 단군과 기자가 함께 사묘에 모셔져 있는 것은 두 분이 천여 년의 시차가 있는 만큼 불합리하다고 했고, 단군의 출생을 '단목변(檀木邊)'으로 본 것 역시 황당하다고 했다. 문화현인으로서 부노들의 전언을 전폭적으로 수용하지 않고, 사리에 맞게 단군과 기자의 사묘(祀廟)를 재단해주기를 세종에게 건의했다. 그는 단군의 '영이사적'을 나름대로 이해하려는 흔적은 보이지만, 기록상으로 볼 때 황당한 전설로 취급한 인물이다. '궐산'을 '구월산'과 연계한 점은 일리가 있으나, 일설에 '단군국(檀君國)'의 궁궐이 있었기 때문에 '궐산'이라고 칭했다는 견해도 있다.

김부식이 언급하지 않았던 '한국고대사'를 요약 정리한 기록이 『세종실록』「지리지」 '평양부' 편에 있는데, 단군과 결부시켜 논의한 관점이 공감되기 때문에 이를 근간으로 검토하겠다. "평양부는 본래 '삼조선(三朝鮮)'의 옛 수도로 당나라 요왕(堯王, 재위2357~2258?, 무진세[戊辰歲], 단기원년, 서기전 2333)에 신인이 단목아래 내려오니 국인이 임금으로 추대했다. 평양에 도읍을 정하고 단군이라 칭했는데 이가 바로 '전조선(前朝鮮)'이다. 주나라 무왕(武王)이 상(商, 殷)나라를 멸한 다음 기자를 조선에 봉했는데 이가 '후조선(後朝鮮)'이다. 41대 손인 준왕

化縣, 是臣本鄕,…聞諸父老之言, 乃知事迹久矣. 九月山, 是縣之主山, 在檀君朝鮮時, 名阿斯達山, 至新羅改稱闕山, 其時文化始名闕口縣.…山名闕字, 緩聲呼爲九月山,…嶺之腰有神堂焉, 不知創於何代, 北壁檀雄天王, 東壁檀因天王, 西壁檀君天王, 文化人, 常稱三聖堂. 其山下居人, 亦稱曰, 聖堂里, 堂之內外, 烏鵲不棲, 麋鹿不入,…或云, 檀君入阿斯達山化爲神, 則檀君之都, 意在比山之下, 三聖堂至今猶存,…文化之東, 有地名藏壯者, 父老傳以爲檀君之都.…或者以爲檀君, 都于王儉城, 今合在箕子廟. 臣按檀君與堯竝立, 至于箕子千有餘年, 豈宜下合於箕子之廟, 又或以爲檀君降於樹邊而生. 今之三聖, 固不可信.…其樹邊之生, 固爲荒怪, 伏惟聖鑑裁擇.

때 연인 위만이 반란을 일으켜 준왕의 땅을 찬탈하여, 왕검성(王儉城, 壬今城? 평양부)에 도읍했는데 이가 소위 '위만조선(衛滿朝鮮)'이다. 그의 손자 우거(右渠)가 저항하자, 한무제(漢武帝) 원봉(元封)2년(단기 2225, 서기전 109)에 장수를 파견하여 이를 토벌하여, '진번, 임둔, 낙랑, 현토' 등의 '한사군'을 설치했다.[28]

단군조선부터 소위 기자조선과 위만조선 그리고 한사군에 이르기까지, 삼국시대 이전의 한국고대사를 일목요연하게 정리했다. 단군을 '신인'으로 규정한 것도 의미가 있다. 이 가운데 후조선(기자조선)의 경우는 많은 논란이 있다. 기자가 책봉된 지역은 요하 유역이고 그 수도 평양은 한반도의 평양이 아니고, 요하 부근의 있는 평양이라는 견해를 필자는 정설로 생각한다. 기자조선을 '한씨조선'이라는 선학의 주장도 참고가 된다. 한사군의 위치를 압록강 남쪽 한반도 안으로 보는 시각도 문제가 있다. 요하 이동의 만주 일대로 비정하는 주장도 검토되어야 한다. 스스로 '제후국'으로 자처하여 기자를 평양으로 끌어와 '기자릉'까지 조성했던 선인들의 사대적 인식도 이제는 청산해야 한다.

『세종실록』「지리지」는 평양부 편에 '영이(靈異)' 장절을 설정하여 단군에 관해 『단군고기』를 인용하여 보다 구체적으로 언급했다. 『단군고기』가 15세기 무렵까지 남아있었다는 증거이다. 일연이 인용한 『고기』와 어떤 차이가 있는지는 구체적으로 알 수는 없으나 유사한

28 『世宗實錄』卷 一百五十四「地理志」平安道 平壤府, 本三朝鮮舊都, 唐堯戊辰歲, 神人降于檀木之下, 國人立爲君, 都平壤號檀君, 是爲前朝鮮. 周武王克商, 封箕子于此地, 是爲後朝鮮. 逮四十一代孫準時, 有燕人衛滿, 亡命聚黨千人, 來奪準地, 都于王儉城(卽, 平壤府), 是爲衛滿朝鮮. 其孫右渠, 不肯奉詔, 漢武帝元封二年, 遣將討之, 定爲眞番臨屯樂浪玄菟四郡.

책들이 잔존했음을 의미한다. 『삼국유사』에 실린 『고기』와 '영이' 장절의 『단군고기』 와의 차이는 '웅녀'와 '호녀'가 없다는 점이다. 단군성조의 어머니가 '웅녀'라는 기록이 통시적으로 선인들에게 가부감이 있었다.

단군의 사적을 '영이'라고 일컬은 것은 합리적인 표현이다. '상제환인(上帝桓因)'에게 '웅(雄)'이라는 아들이 있었는데, 그는 지상에 내려가 인간이 되고자 하는 욕망이 있었다. 상제로부터 '천부인' 세 개를 받아 태백산 신단수 아래로 내려 왔는데 이가 바로 '환웅(桓雄)'이다. '천왕(天王)'이 '손녀(孫女)'로 하여금 약을 먹여 '인신'이 되게 한 뒤, '단수신'과 혼인을 시켜 '단군'을 낳았다. 나중에 나라를 세워 국호를 '조선'이라했다. 조선과 함께 '시라, 고례, 남북옥저, 동북부여' 등의 나라들 전부를 단군이 관할했다. 단군은 비서갑(非西岬) '하백(河伯)'의 딸을 취하여 '부루(夫婁)'라는 아들을 두었고 이가 바로 동부여(東夫餘王)이다. 단군은 당의 요와 동시대에 임금이 되어 우순(虞舜)을 거쳐, 향국 1천28년을 누리다가, 은(殷)의 무정(武丁)8년 을미(乙未)에 아사달(구월산, 궁홀, 삼위)에 들어가 신이 되었다.[29]

『단군고기』는 단기 3620년(1287) 두타산거사(頭陀山居士)가 펴낸 『제왕운기(帝王韻紀)』의 단군 관련 내용과 거의 동일하다. 그는 출전을 『단군고기』라 하지 않고 '「본기(本紀)」'라고 했다. 『세종실록』이

29 『世宗實錄』 卷 一百五十四 「地理志」 平壤府 靈異, 『檀君古記』云, 上帝桓因有庶子名雄, 意欲下化人間, 受天三印, 降太白山神檀樹下. 是爲檀雄, 天王令孫女, 飮藥成人身, 與檀樹神婚而生男, 名檀君, 立國號曰朝鮮. 朝鮮, 尸羅, 高禮, 南北沃沮, 東北夫餘, 濊與, 貊, 皆檀君之理. 檀君聘娶非西岬河伯之女, 生子曰夫婁. 是爲東夫餘王. 檀君與唐堯同日而立,…享國一千三十八年. 至殷武丁八年乙未, 入阿斯達爲神, 今文化縣九月山.

참고한 『단군고기』는 『제왕운기』가 참고한 책과 같은 문헌으로 여겨진다. 이 글에 등장하는 '천왕(天王)'은 '환인(桓因)'과는 위상이 다른 존재인 듯하고, '손녀'도 '손녀딸'로 해석해야 할 듯하다. 따라서 환웅과 부부가 되어 단군을 낳았다는 표현은 윤리적으로도 문제가 없다. 개국시조 단군 이후 우리 고대사의 적통을 구체적으로 언급했고, 단군과 손녀 사이에 '부루'라는 아들이 있었으며, 그가 동부여의 왕이 되었다고 했다.

위에 말한 내용에 이어 소상한 기록이 있지만 『단군고기』라는 책 이름의 주제와 관련이 없는 부분은 생략했다. 단군이 1028년을 통치했다는 것은 단군이라는 칭호를 1세 단군 2세 단군 등으로 계속 사용했다는 사실의 표현이다. 『단군고기』는 단군조선의 적통을 부여 고구려로 잡았다. 조선조에 들어와 평양 '숭령전'에 단군과 고주몽(재위, 서기전 37~서기전 19)이 합사된 까닭도 여기에 있다. 백제 왕실의 성은 '부여씨' 고구려 왕실의 성은 '고씨'로 각각 다른 것은, 양국 간의 단군조선과 부여국으로 이어지는 적통 문제와 관련이 있다.

단군성조의 위상은 『삼국사기』『고려사』 등 정통 사서들에는 크게 부각되지 않았다. 삼성(환인, 환웅, 단군)을 모신 '신당'이 구월산에 있었을 당시는, 조정이 아니고 민인들 위주로 제사를 올리면서 숭앙되었다. 구월산 신당이 언제 지어졌는지 알 수 없을 정도로 역사 오래였다. 아마도 삼국시대 전후부터 있었던 것으로 여겨지며, 해당 지역 민인들이 숭앙했던 성소였다. 조선조에 들어서 신당(삼성당)이 평양으로 옮겨진 이후, 제사도 지내지 않는 등의 변화가 있었으며, 이로 인해 황해도 백성들의 불만도 만만치 않았다. 조선조 개국을 계기로 기자의 위상이 높아져 단군과 나란히 존숭되었고, 15세기 이후부터 기자가 단군을 앞지르는 경향이 나타났다. 이 같은 사대사상에 침윤된 사인들에 의해 야기된 현상에, 불만을 품었던 자존적 인물들의 단군숭배의 풍조가 일어났던 것은 당연하다.

단기 3758년(세종7년, 1425) 사온주부(司醞注簿) 정척(鄭陟, 1390~1475)은 왕에게, "수년 전 의주를 거쳐 평양에 돌아와 기자사당을 배알했는데, 기자의 위는 북에서 남을 향하고 있고, 단군은 동에서 서쪽을 향하고 있었습니다. 신이 평양부에 그 연유를 물으니 교수관(敎授官) 이간(李簡)이, 지난날 조정(명나라 조정)의 사신이 평양부에 와서 기자사당과 후사의 유무를 묻고 기자묘를 배알한 뒤, 국가가 문묘 동편에 사당을 짓고, 여기에 단군을 배향하라는 명을 받아서 이렇게 되었다고 했습니다. 단군은 요임금과 동시에 왕위에 나아가 국호를 조선이라 칭했으며, 기자는 주무왕(周 武王, 재위서기전 1121~1116)이 조선에 책봉 했습니다. 단군의 입국과 기자의 책봉은 무릇 1230여 년의 시차가 있습니다. 그러므로 기자는 북쪽에 자리하고 단군은 동쪽에 배향된 것은 본조 제사의식(諸祀儀式)인 '향단군진설도(享檀君陳設圖)'에도 위배됩니다. 만일 단군과 기자를 함께 남향으로 진설한다면, 단군은 상단 기자는 하단에 놓는 것이 합당합니다. 기자는 '제전(祭田)'이 있고 단군은 없습니다. 제사도 기자는 삭망(朔望) 단군은 춘추(春秋)로 행하는 점도 잘못입니다. 따라서 '단군사당'을 별도로 건축하여 위패를 남향으로 배치하여 제사를 올려야 합니다."라는 내용의 글을 올리자, 세종은 예조에 명하여 정척의 '상서(上書)'대로 시행하라고 교시했다.[30]

30 『世宗實錄』 卷 二十九 七年 乙巳 九月 辛酉, 司醞注簿鄭陟上書曰, "去辛丑年十月,…翼年二月, 回至平壤, 謁箕子祠堂, 箕子之位, 在北向南, 檀君之位, 在東向西. 臣問於其府, 敎授官李簡曰, 昔朝廷使臣到此府, 問箕子祠堂與後嗣之有無,

명나라 사신이 평양에 와서 기자사당과 기자묘를 배알하고 기자의 후손 유무에 관심을 표한 뒤부터, 기자의 위상이 단군보다 월등하게 격상된 사실을 접한 정척은 이를 비판하고, '향단군진설도'에 기준하여 기자사당에 배향되어 서향으로 존치된 과오를 벗어나, 단군사당을 별도로 지어 국조의 위상으로 제사를 드려야 한다고 주청했다. 세종 역시 이에 공감하여 정척의 건의대로 시행하라고 예조에 지시했다. 고려시대에 창건된 '삼성사'가 평양부로 옮겨진 후, 〈세년가(世年歌)〉에도 기록되어 추숭되었습니다.[31] 한편 환인과 환웅에 이어 단군의 위상까지 격하된 원인은 구사대주의자들의 연면한 한족 왕조들을 받든 데서 비롯되었다. 조선조 중기 성리학자들이 득세한 뒤부터 기자는 더욱 중시되었다.

단기 3806년(성종3년, 1472) 2월 계유(癸酉), 황해도관찰사 이예(李芮, 1419~1480)가 『삼성당사적(三聖堂事跡)』과 '언전(諺傳), 속전(俗傳)' 『관서승람(關西勝覽)』 『고기』 등을 참고하고 현장을 답사하여, '삼성당'과 '단군묘'에 연계된 사적과 제사의식 제기 제수(祭羞)까지 14항목으로 분류하여 자세하게 수록한 뒤 아래와 같은 장계를 올렸다. 필자는

往謁箕子墓, 其後國家, 命建祠堂於文廟之東, 又有檀君配享之令, 故迄今如此而享之也. 臣愚因竊謂檀君與唐堯竝立, 而自號朝鮮者也, 箕子受武王之命而封朝鮮者也, 以帝王歷年之數, 自帝堯至武王, 凡千二百三十餘年矣.…臣敬此謹按本朝諸祀儀式, 享檀君陳設圖云, 神位堂中南向, 臣曩時所見西向之座, 不合於此圖, 若使檀君箕子竝坐南向, 而檀君居上, 箕子次之, 則立國之先後, 似不紊矣.…臣又聞箕子有祭田, 而檀君無之. 故箕子每奠於朔望, 而檀君只祭於春秋.…臣愚以謂別建檀君祠堂, 南向奉祀, 則合祀儀." 命下禮曹, 如上書施行.

31 『世宗實錄』 卷 十八 十八年 十二月 丁亥, 臣伏觀〈世年歌〉,…其歌曰, '享國一千四十八, 至今廟在阿斯達', 則豈無所據乎, 又況高麗建廟於九月山, 下其堂宇位版猶存, 與〈世年歌〉合.

편의상 일련번호를 매겨 긴요한 부분의 원문을 선택하고 이를 요약하여 검토할까 한다.

"신이 『삼성당사적(三聖堂事跡)』을 얻어 조목별로 정리하여 아룁니다. 1, 언전에 의하면 단군이 신이 되어 구월산에 들어왔습니다. 사우(祠宇)는 패엽사(貝葉寺) 서편 대증산(大甑山) 불찰에 임해 있다가, 후에 소증산(小甑山)으로 옮겼는데 이곳에 삼성당이 있습니다. 2, 단군과 아버지 단웅 할아버지 환인을 삼성이라 하며 사우를 지어 제사를 올립니다. 3, 판위(板位)는 환인천왕(桓因天王)은 남향 단웅천왕(檀雄天王)은 서향이며 단군천왕(檀君天王)은 동향입니다. 옛날에는 모두 목상이었다가 태종조(재위1400~1418)에 하륜(河崙, 1348~1416)이 건의하여 혁파되었습니다. 8, 삼성당 제기는 옛날에는 금은이었는데 왜란 이후 사기를 쓰다가 유기로 바뀌었습니다. 9, 묘우가 평양으로 옮겨진 뒤부터 제사를 지내지 않은지가 60여 년입니다. 11, 『관서승람(關西勝覽)』에 실린 문화현 고적 항목에, 구월산 아래 성당리에 있는 소증산에 '환인, 단웅, 단군'을 모신 삼성사가 있고, 구월산 정상의 사왕사(四王寺)는 별에 제사하는 초제처(醮禮處)입니다. 12, 삼성당이 평양으로 온 뒤 국가가 아닌 현관(縣官)이 기우(祈雨) 기청(祈晴) 제사를 지내면 읍속(邑俗)에 영험이 있다고 합니다. 14, 삼성당 부근에 인가가 조밀했으나 제사를 파한 후 악병이 돌아 마을이 텅 비고 말았는데, 백성들은 제사를 파했기 때문으로 믿고 있습니다. 비록 괴탄무계(怪誕無稽)한 설이지만, 『고기』에 단군이 아사달산에 들어와 신이 되었으며, 그 묘(廟)도 남아 있으니 제사를 다시 지내고, 평양에 있는 단군묘(檀君廟)에도 이전과 같이 제사를 올리게 해주십시오."[32]라고 주청

32 『成宗實錄』 卷 十五 三年 壬辰 二月 癸酉, 黃海道觀察使李芮馳啓曰, 1, 諺傳,

하자 성종(재위1469~1494)은 이를 수락했다.

단기 4119년(1786) 서형수(徐瀅修, 1749~1824)는 정조(재위1776~1800)에게, "단군은 우리 동방에 맨 먼저 나온 성인으로서, 편발개수와 군신상하의 질서 음식거처의 예의 등의 제도를 마련했습니다. 그러므로 단군은 우리가 잊어서는 안 될 성인으로 모든 예를 갖추어 숭앙해야 합니다. 신이 강동에 죄를 기다리고 있을 때 현 서쪽 3리쯤에 둘레가 410척의 묘를 보았는데, 고노가 이를 '단군묘(檀君墓)'라고 했으며 유향원(柳馨遠, 1622~1673)의 『여지도(輿地圖)』에도 올라있는 만큼, 허실진위(虛實眞僞) 여부를 떠나 이를 방치하여 땔 깜을 채취하고 마소를 먹이도록 할 수는 없습니다. 만약 단군이 아사달산에 들어가 신이 되었으니 묘소가 있을 수 없다고 한다면, 신선이 되어 용을 타고 승천할 때 중국의 황제(黃帝, 재위서기전 2436~2599?)가 떨어뜨린 신발로 조성한 공동산(崆峒山)의 무덤도 있습니다. 더구나 평양에 단군사당을 '숭령전'으로 격상한 터에, 이 묘가 '이전(彝典)'에 누락된 것은 잘못입니다."라는 장계를 올리자, 정조는 비록 확실한 사적은 없으나 『읍지』에도 실려 있고 고을 고노의 전언도 있으니, 도백(道伯)이 몸소 답사하

檀君, 初爲神入九月山, 祠宇在貝葉寺西, 大甑山臨佛刹,…又移于小甑山, 卽今之三聖堂. 2, 檀君及父檀雄祖桓因, 稱爲三聖, 建祠宇祭之. 3, 三聖堂, 桓因天王南向, 檀雄天王西向, 檀君天王東向, 弁板位, 俗傳, 古皆木像, 我太宗朝, 河崙建議, 革諸祠木像.…8, 三聖堂祭器, 古用金銀, 自倭亂後, 用沙器, 梅佐始造鍮器. 9, 廟宇移平壤後, 罷此堂之祭, 今已六十餘年.…11, 『關西勝覽』, 載之文化縣古跡云, 九月山下聖堂里, 小甑山有桓因檀雄檀君三聖祠, 九月山頂有四王寺, 古之星宿醮禮處. 12, 自三聖堂移平壤後, 雖國家不致祭, 若祈雨祈請, 縣官具朝服親祭. 邑俗稱爲靈驗…14, 三聖堂下近處, 人家稠密, 自罷祭後, 惡病始發, 人家一空,…百姓皆謂, 三聖堂移設于平壤府, 不致祭, 其後惡病乃興, 是雖怪誕無稽之說, 然『古記』, 檀君入阿斯達山, 化爲神, 卽今本道文化縣九月山, 其廟存焉. 且前此降香致祭, 請從民願, 依平壤檀君廟例, 每年春秋降香燭行祭. 從之.

여 비석을 세우고, 해당 수령은 무덤 주위에 사는 민인들로 하여금 수호하게 하고, 봄가을에 심방을 상례로 하라고 교시했다.[33]

정조는 단군을 국조로 확실히 긍정했을 뿐 아니라, 반만년의 민족의 장구한 역년임도 시인했다. 서형수는 고대사가 공통으로 가진 비합리적인 문제점을 인지하면서, 중국의 시조로 추앙받는 황제와 대비시켜 단군이 분명한 국조임을 확인한 내용의 장계를 올린 것은, 설득력이 있었기 때문에 정조도 이를 주저하지 않고 수용했다. 단군을 중원 왕조의 시조 황제와 동격으로 받던 것을 회의하던 사람들을 이를 믿게 하는데 도움이 되었다. 중국인은 단군을 신화로 인식하는 우리와 달리, 황제를 허황한 신화적 인물로 여기는 사람은 없고 거대한 조각상까지 세워 숭앙하고 있다. 우리는 한동안 초등학교 교정에 세워진 많은 '단군상'들이 우상숭배로 오인되어 근래에 와서 거개가 철거되었다.

33 『正祖實錄』 卷 二十二 十年 丙午 八月 乙酉, 修檀君墓, 置守塚戶, 承旨徐瀅修啓言. 檀君卽我東首出之聖, 史稱編髮盖首之制, 君臣上下之分, 飮食居處之禮, 皆自檀君創始, 則檀君之於東, 實有沒世不忘之澤, 其所尊奉, 宜極崇備. 臣待罪江東, 見縣西三十里許, 有周圍四百八十尺之墓, 故老相傳, 指爲檀君墓. 登於柳馨遠『輿地志』, 則毋論其虛實眞僞, 豈容任其荒蕪, 恣人樵牧乎. 若以爲檀君入阿斯達山爲神, 不應有墓, 則旣有喬山之舃, 而又有崆峒之塚矣, 況檀君, 在於平壤, 而本郡秩之爲崇靈殿, 則此墓之尙闕彛典, 誠一欠事. 敎曰, 雖無徵信之跡, 邑中故老, 旣有指點之處, 則或置卒守護, 或立石紀實, 可據之例, 不一而足, 況此處事蹟, 昭載『邑誌』,…令該道伯, 巡過時躬審, 以近塚民戶, 定守護, 本邑倅春秋躬審爲式.

4. 단군과 『신증동국여지승람』, 『증보문헌비고』, 『대동운부군옥』

단군임금에 관한 기사는 단기 3863년(중종25[1530])에 발간된 『신증동국여지승람(新增東國輿地勝覽)』 「강화도호부, 문화현, 평양부」 편장의 '산천, 사묘(祠廟), 사단(祠壇), 고적' 조에도 전한다. 구월산은 문화현 서쪽 10리에 있는데 즉 '아사달산'이다. 일명은 '궁홀, 증산, 삼위'로, 단군이 처음 평양에 도읍을 정한 다음, 후에 '백악(白岳)'으로 옮겼다고 전하는 바 이가 곧 구월산이다. 주 무왕이 기자를 조선에 책봉하자, 단군(시조 단군이 아닌 대를 이어 계승한 임금을 뜻한다)은 '당장경(唐藏京)'으로 옮겼다가 후에 이 산으로 돌아와 신이 되었다. 사묘 조에 '환인, 환웅, 단군'을 모신 사당을 삼성사라 했으며 춘추에 제사를 지냈고, 수해와 한발에 기도를 하면 효험이 있었다. 고적 조에 장장평은 현의 동쪽 15리에 있는데 세상에 전하기를 단군의 도읍지라 했고 그 터가 지금도 남아있다. 『고려사』에 나오는 장장평(莊莊坪)은 '당장경'의 오류이다.[34]

「강화도호부」 사단조에, 참성단(塹城壇은 '천호음[天好陰], 지귀양[地貴陽]'의 원리에 입각하여 축조되었다)은 마니산 정상에 돌을 포개어 건축했는데 높이는 10척이다. '상방하원(上方下圓)'의 원리를 좇아 위는 네모이고 아래는 원형이다. 4면은 각각 6척 6촌이고 하단의 원형은

---

34 『新增東國輿地勝覽』 卷 四十二 文化縣 '山川', 九月山在縣西十里, 卽阿斯達山, 一名弓忽, 一名甑山, 一名三危, 世傳檀君初都平壤, 後又移白岳, 卽此山也. 周武王封箕子於朝鮮, 檀君乃移於唐藏京, 後還隱此山, 化爲神.…'祠廟', 三聖祠, 名九月山, 卽桓因, 桓雄, 檀君之祠, 春秋降香祝致祭, 又水旱祈禱輒應,…'古跡', 莊莊坪, 在縣東十五里, 世傳檀君所都, 基址尙存. 『高麗史』以爲莊莊坪, 乃唐藏京之訛.

각각 10왕척(王尺)이다. 세상에 전하기를 단군이 하늘에 제사를 지내던 장소라고 했다. 동경 첨성대의 구조도 이와 동일하다. 그러므로 '첨성대(瞻星臺)'도 '제천단(祭天壇)'의 유적으로 볼 수도 있다. 조선조도 고려조의 전례에 따라 이 단에서 별에 제사를 올렸으며 그 아래에는 재궁(齋宮)이 있다. 조선조 태종(재위1400~1418)이 즉위하기 전 여기 머물기도 했다. 참성단을 소재로 읊은 이색(李穡, 1328~1396)의 시도 전한다. 또 고적 조에 삼랑성(三郎城)은 전등산에 있는데 세상에 전하기로 단군이 세 아들을 시켜 쌓았다고 했다.[35]

「평양부」 '건치연혁(建置沿革)' 조에, 본래 삼조선의 옛 도읍지로 당요 무진년(戊辰年, 단기원년, 서기전 2333)에 신인이 태백산 단목아래 내려오자, 국인이 임금으로 추대하여 평양에 도읍했다고 했다. 사묘(祠廟) '단군사(檀君祠)' 조에, 당고(唐皐, 明代人)는 "나라를 엶이 아득한데, 조선은 이를 비조로 칭한다. 사당은 잡초만 무성하여, 누가 동토를 즐겁다 하느냐."라고 읊었다. 명나라 사도(史道)는 "단군은 어느 시대 인물인가, 중국 요임금과 동시대라고 들었다. 지금부터 4천 여 년 전 인물로, 산마루에는 그를 모신 사당이 남아있다."라고 했다. '동명왕사' 조는 '기자사' 옆에 있으며 '단군사'와 같이 있다. 단군은 서쪽 동명은 동쪽에 있고 모두 남향이다. 세종11년(1429)에 건립하여 매년 춘추 향축을 내려 제사를 드리고 '중사(中祀[四祀, 大祀・中祀・小祀・雜祀 중의 하나)'에 배당시켰다. 권근(權近, 1352~1409)은 '응제시'를 통해, "들은 바에 의하면 아득한 옛적, 단군이 단목에 내려와, 동국의

35 『新增東國輿地勝覽』 卷 十二. 江華都護府 '祠壇', 塹城壇, 在摩尼山頂, 累石築之, 壇高十尺, 上方下圓, 上四面各六尺六寸, 下圓各十王尺, 世傳檀君祭天處, 本朝仍前朝之舊, 醮星于此, 祠下有齋宮, 我太宗潛邸時, 爲代言, 齋宿于此. 有李穡詩.…'古跡' 三郎城, 在傳燈山, 世傳檀君使三子築之.

왕이 되었는데, 제요와 동시라 했다, 역년이 얼마인지는 모르나, 천여 년이 지나, 기자시대에 와서, 국호를 역시 조선이라 칭했다."라고 묘사했다.[36]

『신증동국여지승람』은 단군을 도읍지와 은거지 또는 화신(化神)의 내력을 지역과 결부시켜 기술했다. 강화도와 황해도의 문화현 그리고 평양부에 있는, 단군과 연관된 '구월산(九月山), 당장경(唐藏京), 참성단(塹城壇), 삼랑성(三朗城), 전등산(傳燈山), 태백산(太伯山), 삼성사(三聖祠), 단군사(檀君祠), 동명왕사(東明王祠), 기자사(箕子祠)' 등의 내력을, '건치연혁(建置沿革, 산천, 사단, 고적, 사묘'의 항목으로 분류하여, 전언과 문헌을 참고하여 첨삭 없이 기술했다. 단군의 사적과 맞물린 '궁홀(弓忽), 증산(甑山), 삼위(三危), 백악(白岳)' 등의 산은 모두 '아사달산'의 다른 명칭이고, 아사달산은 곧 구월산으로 단군의 도읍지였다고 했다. 구월산을 '궐산(闕山)'이라 부른 이유는 단군국의 수도로서 대궐이 있었기 때문이라고도 했다.

『증보문헌비고』「여지고」 '역대국계' 장에, "단군조선국은 『동사보감(東史寶鑑)』에 조선의 '조산(潮汕)'은 강으로 인해 붙은 이름이다. '선(鮮)'은 밝다는 뜻이고 땅이 동쪽 끝에 있어서 태양이 먼저 떠오르는 지역이기 때문에 부여된 이름이다. 『산해경(山海經)』은 조선은 열양(洌陽)에 있고 주석에 열(洌)은 강 이름이라 했다. 양웅(揚雄, 서기전

---

36 『新增東國輿地勝覽』 卷 五十一 平壤府 建置沿革, 本三朝鮮, 高句麗之故都. 唐堯戊辰歲, 有神人降太伯山檀木下, 國人立爲君, 都平壤號檀君.…祠廟, 檀君祠 新增 唐皐詩 開國何茫然, 朝鮮此鼻祖. 荊棘非剪除, 伊誰樂東土. 史道詩, 檀君何所始, 聞說始於堯, 去今四千載, 遺廟在山椒. 東明王祠, 在箕子祠傍, 二祠同宇, 檀君在西, 東明在右, 俱南向, 每春秋降香祝祭以中祀, 本朝世宗十一年始置. 權近應制詩, 聞說鴻荒日, 檀君降樹邊, 位臨東國土, 時在帝堯天, 傳世不知幾, 歷年曾過千, 後來箕子代, 同是號朝鮮.

53~서기 18)은 조선은 방언으로 열수(洌水) 사이를 의미한다고 했으며, 장화(張華, 232~300)는 조선에 '천수(泉水), 열수(洌水), 선수(汕水)'가 있는데 이를 합쳐서 '열수(洌水)'라고 하며, 낙랑조선(樂浪朝鮮)이 이에서 따온 명칭인 듯하다."라고 했다. 『삼국유사』는 처음 평양에 도읍했다가 후에 백악(白嶽)의 당장경으로 옮겼다고 했다. 백악은 문화현의 구월산이며 산의 본래 이름은 '궐산'인 데 궁궐터가 남아있기 때문이다. 훗날 '궐(闕)'을 느리게 발음하면 '구월(九月)'이 된다. 당장경도 와전되어 장장평(藏藏坪)이라했다.[37]

『고려지리지(高麗地理志)』에 강화현 서쪽 마니산 정상에 참성단이 있는데, 세상에서 단군의 제천단이었다고 전한다. 전등산의 '삼랑성'은 단군이 세 아들(부우[扶虞], 부소[扶蘇], 부여[扶餘]－『단전(檀典)』)에게 명하여 쌓았다고 했다. 『동사(東史)』에 단군이 팽오(彭吳)에게 명하여 국내산천을 다스리고 아울러 백성의 주거를 마련했다. 『본기통람(本紀通覽)』에 우수주(牛首州, 春川)에 팽오의 비가 있다. 신이 『동사』에 보이는 팽오와 『한사(漢史)』에 실린 통도장군(通道將軍) 팽오는 예맥조선에 나오는 인물과 이름이 같다. 유득공(柳得恭, 1748~1807)의 회고시부에도 '요시군명한시신(堯時君命漢時臣)'라는 구절이 있으며 『동사』가 한나라 때 일을 단군시대의 일로 본 것이다. 삼랑성은 오랜 옛날 성을 쌓는 일은 없었던 만큼, 국조단군이 아니라 실은 단

37 『增補文獻備考』 卷之十三 「輿地考」 歷代國界, 檀君朝鮮國(『東史寶鑑』, 朝鮮音潮汕, 因水爲名, 又云鮮明也, 他在東表, 日先明故名. 『山海經』, 朝鮮在洌陽, 註洌水名. 揚雄, 方言朝鮮洌水之間. 張華曰, 有泉水, 洌水, 汕水, 三水合爲洌水, 疑樂浪朝鮮, 取名於此.) 『三國遺事』曰, 初都平壤, 後徙白嶽之唐藏京(白嶽, 今文化縣九月山, 山本名闕山, 以有宮闕遺遺也. 後緩聲呼之, 訛爲九月山. 唐藏京, 又訛爲藏藏坪).

군의 후대 왕이 축조한 것인데, 후인이 단군이 직접 축조한 것으로 오인한 것이라고 했다.[38]

「제계고(帝系考)」 2 역대기년(歷代紀年) 조에, 단군의 이름은 왕검이다. 『고기』는 동방에 처음 군장은 없었고 '구이(九夷)'만 살고 있었는데, 신인이 태백산(묘향산) 신단수아래 하강하여, 당요25년(단기원년, 서기전 2333) 무진(戊辰)에 왕이 되었다. 국호를 조선이라 하고 평양에 도읍했다가 후에 백악(白岳, 세상에서 당장경이라 했으며 묘향산에 있다)으로 옮겼다. 상(商) 무정(武丁) 을미(乙未)에 아사달(문화현 구월산)로 들어가 신이 되었다. 재위는 1048년(혹은 商나라 武丁 甲子에 예[濊] 땅으로 옮아가 자손이 서로 1017년간을 전했으며, 혹은 향국 1211년을 누리다가 1908세 동안 살았다)이었다고 했다. 홍무(洪武, 1368~1398) 병자년(丙子, 단기 3729, 1396)에 권근이 명나라에 사신으로 갔을 때, 고황제(明太祖, 재위1368~1398)가 단군에 대해 시를 지으라고 명하자, 권근은 '세상에 전하길 얼마인지는 모르나, 역년이 천세(千世)를 지났네, 세상에서 이를 '실기(實記)'라고 여긴다.'라고 했다. 권근의 '단군'이라 제한 오언율시 중의 일부를 인용한 것이다. 명태조가 우리 국조 단군에 대해 관심을 가지고 시를 지으라는 것도 특이하고, 권근이 응제시를 통해 단군의 역년은 사실의 기록이라고 한 점도 의미가 있다.[39]

38 『增補文獻備考』 卷之十三 「輿地考」 『高麗地理志』, 江華縣西, 摩尼山頂, 有塹城壇, 世傳檀君祭天壇. 傳燈山有三郎城, 世傳檀君命三子而築之. 『東史』 檀君命彭吳, 治國內山川, 以奠民居. 『本紀通覽』, 牛首州(今, 春川)有彭吳碑. 續, 臣謹按東史所見, 彭吳與漢史所載, 通道將軍彭吳, 穿濊貊朝鮮者同名. 柳得恭懷古詩賦, 此云 '堯時君命漢時臣' 盖謂『東史』誤認漢事, 爲檀君事也. 又按三郎城, 檀君鴻荒之世, 未必有築城之事, 豈其事在檀君子孫, 而後人誤指爲檀君歟.

39 『增補文獻備考』 卷之四十一 (補) 「帝系考」 二 歷代紀年, 檀君諱王儉, 『古記』云, 東方初無君長, 只有九種夷, 有神人降于太白山(卽, 妙香山)神檀樹下, 唐堯

보(補) 「제계고(帝系考)」 4, 왕자 편에, 단군의 아들 부루가 127년 도산(塗山)에 모여 조회했다고 했다. 또 세상에 전하기를 강화 정족산성(鼎足山城)은 단군이 세 아들을 시켜서 쌓았으므로 삼랑성(三郎城)으로 불린다고 했다. 기준(箕準)의 아들 우평(友平, 準은 위만에게 쫓겨 남쪽으로 내려가 금마저[金馬渚]에 이르러 도읍을 정했다)을 따라 남으로 간 사람의 후예의 성이 기씨(奇氏)이다. 우친(友親, 준(準)이 남으로 내려갈 때 고국에 남아 있었다)의 후예의 성이 한씨(韓氏)이다. 우량(友諒), 준이 남분(南奔) 시 우양은 용강오석산(龍岡烏石山)으로 들어갔는데 그 후예가 선우씨이다. 신이 삼가 살펴 보건데, 동방의 문헌이 소루하여 단군 기자의 수천 년간 후손이 『사첩(史牒)』에 나타난 자가 이것밖에 없고, 나머지는 찾을 수도 없으니 안타깝습니다.[40]

『증보문헌비고』 「제단(諸壇)」 부편 제천지일월성진(祭天地日月星辰) 조에, '단군이 하늘에 제사를 올린 곳은 세상에 전하기를 강화부 마니산 꼭대기에 있는 참성(塹城, 一本作 참성[參星])壇인데 돌을 포개어 쌓았다. 높이가 10척이고 위는 네모지고 아래는 원형이다. 윗지름은 6척 6촌이며 아래지름은 15척이다.'라고 하여 단군이 몸소 하늘에

二十五年戊辰立爲王, 國號朝鮮, 都平壤, 後徙白岳(世號唐藏京, 在文化), 商武丁乙未, 入阿斯達山(卽, 九月山在文化)爲神, 在位一千四十八年(或云, 商武丁甲子, 徙于濊地. 子孫相傳, 凡千有十七年, 或云, 享國一千二百十一年, 壽一千九百八. 洪武丙子, 吉昌君權近, 奉使朝明, 明高皇帝命題檀君詩, 近應製曰, 傳世不知幾, 歷年曾過千, 世以爲實記云).

40 『增補文獻備考』 卷之四十三 (補) 「帝系考」 四 王子, 檀君子夫婁(百二十七年, 會朝塗山). 三子(世傳, 江華鼎足山城, 檀君使三子築之, 故號三郎城). 箕準子友平(準爲衛滿所逐, 南奔至金馬渚都焉, 友平從而南, 其後爲奇氏). 友親(準南奔時, 友親在故國, 其後爲韓氏). 友諒(準南奔時, 友諒入龍岡烏石山, 其後爲鮮于氏). 臣謹按, 東方文獻疎漏, 檀箕累千年之間, 其子支之, 著於史牒者祇此, 而餘無槪見, 可慨也已.

제사를 지냈던 장소라고 했다. 권근은 단군의 제천의식을 두고 고구려 유리왕(재위서기전 19~18) 19년(단기 2333, 서기 1) 교제(祭天)에 올리려던 돼지가 달아난 사건을 두고, 조그마한 약소국이 외람되게 천자의 예인 제천을 하는 것을 하늘이 이를 수용하지 않았다는 증거라고 비판했다.[41]

『증보문헌비고』「예고(禮考)」 제묘(諸廟) 전대 시조 묘 삼성사 편에, 삼성사는 황해도 문화현 구월산에 있는데, 환인과 환웅(『동사보유』에 이르기를 환인은 단군의 할아버지이고 환웅은 단군의 아버지라고 했다)과 단군을 모셨는데 봄가을에 향을 내려 제사를 드렸다. 보편에 조선조 성종3년(단기 3806, 1472)에 황해도 관찰사 이예의 건의로, 구월산에 삼성묘를 세우고, 평양 단군묘의 사례에 의거하여 해마다 향축을 내려 제사를 올렸다. 숭령전은 평안도 평양부성밖에 단군과 고구려 동명성왕을 모셨는데, 매년 봄가을에 향축을 내려 제사를 올렸으며 '중사(中祀)'에 편입시켰고, 영조원년(4058, 1725)에 '숭령전(崇靈殿)'이라는 사액(賜額)을 내렸다. 숙종(재위1674~1720)은 단군사를 소제로 아래와 같은 시를 지었다.

東海聖人作	동방에 성인이 나타나
曾聞幷放勳	요임금과 시대를 함께 했다.
山椒遺廟在	산마루에 사묘가 있어서
檀木擁祥雲	단목에는 상운이 에워있네.[42]

41 『增補文獻備考』 卷之六十一 「諸壇」 (附) 祭天地日月星辰, 檀君祭天處, 世傳, 在江華摩尼山頂塹城(一本, 作參星)壇, 累石築之, 高十尺, 上方下圓, 上徑六尺六寸, 下徑十五尺.…權近曰, 以蕞爾下國, 僭行天子之禮, 天豈受之哉. 郊豕之逸, 天示不受意, 明矣.

『증보문헌비고』는 단군에 대해 여러 차례 언급했다. 46권「제계고(帝系考)」7부(附) 씨족(氏族) 1장에, 단군 시대 여수기(余守己)가 예국의 군장이 되어 아홉 아들이 여러 군을 맡아서 백성들에 공이 많았으므로, 중인이 순종하여 서씨(徐氏)라는 성을 내렸다. 단군시대에도 공이 있는 사람에게 성을 하사한 사례가 있었음을 말한 것이다. 53권「제계고(帝系考)」14부(附) 씨족(氏族) 8장에, 선씨(鮮氏)의 시조 부루(夫婁)는 단군의 아들로 성이 해씨(解氏)로 북부여 왕이 되었고, 후에 백제 여덟 대성의 하나가 되었다. 64권「예고(禮考)」11장, 고구려 동명왕묘(東明王廟)는 평안도 평양부성 밖 단군과 같은 사묘에 있다. 70권「예고」17 산릉 장에, 단군묘는 평안도 강동현 3리에 있는데 둘레가 410척이다. 신이 삼가『여지승람』을 보니, 속전에 단군묘는 강동에 있다고 했습니다. 확실한 증거는 없으나 우상(右相)으로부터 전해 온 설이니 반드시 까닭이 있을 것입니다. 70권「예고」17보(補) 영조 39년(4096, 1763)에 단군과 기자 및 신라 백제 고구려 시조의 능을 수리하라고 명했다. 171권「교빙고(交聘考)」1 역대조빙 편에, 단군 127년 하우씨 18년에, 아들 해부루를 도산(塗山)에 파견하여 조빙했다는 기록도 있다.[43]

42『增補文獻備考』卷之六十四「諸廟」前代始祖廟 三聖祠. 三聖祠, 在黃海道文化縣九月山, 享桓因, 桓雄(『東史補遺』云, 桓因檀君祖, 桓雄檀君父), 檀君, 春秋降香致祭. 補 本朝 成宗三年, 因黃海道觀察使李芮之言, 立三聖廟于九月山, 依平壤檀君廟例, 每歲送香祝以祭之.…崇靈殿, 崇靈殿在平安道平壤府城外, 享檀君及高句麗東明王, 春秋降香祝祭以中祀.…肅宗五年遣近臣致祭, 二十三年又致祭. 御製檀君祠詩曰, 東海聖人作, 曾聞幷放勳, 山椒遺廟在, 壇木擁祥雲.…英祖元年賜額曰, 崇靈殿.

43『增補文獻備考』卷之四十六「帝系考」七 附 氏族, 檀君時, 余守己爲濊國君長, 九子分掌諸郡, 而有功於衆民, 故從衆人邊, 賜姓徐氏.…卷之五十三「帝系

삼국시대 이후 고려 조선조 등의 우리 역대 제왕들은 거개가 단군을 긍정하고 숭배했다. 외래 종교와 이념에 물들어 민족의 정체성에 별 관심이 없는 오늘의 지도자들과 달리, 중국 미국 서구 등 외국 문물과 외래종교에 심취하지도 않았다. '세자시강원' 같은 미래 지도자를 교육시켰던 관서들도 기여했다. 수십 여 년 전 여성들이 주 독자였던 『여원(女苑, 1971~1995)』에, 미국에 유학하고 돌아온 부부가 귀국하여 비위생적이라 단정하고, 집안의 오랫동안 내려온 장독대를 맨 먼저 부셨다는 기사를 읽고 놀랐던 기억이 떠오른다.

16세기 후반 권문해(權文海, 1534~1591)가 편찬한 『대동운부군옥(大東韻府群玉)』에도 단군에 관한 기사가 운자(韻字)별로 정리하여 여러 차례 단편적으로 기술되어 전한다. 내용은 과거 여러 문헌에 실린 것을 전재하는 형식을 취하여 그 요지를 아래와 같이 서술했다.

> 단웅(檀雄); 천신환인의 여러 아들 가운데 환웅이 있었다, 태백산 정상 신단수 아래 내려왔으니 이가 단웅(檀雄)이다. 천왕(天王)과 신웅(神熊)이 혼인하여 단군을 낳았다.…삼성사(三聖祠); 구월산에 삼성사가 있는데 삼성은 환인 환웅 단군이다. 사람들이 사당을 세워 제사를 지낸다.…단군동명왕사(檀君東明王祠); 단군과 동명왕 두 임금을 모셨는데 단군은 서쪽 동명왕은 동쪽에 있다. 세종 때 지어서 봄가을에 제사를 올린

考」 十四 附 氏族 八 鮮氏始祖, 夫婁(檀君子, 以解爲姓, 爲北扶餘王, 後爲百濟八大姓之一).…卷六十四「禮考」 十一 東明王廟, 高句麗東明王廟, 在平安道, 平壤府城外, 與檀君同祠.…卷之七十「禮考」 十七 山陵, 檀君墓, 在平安道, 江東縣西三里, 周四百十尺. 臣謹按,『輿地勝覽』云, 俗傳, 檀君墓在江東, 此雖無端的證據, 而自右相傳之說, 必有以也.…卷之七十「禮考」 十七 補 英祖三十九年, 命修檀君箕子, 及新羅百濟高句麗, 始祖之陵.…卷之一百七十一 補「交聘考」 一 歷代朝聘 一, 檀君百二十七年(夏禹氏, 十八年) 遣子解夫婁, 朝塗山.

다.…삼랑(三郎); 단군의 세 아들이데 단군이 석성을 쌓으라고 명했다.…당장경(唐莊京); 주나라 무왕이 기자를 조선에 봉했다. 단군이 이에 평양에서 이곳으로 옮겼다. 신지(神誌); 단군 때 사람으로 스스로 선인(仙人)이라 했다.…무정을미(武丁乙未)에 단군이 아사달산에 들어가 산신이 되었다.…백악(白岳); 단군이 평양에서 백악으로 도읍을 옮겼는데 지금의 구월산이다.…단군(檀君); 동방에 처음에 임금이 없었는데 신인이 태백산 박달나무 아래 내려왔다. 중국 요임금과 동시에 즉위하여 나라를 다스렸다.…묘향산(妙香山); 일명 태백산 압록강 남쪽 기슭에 있는데 요양과 경계가 되는 장백산이 갈라져 나왔다. 단군이 태백산 신단수 아래 내려왔다.…부루(扶婁); 단군의 아들로 우임금이 도산(塗山)에서 제후들과 조회할 때 참여했다.…장장지(莊莊址); 문화현 동쪽에 장장평이 있는데 단군의 도읍 터로 알려져 있다.…궁홀(弓忽); 구월산의 일명으로 단군이 이 산에 들어와 신이 되었다고 한다.…아사달(阿斯達); 구월산의 일명으로 단군의 최초 도읍지 평양에서 백악으로 옮겼다가 신이 된 산이다.[44]

5. 단군과 『필원잡기』, 『팔역지』, 『사군지』, 『수산집』

단군의 영이사적에 관한 기록은 조선조 전기 서거정(徐居正, 1420~1488)을 비롯하여 조선조 후기까지 이어졌다. 서거정은 단기 3820년(1487)에 편찬된 『필원잡기(筆苑雜記)』를 통해 단군의 사적에 관해 자긍심과 애정을 가지고 구체적으로 기술했다. 단군은 요임금과, 고려 태조는 송 태조와, 조선조 태조는 명 태조와, 거의 동시대에 흥기했다고 하여 민족의 유구한 역사를 칭송하며 단군을 고대 실존했던 제왕

44 權文海; 『大東韻府群玉』 중 인명과 해당 사우 편에 수록된 내용을 추려서 소개했다.

으로 인정했을 뿐 아니라, 중국의 당(唐)나라 요(堯)임금과 대등한 제왕으로 평가했다.

> 돌이켜보면 당요(唐堯)원년 갑진(甲辰)으로부터 홍무원년(洪武元年1,368 戊申)까지의 역년이 3785년이며, 단군원년(서기전 2333, 戊辰)에서 이태조가 개국한 임신(壬申, 1392)까지 또한 3785년이다. 우리나라의 역년이 대체로 중국과 같다. 요왕이 일어나자 단군이 일어났고, 주 무왕(武王)이 나라를 세우자 기자를 봉했으며, 한나라가 천하를 평정하자 위만(衛滿)이 평양으로 왔으며, 송태조(宋太祖)가 홍기할 무렵 고려 태조는 이미 일어났으며, 우리 태조의 개국도 명태조(明太祖)와 동시대였다. 『고기』에 단군이 요와 같은 날에 나라를 세워 우 하(虞・夏)를 지나 상무정(商 武丁)8년 을미(乙未)에 아사달산에 들어가 신이 되었는데 향년이 1048세라고 했다. 당시 문적이 부전하여 그 진위를 판단할 수 없어 『고기』의 기록대로 적었다. 거정이 알기로 요의 시대에는 문화가 선양되었지만 하 상대에 세태가 경박해져 왕위를 누린지 고작 40 50 년에 불과했다. 사람의 수명에 상수(上壽)는 100년, 중수(中壽)는 60, 70년, 하수(下壽)는 40, 50세에 불과한데, 단군이 1100세를 살아서 한 나라의 왕위에 있었다는 것은 거짓이다.…이는 단씨(檀氏)가 대를 이어 나라를 경영한 햇수가 1048년이라는 사실을 말한 것으로 의심의 여지가 없다. 권근의 시에 "아득한 옛날부터 전해온 말에, 단군이 박달나무아래 내려와서, 몇 대를 지냈는지는 모르나, 나라의 역년은 천년을 넘었네."라고 했으니 그 존국(存國)연대가 장구했음을 지적한 것이다.[45]

45 徐居正;『筆苑雜記』卷之一 嘗古自唐堯元年甲辰, 至漢武元年戊申, 摠三千七百五年, 自檀君元年戊辰, 至我太祖元年壬申, 亦三千七百八十五年. 吾東方歷年之數, 大槩與中國相同. 帝堯作而檀君興, 周武王立而箕子封, 漢定天下而衛滿來平壤, 宋太祖將興而高麗太祖已起, 我太祖開國, 亦與太祖高皇帝同時.『古記』云, 檀君與堯同日而立, 歷虞夏至商武八年乙未, 入阿斯達山爲神, 享年一千四十有八, 當時文籍不傳, 其眞僞不得而考. 只今傳襲以『古記』爲記. 居正以爲

서거정은 국조 단군을 중원의 요임금과 동시대 인물로 인식하여 준 역사적 인물로 규정하고, 단군의 나이가 1048세라는 『고기』의 기록을 단군의 후손이 집권한 역년으로 해석하여, 단군을 신화적 인물에서 역사적 개국시조로 합리화하여, 단군조선을 민족사의 최초왕조로 부각시켰다. 아울러 고려 왕태조와 조선조 이태조를 송태조와 명태조와 대등한 제왕으로 묘사하여 민족적 긍지를 고양했다. 단군이 아들 부루를 낳았으며 동부여왕이 되었고, 하나라 우왕(禹王)이 도산(塗山)에 제후를 소집했을 때 부루를 파견했다는 설은, 중국 문헌에 전혀 언급이 없는 만큼 이는 사실이 아니라는 객관적 평가를 했다.

서거정의 단군인식보다 진일보하여 수산(修山) 이종휘(李鍾徽, 1731~1797)는 그의 저서 『수산집(修山集)』「동사(東史)」편 '단군본기(檀君本紀)' 장에 단군을 황제로 격상시켜 존숭했다. 미수(眉叟) 허목(許穆, 1595~1682)의 『동사(東史)』와 현묵자(玄默子) 홍만종(洪萬宗, 1643~1725)의 『동국역대총목(東國歷代總目)』에 단군을 「본기(本紀)」가 아닌 「단군세가(檀君世家)」에 편차한 것과는 천양지차가 있다. 본기(本紀)는 황제 세가(世家)는 제후왕의 사적을 기록하는 것이 고대와 중세의 관례이다.

이종휘보다 1세기 여를 앞선 허목과 홍만종이 '단군'을 '제후'로 취급한 것과 달리 이종휘는 황제로 추앙하여 모셨다. 이들과 달리 단군을 '황제로 받들어 모신 이종휘를 우리는 높이 평가하고 그 정신을

唐堯之時, 人文昭宣, 至虞夏商世漸澆薄, 人君享國久長者, 不過四五十年, 人壽上壽百年, 中壽六七十年, 下壽四五十年, 安有檀君獨壽千百年, 以享一國乎, 知其說之誣也.…檀氏相傳享國之數, 千四十八年者無疑矣. 權文忠近詩曰, '聞說鴻荒日, 檀君降樹邊, 世傳不知幾, 歷年會過千', 盖言其傳世歷年之久也.

기리고 계승해야 할 것이다. 서거정과 이종휘는 3세기의 시차가 있다. 이종휘는 과거 선대들의 단군인식을 뛰어넘어, 『수산집』에 「동사(東史)」 장을 설정하여 '「단군본기」' 편장을 만들어 '국조단군'을 기렸다.

> 조선왕 단군의 할아버지는 신인(神人) 환인桓因이다. 환인의 서자(庶子) 환웅(桓雄)이 태백산에 살았는데 신웅(神熊)의 이적(異蹟)으로 박달나무 아래에서 아들을 낳아 단군이라 불렀다. 혹왈 왕검으로 칭했으며 성을 환씨(桓氏)라고 했다. 단군시대에 우리 동하(東夏, [東夷]의 이[夷]를 마땅찮게 여겨 하[夏] 하나라 우왕[夏禹]의 하나라로 표현했으며, 연암은 동이[東彝, 동방의 당당한 나라]라고 고쳐 불렀다)에 왕이 없고 백성이 어리석어 짐승과 무리지어 살았다. 이에 단군이 편발개수(編髮盖首)를 가르치니 군신과 남녀의 분별이 확립되고 음식과 거처도 정연해졌다.… 단군은 평양(平壤, 일설에 한반도 안의 평양이 아니고 요하이동 만주지역에 있는 평양으로 보기도 한다)에 거처했는데 은주(殷·周) 시대에 이르러 후세 자손이 백악(白岳)에 옮겼으니 단군이 즉위한 지 1508년이었다.…내가 일찍이 마니산에 단군의 '제천단'이 있고, 구월산에는 '삼성사'가 있으며 그 동쪽에는 예부터 당장경(唐莊京)'이라 불리는 곳이 있어 가끔 서기가 서린다고 들었는바, 총괄해보니 서거정이 논한 것과 어긋나지 않았다. 근래 중국의 『고사(古史)』를 보니 단군왕검이 분명하게 기록되어 있었다. 단군은 우리나라 최초의 성인(聖人)으로 중국의 복희(伏羲) 신농(神農)과 같은 임금으로 여겨진다. 삼가 『고기』 가운데 내용이 반듯한 것을 뽑아 「본기(本紀)」의 첫머리로 삼는다.[46]

46 李鐘徽; 『修山集』 東史 本紀 「檀君本紀」, 朝鮮王檀君者, 祖曰神人桓因, 因有庶子, 曰桓雄. 桓雄居太白之山, 有神熊之異, 而生君於檀樹下, 號檀君, 或曰檀君名曰王儉, 或曰姓桓氏. 檀君之時, 東夏無君長, 百姓蚩蒙, 禽獸與羣. 於是, 檀君乃教民編髮盖首, 始有君臣男女之分, 飲食居處之節…檀君居平壤之邱, 而當殷周之際. 後世子孫, 徙於白岳, 檀君立一千五百八年.…余嘗聞摩尼山有檀君祭天壇, 九月山有三聖祠, 其東有古所謂唐莊京者, 往往有佳氣其上云. 總

위에 인용한 이종휘의 '단군본기' 내용 가운데 단군을 숭앙하는 강렬한 의지로 말미암아 『삼국사기』와 『삼국유사』가 혼동된 경우도 있다. 그 한 사례로 『삼국사기』에는 단군에 관련된 내용이 없다. 수산이 「단군본기」 중 단군과 연계된 부분은 『삼국유사』에 수록된 것인데, 유자들의 신빙성을 제고하기 위해 의도적으로 『삼국사기』로 적은 것일 수도 있고, 수산 당대에 『삼국유사』가 현재처럼 일반화가 안 된 책이기 때문일 수도 있다. 또 『25사』를 비롯한 중국 문헌에 단군에 관한 내용이 전무함에도 불구하고, 중국문헌에도 실려 있다고 말한 것일 수도 있다. 이는 중국이 우리 국조 단군을 의도적으로 배제한 것으로 여겨진다. 중국이 비하한 용어인 동이를 "동하(東夏)"로 바꾼 의도는 공감이 가는 견해이며, 우리 고대사를 "단군본기"로 표현한 의도 역시 높이 평가해야 할 점이다.

17세기 초엽에 소위 북학파와 실학자 등으로 지칭된, 청담(淸潭) 이중환(李重煥, 1690~1752)이 영조27년(단기 4084, 1751)에 발간한 『팔역지(八域誌, 一名, 『택리지[擇里志]』)』와 영재(泠齋) 유득공(柳得恭, 1748~1807)의 『사군지(四郡志), 21도회고시(二十一都懷古詩)』와 옥유당(玉蕤堂) 한치윤(韓致奫, 1765~1814)의 『해동역사(海東繹史)』와 단기 4195년(철종[재위1850~1863]13, 1862) 무렵에 발간된 『동전고(東典考)』 및 일제강점기인 단기 4260년(1927) 이정구(李定求)의 『사천년문헌통고(四千年文獻通考)』까지 단군에 관한 기록은 계속되었다.

이중환은 그가 찬한 『팔역지』 「팔도총론」에서, "옛날 요임금 시대

之不離, 四佳所論者近是. 余觀中國『古史』, 其表見檀君王儉之名章矣. 盖檀君首出聖人, 在中國其伏羲神農之君乎, 竊取『古記』文意頗雅者, 爲本紀書首.

에 신인(神人)이 평안도 개천현 묘향산 단목아래 석굴 중에 화생하여 단군이라 칭하고, 구이(九夷)의 군장이 되었으며 연대와 자손은 기록할 수 없다."고 했으며, 「황해도」 편에, "문화구월산은 단군의 옛 도읍이다."라고 부언했다. 「명산명찰」 조에, "평안도 묘향산은 "옛적에는 '태백산'이라 했으며 산상에 단군이 화생한 석굴이 있다."고했다. 「도읍은둔(都邑隱遁)」 편에, 구월(산) 역시 '회룡고조지형(回龍顧祖之形)'으로 산위에 천험의 산성이 있는데, 언전에 단군자손이 기자를 피해 평양에서 옮겨와 이곳 장장평에 도읍을 정했으며, 단삼군사(檀三君祠, 환인, 환웅, 단군을 모신 삼성사)가 지금도 남아있고, 나라에서 춘추로 향을 내려 제사를 지낸다."고 했다.

유득공은 『사군지』 말미에, "김부식이 찬한 『삼국사』에 이르길, 평양은 본래 선인 왕검의 땅이다. 왕검은 어떤 인물이냐 하면 이른바 『고기』에 등장하는 단군으로, 이름은 왕검으로 아사달산에 들어가 신이 되었다는 설이 있는데, 이 선인이 혹 단군을 지칭한 것일까. 사서의 체제를 갖추지 못한 동인의 찬술은 번번이 황잡한 설을 개진하여, 단군의 이름은 왕검 또는 왕험이고, 평양을 왕험 또는 왕검으로 말하기도 했다가 왕험으로 굳혀졌지만, 응소(應劭, ?~204?)는 요동의 험독현을 왕험(王險)이라 했다."라고 하여 평양 호칭의 난맥상을 지적했다.[47]

47 柳得恭; 『四郡志』 金富軾撰 『三國史』云, 平壤者, 本仙人王儉之宅也. 仙人王儉果是何人, 所謂『古記』檀君名王儉, 入阿斯達山爲神云爾, 則仙人或指檀君歟, 不成史體, 自此東人撰述, 踵成荒雜之說曰, 檀君名王儉, 一作王險, 平壤號王險, 一作王儉, 平壤遂爲王險,…應劭, 遼東之險瀆縣爲王險.…則平壤之非王險明矣.

6. 단군과 『21도회고시』, 『해동역사』, 『동전고』, 『사천년문헌통고』

단군을 민족의 시조로 확인한 유득공은 그의 『21도회고시』「단군조선」 편장을 통해 다시 이를 천명했다. 『동국통감』에 동방에 처음에는 군장이 없다가, 신인이 박달나무 아래에 내려오자, 그를 추대하여 임금으로 삼으니 이가 바로 단군이다. 국호를 조선이라 했는데 당요 무진년(戊辰, 단기1, 서기전 2333)이다. 『삼국유사』는 단군이 평양에 도읍했다고 했다.

大同江水浸烟蕪	대동강 물결 안개 낀 대지를 적시니
王儉春城似畵圖	왕검성의 봄빛 한 폭의 그림 같다.
萬里塗山來執玉	만리 밖 도산(塗山) 옥을 잡고 조회하니
佳兒尙憶解扶婁	예쁜 아가들 아직도 해부루(解扶婁)를 기억하네.

『여지승람』에 '대동강'은 평양부성 동쪽 1리에 있는데, 패강이라고 했으며 '왕성강(王城江)'이라고도 했다. 왕검성(임금성, 王城?)은 『삼국사』에 평양은 본래 선인 왕검이 거주하던 곳이다. 『동사』에 단군의 이름은 왕검이라 했다. 『여지승람』에 연나라 위만(衛滿, 재위서기전 194~?)이 왕험(王險[儉])에 도읍했다. '險'을 '儉'으로 보기도 하는데 즉 평양을 말한다. '도산집옥(塗山執玉)'은 『동사』, 하우(夏禹)18년 도산에서 제후들의 조회를 받을 때, 단군이 아들 부루를 보내 참여하게 했다. 『문헌통고』는 단군 아들 해부루는 부여의 시조가 되었다고 했다. 유득공은 한국 고대사의 핵심인물인 단군임금을, 서구식 신화나 실증주의의 척도에 입각하여 판단하지 않고, 고대사가 가진 특성을 합리적 시각으로 인식했다.

유득공은 그의 벗 한치윤의 저서 『해동역사』의 서문을 통해, 『고기』는 승려들의 황탄한 설로 점철되었기 때문에, 중국 문헌에 의거한 연구는 불가피했다고 지적했다. 『삼국사기』의 약점도 역시 문헌의 인멸로 인해 어쩔 수 없었다고 이해했다. 동방 문헌의 인멸이 이세적(李世勣, 594~669)이 평양 서고를 불태웠고, 완산(完山)에 있던 문헌들도 견훤(867~936)의 패배 시 불탔다는 것 역시 낭설이라 했다. 자기나라의 역사를 모르는 것을 옛날 군자들은 부끄럽게 여겼는데, 『해동역사』를 읽으면 이 같은 우려가 해소된다고 하는 말로 마무리했다.[48]

『해동역사』 권 제1 「세기(世紀)」 2 '단군조선' 편에, 한치윤은 "『사기』 색은에 의하면, 조(朝)의 음은 조(潮), 선(鮮)의 음은 산(汕) 이다. 조선에 산수(汕水)가 있으므로 붙은 이름이다. 복생(伏生, 前漢의 학자)의 『서경』 「대전(大傳)」에 기자가 조선으로 달아나자, 무왕이 이를 듣고 여기에 봉했다. 기자 이전에도 조선이라는 칭호가 있었다. 따라서 단군시대에 조선이란 호칭은 불확실하다. 그러나 『고려사』가 단군시대를 전조선 기자를 후조선이라 했기 때문에 이를 따른다."고 했다. 당요씨(唐堯氏)가 천하의 황제로 통치한 뒤 29년 무진(戊辰, 단기원년, 서기전 2333)에, 단군이 왕위에 올라 비로소 평양에 도읍하여 국호를 조선이라 했는데 이가 바로 단군조선이다. 환웅은 천신 환인의 아들로 태백산 단목아래 내려와 잠시 사람으로 변하여 아들을 낳았는데 이가 곧 단군이다. 단군의 이름은 '검(儉)'이다. 태어날 때부터 신명스

48 韓致奫;『海東繹史』柳得恭序,…所謂『古記』, 都是緇類荒誕之說, 士大夫不言可也. 金富軾『三國史』, 人咎其脫略不足觀, 而名山石室茫無所藏, 雖金富軾亦且奈何.…東人或言, 東方『史籍』在平壤者, 焚於李勣, 其在完山者, 又焚於甄萱之敗, 此亦無稽之談,…不知本國之史者, 古之君子恥之若之, 何不觀是書也.

러워 구이(九夷)가 임금으로 삼았다. 은나라 무정8년 을미에 단군이 구월산에 들어가 신이 되었다. 『조선세기(朝鮮世紀)』는 나이가 1048세라고 했다.[49]

『해동역사』「세기」2 '단군조선' 편장은, "『동사』에서 말한 단군의 사적은 모두 황탄하여 이치에 어긋나 있다. 단군이 처음 나타날 때 반드시 신성한 덕을 가졌을 것이다. 옛적 신성한 인물의 출생은 일반인과 다르게 마련인데, 어찌 이처럼 황당하게 표현했는지 의아하다. 그 이른바 '환인 · 제석' 등은 『법화경』에서 따온 말이다. 신라 고려시대는 불교를 존숭하여 그 폐단이 여기에 이른 것이다. 동방은 누차 병란을 당하여 『국사』와 숨겨진 문헌이 탕진되어 남은 것이 없다. 승려들의 저술은 암혈에 비장되어 후세에 전해진 것이 많았기 때문에 『정사(正史)』에 편입되기도 했다. 세월이 흘러 이들 책들이 중국에 유입되어, 어진 사람들의 나라가 괴이한 말이 나도는 국가로 인식되고 있으니 탄식할 수밖에 없다. 또 『회기(會紀)』를 검토하니 상(商) 무정(武丁)8년은 을미(乙未)가 아니고 갑자(甲子)이니 1017년이 맞다. 『동사』는 모두 단군의 나이가 허황하고 근거도 없이 1048세로 보았다. 권근의 시는 '세상에 전해진 지 얼마인지는 알 수 없으나, 역년은 천년은 지났다.'고 했는데 이설이 옳다. 18권「예지」1 제례 묘제(祭禮

49 韓致奫;『海東繹史』卷 第二「世紀」二 檀君朝鮮, 按『史記』索隱曰, 朝音潮, 鮮音汕, 朝鮮有汕水故名. 伏生『書』大傳云, 箕子走之朝鮮, 武王聞之, 因以封之. 然則箕子之前, 知有朝鮮之稱, 而檀君時朝鮮稱否, 未可的也, 然而『麗史』, 以檀君爲前朝鮮, 箕子爲後朝鮮, 故今從焉. 唐堯時帝天下二十有九年戊辰, 檀君氏立焉, 始治都邑邑于平壤, 國號朝鮮, 是爲檀君朝鮮. 桓雄者, 天神桓因之子也, 降于太白之山檀木之下, 假化合而生子, 以生檀樹下, 是爲檀君, 檀君名儉, 生而神明, 九夷君之. 迄有殷氏武丁八年乙未, 檀君入九月山爲神云, 壽千四十八歲(『朝鮮世紀』)

廟祭) 편에, 단군이 후에 구월산에 들어가 언제 삶을 마감했는지 모르지만, 국인이 묘를 세워 제사를 올리는 이유는 그가 최초로 개국군주이기 때문이다. 사묘는 기자사 동쪽에 있는데 목주에 '조선시조단군위(朝鮮始祖檀君位)'(「조선부」, 주[朝鮮賦注])라고 적혀 있다"고 했다.[50]

조선조 말엽 철종(재위1849~1863)연간에 출간된 것으로 여겨지는 『동전고(東典考)』는 실사구시의 방법론에 입각하여 이를 주제별로 분류하여 저작된 저술로, 전대 문헌들을 광범하게 인용하여 후학들에게 많은 도움이 된다. 단군의 '영이사적'의 경우도 전래 문헌에 언급한 사안들을, 남김없이 참고하여 단군 연구에 큰 기여를 하고 있다. 특히 권 12 「역대」 편은 반만년 민족사를 요약해서 정리했다. 이 가운데 머리에 나오는 '단군조선' 편장이 주목되는데. 각종 문헌에 채록된 해당 자료들을 종합적으로 수집하여 후학들의 단군연구에 큰 보탬이 되고 있다. 이에 전문을 인용하여 검토할까 한다.

단군의 이름은 왕검이다. 『구사(舊史)』「단군기(檀君紀)」에 이르기를 신인이 태백산(영변묘향산[今, 寧邊妙香山]) 단목아래 내려오자 국인이 임금으로 받들었다. 때는 당나라 요임금 무진 세이다. 상나라 무정

50 韓致奫; 『海東繹史』 卷 第二 「世紀」 二 檀君朝鮮, 按『東史』所言檀君事, 皆荒誕不經, 檀君首出, 必其人有神聖之德, 古者神聖之生, 固有異於衆人者, 豈有若是之無理乎. 其所稱桓因帝釋等語, 出於『法華經』, 羅麗之代尊尙異敎, 其弊至此. 東方屢經兵燹, 『國史』秘藏蕩然無存, 緇流所記, 得保巖穴之間, 以傳後世, 作事者悶其無事可記, 時或編入正史, 世愈久而言愈實, 以至流傳中國, 遂使一隅仁賢之邦, 歸於語怪之科, 可勝歎哉, 又按『會紀』, 商武丁八年乙未乃甲子, 自唐堯戊辰, 至武丁甲子, 爲一千十七年. 『東史』蓋言檀君壽一千四十八年, 其說誕謾無稽. 權陽村近詩曰, 傳世不知幾, 歷年曾過千. 蓋以一千十七年, 爲傳世歷年之數, 此說是也.…卷 第十八 「禮志」 祭禮 廟祭, 檀君後入九月山, 不知所終, 國人世立廟祀之者, 以其初開國也. 今廟在箕子祠東, 有木主題曰, 朝鮮始祖檀君位(「朝鮮賦」 注).

8년 을미에 아사달산(금 문화구월산 본명은 '궐산'으로 궁궐의 유지가 남아 있다. 궐자를 길게 소리하면 구월산이 된다. 일설에 아사달의 '아사'는 방언의 '九'이며 '달'은 방언의 '月'이다. 아사달은 즉 '9월'의 방언이다)에 들어가 신이 되었다(『삼한고기[三韓古記]』). 원년에 백성들의 머리를 땋아 얼굴을 가리는 등의 외양의 법도(군신남녀[君臣男女]와 음식거처[飮食居處] 등의 제도가 처음으로 시작되었다—『비고』)를 백성에게 가르쳤다. 『동사』는 단군이 팽오에게 명하여 국내산천을 다스리고 백성의 주거문제를 해결하라고 명했다고 했다. 『본기통람(本紀通覽)』은 우수주 금, 춘천(牛首州 今, 春川)에 팽오의 비가 있다고 했다. 『한서(漢書)』「식화지(食貨志)」는 팽오는 예맥조선을 통하게 했다고 적었다. 팽오는 한인(漢人)이지 단군의 신하가 아니다(上同), 강화도 서쪽 '마리산(摩利山, 머리산?)' 정상에 참성단이 있는데 세상에 전하기를 단군이 하늘에 제사를 올리던 곳이고, 전등산에 있는 삼랑성은 단군이 세 아들에게 명하여 축조한 것이라고 했다(『고려사』「지리지 상동(上同, 地理志」). 이가 바로 '전조선'으로 최초의 국호라고 했다.[51]

『동전고』는 조선의 음은 조선(潮仙)인데, 강 이름으로 인한 명칭이다. 또 이르길 선(鮮)은 밝다는 의미이다. 땅이 동쪽 끝에 있고 태양이

---

51 『東典考』 卷之十二 「歷代」 檀君朝鮮, 檀君諱王儉. 『舊史』「檀君紀」云, 有神人降太白山(今 寧邊 妙香山)檀木下, 國人立爲君, 唐堯戊辰歲也. 至商武丁八年乙未, 入阿斯達山(今 文化 九月山, 本名闕山, 以有宮闕遺址也. 緩聲呼之爲九月山, 一說, 阿斯者, 方言九也, 達者方言月也, 阿斯達, 卽九月之方言)爲神(『三韓古記』). 元年, 教民編髮盖首(君臣男女, 飮食居處之制始此. 『備考』.). 『東史』, 檀君命彭吳, 治國內山川, 以奠民居. 『本紀通覽』, 牛首州(今 春川)有彭吳碑. 『漢書』「食貨志」云, 彭吳穿濊貊朝鮮, 彭吳乃漢人, 非檀君之臣也(上同). 江華縣西, 摩利山頂, 有塹星壇, 世傳檀君祭天壇, 傳燈山有三郎城, 檀君命三子, 而築之(『高麗』「地理志」. 上同). 是爲前朝鮮, 始有國號(『輿地勝覽』).

처음 비치기기 때문에 붙은 이름이다. 『산해경』에 조선은 열양(列陽, 注, 列은 江名)에 있다고 했다. 양웅(揚雄, 서기전 53~서기 18)은 조선은 열수 사이에 있다고 했으며, 장화(張華, 232~300)는 조선은 '천수(泉水), 열수(洌水), 선수(汕水)'가 합쳐진 '열수(洌水)' 사이에 있다. 낙랑조선도 여기에 따온 이름으로 의심된다(『備考』). 문화 구월산에 삼성사가 있어 '환인, 환웅, 단군' 삼인에 제사를 올리고 있다. 『삼국유사』의 단군 영이사적도 신빙성의 문제가 있다. 그러므로 태백산 신단수 아래 하강한 자는 단군이 아니다. 그 설이 요사하고 비루함에도 불구하고 역사를 기술하는 사람이 이를 전적으로 믿었다. 또 당의 요임금 이후 역년의 햇수는 중국의 사서와 소씨(邵氏)의 『경세서(經世書)』를 검토하면 알 수가 있다. 요임금 경인(庚寅)으로부터 무왕 을묘(乙卯)까지 대략 1220년이 된다. 그렇다면 나라를 통치한지 1500년이고 수명이 1908세라는 설은 황당한 억설이다. 단군의 묘는 강동현 서편 3리에 있는데 둘레가 410척(그 중 하나는 현 북녘 '도료산(刀了山)'에 있다-『비고[備考]』)이다.[52]

『동전고』의 저자는 단군의 영이사적을 합리적으로 접근하여 단군의 위상을 한층 더 높이고자 했다. 단군의 나이와 향국기간도 비합리

52 『東典考』 卷之十二 「歷代」 檀君朝鮮, 朝鮮 音潮仙, 因水爲名, 又云, 鮮, 明也, 地在東表, 日先明故名. 『山海經』, 朝鮮在列陽, 註 列, 水名, 揚雄, 方言朝鮮, 洌水之間. 張華曰, 朝鮮 有泉水洌水汕水, 合爲洌水, 疑樂浪朝鮮取名於此(『備考』).…文化九月山有三聖祠, 祀桓因桓雄檀君三人. 『三國遺事』載昔有桓因帝釋, 庶子桓雄, 受天符印三箇,…以此言之, 降太白檀樹下者, 非檀君也, 其說妖誣鄙濫, 作史者其可全信此言. 且唐堯以後, 歷年之數, 『中國史』, 及邵氏『經世書』, 可考而知也. 自堯庚寅至武王乙卯, 僅一千二百二十年, 然則御國一千五百年, 壽一千九百八歲, 其誣不亦甚乎. 檀君墓在江東縣西三里, 周四百十尺(在縣北刀了山, 『備考』).

적이라고 인식했지만, 단군임금의 존재와 위상은 더욱더 추숭했다. 단군인식을 뒷받침 하기위해 서거정(1420~1488)의 주장을 다시 첨가했다. 서거정은 요임금 시대에는 인문이 밝게 펴져있었으나, 하대를 지나 상대에 이르러 세태가 점차로 경박해져, 제왕의 향국이 오래인 경우도 사오십년에 불과했다. 사람의 수명은 상수(上壽, 예부터 인간의 수명은 '상수[上壽], 중수[中壽], 하수[下壽]'가 있다고 했다. 『서경』의 주석은 각각 120, 100, 80으로 규정했다－필자)인 백년이 고작인데, 단군은 천 백년을 살아서 국가를 다스렸다는 것은 공감이 안 된다. 또 아들 부루를 도산에 보내 우왕을 축하했다는 것은 근거가 없다. 그러나 단씨(檀君)가 대를 물려 나라를 전한지가 1048년이나 되었다는 점은 의심할 수 없는 사실이라고 했다(『아람(兒覽[紀年兒覽])』曰, 무정(武丁)8년은 甲子이지 乙未가 아니며, 나이는 1017세이지 1048세가 아니라고 했다. 乙未는 1048년에 미치지 않으므로 39년으로 보는 것이 합당하다).

이와 연계하여 권근은 단기 3729년(1396) 명태조의 요구로, '듣건대 아득한 옛날, 단군이 단목 가에 내려와, 대물림이 얼마인지 모르나, 역년은 천년을 넘었네.'라는 시를 지었다고 했다. 이 역시 단군의 역년이 장구함을 밝힌 것이다. 혹왈 해부루의 어머니는 하백의 딸이다. 『유사』는 단군이 하백여와 친하여 해부루를 낳았는데, 뒤에 해모수가 하백여와 친하여 주몽을 낳았다고 했다. 왜 전에는 단군에게 시집갔다고 했고, 뒤에 해모수와 인연을 맺었는지 의아하다. 단군의 강역은 알 수 없으나 북부여가 요동에 있었으니, 요동 지역 전부를 단군의 강역으로 『동전고』는 인식했다.[53]

53 『東典考』 卷之十二 「歷代」 檀君朝鮮, 徐居正以爲唐堯之時, 人文昭宣, 至于夏商, 世漸澆薄, 人君享國久長者, 不過四五十年, 人壽上壽百年, 安有檀君獨壽

『동전고』의 「단군조선」 편장은 단군조선을 불합리한 영이사적의 내역 일부를 역사적 현실로 환치하는데 초점을 맞추었다. 『삼국유사』의 단군에 대한 기록도 천착하여 현실문맥으로 바꾸려했다. 일부 구 사대주의자들이 허황한 신화로 격하하려는 시도와는 다르다. 『동전고』는 단군의 사적을 애정을 가지고 전대 문헌이 못 보았던 자료까지 세세하게 찾아내어 수록했다. 단군시대의 강역과 단군의 아들 해부루와 증손자 대소(帶素)까지 3대를 언급하고, 고주몽(서기전 37~19)과 온조(서기전 18~28)도 단군의 후손이라 했다.

'단기기원'은 국조 단군에서 출발한 한민족의 고유 '기년(紀年)'이다. 연대표시를 할 때 우리는 '기원전(紀元前[BC])'이라는 용어를 부담 없이 쓰고 있다. 중국 공산정권이 서기를 '공원(公元)'이라 칭하는 것도, 자긍심을 버린 동서구의 기독교정권 문화의 종속된 국가라는 의미를 갖고 있는, 용어임을 모르고 사용하고 있는 것과도 같은 발상이다. 그러므로 '기원전'이라는 용어를 버리고 '서기전'으로 사용하는 것이 옳다.

단기 4260년(1927, 초판은1926, 大正15) 이정구(李定求)가 펴낸 『사천

千百年而享一國乎, 又遣子扶婁, 朝禹於塗山, 其說無據. 檀氏相傳享國之數, 千四十八年者, 無疑矣(『兒覽』曰, 武丁八年爲甲子非乙未, 壽當爲一千十七, 非一千四十八, 以乙未及千四十八, 參攷則當作三十九年). 洪武丙子, 吉昌君權近朝京, 太祖命題檀君詩, 近應制曰, 聞說鴻荒日, 檀君降樹邊, 傳世不知幾, 歷年曾過千. 盖言其傳世歷年之久也. 或曰解夫婁母, 非西岬河伯女也(『楓巖輯話』). 『遺事』云, 檀君與河伯女要親産子曰扶婁, 後解慕漱私河伯女産朱蒙, 設令河伯女, 果是神鬼而非人, 又何以前嫁檀君, 後私慕漱乎(上同), 檀君曾孫東扶餘王帶素,…自檀君子解扶婁, 至帶素不過三世,…朱蒙少子曰溫祚, 爲句麗百濟之祖, 皆本於檀君氏(『眉叟記言』).…平壤有崇靈殿享檀君. 檀君疆域無可考,…北扶餘在遼東北千里, 盖檀氏世衰, 子孫北遷, 而舊疆因入箕子封矣(安鼎福 『綱目』).

년문헌통고(四千年文獻通考[昭和2년, 東明社])』의 서문을 쓴 윤영구(尹寗求, 1868~1941)는, '우리 조선은 단기로부터 현재까지 4000년 동안 문헌이 실로 빈빈하나, 편집이 통일되지 않아 역사를 집성하지 못하여 결락된 점이 많았는데, 이 책이 모든 결점을 극복했다.'고 평가했다. 조선조는 중엽을 지나면서 단군을 독립시키지 않고, 사대주의적 풍조의 강화로 인해 기자와 묶어 '단기(檀箕)'라고 표현했다.

일제강점기에 이정구가 펴낸 『사천년문헌통고』의 「판도고(版圖考)」 '역대국계' 편에, 단군조선국은 처음 평양에 도읍했다가 백악의 당장경으로 옮겼다. 강화도 마니산 정상에 참성단이 있는데 세상에 전하기를 단군의 제천 처라고 한다. 전등산의 삼랑성은 단군이 세 아들을 시켜 쌓았다고 했다. 또 팽오에게 명하여 나라 안의 산천을 두루 다스려서 백성들의 거처를 마련케 했다. 우수주(牛首州)에 팽오의 비가 있다. 「씨족고(氏族考)」 역대기년 조에, 단군의 이름은 왕검이고 태백산 단수아래 내려와 무진에 즉위하여 국호를 조선이라 하고, 을미에 아사달산에 들어갔으며 묘는 강동에 있으며 재위기간은 1048년이다. 「예고」 제단 편장에, 단군임금이 하늘에 제사를 올렸던 장소는 강화부 마니산 정상에 있는 참성단(塹城壇, 다른 책에는 참성을 삼성[三星]으로 표기했다)이다. 「각도사원」조 황해도 삼성사(三聖祠, 성종조에 세웠다) 장절에, 단군임금의 할아버지 환인의 호는 '천신(天神)'이며, 환웅(桓雄)은 환인의 아들로서 다른 이름은 '신시씨(神市氏)'이고, 단군은 환웅의 아들이다. 평양 숭령전(世宗 己酉[1429]에 건조되었고, 영조 을묘[1749]에 사액했다) 장절에, 단군의 이름은 '왕검'이며 고조선의 시조이다. 동명왕은 성이 '고씨'이고 휘는 '주몽'이며 동부여왕 금와(金蛙)의 아들로 고구려의 시조이다.[54]

『사천년문헌통고』의 단군임금 관련 내용도 과거부터 논의된 내용과 유사하지만, 일제강점기에 저작된 『문헌』으로서의 의미가 있으므로 원문은 생략했고, 약간이나마 첨가된 부분이 있는 경우에 한해서 원문을 실었다. 『삼국유사』 이후 관찬 사찬을 막론하고, 모든 문헌에 단군의 영이사적을 언급하고 있다. 문헌상으로 『삼국유사』가 최초인데, 13세기 이전 수천 년 동안 단군은 어떤 형태로 전승되고 있었는지도 과제이다. 성리학이 학계와 사인들의 주류로 등장한 다음부터, 약화되긴 했지만, 일제강점기를 지나 현재에도 우리는 단군성조를 잊지 않고 있다. 외래 종교와 문화의 홍수 속에서 민족의 정통성을 확보하고 분열된 민족의 대통합을 위해, 국조단군의 위상은 더욱더 강화되어야 할 것이다.

7. 한국 고대사의 재평결

우리민족의 고대사 기록은 『삼국유사』가 최초이지만 주로 중원의 사서에 의거하여 기술했고, 우리문헌은 소위 『고기』가 전부이다. 외세의 침탈과 빈번한 전란으로 사서들이 회진되어서이다. 중원의 『25

54 李定求; 『四千年文獻通考』 四千年文獻通考 序(尹甯求), 我朝鮮, 自檀箕至于今四千年, 文獻實彬彬, 然編輯不一, 未能集大成史, 往往闕文, 往年『備考, 增補』, 不可謂不祥, 而今此『通考』以爲名者, 其亦盡美盡善之意歟.…「版圖考」歷代國界,…「氏族考」歷代紀年,…「學校考」黃海道, 三聖祠(成宗朝 建), 桓因俗號天神. 桓雄因子, 俗號神市氏. 檀君雄子, 見平壤.「禮考」諸壇,…「各道祠院」…檀君祭天處, 世傳在江華府摩尼山頂塹城壇(一本作, 三星).…「學校考」平安道, 平壤崇靈殿(世宗己酉建, 英祖乙巳賜額). 檀君諱王儉, 朝鮮始祖. 東明王姓高氏, 諱朱蒙, 東扶餘王金蛙子, 高句麗始祖.

사』를 비롯한 「동이전」 등의 각종 『문헌』들을 배제하고는 연구가 불가능할 정도이다. 그러나 학계의 신빙성 문제가 따르는 전래된 『문적』들의 일부를 참고하여, 우리의 고대사를 인문학적 시각에 입각하여 접근하고자 한다. 『삼국유사』, 『규원사화』, 『신단실기』, 『배달족강역형세도』 등을 전고로 하여 논의를 전개한다. 단군이전에도 우리선인들은 만주와 한반도에서 살고 있었다. 단군과 단군이전을 신화시대로 인식하는 것은 옳지 않으며, 4, 5천 년은 거시적으로 볼 때 긴 기간이 아니다. 단군을 최초의 '군장'으로 규정한 이면에는 단군임금 이전에도 우리겨레가 원시 부족국가 형태로 존재했다는 의미이다.

한국 고대사에 관련하여 이원태는 『배달족강역형세도』를 통해 국내외의 실증적 문헌들을 총동원하여 우리 고대사의 진실을 밝혔다. 그는 하늘에서 내려온 단군이 신명했기 때문에 우리겨레의 선대였던 '구이(九夷, 九貊)'가 단군을 개국시조로 옹립했다고 했다. 신라의 개국시조 박혁거세(재위단기 2277~2336)와 가락국시조 김수로왕(재위 42~199)이 각각 '육촌'과 '구간'의 추대로 지도자로 오른 것과 같은 맥락이다. 따라서 '구이, 육촌, 구간' 등은 민족의 통합지도자를 옹립한 기반조직이었다. 한국 고대사 중 단군 전후와 관련하여, 『규원사화』에도 고시씨(高矢氏) 후예인 진한 변한의 여러 부족을 삼한과 결부하여 '구파(九派, 견이[畎夷], 우이[于夷], 방이[方夷], 황이[黃夷], 백이[白夷], 적이[赤夷], 현이[玄夷], 풍이[風〈람藍〉夷], 양이[陽夷])'의 명칭이 나오지만, 『배달족강역형세도』와 내용은 같으나 '구이(九夷)'의 호칭은 『상서(尙書)』와 『죽서기년(竹書紀年)』에 등장하고, 범엽(范曄, 398~445)의 『후한서(後漢書)』 「동이열저(東夷列傳)」에도 전한다.[55]

55 北崖老人;『揆園史話』二 太始記, 獨, 高矢氏後裔, 廣處東南, 轉流爲辰弁諸族,

평양의 단군을 모신 崇靈殿

『배달족강역형세도』 제1 「동이구족분구도」는 『후한서』, 『풍속통』, 『순오지』, 『해동역사』, 『청학집(宣祖代, 魏漢祚)』 등에 나오는 3종의 구이(견이, 우이, 방이, 황이, 백이, 적이, 현이, 풍이, 양이. 현토, 낙랑, 고려, 만식[滿飾], 부유[鳧臾], 색가[索家], 동도[東屠], 왜인[倭人], 천비[天鄙]. 황, 백, 현, 적, 남, 양, 우, 방, 견)의 호칭과 그 영역을 구체적으로 말했고, 이들 구이가 단군을 '천왕(天王)'으로 추대했다고 했다. 구이의 영역으로 요동과 흑룡강이남 그리고 원산(原山, 백두산) 원수(原水, 송화강) 일원과 요동반도 및 한반도 전역을 포함시켰다. 구이를 '구맥(九貊, 『주례(周禮)』－소(疏), 『모시(毛詩)』－전(箋)' 또는 '구파(九派), 『규원사화

後之所謂三韓者, 皆其孫也. 三氏苗裔, 又細分九派, 卽畎夷, 嵎夷, 方夷, 黃夷, 白夷, 赤夷, 玄夷, 風夷, 暘夷之屬, 皆異支同祖. 下甚相遠.

(揆園史話)』는 「태시기(太始記)」)'로 칭했다. 『삼국유사』는 구이를 뛰어넘어 동남아시아 전체로 확대시켜 구한(九韓, 일본[日本], 중화[中華], 오월[吳越], 탁라[托羅], 응유[鷹遊], 말갈[靺鞨], 단국[丹國], 여적[女狄], 예맥[獩貊])의 영역으로 간주했다. 선인들의 강역의식은 이처럼 광활했다. 『배달족강역형세도』 제1 「동이구족분포도」에 의하면, 현이(玄夷, 흑룡강 연안), 적이(赤夷, 사할린서편), 양이(陽夷, 한반도전역), 남이(藍夷, 요동반도일원), 백이(白夷, 고비사막 동쪽지역) 등으로 비정했다. 이원태가 작성한 이 분포도가 얼마나 고대의 영역을 정확하게 적시했는지는 모르지만, 당대 구이들의 경계를 유추하는 데는 도움이 된다.[56]

『배달족강역형세도』 제2 「배달조선통치도」는, 고대사와 연계된 단어의 어원에 대해 설명했다. 배달조선은 즉 단군동명을 의미한다. 그러므로 단군을 동명천제라고 칭한다. 방언은 단(檀)을 일컬어 '배달(박달나무)'이라 하고 조(朝)를 '아침(새밝, 새벽)', 선(鮮)을 '고은햇살'로 풀었다. 『계림유사(鷄林類事)』는 단(檀)을 '배달'이라했다. 『양촌집(陽村集)』 「건원릉신도비문(健元陵神道碑文)」에 조선을 '진단(震檀)'이라 적었다고 했다. 『해동역사－속』 에 조선이라는 국호는 단군으로부터 비롯했다고 했다. 『수산집(修山集)』은 단군시대에 갈래가 다른 부족인 '예맥, 숙신, 부여, 옥저, 한' 등은 모두 조선의 신속된 나라로서 군현처럼 공부를 바쳤다고 했다. 『동사』에 이르기를 부여의 선대는 단

56 李圓台; 『倍達族疆域形勢圖』 第一 東夷九種分區圖 「備考」, 『後漢書』曰, 東夷有九種曰, 畎夷, 于夷, 方夷, 黃夷, 白夷, 赤夷, 玄夷, 風夷, 陽夷.…『風俗通』曰, 九夷, 一曰玄菟, 二曰樂浪, 三曰高驪, 四曰滿飭, 五曰鳧臾, 六曰索家. 七曰東屠, 八曰倭人, 九曰天鄙. 『旬五志』曰, 古有九種夷, 其君檀君始. 『青鶴集』 卞泚壽記 四聞錄云, 檀君化行有年, 九夷共尊之, 立爲天王. 『海東繹史』曰 朝鮮世紀云, 檀君神明, 九夷君之. 『九夷考(『大倧敎經傳』 神事記)』曰, 東夷有九種曰, 黃, 白, 玄, 赤, 藍, 陽, 于, 方, 畎.

군으로부터 나왔고, 예맥의 선대도 단군의 자손이며 옥저도 단군의 후예로 보았다. 또 이르기를 비류와 숙신도 단군으로 부터 나왔다고 했다. 『세종실록』은 『단군고기』에 의거하여, 단군이 나라를 세워 국호를 조선이라 했으며, '시라, 고례, 남북옥저, 동북부여, 예, 맥' 등의 나라들 모두 단군의 통치하에 있었다고 했다.[57]

『삼국유사』가 최초로 우리의 고대사를 논의했지만, '사이(四夷), 구이(九夷), 구한(九韓), 구맥(九貊), 구파(九派)' 등의 고대 우리 선인들과 단군을 연계하지는 않았다. '구한(九韓)을 조공 받을 대상으로 삼아 명칭까지 열거하면서도 단군과 결부시키지는 않았으며, 『회남자(淮南子)』와 『논어정의(論語正義)』 『해동안홍기(海東安弘記)』에 의거하여 채록했다. 「마한(馬韓), 황룡사장육(黃龍寺丈六), 황룡사구층탑(黃龍寺九層塔)」 등 세 편장을 통해 구한의 호칭을 밝힌 것은 의미가 있다. 구한 중에 중원과 일본이 포함된 점이 특이하다. 앞서 논의한 『배달족강역형세도』가 구이 등 우리선인들을 단군과 긴밀하게 접맥시킨 것과는 차이가 있다. 「가락국기」 편장에도 구간(九干, 아도간(我刀干), 여도간(汝刀干), 피도간(彼刀干), 오도간(五刀干), 유수간(留水干), 유천간(留天干), 신천간(神天干), 오천간(五天干), 신귀간(神鬼干) 등이 나와 있는데, 신라시조 박혁거세간의 '간(干)'을 연상시킨다.[58]

57 李圓台;『倍達族疆域形勢圖』第二 倍達朝鮮統治圖 「備考」, 倍達朝鮮, 卽檀君東明之意, 是故稱檀君爲東明天帝, 方言稱檀曰倍達, 謂朝曰開東, 釋朝曰光明. 『鷄林類事』曰, 檀, 倍達. 『陽村集』, 健元陵神道碑文曰, 朝鮮卽震檀. 『海東繹史－續』曰, 朝鮮之名, 肇於檀君.…『修山集』曰, 檀君時有別部曰, 濊貊, 肅愼, 扶餘, 沃沮, 韓, 皆臣屬朝鮮, 出貢賦如郡縣. 又曰, 『東史』云, 扶餘之先, 出自檀君, 濊貊之先, 與扶餘同出皆檀君氏子孫, 沃沮亦檀君之裔也. 又曰, 沸流, 肅愼, 皆出於檀君. 『世宗實錄』曰, 『檀君古記』, 檀君立國號曰, 朝鮮, 尸羅, 高禮, 南北沃沮, 東北扶餘, 濊與貊, 皆檀君之理.

북애자(北崖子, 조선중기, 재야사학자)는 『규원사화』를 통해 '신시씨(神市氏)'는 동방 인류의 조상으로서 단군이전의 성인이라 했다. 단군이전에도 우리 선인들이 있었다는 것은 분명하지만, 홍황하여 말하기를 주저했던 터에 북애자는 과감하게 이를 거론했다. 옛날 고려시대에 이명(李茗)이 『조대기(朝代記, 『세조실록』에도 나온다)』를 인용하여 『진역유기(震域遺紀)』를 지어 우리 고대사를 구체적으로 논의했다. 선가(仙家)의 말을 많이 인용한 『삼국유사』와 대비하여 현격한 차이가 있다고 하면서 일연의 시각에 불만을 표했다. 우리나라는 '신교(神教)'를 베풀어 인심이 침잠하여 활기를 잃은 지 오래되었다. 그리하여 역사를 말할 때 반고(班固, 32~92)와 사마천(司馬遷, 서기전 145~서기전 86?)을 기준으로 삼는 것이 상례였다. 한(漢)은 한이고 우리는 우리인데, 어찌하여 당당한 '진역(震域)'을 한나라의 제도에 견주느냐고 항변했다. 『국사』는 전란으로 탕진되어 남은 것은 견강부화와 억측으로 점철된 도가와 불가의 문헌밖에 없는 처지에, 청평산인이 도가가 말한 '단검신인(檀儉神人)'이 명맥을 이었다는 설을 참작하여, '환웅천왕'의 치세가 천세(千世)인데 이가 곧 '신시씨'라고 했다.[59]

58 『三國遺事』「馬韓」, 黃龍寺丈六, 黃龍寺九層塔」 편장에, 安弘이 찬한 『東都成立記』를 인용하여 九韓의 이름이 있고, 「駕洛國記」 편장에 首露王을 추대한 九干의 칭호가 적혀있다.

59 北崖老人; 『揆園史話』 三 「檀君記」, 神市氏, 寔爲東方人類之祖, 鴻荒之世, 開物之業, 賴以成焉, 盖檀君以前, 首出之聖人也. 古有淸平山人李茗者, 高麗時人, 有『震域遺紀』三卷, 引『朝代記』, 備載我國『故史』, 比於一然之書, 甚相逕庭, 中有多仙家語. 余 以爲我國以神設教, 從古爲俗, 沉潛於人心者久矣. 故說史者, 不可只擬班馬之筆而蹈踏焉, 夫漢自是漢, 我自是我也, 豈當當震域, 必擬漢制以後乃足乎. 況『國史』蕩失於累經兵火之餘, 今僅存者, 只是道家及緇類之所記傳而, 僥倖得保於巖穴者也, 道家旣承檀儉神人所創之源流而, 又得文獻之殘脈則, 其論『東史』者, 大有於緇類所記, 多出於牽强附會, 臆爲之說者

단군이전 고대사를 북애자는 존주모화(尊周慕華)에 물던 학자들과 달리, 우국충정을 바탕에 깔고, 수많은 『한적(漢籍)』을 비롯하여 당대까지 남아있던 우리문헌을 널리 섭렵하여 자신만만하게 개진했다. 북애자의 고대사인식은 자료들에 의거하여 논한 것으로 일반의 평판을 극복하여 주목할 이유가 있다. 인종(재위1109~1146)대에 편찬된 김부식의 『삼국사기』는, 괴이하게도 고대 성인들이 다스렸던 2천년 옛 성인의 위업을 배제하면서, 해동삼국은 역년이 장구하나 『고기』의 내용은 거칠어 사적이 없어지고, 지난 일들도 그와 같아 깊은 의미가 없다는 등의 말로 책임을 벗어나려했다. 『조대기』, 『고조선비기』, 『지공기』, 『삼성밀기』 등의 사서들을 세조(재위1455~1468)가 관심을 갖고 챙긴 바도 있고, 김부식도 이를 보았을 것임에도 불구하고 무시한 것은 유감이라고 했다.[60]

북애노인은 "국가의 흥망이 반복무상하다고 하나, 지금 우리 조선의 불행은 장차 행복해질 단서일 수도 있다. 인심의 분열과 기질의 소침을 보고 붓을 던지고 탄식하지 않을 수 없다. '슬프다 환인이여! 슬프다 환인이여!' 촌토로 위축된 강역과 얼마 안 되는 남은 백성을 어찌할 것인가."[61]라고 탄식하며 『규원사화』를 마무리했다. 시대가 진행될수록 점차 강역이 축소된 현실과 민족성이 나약해짐을 통탄했다.

也. 余寧取淸平之說而欲無疑云. 桓雄天王御世, 凡闕千世, 是卽神市氏.

60 北崖老人; 揆園史話 三 檀君記, 可怪, 金富軾 爲仁宗修『三國史』而, 二千載往聖遺烈, 闕而無述, 只以海東三國, 歷年長久, 『古記』文字蕪拙, 事迹闕亡, 前言往事幽味如彼 等語謨逃其責.…且, 『朝代記』之名 與『古朝鮮秘記, 誌公記, 三聖密記』 等書, 現於世祖求書之諭而, 金氏之世獨無此書耶.

61 北崖老人; 『揆園史話』 四 漫說, 家國之興亡翻覆無常, 今朝鮮之不幸, 是亦將幸之端歟. 余觀夫人心之分裂, 民氣之銷沉, 而不能不投筆長歎也, 嗟桓因乎, 嗟桓因乎, 今片區震域, 一脈遺民, 其將奚爲.

필자는 일찍이 우리민족은 '부여계(夫餘系)'와 '삼한계(三韓系)'가 있다고 논한 바 있다. 이로 인해 국가의 명칭도 '대한민국'과 '조선'으로 변별되었고 서로가 동질성을 부정하고 다르려고 경쟁하고 있다. 그 여파로 정치적 목적에 의해 남북분단에 이어 민족도 사분오열되었으며, 5류 정치가들에 의해 기층문화의 창달이라는 본분을 벗어나 '신라, 고구려, 백제, 가야(5가야)'와 지방자치란 미명으로 관직을 만들어 차지하기 위해, 고대 '78소국'까지 되살려 위화감을 증폭시키고 있다.

단기 4247년(1914, 大正3) 대종교(大倧敎) 2대 교주인 무원(茂園) 김교헌(金敎獻, 金獻, 1868~1923)이 발간한 『신단실기(神檀實記)』는 대종교의 경전이며 신흥무관학교 교재로도 사용했던 책으로, 『고기』, 『고사』, 『산해경』, 『삼국사기』, 『삼국유사』, 『단군강역고』, 『고려사』, 『후주서』, 『요사』, 『금사』, 『왕조실록』, 『동국통감』, 『문헌비고』, 『동사강목』, 『만주지』, 『이상국집』, 『성호사설』, 『열하일기』, 『개인시문집』 등 국내외의 무려 80여 종에 달하는 『문헌』과 유명인의 시문들을 참고하여 편술된 책이다. 제도권에 속한 문헌이 아니라고 하여 배척하기에는 의미 있는 저서이므로, 이를 검토하여 우리 고대사의 일단을 살펴보겠다. 『신단실기』는 「단군세기(檀君世紀)」를 머리로 하여 우리 고대사를 18절목으로 분류하여 저작했다. 저자는 단군(단군조선)을 위요한 한국고대사를 바로 '부여, 예맥, 숙신, 옥저' 등에 이어 중세사와 연계시켰다. 이 가운데 홍황불경(鴻荒不經)한 부분은 일단 차치하고, 고대사와 관계되는 핵심을 적출하여 검토하겠다.

『신단실기』는 단군시대의 고대사를 윤곽을 분명히 하여 종합적으로 서술했으며, 나름대로 연대와 고증에도 신중을 기했다. 우리도 이제는 서양처럼 고대사를 아량을 갖고 접근할 필요가 있다. 동서양을 불문하고 고대사는 실증이 불가능하나, 그 시대의 실상을 암유적으로 표현한 것일 수도 있다. 그러므로 민족정기에 입각하여 고대사가 지닌 정신에 초점을 맞춰야, 그 숭고한 취지에 다가갈 수 있음을 깨닫고 임해야 할 것이다.

『신단실기』의 첫째 장인 「단군세기」는 "환인, 환웅, 환검(檀因, 檀雄, 檀君)이 '삼신(三神)'이다. 상원갑자(上元甲子) 10월 3일에 환검이 '신인'으로 화하여 '천부인(天符印)' 세 개를 가지고 태백산(백두산) 단목(박달나무)아래 내려와 '신교(神敎)'로써 백성을 가르치자, 인민이 교화를 입어 시장처럼 몰려와 '신시씨(神市氏)'라 칭했다. 개천(開天) 125년(단기원년, 서기전 2333) 무진(戊辰) 10월 3일 국인이 신인(神人)을 '壬儉(임금)'으로 추대했는데, 이가 바로 단군(단목 아래 하강했기 때문에 단군이라 했다)이며, 국호를 '단(檀, 稱號 倍達[박달])'이라 했다. 비서갑 하백의 딸을 왕후로 취하여 태자 부루를 낳았다. 개천 147년(단기 23) 경인(庚寅)에 수도를 태백에서 평양으로 옮겨 국호를 조선으로 고쳤다, 그 후 개천 217년(단기93) 3월 15일에 아사달산으로 들어가 신으로 화하여 승천했고 재위는 93년이었으며 역년은 1212년이다. 김교헌은 한반도와 요하동녘 만주 일대에 명멸했던 '부여, 동부여, 삼한, 고구려, 백제, 진한육부, 신라, 발해, 예맥, 동옥저, 비류, 숙신, 요, 금' 등 모든 왕조를 단군임검의 후예라고 했다. 이 같은 견해가 얼마나 사실에 근접한지는 단언키 어려우나, 한반도를 포함한 동아시아 일원을 단군임금의 판도로 보는 것은 이해가 된다.

이에 대해 수산(修山) 이종휘(李鍾徽, 1731~1797)는 단군은 최초로 나온 성인으로 중국의 '복희(伏羲, 재위서기전?~3218), 신농(神農, 재위서기전 3218~3079?)'에 대비된다. 『고사』에 칭한 '부여, 예맥, 비류'는 모두 단군에서 나와, 나라를 세우고 역년을 수천 년을 누렸는바 이는 단군의 덕에 의한 것으로, 중원 사조(四朝)의 국호와 왕조의 성은 '우(虞, 요[姚]), 하(夏, 사[姒]), 상(商·殷, 자[子]), 주(周, 희[姬])'로서 단군은 이들 사조와 비견된다. 그렇지 않다면 어찌 이처럼 장구한 역년을 누렸겠느냐."[62]라고 지적하며 한국고대사의 한 축을 마무리했다.

단군임금 전후 한국고대사를 논의하는 과정에 고대 우리 선인들을 지칭한 구이 등의 용어가 문제가 되었다. 이에 관해 김교헌은 '사이(四夷), 구이(九夷), 구맥(九貊)' 대신 '구족(九族), 배달종족(倍達種族), 조선족(朝鮮族), 부여족(扶餘族)' 등의 용어를 썼다. 민족적 긍지에 입각하여 중국이 의도적으로 비하한 '이(夷), 맥(貊)' 등이 첨부되는 것에 거부감을 느껴 '족(族)'자를 사용했다. 『신단실기』「교화원류」편에, "태고에 흑수(黑水, 흑룡강)로부터 한남(漢南, 한강이남 지역) 사이에 아홉 소국이 각자 해당 지역을 다스리고 있었는데, '견족(畎族), 간족(干族, 于族?), 방족(方族), 황족(黃族), 백족(白族), 적족(赤族), 현족(玄族), 풍족(風族), 양족(陽族)'이 그것이고, 이를 '구이(九夷)'라고 하고 단군이 신교로써 교화했다고 『고기』는 말했다. 「신이징험(神異徵驗)」편장

62 金敎獻;『神檀實記』「檀君世紀」, 桓因, 桓雄, 桓儉(一云, 檀因, 檀雄, 檀君), 是爲三神. 上元甲子十月三日, 桓儉以神化人, 持天符三印, 降于太白山(今, 白頭山)檀木下, 乃設神敎而敎民, 時, 人民被化歸者如市, 有神市氏之稱, 乃寘三千團部. 開天一百二十五年戊辰, 十月三日, 國人推戴神人爲壬儉, 是檀君(降于檀木下, 故曰檀君), 國號檀(稱號, 倍達), 娶匪西岬河伯女爲后, 生太子扶婁.…一百四十七年庚寅, 自太白移都平壤, 改國號朝鮮.… 二百十七年庚子, 三月十五日, 入阿斯達山(今, 文化九月山), 化神御天, 開天二百十七年, 在君位九十三年, 傳不知其世, 歷一千十二年,…修山 李鐘徽,…檀君首出聖人, 在中國, 其伏羲神農之君乎.…又曰余聞『古史』, 稱, 扶餘, 濊貊, 沸流, 皆出於檀君, 立國傳世, 或數千年不絶, 此所從來遠矣, 無乃檀君之德, 如姚姒湯姬耶, 不然何如其久也.

에, 동방에서 '종교(倧敎)'를 선교(仙敎)라 부르는 것은 잘못이고, 사실은 단군의 가르침을 뜻하며, '종(倧)'의 의미는 상고의 신인(神人, 檀君)을 지칭한 것이며, 인조(仁祖, 재위1623~1649)의 이름 '종(倧)'도 단군과 관련이 있다고 했다"[63]

「족통원류(族統源流)」 편에, 단군의 후예는 다섯 종의 분파가 있는데, 크게 나누면 '조선족, 북부여족, 예맥족, 옥저족, 숙신족'이며, 세분하면 '한족, 반배달족(箕子後裔), 진한족, 변한족, 신라족, 고려족, 가락족, 마한족, 백제족, 정안족(定安族), 탐라족, 북부여족, 동부여족, 규봉족(圭封族), 선비족, 발해족, 여진족, 예맥족, 금족, 후금족, 만주족, 거란족, 요족, 숙신족, 읍루족, 물길족, 말갈족.' 등이다. 『중동사(中東史)』에 의하면 백산(白山, 白頭山) 남북조선 만주족은 모두 단군의 혈통이라고 했다.[64]

한국 고대사의 저층을 이해하기 위해, 단군시대부터 전해온 민속과 언어로 여겨지는 사안들의 참뜻을 파악하는 데 도움이 되는 기록이, 『규원사화』 「단군기(檀君記)」와 『신단실기』 「고속습유(古俗拾遺)」 등

63 金敎獻; 『神檀實記』 「敎化源流」, 太古, 自黑水至漢南, 有九小國, 各保一方, 曰, 畎族, 曰, 干族, 曰, 方族, 曰, 黃族, 曰, 白族, 曰, 赤族, 曰, 玄族, 曰, 風族, 曰, 陽族, 是爲九夷. 檀君以神敎化之(『古記』).…我東倧敎, 誤指爲仙敎, 然, 實檀君設敎也(『東事類考』).…「神異徵驗」, 朝鮮宣祖, 壬辰行在義州, 夜夢一老人, 天降而佐, 曰, 我神人檀君也, 其夜, 定遠君(追上元宗[1580~1620])夫人, 果在芙蓉堂, 誕生仁祖, 以夢驗, 諱以倧, 倧, 字義, 上古神人,

64 金敎獻; 『神檀實記』 「族統源流」, 檀君之裔, 曰, 倍達種族, 分爲五派, 一曰, 朝鮮族, 二曰, 北扶餘族, 三曰, 濊貊族, 四曰, 沃沮族, 五曰, 肅愼族.…韓族, 半倍達族, 辰韓族, 弁韓族, 新羅族, 高麗族, 駕洛族, 馬韓族, 耽羅族, 定安族, 北扶餘族, 東扶餘族, 百濟族, 圭封族, 鮮卑族, 渤海族, 女眞族, 金族, 後金族, 滿洲族, 契丹族, 遼族, 濊貊族, 沃沮族, 肅愼族, 挹婁族, 勿吉族, 靺鞨族.…按『中東之史』, 白山南北, 朝滿民族, 爲檀君之血統者, 明矣.

편장에 전한다. 이들 문헌이 얼마나 당대의 실상을 실증적으로 묘사했는지는 확언할 수 없지만, 방대한 한국과 중원의 사서들을 실증적으로 가감 없이 인용했다. 우리 고대사의 기록이 전무한 편이므로 지푸라기를 잡는 심정으로 이를 인용하여 논의를 전개한다.

『규원사화』「단군기」의 "우리말에 단(檀)을 '박달(朴達)' 또는 '백달(白達)', 군(君)을 '임검(壬儉)'이라 한 것은, 당시에 한자가 없었으므로, '백달임검(白達壬儉, 배달임금)'이라 했다. 후세 역사를 기록한 학자들이 이를 모르고 단지 '단군(檀君)'이라고만 적었다. 대개 '소밀(蘇蜜), 속말(涑沫), 속말(粟末)' 등은 모두 우수(牛首, 소머리)의 의미와 유사하다. 고대 소국의 명칭 '우시산(于尸山[國]'과도 관련이 있는듯하다. 백두산은 '불암(不咸), 개마(蓋馬), 도태(徒太), 백산(白山), 백두(白頭), 태백(太白), 장백(長白), 가이민상견(歌爾民商堅)' 등과 원산(原山)이라는 칭호도 있으며 모두 같은 백두산의 이칭으로 역대 방역(方譯)의 차이에 말미암은 것이다.[65]

『고려사』 광종(光宗, 925~976) 10년(959) 조에 백두산이라는 말이 처음 나온다(광종10년 조에는 없고, 인종[1109~1146] 4년[1126] 7월조에 백산(白山[백두산의 異名])이 등장한다. '개(蓋)'자의 음은 '백(白)'자의 뜻과 유사하고, 우리말의 마(馬, 말)와 두(頭, 머리)자 역시 뜻이 같다. 개(蓋)와 마(馬)는 글자는 다르나 의미는 같다. '백두(白頭)'의 이름은 유래가 이처럼 오래되었다. 우리나라 여러 산들의 이름도 일반인들이 '마이(馬耳, 摩尼)'라고 하는 것은 모두 두(頭)를 뜻한다. 광주의 수리산(修理

65 金敎獻;『神檀實記』「白頭山考」, 白頭山者, 東北諸山之祖也. 白頭山, 凡有八名, 曰 不咸, 曰 蓋馬, 曰 徒太. 曰 白山, 曰 白頭, 曰 太白, 曰 長白, 曰 歌爾民商堅, 古今方譯之殊也(『疆域考』). 原山은 백두산, 原水는 송화강의 이칭이기도 하다.

山은 취산[鷲山], 적성의 감악산(紺岳山은 玄山), 충주의 달천(達川은 月川)이라 하는 것과, 마이(馬耳)와 마리(摩利)를 두악(頭嶽, 머리산)이라 하는데 이는 두산(頭山)의 와전이다."[66]라고 했으며, 소위 '왕검성(王儉城)'도 '왕(王)'자와 '임(壬)'자의 착시로 '임금성(壬儉城'즉 왕이 거주하는 '서울(임금성[壬今城])'을 지칭하는 것으로 보았다.

『신단실기』「고속섭유(古俗拾遺)」"단군시대에 인민이 '단(檀)'을 '배달(倍達, 지금 소리가 바뀌어 박달(朴達)이 되었다)'로 일컬었다. '배(倍)'는 할아버지(할배)라는 뜻이고 '달(達, 月)'은 광채를 의미한다. 하느님의 광채가 천하를 널리 밝히고 있다는 의미이다. 후인이 달이 빛이 있으므로 달이라 부른 것도 그 뜻을 모방한 것이다. 서울의 우이동(牛耳洞)도 '소의 귀'가 아니라 삼각산(三角山, 세 귀의 산)이라는 설도 있다. 현재 '왕(王)'자의 해석을 '임금'으로 보고 있는데, 이는 단군을 '왕검(王儉)'이라 하는 것과 같다. '임(壬)'이 '왕(王)'자와 글자 모양이 서로 비슷하기 때문에 와전되어 왕(王)이 되었으며, '제(帝), 황(皇), 군(君), 주(主)' 역시 '왕(王)'자의 의미이다.

고갯길 고목 아래 담 위에 오두막을 '선왕당(仙王堂, 서낭당?)'이라

66 金敎獻;『神檀實記』「檀君記」, 東語謂檀曰朴達, 或曰白達, 謂君壬儉, 當時無漢字故, 只稱白達王儉, 而後世述史者, 譯以檀君, 復傳之後世則, 只記檀君字, 而不知檀君之爲白達壬儉之譯, 此漢字之功罪相半也.…盖蘇蜜 涑沫 粟末, 皆與牛首之意相近.…不咸, 蓋馬, 太白, 徒太山, 長白, 等名, 皆爲同山異名, 而歷代方言之異也. 又『高麗史』光宗十年,…白頭之名始見於此, 而蓋字之音 近於白字之意, 東語馬頭亦同訓, 蓋, 馬, 白頭之異字同意, 亦可明辨, 而白頭之名, 其來亦尙矣. 東方諸山有馬耳摩尼等山, 俗人幷以摩利呼之, 曾不相別, 盖馬耳摩尼幷出於頭字之意也. 今廣州有修理山, 此必鷲山之意也. 積城有紺岳山, 則乃玄山之意也. 忠州有達川, 則月川意也. 馬耳摩利之爲頭嶽, 或頭山之訛, 尤可辨矣.

부르고, 향인이 매년 10월에 제사를 지내는 풍속도 단군시대 고산대천 숭배의 잔영이다. 농부가 밭일을 할 때 들밥을 차려오면 먼저 '고시네(高矢氏[네])'라 외치는 것도, 단군시대 밭일을 주관하던 '고씨(高矢)'의 은혜를 기리기 위한 제의이다. 요즘 견고한 물체를 '단단(檀檀, 단단)'하다고 하고, 위태한 일을 당하면 '탈(脫)'났다고 하는 것도 삼국시대 불상의 유입을 두고 한 말이며 당시에 〈단단탈탈가(檀檀脫脫歌)〉가 있었다. 웃옷의 백색 '동령(東領, 동정, 옷깃)'은 백두산 숭배와 연관되고, 머리를 묶어 드리우는 것을 '단계(檀戒[댕기] 단기[檀祈]'라고 한다는 등의 말이 나온다."[67] 과연 이들 언어가 단군시대까지 소급될 수 있는지는 확언할 수 없으나, 오래된 유풍임은 분명하고 세속의 풍속은 그 생명이 장구한 것도 사실이다.

「강동릉변(江東陵辨)」 편은 단군의 '강동릉'에 관하여, "『미수기언(眉叟記言)』에 이르길 송양(松陽) 서쪽에 단군릉이 있다. 주석에 송양은 지금의 강동현이다. 『문헌비고』에 단군묘는 평안도 강동현 서편 3리에 있는데 둘레가 410척이다. 『여지승람』은 속전에 단군묘는 강동에 있다. 단군은 신인으로 세상에 내려왔다가 다시 신이 되었으니

67 金教獻; 『神檀實記』 「古俗拾遺」, 檀君之世, 人民號檀爲倍達(今, 音轉爲達), 倍祖也, 達輝也, 天祖之輝, 光於天下之義也. 後人謂月有輝, 稱[달]亦倣其義也. 今王字之訓, 稱王儉, 此號檀君曰王儉是也. 壬與王字, 字體相似故, 轉訛爲王, 帝, 皇, 君, 主, 亦從王字之訓義. 嶺路古木下, 築石搆茅曰仙王堂, 每十月鄉人設餠果賽神, 此檀君時, 奠高山大川, 彭吳祀也. 農家田夫, 耦耕於野, 午饁方登, 必先以一匙, 除之祝念, 曰高矢氏[네], 此檀君時, 高矢掌田事, 教民稼穡, 後人不忘其本, 而先祭也. 今堅固之物, 則曰檀檀, 有危殆之事則曰脫, 此三國時佛像初入, 國人指謂脫脫, 當時有〈檀檀脫脫歌〉. 今衣領必以白色緣之曰東領, 白色表章白頭山也, 其曰東領者, 東方人表出之衣領也. 今兒童編髮垂辮, 名曰檀戒, 或曰檀祈, 此檀君始教編髮, 戒修靈性, 人民追慕神德, 垂以辮曰檀戒, 必書壽福康寧祈之.

능침이 어찌 있겠는가. 단군은 '단국' 임금의 호칭이다. 그러므로 왕위를 계승한 임금을 모두 단군으로 불렀다. 따라서 소위 강동 능은 왕위를 계승한 후대왕의 능이지 시조단군의 능침이 아니다."[68]라고 기록했다.

북한은 송양 산마루에 거대한 석조 능묘를 조성하여 민족의 원 시조 단군릉이라 일컫고 있다. 개국시조 단군임금은 개천(開天) 217년(단기93년) 경자(更子) 3월15일에 아사달산(구월산)에 들어가 신으로 화하여 어천(御天)했다고 했으니, 능묘가 있을 수 없는 만큼 후대 단군의 능침으로 보는 것이 옳다.[69] 예수가 부활하여 승천했으므로 예수의 무덤이 없는 점과도 상통한다. 시대가 진행될수록 단군의 영이사적 다운데 신화적 요소는 제거되고, 모두가 납득할 수 있는 역사적 실존 인물로 승격시켜, 한민족의 시조인 국조로 그 위상이 정립되었다.

귤산(橘山) 이유원(李裕元, 1814~1888)의 『임하필기(林下筆記)』「문헌지장편(文獻指掌編)」'단군묘(檀君墓)' 장에, "묘는 강동현 서쪽 3리쯤에 있는데 둘레가 410척이다. 『여지승람』에 이르길 이 묘가 적실한 증거가 없어 확정할 수는 없지만, 자고로 이 같은 전설이 있으니 필시 까닭이 있을 터이니 무시하기는 어렵다. 조선조 정종(正宗) 10년(단기4110, 1786)에 묘직이 군사 2명을 두고, 30보 이내로 접근할 수 없다는 금표를 세웠다."[70]는 기록이 있는데, 이에 의하면 19세기 후반까지 단

68 金教獻;『神檀實記』「江東陵辨」,『眉叟記言』云, 松陽西有檀君陵, 註, 松陽今江東縣.『文獻備考』云, 檀君墓在平安道江東縣西三里, 周四百十尺.『輿地勝覽』云, 俗傳檀君墓在江東, 盖檀君以神人降世復爲神, 安有陵寢之爲乎, 檀君之稱, 卽檀國君之號. 故其嗣君皆稱檀君, 則江東之陵, 無乃嗣君之綾耶, 非始降檀君之陵則明矣.

69 金教獻;『神檀實記』「檀君世紀」편과「神異徵驗」중「東事類考」를 인용한 장절에도 '檀君入阿斯達山, 化神御天'이라는 기록이 나온다.

군묘는 국가차원의 보호를 받고 있었다. 이유원은 당대 서구문물에 물던 개항파(開港派) 들과는 달리 단군을 국조로 인정했다.

김교헌은 「평양급패수변(平壤及浿水辨)」이라는 장절을 통해, 현재의 평양과 패수에 대해 강한 의구심을 표했다. 즉 평양과 패수는 압록강 이북 요하 동쪽 만주에 있어야 마땅하지, 평안도 권역에 있는 것은 아니라고 보았다. 김교헌 역시 같은 생각을 갖고 있었기 때문에 『열하일기』「도강록」 장을 인용하여 연암의 뜻에 공감하며, 평양과 패수가 한반도 안에 있다는 설을 부정하고, 압록강 이북 요동에 있었다고 인식했다.

연암은 「도강록」을 통해, "『당서』에 안시성은 평양까지 5백리이고 봉황성(鳳凰城)을 '왕검성(王(壬)儉城)'이라 일컫는다. 또 「지지(地志)」에 봉황성을 '평양'이라고도 하는데, 무슨 연고인지 우리나라 학자들은 지금의 평양만 알아서, 기자가 평양에 도읍하여 '정전법'을 실시했고 '기자묘'가 있음은 믿으나, 요동의 봉황성이 평양이라고 말하면 크게 놀라며 꾸짖는다. 이는 요동이 본래 조선의 옛 땅으로 '숙신 예맥' 등 동이잡종(東彝諸國－「渡江錄」의 표현)이 전부 조선(위만조선－「도강록」)에 속해 있었고, '오자, 영고탑, 후춘' 등지가 고구려 땅이었음을 몰랐기 때문이다. 후세 경계를 잘 몰랐던 사람들이 한사군의 영역을 압록강 이남으로 잡아 구구하게 안배하고, 다시 패수를 한반도 안으로 끌어와 혹은 '압록강, 대동강, 청천강'을 패수라고 믿는데, 이는 조선의 옛 강역이었던 만주지역을 싸우지도 않고 스스로 포기한 것이다."[71]라

70 李裕元; 林下筆記 卷之十二 文獻指掌編 檀君墓, 墓在江東縣西三里, 周四百十尺, 按『輿地勝覽』云, 在右縣雖無的證, 而自古傳說必有以也. 本朝正宗十年, 置守護軍二名, 定禁標三十步.

고 비판했다. 「평양급패수(平壤及浿水)」 편장은, “현 평양을 평양으로 삼는 것은 대동강을 패수로 지칭하여, 평안 함경 사이의 산을 개마대산(盖馬大山)이라 하고, 요양을 평양으로 보는 자는 ‘헌우락수(山東省에서 발원하여 황하로 유입)’를 패수라 하며, 또 개평현(開平縣)의 산을 개마대산(盖馬大山)이라 하는데, 어느 설이 맞는지는 모르겠지만 대동강을 패수로 믿는 자는, 우리 강역을 축소하는 패배의식의 소유자들이다. 평양은 요동에 있었는데 이름에 이끌려 패수와 같이 남하했다. 한의 낙랑군 치소는 지금의 평양이 아니라 요양(遼陽, 遼水 북쪽)의 평양이다. 후세 곡학을 일삼는 사대적 사인들이, 평양의 옛 이름을 흠모하여 중국의 『사전(史傳)』을 믿고 수와 당의 옛 자취에 탐닉하여, 여기가 패수이고 이곳이 평양이라 말하고 있는데, ‘안시성’이 ‘봉황성’임을 어찌 분별할 수 있었겠느냐(『열하일기』)”[72]라고 개탄했다.

71 金敎獻;『神檀實記』「平壤及浿水辨」,『唐書』, 安市城去平壤五百里, 鳳凰城亦稱王儉城.「地志」, 又以鳳凰城稱平壤, 未知此何以名焉.…然吾東之士, 只知今平壤, 言箕子都平壤則信, 有井田則信, 若復言鳳城爲平壤則大驚, 若曰遼東, 復有平壤則叱爲怪駭, 獨不知遼東, 本朝鮮古地, 肅愼濊貊東夷雜種, 盡服屬於朝鮮, 又不知烏剌, 寧古塔, 後春等地, 本高句麗疆域. 嗟呼, 後世不詳地界, 則妄把漢四郡地, 盡局之鴨綠江內, 牽合事實, 區區分排, 乃復覓浿水於其中, 或指鴨綠江爲浿水, 或指淸川江爲浿水, 或指大同江爲浿水. 是, 朝鮮舊疆, 不戰自蹙矣.

72 金敎獻;『神檀實記』「平壤及浿水辨」, 然, 而以今平壤, 爲平壤者, 指大同江曰, 此浿水, 指平安咸鏡兩界間山, 曰, 此盖馬大山也. 以遼陽爲平壤者, 指헌(僻字)芋濼水, 曰此浿水也, 指開平縣山, 曰此盖馬大山也, 雖未詳孰是, 然, 必以今大同江, 爲浿水者, 自小之論耳.…則平壤本在遼東, 或爲寄名, 與浿水, 時有前却耳. 漢樂浪郡治, 在遼東者, 非今平壤, 乃遼陽之平壤.…雖並三國其境土武力, 遠不及高氏之强大, 後世拘泥之士, 戀慕平壤之舊號, 徒憑中國之『史傳』, 津津隋唐之舊蹟曰, 此浿水也, 此平壤也, 已不勝其逕庭. 此城之安市爲鳳凰, 惡足辨哉.

『산해경(山海經)』「해내북경(海內北經)」 23, 24항에 '개국(盖國)은 연나라 남쪽 왜의 북쪽에 있으며 왜는 연(燕)에 속해있다.'라고 한 뒤 조선은 열양(列陽, 水名, 양은 북쪽)의 동편 바다 북편 산의 남쪽에 있고, 열양은 연나라에 속해 있다고 하여 '개국'이 고대 조선의 국명이라고 지적했는데, 개마고원 일원에 '개국'이라는 우리 고대국가가 있었다고 했다.[73]

열하여행 중 봉황성의 신축현장을 목격한 연암은, 안시성과 봉황성에 관해 "혹자가 이르길 봉황성은 안시성이다. 고구려 방언에 큰새(大鳥)를 '安市'라 한다. 지금도 봉황을 安市, 뱀을 白巖(배암)이라 하고 있다. 수나라 당나라 시대에도 중국어로 봉황성은 안시성이다."라고 했다.[74] 봉황은 神鳥이다. 오동이 아니면 깃들지 않고, 대나무 열매가 아니면 먹지 않는다는 새이다. 한국 대통령의 국장도 봉황이다. '동서 남 북 중앙(發明, 鷫鷞, 焦明, 幽昌, 鳳凰. —『說文解字』)' 등 오방에 각각 배정된 조류가 있는데, 봉황(鳳雄, 凰雌)은 중앙에 위치한 신령스런 새이다. 우리 대한민국도 세계의 중심으로 발전할 수 있다는 증좌일까.

고대 선인들이 단군이 통치하던 만리강역은, 동아시아의 주산인 백두산과, 북으로 흑룡강, 서로 요하, 동으로 송화강, 남으로 압록강 대동강 한강 낙동강을 지나 탐라까지 포괄했다. 그랬던 나라가 시대가

73 『山海經』「海內北經」23장, 盖國在鋸(巨)燕南, 倭北, 倭屬燕. 24장, 朝鮮(原注, 樂浪縣, 箕子封地?)在列陽東, 海北山南, 列陽屬燕.

74 朴趾源;『燕巖集』卷之十一 別集「熱河日記」渡江錄, 方新築鳳凰城, 或曰, 此則安市城也, 高句麗方言, 稱大鳥曰, 安市, 今鄙語往往有訓, 鳳凰曰, 安市, 稱蛇曰, 白巖, 隋唐時, 就國語以鳳凰城爲安市城, 以蛇城爲白巖城, 其說頗似有理.

흘러가면서 삼천리강산으로 축소되었다. 연암은 선대들의 '이소사대'를 바탕에 깐 '스스로 축소하는' 퇴행이라고 질타했다. 지금도 만주철령 등지의 숲속에 고단(古壇)의 터가 남아있는데, 그 지역 토인들은 태고 때 '단신(檀神)'을 섬기던 성지로서 고구려와 발해 시대에 단군에 제사했던 유적이라 하며 신봉하고 있다.[75]

본고를 작성하면서 단군을 다방면으로 논의한 논란이 되고 있는 『환단고기(桓檀古記)』를 자초지종 유심이 읽었다. 광개토대왕의 연호(年號) '영락(永樂)' 이후 장수왕의 '건흥(建興)' 등 일련의 연호와 여타의 기록들의 일부는, 사실여부를 떠나 저자의 집필 의도에는 공감되는 바가 있으나, 그 밖에 일부 내용들은 참고할 소지가 있었지만, 지나치게 홍황불경(鴻荒不經)하여 고증과 연대에 수반된 간지(干支)의 불일치 등 많은 문제점이 있어서 이를 근거하여 고찰하지는 않았다.

우리는 지금부터 '삼천리강산'의 국축을 벗어나, 단군성조의 '만리강역'의 수복을 목표로 민족사를 전개할 시점에 와있다. 그러기 위해 박지원이 앙앙불락하며 강역의 위축과 축소를 사실로 인식한 선인들의 사대주의를 극복하여, 중원 시세의 혼란과 변화를 틈타 한반도를 뛰어넘어 단군의 본래 근거지였던 요하(遼河) 이동과 흑룡강(黑龍江, 黑水) 이남의 광활한 만주벌판을 수복해야 할 것이다. 조선조 말엽부터 단군을 부정하는 외래종교가 홍수처럼 범람하여 민족의 정체성도 위기에 처해있는 데 반해, 불교는 단군을 긍정하여 사찰에 사우를 건립하여 계속 숭앙하고 있다.

국조 단군임금의 만리강역은 그 하강지인 백두산을 중심한 압록강

75 金敎獻;『神檀實記』「古俗拾遺」檀神祭, 滿洲鐵嶺等地樹林中, 往往有古壇遺址, 土人相傳, 曰, 太古檀神祭餘墟, 此, 高句麗渤海時, 祭檀君之古址也.

이북의 만주 벌판이지 지금의 평양은 아니다. 현재의 평양은 개국시조 단군과는 직접적으로 관련이 없고, 후대 단군이 기후의 한랭화나 기타 정치적 이유로 남천(南遷)한 수도이다. 재위 22년 동안 1회밖에 없었던 광개토대왕(재위391~413)과 달리, 장수왕(재위412~491)은 조공도 열심이어서 재위 79년간 무려 42여 회에 이른다(『삼국사기』「광개토왕」, 「장수왕」조, 참조). 장수왕이 국내성(國內城)에서 옮겨올 때 종묘사직도 이전했을 것이며, 따라서 후대단군의 유적일 가능성이 더 많다. 본고와 이면으로 긴밀하게 관련된 「민족사의 전개와 제천 제지 그리고 이소사대와 「천년왕국 신라조의 삼국통일과 향국전략(享國戰略)」이라는 두 편의 논문을 연전에 발표한 바 있다.

국조단군의 웅지를 계승한 지도자는 광개토대왕과 문무대왕(재위661~681)이다. 고구려는 단군의 직계왕조로 자부했다. '숭령전'에 단군과 동명성왕이 함께 배향된 사실도 이 같은 인식의 소치이다. 장수왕이 만주를 품은 압록강유역의 '국내성'과 '환도성(丸都城, 桓都城?)'을 버리고, 평양으로의 천도와, 백제의 공주 부여로의 남천과, 신라의 수도 서라벌에 장구한 안주도, 각각 쇠잔으로 이행하는 단서가 되었다.

중원 역대왕조의 일부와 고구려 백제 등의 수도의 남천은 곧 멸망과 이어졌으며, 명나라의 북경천도는 흥왕을 불러왔다는 사실도 기억되어야 할 교훈이다. 따라서 한국의 수도를 '세종시'로 옮긴다는 시도는 퇴영적인 시도로 여겨진다. 전언에 의하면 한국이 수도를 세종시로 옮긴다는 말을 듣고 이를 칭찬하고 지지한 사람이 김정일이었다는 사실은 의미심장하다. 천도의 경우 반드시 종묘(宗廟, 太廟) 등의 이전이 수반된다, 평양 인근 강동의 단군릉도 이와 관련이 있다. '전단군릉(傳檀君陵)' 인근 산마루에 '우리 민족의 원시조의 무덤'이라 칭한 북한이 조성한 거대한 단군릉도 같은 의도이다. 현재 남아있는 평양의 여러 단군유적은 장수왕의 천도이후, 정통성 확보와 민심수습을 위해 축조된 성지들이다.

단군조선 이후 단기1년부터 고려 개국 년대인 3251년(918)까지, 만리강역을 확보했거나 아니면 민족의 심성에 만리강역을 차지했던 국가라는 자긍심을 갖고 있었다. 왕건의 고려조 창건 이후 발해고지였던 요하이동 흑룡강 이남의 영역인 만주를 포기하고, 실질적으로 압록강 이남의 삼천리를 우리의 영토라고 생각하는 퇴영적(退嬰的) 심리가 보편화되었다. 이 같은 자소자축적(自小自蹙的) 경향은, 궁예를 시해하고 집권한 왕건 이후부터 일반화 되었다. 설상가상으로 고려조는 백여 년간 원나라의 부마국으로 전락한 역사상 가장 나약하고 치졸한 왕조였으며, 뒤이어 개국한 조선조는 공식적으로 사대주의를 표방한 제후국으로 출발했다. 불행하게도 조선조 말엽 고종은 나라를 일본에 바치고 스스로 일본의 식민국가로 편입시켰다.

삼국시대 후반부터 불교가 융성하여 전국 산하와 방방곡곡에 사찰이 편만하여, 단군시대부터 전해온 민족의 정체성은 만신창이가 되어 민족성까지 왜곡되기 시작했다. 조선조부터 유학과 성리학이 국학으로 좌정하여, 군현마다 대성전과 향교 및 서원이 즐비하게 들어섰다. 고려조 이후 조선조까지 만리강역의 꿈을 접고 삼천리강산에 만족한 통치자들은 집권야욕에 몰두하여 당파싸움에만 몰두했다. 명암이 혼재한 대한제국 시대를 거치면서 일본은 한반도 방방곡곡의 마을마다 교회를 설립하게 하여, 단군이후 지속된 민족의 정체성을 말살코자 했다. 그리하여 찬송가가 마을마다 넘쳐 났고 당대 인기 있는 이광수

(李光洙, 1892~1950) 심훈(沈熏, 1901~1936)등의 소설가들도 그들의 작품들에 교회를 묘사하여 포교에 여념이 없었다.

해방이후 남북의 분단 뒤 북한은 김일성 동상, 남한은 십자가가 우후죽순처럼 세워져 온 나라를 뒤덮었다. 일제강점기 일본이 한국에 기독교를 장려한 사실과 달리 그들은 정체성을 보존하기 위해 기독교를 억압하여 말살시켰다. 1억이 훨씬 넘는 인구 중에 외래종교 신자들은 모두 합쳐서 70만 내외에 불과한 현실을 우리는 교훈으로 삼을 필요가 있다. 2차 대전 후 일본을 점령한 맥아더 장군이 인사 차 방문한 일본 왕에게 함께 나라 안을 순찰하자고 제안했는데 왕은 이를 수락했다. 맥아더가 노린 것은 일본국민들의 소요와 왕에 대한 저항을 기대했는데, 예상 밖으로 현장의 반응은 울며 경배하는 일본인들의 동태를 접한 뒤, 맥아더는 '일본은 타국이 정복할 수 없는 나라'라고 생각했다는 전언이 있다.

일본과 달리 만리강역이 위축되어 삼천리강산으로 졸아들었고, 한술 더 떠서 1500리 강산으로 축소된 터에, 5류 정치가들에 의해 민족이 분열되어 '고구려, 백제, 신라, 가야' 등의 4국시대가 재현된, 우리의 현실을 어떻게 받아드려야 할런지가 문제이다. 이제 반만년 동안 지속된 단군성조(檀君聖祖)의 경국이념은 바람 앞에 등불로 남아있다. 그럼에도 불구하고 이를 걱정하는 사람도 거의 없는 사실을 우리는 어떻게 봐야 할지 암담하기만 하다.

제2장

제천제지 칭제건원의 중단과 이소사대

▮93쪽 그림. 단군의 제천처인 강화 마니산 정상의 참성단.

1. 고대와 중세왕조의 치국강령

'제천'과 '제지' '칭제건원'과 '이소사대'는 하나로 묶어서 검토해야만 그 실상이 밝혀진다. 이를 나누어 고찰하면 경계가 모호하게 되어 그 뜻하는 중요한 핵심 명제가 산만해져 진실에 다가갈 수 없다. 제천제지는 단군성조(檀君聖祖) 시대부터 신봉한 정통 '민족종교'였다.

시대가 흘러 중원에 제국주의적 정권이 수립된 후부터, 위협을 받기 시작하여 줄곧 상처를 받았지만, 일부 민족주의적 인식을 가진 인물들에 의해 명맥을 유지하여 현재에 이르렀다. 외래종교와 이념에 감염된 '신사대주의자' 들에 의해 다시 손상되어 존폐의 기로에 처해 있다. 중원을 향한 '구사대주의자'와 구미에 역점을 둔 '신사대주의자' 들의 갈등과 알력은 지금도 계속되고 있다.

중세의 경우 '제천제지'를 하지 못하는 제후 왕에게 갖가지 제약이 따랐다. 제왕이 쓰는 왕관 면류(冕旒, 天子12旒, 諸侯9旒, 上大夫7旒, 下大夫5旒, 士3旒)의 줄 수를 비롯하여, 곤용포(袞龍袍)의 색도 정색(正色, 靑·赤·白·黑·黃)이 아닌 간색(間色, 綠·紅·碧·紫·騮黃)이어야 했고, 그려진 용머리의 방향도 정면이 아닌 측면으로 해야 했으며, 발톱 숫자(5爪·4爪·3爪)에도 엄격한 제약이 있었다. 여주 신륵사 석물에 새겨진 용의 발톱이 5조라서 중국의 항의를 받았다는 말도 전해온다.

자신에 대한 호칭(寡人, 朕) 및 의전행사 시 추는 악무의 무열(舞列, 天子八佾·諸公六佾·諸侯四佾·大夫二佾)과, 연주하는 음악과 악기를 거는 악현(樂懸, 天子宮懸四面·諸侯軒懸三面·大夫判懸二面·士特懸一面)의 변별 등의 엄격한 차별이 있었다.[1] 황제는 태묘(太廟) 제후는 종묘(宗廟) 등의 호칭도 달랐다. 공식 행사시 천자는 만세삼창(萬歲三唱)이 관례이지만, 제후왕은 천세(千歲)만 외칠 수 있었다. 중세의 경우 웅지를 품은 지도자들은 칭제하여 천자가 되기를 갈망했다.[2]

하늘과 땅에 제사를 올리는 제천과 제지의 역사는 장구하다. 하늘은 양(陽)이고 땅은 음(陰)이라는 인식 역시 유구하다. 남자는 양이며 좌(左)이고 여자는 음으로 우(右)이며, 음은 양에 제어된다는 관념도 문헌에 명기되어 전한다. 음양론(陰陽論)의 출발점도 여기에서 발원했다. 남존여비(男尊女卑)라는 말은 남자는 하늘 여자는 땅이라는 개념에서 나온 말로, 본래는 존(尊)은 하늘 비(卑)는 땅이라는 의미이지 여성을 비하하는 말은 아니다. 남좌(男左) 여(女右)라는 말도 남양(男陽) 여음(女陰)에 유래한 것이고, 자궁 안 태아의 위치도 대체로 남아는 좌측 여아는 우측에 착상한다고 알려져 있다.

며느리가 임신했을 때 성별을 미리 알기 위해 앞서가는 며느리를 불러, 왼쪽으로 돌아보면 아들 오른쪽으로 돌아보면 딸이라는 속설도 여기에 기인했다. 의복도 남자는 좌단(左袒, 옷깃을 우측으로 여밈) 여자는 우단(右袒, 옷깃을 좌측으로 여밈)인 연유도 같은 구도이다. 왕비를 곤전(坤殿)이라 일컫는 것은 왕비(王妃)를 격하하는 말은 아닌 것도 같은 이치이다. 하늘이 허세임에 비해 땅은 실세이다. 왕실과 가

---

1 班固;『白虎通疏證』卷 三「禮樂」右論天子諸侯佾數, 天子八佾, 諸侯四佾, 所以別尊卑(天子樂八佾, 諸公六佾, 諸侯四佾.…樂容曰, 天子八佾, 諸侯六, 大夫四, 士二.…『御覽』引『禮記』曰, 天子宮懸四面, 舞行八佾. 諸侯軒懸三面, 舞行六佾. 大夫判懸二面, 舞行四佾. 士特懸一面).

2 이 논문은 졸저『韓文化와 韓文學의 正體性(집문당, 2003)』제2장「歷代 王朝의 國家信仰」편장을 근저로 하여, 이를 첨삭보완하고 미래지향적 시각을 첨가하여 작성했다.

정에서 왕비와 주부의 권세가 실질적으로 막강한 사실이 그 증거이다. 그러므로 제천에 비해 제지는 하위에 있는 것으로 인식되지만, 사실은 동격이고 후대에 와서 합사하여 제사를 올렸다.

제천은 왕조의 왕권과 직결된 국가적 제사였다. 제왕이 제천제지를 주관했을 때 왕권은 살아 있었다. 반면 제천제지를 못하고 종묘사직(宗廟社稷)에만 제사를 지내면, 실질적으로 제왕이 아니고 제후에 불과했다.[3] 역대 중원정권은 제후왕은 제천제지를 철저하게 막았다. 명산대천에 대한 제사도 천자(天子, 皇帝)는 천하에 있는 모든 산천에 제사를 올릴 수 있으나, 제후왕은 통치 권역 안에 있는 산천에 한정하여 제사를 드려야 한다는 엄격한 제약을 두었다.

수천여년에 걸쳐 중원 국가들은 이른바 사이제국(동이[東夷], 서융[西戎], 남만[南蠻], 북적[北狄])을 속국으로 규정하여, 저들의 휘하에 가두어 놓고 자주독립 국가가 되는 것을 극도로 경계했다. 사이의 호칭인 '이(夷), 융(戎), 만(蠻), 적(狄)'은 한자어 중 가장 나쁜 뜻을 가진 글자들로서 한족의 음흉한 의도가 담겨 있다. 통시적으로 중원 제국주의 왕조들은 제사(祭祀, 祭天祭地)를 필두로 연호(年號, 紀年)와 정삭(正朔, 歲首와 하로의 변경 기준) 등을 정하여, 제후국들이 이를 시행하도록 강제했다. 최초로 한 무제(漢武帝, 재위서기전 141~87)가 연호 건원(建元, 서기전 140~136)을 개설한 뒤, 이를 중원 후대 제왕들이 주변 모든 나라가 제국주의적 시책에 입각하여 중국 연호를 사용하도록 강요했다.[4]

---

3 『三國史記』「雜志」第一 祭祀. 蓋以「王制」曰, 天子七廟, 諸侯五廟, 二昭二穆, 與太祖之廟而五. 又曰, 天子祭天祭地天下名山大川, 諸侯祭社稷, 名山大川之在其地者, 是故不敢越禮而行之者歟.

이를 계기로 근세까지 각종 문헌의 간기(刊記)를 위시하여, 산야에 편만한 묘비에는 중원왕조의 연호로 도배되어 있다. 얼마동안 치욕스럽게 대정(大正, 1912~1926) 소화(昭和, 1926~1988)등 일제의 연호까지 쓰다가, 지금은 서양연호인 서기가 판을 치고 있다. 문제는 우리가 수천여년간 남의 나라 '기년'을 사용하면서, 이에 대해 관심을 갖는 사람도 없었고, 추호도 부끄러워하지 않았을 뿐 아니라 당연시 했다는 점이다. 적반하장으로 왜 이처럼 남의 나라의 기년을 사용하느냐고 말하는 사람을, 이상한 시선으로 보는 현실이 더 개탄스럽다.

정삭도 예외가 아니다. 한 해의 시작을 어느 달로 하느냐는 세수(歲首) 문제는 중세의 경우는 중대한 사안이었다. 정(正)은 시년(始年)으로 한해의 시작이고, 삭(朔)은 월초(月初)로 달의 첫날을 뜻한다. 세수는 '주정(周正, 11월), 은정(殷正, 12월), 하정(夏正, 1월)' 중, 어느 달을 한해의 시작으로 하느냐를 결정하는 것이다. 지금은 하정인 1월이 보편화 되었으므로 특별한 문제가 없지만, 중세에는 이 역시 중원 정권의 지시에 따라야 했다. 해가 바뀌면 중원정권은 제후국에 책력(冊曆)을 반포했으며, 이를 받은 제후국은 소중하게 종묘에 보관했다고 알려져 있다. 하로의 시작을 자정(子正, 0시, 周)으로 하느냐 아니면 계명(鷄鳴, 첫닭 울 때, 殷) 또는 평단(平旦, 日出, 夏)으로 결정하는 것도 중세에는 관심의 대상이었다.

여기서 짚고 넘어가야 할 사안 중에, 한나라가 말살한 진나라의 10월 세수이다. 본래는 '하 · 은 · 주'의 삼정(三正, 11월 · 12월 · 1월)이 아니라 '하 · 은 · 주 · 진'의 사정(四正, 歲首를 1월 · 11월 · 12월 · 10월)이

4 『漢書』 卷 六 「武帝紀」 第六, 建元元年(師古曰, 自古帝王未有年號, 始起於此), 冬十月, 詔丞相, 御使, 列侯, 中二千石, 諸侯相擧賢良, 方正直言極諫之士.

있었는데, 한나라가 진나라의 10월 세수를 말살 했다. 우리는 근세까지 진나라의 정삭 10월을 '상달'이라 일컫고, 중요한 제사를 비롯한 토속행사를 이달에 많이 거행했다.[5] 진한(辰韓)의 진을 진(秦)으로 표기하는 것도 관계가 있다. 이는 우리민족이 진나라의 영향을 고대에는 많이 받고 있었다는 증거이다. 백색을 좋아하는 것은 은나라의 유풍으로 여겨지는데, 혹 혈연적으로도 은족(殷族)과 관련이 있었던 것일까. 하지만 중원의 모든 문헌에 '진력(秦曆)'은 완전하게 배제되어 그림자도 없다.

역대 중원 왕조들은 주변 소위 사이 여러 나라들을 속국으로 계속 묶어두기 위해 송대(宋代)에 와서 문화제국주의(文化帝國主義), 즉 '동문주의(同文主義)' 전략을 실시했다. 그 대표적 사례는 송조가 시행한 동문정책이다. '동문'의 강목은 '정삭(正朔), 유학(儒學), 악률(樂律), 도량권형(度量權衡)'으로 이를 천하를 총괄하는 덕목으로 설정하여, 제후국들에게 준수하라고 지시했다. 한 무제가 무력으로 동아시아를 정복하여 한사군을 설치하는 등의 군사력의 동원과는 달리 보다 교활한 전략이었다. 이들 4대 강령 중 정삭을 머리로 삼은 것은 그만큼 그들이 시행했던 제국주의 정책에서 중요했다는 의미이다.

정삭은 천하를 하나로 통합하여 치세를 이룩하는데 목적이 있고, 유학은 천하를 도덕적으로 아름답게 교화하기 위한 것이고, 악률은 천하의 민인을 화합과 화평으로 인도하기 위해서 이며, 도량권형은 천하의 물류를 공변되게 하기 위해서 필요한 덕목이다. 이 4대 강목은 서로 다르지만 천자가 이를 통합하여 절도 있게 시행하면 태평시대가 이루어진다. 역대의 개국시조는 반드시 세수를 정하고 국시를

5 『桓檀古記』「震域留記」, 以十月歲首, 此雖襲秦王正朔, 而亦因崇敬東皇太一.

확정하고 악무를 새롭게 하고 도량형을 정비하여 민생의 평안과 공변됨을 추구했다.[6]

위의 제시한 강령들이 천하에 두루 전파하여 사이 제후국에도 평화가 이룩되면, 세계만방과 화하만맥(華夏蠻貊)도 전부 이 일통정책(一統政策)에 감응하여 즐겨 신속된다. 이는 무력을 배제한 '문화제국주의'의 압권으로 중원 주변 사이제국들이 즐겨 중국에 복속되게 하는 독소로 작용했다. 이 주장과는 달리 송나라는 이미 사양화되어 곧바로 수도를 남쪽으로 옮겼다. 무력과 일정한 거리를 둔 이 같은 동문주의는 나름대로 성공을 거두어 중원정권이 동아시아 제국을 제후국으로 묶어두는데 기여했다. 중원왕조들의 이와 같은 문화제국주의적 전략은 상당한 성과를 거두어 장구한 기간 동안 '팍스시니카'를 지속시키는 요인으로 작용했다.

고금을 막론하고 제국주의는 제사를 필두로 '한자(漢字), 정삭(正朔), 복색(服色), 유학(儒學), 악무(樂舞)' 등을 중국 주변 소위 사이제국을 문화적으로 복속하는 중요한 수단으로 활용했다. 무력으로 제압하면 민족주의가 대두하여 저항하기 때문에, 이를 미연에 방지하기 위해 사탕발림과 같은 처방이다. 사이제국이 제국주의의 고수인 중원왕조의 계략에 심취되어 휘말리면, 본연의 민족성이 변질되어 고유문화의 소멸에 이어 영원한 식민국가가 되어 중국의 일개 군현으로 전락한다.

동아시아 역사에서 국가와 민족이 이처럼 소멸한 사례를 수없이

6 徐兢; 『宣和奉使高麗圖經』 卷 第四十 「同文」, 臣聞正朔, 所以統天下之治也, 儒學, 所以美天下之化也, 樂律, 所以導天下和也, 度量權衡, 所以示天下之公也.…國家大一統, 以臨萬邦, 華夏蠻貊, 罔不率俾.

보아왔다. 중원왕조들은 이를 '이화제이(以華制夷)'라고 일컬어, 해당 사이제국의 국가와 민인을 문화민족으로 승화시켰다고 자부했고, 모화주의(慕華主義)에 감염된 백성들은 스스로 문명인으로 탈바꿈했다고 기뻐하기도 했다. 역대 한족왕조들은 거개가 제국주의의 고수로, 시대가 진행될수록 갖가지 계략을 창안하여 선량한 주변 이민족들을 압박했으며 지금도 변함이 없다.

2. 제천제지의 변질과 폐지

고대에 이어 중세 초반까지 우리 왕조가 봉행했던 제천제지는 왕조의 정통성을 내외에 선양하는 가장 중요한 의식이었다. 제천의례를 통해 하늘이 점지한 국가임을 백성과 주변 나라들에게 확인시킴과 동시에, 당대의 통치자가 하늘이 내린 천자(天子)임을 널리 알리는 종교적 행사일 뿐 아니라, 백성들로 부터 신임을 획득했음을 선언하는 왕조차원의 의식이었다.

제천은 남교(南郊) 제지는 북교(北郊)에서 지낸다. 남은 양이고 북은 음이라는 통념이 여기에도 반영되었다. 제천제지를 '교제(郊祭)'라고 하는 것도 도성 밖 남북의 정해진 장소인 '단(壇)'과 '선(墠)'에서 제천과 제지를 거행했기 때문에 붙여진 이름이다. 시대가 흘러 제천과 제지는 합사되어 제지는 그 위상이 다소 저하되었다. 중국의 역대 황제들은 천자임을 확인하는 차원에서 동악(東嶽)인 태산(泰山)과 양보산(梁父山)에 반드시 제천과 제지를 행했다.

진시황(재위 서기전 259~210) 28년(서기전 219)에 동쪽 군현을 순행하면서, 태산에 흙으로 단(壇)을 조성하여 제천을 했으며, 태산 아래 양보산 제사 터인 선(墠)에서 제지를 봉행했다. 이후 중원 황제들 모두가 제천제지를 여기서 행했다.[7] 하늘은 둥글고 땅은 네모라는 인식에 근거한 천원지방(天圓地方)의 개념과 연계되어, 궁정과 종묘 등지에 있는 4각형의 연못인 방택(方澤, 宗廟 안에도 있다)도 혹 제지의 장소가 아닌가 한다. 오행사유(五行思惟)의 남은 화이고 북은 수라는 사실과 맥을 같이 한다.

제천은 삼한시대부터 있었다고 하나. 삼한 이전 아득한 고대 단군조선 시대에도 제천의식은 있었다. 국조 단군왕검이 하늘에 제사를 지냈던 신령스런 산이며 제천의례를 올렸던 성소(聖所)는, 세상에 전해오기를 강화도 마니산 정상에 있는 참성단(塹城壇, 一作, 參星)이다. 이 곳에서 4천여 년을 부단하게 제천을 해왔고, 고려 조선조에도 왕과 왕이 파견한 고위관료들이 방문하여 제사를 올렸다. 인조(재위 1623~1649) 17년(1639) 숙종(재위1675~1719) 26년(1700)에도 수리를 했을 정도로 역대 왕조가 신성시했던 산이었다.[8]

우리 역대왕조가 제천제지를 봉행하는 문제를 두고 각계각층의 논란이 많았다. 특히 명조(明朝, 368~1644)에 사대를 당연시 하여 제후왕으로 자처한 조선조 초엽에 첨예화 되었다. 단군 이래 삼한을 비롯한 각급 왕조가 제천을 왕조차원에서 계속한 사실을 두고, 그 계속

7 『史記』 卷 六 「秦始皇本紀」 第六, 二十八年, 始皇東行郡縣, 上鄒嶧山. 立石, 與魯諸儒生議, 刻石頌秦德, 議封禪望祭山川之事(爲壇於太山以祭天, 示增高也. 爲墠於梁父以祭地, 示增廣也.). 乃遂上泰山, 立石, 封, 祠祀.

8 『增補文獻備考』 卷 六十一 禮考 八 附, 祭天地日月星辰, 檀君祭天處, 世傳在江華府, 摩尼山頂, 塹城(一本作, 參星)壇, 累石築之, 高十尺, 上方下圓, 上徑六尺六寸, 下徑十五尺.

여부 역시 조정 신료들 간에 의견이 분분했다. 이 와중에 양촌(陽村) 권근(權近, 1352~1409)과 춘정(春亭) 변계량(卞季良, 1369~1430)의 대립적 견해가 관심을 끈다. 권근은 고구려 유리왕(瑠璃王, 재위서기전 19~1)19년(서기전 1)에 교제에 쓸 돼지가 도망을 가서 쫓아가 잡았다는 기록을 두고, '보잘 것 없는 하국(下國)으로서 천자의 예인 제천을 하니 하늘이 용납하지 않을 것이 당연하다.'고 했다.[9]

이와 달리 변계량은 조선조 태종(太宗, 재위1401~1418)12년(1412)에 폐지된 제천을 15년(1415)에 한발이 극심하여 원단에서 다시 제사를 지내자, 변계량은 이를 옹호하며 '우리 동방의 단군은 하늘에서 내려와 제왕이 된 것이지, 중국이 분봉(分封)하여 즉위한 지도자가 아니라고 단언한 다음, 명나라 고황제(高皇帝, 재위1368~1398)도 조(詔, 諸侯는 敎임)를 내려 우리나라의 제천을 용인했으며, 그 역년(歷年)이 장구하므로 제천을 남교에서 행함이 옳다고 하자, 태종이 이를 허락했다.'라고 한 기록이 있다고 했다. 단군은 중국 천자가 책봉한 지도자가 아니고, 중국의 천자와 대등한 지도자로 긍정한 춘정의 견해는 민족사의 귀감으로 칭송 되어야 할 명제이다.[10]

9 權近;『陽村集』「東國史略論」卷之三十四, 五十七年(庚申), 高句麗郊豕逸, 王殺其臣託利斯卑. 按祭天於郊, 天子之禮也, 高句麗以蕞爾下國, 僭行其禮, 天豈受之哉,…乃敢非義犯分, 僭天子之禮, 旣以失矣. 又以一豕之故, 遂殺二人, 以是事天反所以欺天也.

10『增補文獻備考』卷 六十一「禮考」八 '祭天地日月星辰',…高句麗, 瑠璃王 十九年, 郊豕逸, 追得之. 權近曰, 以蕞爾下國, 僭行天子之禮, 天豈受之哉, 郊豕之逸, 天示不受意明矣.…本朝, 太祖 七年, 禱雨于圓壇. 太宗元年正月, 祈穀于圓壇,…十二年, 禮曹上書曰,…諸侯之不得祭天地,…伏望革圓壇之祀, 以正萬世之典, 乃命罷之.…十五年, 遣領議政柳廷顯(柳廷顯, 十六年始拜相, 年條恐誤), 禱雨圓壇, 先是郊祀, 据禮文廢之, 至是旱甚, 藝文提學卞季良疏曰,…

참성단(塹城壇)은 돌을 포개어 축조했는데 높이가 10척 위는 네모지고 아래는 원형이다. 상단 지름은 6척 6촌이고 하부 지름은 15척이다. 마니산은 북녘 백두산과 남녘 한라산의 정 중앙에 위치하여 한반도 중심에 위치한 명산이다. 본래 섬이었는데 토목공사로 인해 연륙된 모든 산의 머리라는 의미를 가진 산이다. 이름이 참성인 이유는 사방을 돌로 쌓아 중앙이 홈으로 되어있기 때문이다.

고구려가 제천의식을 거행할 때 수혈(隧穴, 大穴, 구덩이)에 있는 신을 모셔와 제사를 올렸다는 기록이 연상된다. 고대의 제천 처는 대체로 산 정상에 위치했으며 중국도 동일하다. 마니산과 태백산 정상에 있는 제천 처에 고구려의 수혈과 같이 대혈을 조성했다. 수혈에 있는 천신을 모셔와 제사를 올린 이유는 천신(天神)과 지신(地神)을 음양으로 인식하여 함께 있다는 인식에서 비롯한 것일까. 또 경주의 첨성대(瞻星臺)가 하원상방(下圓上方) 형태인 것과도 연관이 있을 법하다.

마니산과 더불어 단군성조와 관련된 민족의 성산 태백산(太白山, 太伯山)도 제천의례에서 중요한 성지이다. 태백산 정상에 단군을 모신 '천제단(天祭壇)'이 있다. 마니산과의 차이점은 마니산은 단군이 직접 제천의례를 올린 곳인데 반해, 태백산의 천제단은 단군을 제사하던 곳이다. 단군을 천신으로 숭앙한 점을 상기할 때 역사가 마니산보다 후대로 여길 수도 있으나, 단군의 아버지 환웅천왕(桓雄天王)이 태백산(妙香山) 신단수(神檀(壇)樹) 아래 강임하여 개국한 다음 홍익인간을 베풀었다는 점을 상고하면 해석이 달라질 수도 있다.[11]

吾東方檀君, 盖曰自天而降, 非天子分封之也. 高皇帝降詔, 歷言我朝事, 亦必知祭天之事而乃許.…受命於天, 其祀天之禮甚久, 而不可變也, 宜祭天於南郊, 從之.

태백산 정상에 있는 천제단은 단군을 모신 제단이다. 제단의 규모는 20여 평 정도인데 원형으로 축조되었다. 계단을 올라가면 4각형의 제단이 있고 그 가운데 '한배검'이라 새긴 비석이 있다. 신라는 태백산을 오악(五嶽) 중 북악(北嶽)이라 칭하고 '대사(大祀), 중사(中祀), 소사(小祀)'의 삼사(三祀) 가운데 중사(中祀)에 편입시켰다. 단군의 아버지 환웅이 하늘에서 내려와 나라를 세운 성산이며, 수 천여 간 병화를 입지 않은 산이기도 하여, 민인들에게 장구한 시간 동안 숭앙된 산이었다. 이 곳 천왕당(天王堂)은 강원과 경상도 백성들이 모여 단군제사를 올린 신성한 산이다. 태백산은 신라시대에는 북악으로 중사에 등재되어 신라에도 중시된 산이었다.[12]

태백산에 이어 단군성조와 연관된 성산으로 묘향산이 있다. 예부터 '동 금강(金剛), 남 지리(地理), 서 구월(九月), 북 묘향(妙香).'을 일러 4대 명산이라 칭했으며, 이 가운데 묘향산과 구월산은 국조 단군왕검의 '영이사적'이 점철되어 있기 때문에 한층 더 유명하다. 묘향산을 두고 태백산과 향산(香山)으로 칭하기도 한다. 환인이 아들 환웅이 인간 세상에 뜻이 있음을 확인하고, 천부인 세 개를 주어 인세에 내려가 다스리게 했다. 환웅이 3천명의 무리를 이끌고 태백산 정상 신단수 아래 내려와 세상을 다스렸다고 했다.

---

11 『三國遺事』 古朝鮮(王儉朝鮮), 『古記』云, 昔有桓因(謂帝釋也)庶子桓雄數意天下, 貪求人世, 父知子意, 下視三危太伯, 可以弘益人間,…降於太伯山頂(妙香山)神檀樹下, 謂之神市, 是謂桓雄天王也.

12 『三國史記』 卷 第三十二 「雜志」 第一 祭祀, 中祀 五岳, 東, 吐含山(大城郡), 南, 地理山(菁州), 西鷄龍山(熊川州), 北太伯山(奈已), 中父岳(一云.公山, 押督郡)

『世宗實錄』「地理志」 江原道 三陟, 太伯山, 在府西南, 新羅擬五嶽爲北嶽, 有祠. 名曰, 太伯天王堂, 諸郡人民, 春秋祀之.

일연은『위서』를 인용하여 지금부터 2천여 년 전에 단군왕검이 아사달(阿斯達,『經』云, 無葉山, 亦云, 白岳在白州地, 或云, 在開城東, 今白岳宮是.)에 도읍하여 나라를 열어 조선이라 칭했다. 중국 요임금(재위 서기전 2357~2258?)과 동시대이다. 현전『위서』에는 단군에 대한 기록이 없다.『위서』의 저본인 지금 일실된『위략』에 나온 내용으로 보기도 하나 미지수이다. 호한방대(浩汗尨大)한 중원 문헌들에 단군에 대한 기록은 전무하다. 아마도 의도적으로 삭제한 것으로 여겨진다.[13]

일연(一然, 1206~1289)은 태백산을 묘향산이라고 했다. 일설에는 백두산이라고도 했으나 확인이 어렵다. 단군의 영이사적으로 볼 때 북방의 백두산이라는 설도 일리가 있다. 따라서 묘향산은 단군 영이사적의 성지로 인식되어 숭앙의 성지가 된 것이다. 환인의 아들 환웅이 신단수 아래 신시(神市)를 열어, 정사를 행했다는 것은 우리민족 국가의 효시임을 말한다. 이에 묘향산은 최초의 개국 현장으로 민인들 사이에 널리 확산되어 민족의 성지로 인식되었다. 태백산과 묘향산이 일연의 말대로 동일한 것인지는 알 수가 없다. 묘향산에는 단군과 연관된 '단군대(檀君臺), 단군굴(檀君窟), 단군활터'와 묘향팔경(妙香八景) 중 '단군락조(檀君落照)' 등의 유적이 문헌과 구전으로 전해오고 있다.

묘향산과 함께 구월산도 단군성조와 긴밀하게 연계되어 있다. 구월산은 우리나라 4대 명산의 하나로, 본래 고구려 때는 궐구(闕口), 고려조에는 유주(儒州)였으며 '아사달산(阿斯達山), 궁홀산(弓忽山),

13『三國遺事』「紀異」第一 古朝鮮(王儉朝鮮),『魏書』云, 乃往二千載, 有檀君王儉, 立都阿斯達(『經』云, 無葉山, 亦云, 白岳在白州地, 或云, 在開城東, 今白岳宮是), 開國號朝鮮, 與高(堯)同時.

증산(甑山), 삼위산(三危山)' 등으로 불리어 지기도 한다. 세상에 전하기를 단군이 처음에 평양에 도읍을 정했다가, 얼마 후에 백악(白岳)으로 옮겼는데 백악이 바로 구월산이다. 주나라(서기전 1122~770) 무왕이 기자(箕子, 殷末 賢人)를 조선에 봉하자, 이에 단군은 당장경(唐藏京)으로 옮겼다가 후에 구월산에 은거한 다음 신이 되었으며, 또 장련(長連)과 은율현(殷栗縣) 조에도 이 기록이 보인다. 단군을 천신으로 숭앙했다는 증거이다.[14]

단군의 영이사적은 이름 그대로 영이임으로 내용면에서 중복과 착종이 있다. 태백산과 '묘향산, 구월산, 아사달, 백악'이 뒤섞여 동명이칭으로 묘사된 경우도 간혹 있다. 영이는 영이로 접근해야지 근대에 형성된 합리적 시각으로 이해하면 본질이 왜곡된다. 구월산과 아사달, 백악과 구월산, 태백산과 묘향산, 궐산과 구월산 등은 같은 산의 이칭이라는 점도 혼란스럽다. 궐산은 구월산 발음의 축약으로 보는 시각도 있다. 구월산에 '환인, 환웅, 단군'을 모신 삼성사가 있는데 이 사당을 평양으로 옮겼다는 기록도 전한다.

평양에는 단군을 모신 숭령전과 기자를 모신 숭인전(崇仁殿)이 전후로 있다. 중원 사신이 오면 반드시 숭인전에 참배하고 갔다. 기자가 조선에 봉해지고 평양에 기자릉(箕子陵)이 있는 것도 납득이 안 된다. 단군에 관한 다양한 내역은 『단군고기』에 수록되어 있다고 『세종실록』「지리지」는 말했다.[15] 단군의 영이사적은 수천 여 년간 민간에

14 『新增東國輿地勝覽』 卷 四十二 文化縣, 本高句麗闕口縣, 高麗儒州.…「山川」, 九月山,…卽阿斯達山, 一名弓忽山, 一名甑山, 一名三危山. 世傳, 檀君初都平壤, 後又移白岳, 卽此山也. 至周武王封箕子於朝鮮, 檀君乃移於唐藏京, 後還隱此山, 化爲神, 又見長連及殷栗縣.

15 『世宗實錄』 卷 第一百五十四 「地理志」 平壤府, 靈異, 『檀君古記』云, 上帝桓

구전되어오는 과정에서 착종된 현상으로 생각된다. 단군을 근현대적 관점으로 파악하려는 자세는 역으로 비과학적이다. 세계 모든 나라의 시조인식과 대비할 때 단군의 영이사적은 보다 합리적이다.

고려조 후기 이승휴(李承休, 1224~1300)는 단기 3620년(1287)에 발간한 『제왕운기』를 통해, 단군의 영이사적을 민족사의 중심에 편입시켜, '시라(尸羅), 고례(高禮), 남북옥저(南北沃沮), 동북부여(東北夫餘), 예(穢, 중국이 격하한 卑稱)와 맥(貊, 중국이 비하한 칭호)' 등의 우리 선대 국가들이 전부 단군조선에 유래했다고 하며, 단군을 우리 민족 개국의 '시조'로 천양했으며, '단기기년'을 긍지를 가지고 사용했다. 이승휴의 단군에 대한 이들 정보는 『세종실록』 「지리지」의 내용과 같으므로, 조선조 사관(史官, 황제국은 太史)들도 이를 참고했던 것 같다, 이승휴는 단군성조의 영이사적을 전향적으로 인식하여, 민족사의 '시원(始原)'으로 확정 한 것으로 기억되어야 할 역사인식이다.[16]

동안거사는 한국 전래 문헌상 최초로 '단기기년'을 사용한 전향적인 인물이었다. 이승휴 이후 단기를 사용한 사례는, 대한민국 초기 얼마동안을 제외하고는 전무하다. 단기를 폐지하고 서기를 공식적으로 쓴 이유를 필자는 지금도 이해하지 못하고 있으며, 이를 폐지하자고 건의한 사람이 어떤 계층과 부류인지도 궁금하다. 아랍제국과 이웃 일본과 대만정부 등은 자체기년을 사용하고 있고 북한도 이 반열

因,…天王令孫女, 飮藥成人身, 與檀樹神婚而生男, 名檀君, 立國號曰朝鮮.…檀君與唐堯同日而立,

16 李承休; 『帝王韻紀』 卷 下 東國君王開國年代, 本紀曰, 上帝桓因有庶子桓雄,…而降太白山頂, 神檀樹下, 是謂檀雄天王也, 令孫女飮藥成人身, 與檀樹神, 婚而生男名檀君, 據朝鮮之域爲王, 故尸羅, 高禮, 南北沃沮, 東北夫餘, 穢與貊, 皆檀君之壽(理)也, 理一千三十八年, 入阿斯達山爲神, 不死故也.

에 포함된다.

수천 년간 자체 연호(紀年)를 사용하고 주변 국가들에게 중국 연호(年號) 쓰기를 강요하던 나라가, 삼류 이념에 물던 공산정권이 수립된 이후 서구에 대한 사대주의적 인식에 근거하여, 국가 차원에서 서기를 '공원'이라 칭하며 우쭐대는 현상을 우리는 지금 보고 있다. 여기서 공산주의라는 이념의 사대주의 국가로 전락한 중원의 초라한 모습을 접하게 된다.

삼한시대의 제천은 『위서』「동이전」등의 사서가 없었다면, 영원이 잊혀 졌을 것이다. 특이하게 「동이전」에는 제천만 기록했고 '제지'에 대해서는 언급이 별로 없고, 『삼국사기』에만 있다. 삼한시대의 우리 선인들이 제지를 하지 않아서 인지, 아니면 저자 진수(陳壽, 233~297)가 제지에는 관심이 없었던 것인지. 예부터 우리 민족은 지신(地神)에 대한 관심이 제천에 비해 덜했던 것은 사실이다. 따라서 제천제지 가운데 제지는 중국의 영향으로 한결 부각된 듯하다. 우리는 고래로 지신보다 산신(山神)에 더 많은 비중을 두었다.

제천제지는 중원왕조들이 이를 빌미로 사이제국을 통제하기 위해, 『예기』 등에 수록된 황제가 아닌 제후왕은 할 수 없다는 강령을 내세워 압박했다. 우리 역대 왕조는 이로 인해 많은 논란이 일어나 고민했던 일들이 빈번했다. 국조 단군왕검이 마니산에서 제천의례를 봉행한 이후, 장성(長城) 북에 있었던 부여는, 은나라 세수였던 12월에 '영고(迎鼓)'라는 이름으로 제천을 했고, 요동 동녘 천리에 위치한 고구려는 연일 음주가무를 즐기며 '동맹(同盟)'이라는 호칭으로 10월에 제천의식을 거행했고, 예국(濊國)은 남쪽 진한과 한가지로 '무천(舞天)'이라 이름 한 제천의례를 하면서, 밤낮주야로 술 마시고 노래하고 춤추는 축제를 행했으며, 한(韓, 馬韓 · 辰韓 · 弁韓) 역시 5월과 10월에 귀신에게 제사를 지낸 뒤 음주가무(飮酒歌舞)를 즐겼다. 귀신을 믿었으며 국읍(國邑, 國都)에 한 사람을 세워 천신(天神)의 제사를 주관하게 했다. 이들 기록에도 제지에 관한 내용은 없다.[17]

부여와 예 등 삼한은 중국의 눈치를 보지 않고 우리 고유의 정통 제천의식을 거행했으며, 제천행사기 끝난 다음 밤낮주야를 가리지 않고 무리를 지어 음주가무를 즐겼다. 삼국시대 전후 유입된 중원의 제천제지의 의식은 우리 전통적인 제천행사와는 달랐다. 중원에서 이입된 제천의례에는 우리가 즐겨했던 음주가무가 없었으며, 아마도 음복 정도에 머물렀다고 여겨지고, 제사의 주체도 관료 중심으로 거행되어 민인들은 절로 멀어졌고 아울러 소외되지 안았나한다.

백제는 개국시조 온조왕(溫祚王, 재위서기전 18~27)20년(2), 38년(20), 다루왕(多婁王, 재위28~76)2년(29), 고이왕(古爾王, 재위234~286)5년(238), 10년(243), 14년(261), 비류왕(比流王, 재위304~343)10년(313)과 근초고왕(近肖古王, 재위346~374)2년(347)과 아신왕(阿莘王, 재위392~404)2년(393)과 전지왕(腆支王, 재위405~419)2년(406), 동성왕(東城王, 재위479~500)12년(490)에는 제단을 만들어 하늘과 땅에 제사를 올렸다. 삼국 중 백제는 제천제지를 가장 현저하게 행했으며, 대체로 사중월(四仲月, 2월 · 5월 · 8월 · 11월)에 제사를 올렸다. 이들 기록에서 단을 조성하여

17 陳壽: 『三國志』 卷 三十 「東夷傳」 第三十, 夫餘在長城之北, 去玄菟千里, 南與高句麗,…以殷正月祭天, 國中大會, 連日飮食歌舞, 名曰迎鼓,…濊南與辰韓, 北與高句麗,…常用十月節祭天, 晝夜飮酒歌舞, 名之爲舞天.…韓在帶方之南, 東西以海爲限, 南與倭接, 方可四千里, 有三種, 一曰馬韓, 一曰辰韓, 一曰弁韓,…常以五月下種訖, 祭鬼神, 群聚歌舞, 飮酒晝夜無休.…信鬼神, 國邑立一人主祭天神, 名之天君.

제천제지를 했다고 했지만 원구단이라는 말은 없다.[18]

『삼국사기』에 의하면 백제가 가장 활발하게 제천제지를 행했으며, 신라는 속전에 문열림(文熱林)에서 '일월제(日月祭)'를 행하고, 영일현에 있는 일월지(日月池)에서 제천을 행했다는 기록만 전한다. 고구려는 『후한서』의 '동맹제천'과 『북사』의 '10월 제천'과 『고기』에서 인용한 3월 3일 돼지를 잡아 하늘과 산천에 제사를 드렸다는 것이 전부이다. 백제는 『삼국사기』「백제본기」와 『책부원구』와 전래의 『고기』에 수록된 내용을 비교적 자세하게 언급했다.[19] 삼국시대의 경우 초기에는 제천제지가 비교적 활발하게 행해지다가, 후기에 접어들수록 제천제지가 급감하는 이유는, 중원 왕조의 입김이 더욱 강해졌기 때문으로 추측된다. 백제가 제천제지를 행하면서 축조한 단(壇)이 중원에서 유래한 원구단(圜丘壇)과 어느 정도 유사한지는 현재로선 밝히기는 어렵다.

제천제지의 장소도 오랜 기간 봉행했던 전래된 자연의 성소가 아닌, 천지의 신을 합사한 생소한 중국식 원구단이었다. '원구제천'을 최

18 『增補文獻備考』卷 六十一「禮考」八 祭天地日月星辰, 百濟 溫祚王, 二十年, 春二月, 設壇親祀天地(以下, 祭天地). 三十八年, 築壇祀天地. 多婁王, 二年, 祀天地于南壇. 古爾王, 五年, 祭天地用鼓吹, 十年, 設壇祀天地山川, 十四年, 祭天地於南壇. 比流王, 十年(麗本, 作汾西王, 恐誤), 祀天地於南郊, 王親割牲. 近肖古王, 二年, 設壇祭天地. 阿莘王, 二年, 設壇祭天地. 腆支王 二年, 設壇祭天地. 東城王, 十一年, 設壇祭天地.

19 『增補文獻備考』「禮考」八 祭天祭地日月星辰, 新羅祭天處, 俗傳在迎日縣, 名日月池.…高句麗, 常以十月祭天, 又以三月三日, 會獵獲猪鹿祭天.…高麗 成宗 二年正月, 王親祀圜丘(在會賓門外)祈穀, 配以太祖, 祈穀之禮始此.
『三國史記』卷 第三十二, 祭祀, 高句麗, 百濟, 祀禮不明, 但考『古記』, 及中國『史書』所載者, 以記云爾, 『後漢書』,…『北史』『唐書』,…『冊府元龜』,…『古記』등을 인용하여 祀禮를 작성했다.

초로 도입한 연대는 확언할 수는 없지만, 백제의 제천의식에서 그 가능성이 엿보이나 단정하기는 어렵고, 고려조 성종(成宗, 재위982~997)2년 단기 3316(983) 1월이 처음인 듯하다. 우리 역대 왕조에서 '성종'이라는 묘호(廟號)를 받은 왕은, 대체로 중원문화를 솔선하여 수용한 제왕이었으며, 조선조의 성종(成宗, 재위1470~1494) 역시 동일하다.

고려 초엽에 이입된 '원구제천'은 예부터 전해온 제천의례와는 다른 의식이어서, 일반 백성의 참여가 제한되었던 듯하고, 또 제천행사가 끝난 다음 역동적으로 진행되었던 발랄한 음주가무의 축제도 거의 금지 되었다고 여겨지고, 왕을 비롯한 조정각료들이 중심이 된 중원의 제도를 모방한 엄격한 제도와 절차에 따라 행해진 행사로 바뀌었다. 이로 인해 백성들로부터는 소외되고 경원되어, 행불행을 떠나서 관변행사로 변질되어 역동성이 없어졌다.

원구(還丘, 圓丘)에서의 제천제지는 고려 성종2년(983) 1월 왕이 친히 회빈문(會賓門) 밖에 있는 원구에 행차하여 풍년 들기를 빌고, 원구에 태조를 배향했는데 풍년들기를 기원하는 의례(祈穀之禮)는 이에서 비롯되었다. 이어서 인종(재위1123~1146)22년(1144)에 왕이 원구에 친사(親祀)했다. 의종(毅宗, 재위1147~1170) 시의 『상정의(詳定儀)』에 원구단의 규모와 오방제(五方帝) 등에 대한 제사절차를 자세하게 소개했다.[20]

고려조의 제지의례(祭地儀禮)는 '방택(方澤)'에서 하지 날 북교에서 행했다. 북교의 제지 장소는 연못 가운데 땅을 상징하는 4각형 사우를 지어 제사를 올렸던 듯하다. 천지를 합사하기 전 방택에 제지를

20 『增補文獻備考』「禮考」 八 祭天祭地日月星辰,…仁宗, 二十二年, 親祀圓丘, 毅宗時, 祥定儀, 圓丘壇, 周六丈三尺, 高一丈兩尺,…五方帝各用方色.

행한 기록이 몇 차례 나오지만 제천에 비해 비중이 약했다. 현종(顯宗, 재위1010~1031)22년(1031) 정월 왕이 방택에서 제사를 지냈다. 정종(靖宗, 재위1035~1046)2년(1036) 2월 1일에 방택에 제사를 드리고, 10년 10월에 '신주지기(神州地祇)'에 제사를 올리고, 인종5년(1127) 3월 무오에 방택을 만들어 지신에 제사를 지내고 사교(四郊)의 정기(精氣)를 맞이했다.[21]

『고려사』는 전체 분량을 감안 할 경우 「예악장」이 차지하는 비중이 크고, 그중에서 「예편」의 비중이 더욱 방대하다. 특히 길례대사(吉禮大祀) 편에 '원구(圜丘)' 장절의 분량이 압도적이다. '예장(禮章)' 서문에, "사람은 천지의 음양기운을 받아 희로애락의 정이 있다. 이에 성인이 예를 제정하여 인기(人紀)를 세워 그 교음(驕淫)을 절제하고 폭란을 방지하여, 백성들로 하여금 죄를 멀리하고 선으로 인도하여 미속을 이루기 위해 예편을 만들었다."라고 했다. 이 가운데 원구단과 제사 제도와 절차에 관해 엄청난 지면을 할애하여 소상하게 기록했으나, 오늘에 시각으로 보았을 때 지나치게 장황하여 검토를 생략했지만 당대에는 원구제천을 얼마나 중시했던 가를 알 수 있다.[22]

조선조에 들어와 원단제사는 태조7년(1398) 원단에 비 오기를 빌었고, 태종 원년(1401) 왕이 풍년들기를 원단에서 빌었으며, 5년(1405)에 재차 비를 오게 해달라고 기도했고, 6년(1406) 원단을 수리한 다음 인

21 『高麗史』 志 卷 第十三 「禮」 一 方澤, 顯宗二十二年正月, 親祀方澤. 靖宗二年庚戌朔, 祭方澤, 十年十月丙申, 祭神州地祇. 仁宗五年 三月戊午, 祭方澤, 祭地祇, 四郊迎氣.

22 『高麗史』 志 卷 第十三 「禮」 一 吉禮大祀 圓丘(모든 표기가 圜丘로 되어 있지만 圜이 원으로 읽는 것이 통례이므로, 전부를 '圓丘'로 표기했다.), 夫人函天地陰陽之氣, 有喜怒哀樂之情, 於是聖人制禮, 以立人紀, 節其驕淫, 防其暴亂, 所以使民遷善遠罪, 成美俗也.

정人丁을 보내 수호하도록 했다. 7년(1407)과 10년(1410) 영의정 독곡(獨谷) 성석린(成石璘, 1338~1423)을 파견하여 비를 빌게 했으며, 또 방촌(尨村) 황희(黃喜, 1363~1452)를 보내 비를 빌었다. 11년(1411) 남교에 있는 원단을 개축했고, 이에 앞서 정부가 천자가 아니면 제천을 할 수 없다는 논리를 전개하여 원단의 폐지를 요구했다. 태종12년(1412) 예조(禮曹, 황제국은 禮部이다)가 글을 올려 제후는 공부자와 주공(周公, 姬旦) 및 『춘추』 등을 인용하여, 제천의 부당성을 나열하며 혁파할 것을 요구하자, 태종은 이를 수용하여 원단제천의 중지를 명령했다. 15년(1415)에 우여곡절을 겪은 뒤 남교(南郊)의 제천이 재개되었다. 18년(1418) 좌의정 박은(朴訔, 1370~1422)을 보내 원구에 제사를 올렸다.[23]

그 다음해 세종(世宗, 재위1418~1450)이 즉위하여 원년(1419)에 원구에 비를 비는 제사를 올렸다. 세조(世祖, 재위1455~1468)가 즉위하여 동왕 3년(1457)에 친히 원구에 제사를 드렸으며, 7년(1461)에도 왕이 친히 원구에 제사를 행했다. 그 후 178년이 경과한 다음, 인조(仁祖, 재위1623~1649)17년(1639) 강화 마니산을 수축한 뒤 천단에 제사를 올렸다. 숙종(肅宗, 재위1675~1720)10년(1684)에 심한 흉년이 들어 천종(天宗, 上帝)에 제사를 올리려고 하자, 남구만(南九萬, 1629~1711) 등이 반

23 『增補文獻備考』卷 六十一「禮考」八 附祭天地日月星辰 本朝, 太祖七年, 禱雨圓壇, 太宗元年正月, 祈穀于圓壇. 五年再禱雨雨圓壇. 六年命修治圓壇場欄園, 給守護人丁, 七年遣領議政府事成石磷, 禱雨于圓壇(詳見禱水旱). 十年遣知議政府事黃喜, 禱雨于圓壇. 十一年更築圓壇于南郊. 先是政府言, 非天子不得祭天, 故罷圓丘壇. 十二年, 禮曹上書曰,…伏望革圓壇之祀, 以正萬世之典, 乃命罷之. 十五年遣領議政柳廷顯, 禱雨圓壇,…受命於天, 其祀天之禮甚久, 而不可變也, 宜祭天於南郊, 從之. 十八年遣左議政朴訔祀圓壇, 又行報祀祭.

대하여 중지했다. 조선조의 원구제천은 이로써 막을 내려 말 그대로 제후국으로 강등되었다.[24]

단기 4230년 개국(開國)506년 건양(建陽)2년 서기 1897년 8월 16일(丁酉, 음력 7월 19일)에 광무원년(光武元年)으로 개원(改元, 建元이 아니다)하고, 국호를 대한제국(大韓帝國, 歷年, 1897~1910)으로 바꾸었다. 반만년 민족사의 염원이었던 제후국의 속박을 벗어나 천자가 통치하는 제국(帝國)으로 재조(再造)된 것이다. 대한제국으로의 재조는 일제의 허황한 대동아공영권의 신화가 개입된 것을 억지로 숨길 필요는 없고, 일제의 간계를 활용하여 칭제건원의 민족적 염원을 성취하려했던, 고종황제(高宗皇帝, 在位1863~1907, 帝位1897~1906)를 비롯한 영의정 심순택(沈舜澤, 1824~1906) 등 선인들의 지혜와 원대한 기상을 기리는 것이 바람직하고, 반대로 일제의 계략에 빠져 일신의 부귀영화를 도모한 당대 친일적 인물들과, 이 함정을 벗어나지 못했던 나약한 우리 후인들을 질책해야 함이 옳다.

고종은 황제국으로 재조코자 했던 인물들과 함께 제위(帝位)에 오르기 위해 원구단을 만들었다. 광무원년 8월 16일 '원구・사직・종묘・영녕전・경모궁'에 행차하여 '건원고유제(建元告由祭)'를 올렸는데, 종묘 등 여러 장소 가운데 원구(圜丘, 圓丘)가 머리에 있다.[25] 조선

24 『增補文獻備考』 卷 六十一 「禮考」 八 附祭天地日月星辰 本朝,…世宗元年, 祈雨于圓丘. 世祖三年, 上親祀圓丘. 七年又親祀圓丘. 仁祖十七年, 修江華摩尼山祭天壇. 肅宗十五年, 以凶荒有祭天宗議, 右議政南九萬曰, 先王命祀各有限,…又祭天宗則, 其將又祭於社稷乎, 祭旣涉僭, 位無其所, 恐難擧行, 從之.

25 『高宗太皇帝實錄』 卷 三十六, 光武元年 八月 十六日 圜丘 社稷 宗廟 永寧殿 景慕宮, 行建元告由祭.

조 말엽의 조성된 원구단은 제천의례와 겸해 황제위에 오르기 위한 목적도 있었다. 광무원년에 남단(南壇)에서 제사를 올렸던 풍운뢰우(風雲雷雨)를 원구로 옮겼으며, 황제위와 부합되는 '천하(天下)'라는 접두어를 첨가하여 '산천(山川)'을 천하명산(天下名山) 천하대천(天下大川)으로 개칭(改稱)했다.

제후국에서 '천자지국(天子之國)'으로 격상하는 마당에 원구에 단을 만드는 장소 문제와 기타 제기되는 여러 사안들도 논의를 전개하는 과정에, 천자의 '제천지(祭天地)'의 예는 무엇보다 중요하고, 아울러 국호 '조선'이 적절하지 않으므로 바꾸는 것이 타당하다는 논의가 있었다. 고종도 원구에 제사를 올릴 때 천하의 명호도 교체함이 옳다고 동조했다. 광무원년(1897) 10월 11일에 심순택은 조선이라는 국호는 기자가 옛날 조선에 봉해졌던 것에 기인하여 붙은 이름이므로 처음부터 잘못 되었으며, 따라서 이제 '천하지호(天下之號)'도 고쳐야 한다고 건의했고, 병세(秉世) 역시 천명을 유신하는 터에 천하의 호칭도 새롭게 정함이 옳다고 호응했다.

이에 고종은 "우리나라는 삼한(三韓)의 땅에 천명을 받아 통합했으므로, 지금 천하의 호를 '대한(大韓)'으로 정함이 타당하고, 각국의 문자에도 조선이라 하지 않고 한이라 하고 있으니 더욱 부합된다."라고 하여 국호를 소위 기자조선에서 '조선(朝鮮)'이라는 중원의 질곡을 초극하여 '대한(大韓)'으로 책정함이 옳다고 했다. 국호가 대한으로 정해진 유래와 고종을 비롯한 당대 인물들의 논의가 이들 기록에 잘 나타나 있다.[26]

---

26 『高宗太皇帝實錄』卷 三十六 光武元年 十月 十一日, 舜澤曰, 國家因箕子舊封朝鮮之地名, 仍以爲號, 未始爲切當, 今於邦舊命新之日, 定有天下之號, 應合

대한제국의 재조와 동시에 제천과 제지를 봉행했던 원구단은, 고려조가 중원의 원구단을 참고하여 축조했던 원구를 본 딴 것이다. 대한제국이 야심적으로 건설한 원구단은 제천제지 못지않게, 중국의 책봉을 받지 않고 하늘로부터 받았다는 사실을 강조하기 위해, 황제 즉위식을 거행하기 위한 목적도 있었고, 실지로 1897년 10월 12일에 황제 즉위식을 이곳에서 거행했다.

원구단은 단기 4230년(光武元年, 서기 1897년) 소공동 해좌사향(亥座巳向, 동남향)에 건립하여, 1층에 하늘을 상징하는 황천상제(皇天上帝)와 땅을 상징하는 황지기(皇地祇)를 모시고, 2층에는 대명(大明) 야명(夜明), 3층에는 북두칠성 오성 이십팔수와 오악 사해 등 전래된 여러 신위들을 모셨다. 다다음해(1890)에 황궁우(皇穹宇)를 지어 여러 신위판(神位板)을 봉안하면서 태조 고황제(高皇帝)를 배천(配天)했다.

1913년 원구단을 마땅찮게 여겼던 일제가 이를 철거했는데, 지금 조선호텔 자리가 바로 그곳이다. 대한제국이 창건한 원구단 역시 천원지방(天圓地方)의 원리를 좇아, 정 사각형의 축단 위에 원형의 구조물을 올려 하늘을 상징했다. 원구단은 민족의 아픈 역사를 품은 건물이다. 일제는 조선을 중국의 굴레에서 탈피시켜 식민지로 만들기 위한 수단으로 이를 활용했다. 이제 우리는 원구단을 본래의 목적에 부응시켜, 통일 조국으로 재조(再造)하기 위한 성지와 성소로 재정립할 시점에 와있다.

典則矣. 秉世曰, 天命維新, 百度皆新, 有天下之號, 亦宜新定,…上曰, 我邦乃三韓之地, 而國初受命, 統合爲一, 今定有天下之號曰大韓, 未爲不可, 且每嘗見各國文字, 不曰朝鮮, 而曰韓者, 抑有符驗於前而有竢於今日, 無待聲明於天下, 而天下皆知大韓之號矣.

조선조는 '이소사대'를 개국의 기본 틀로 삼고 처음부터 제후국으로 출발했기 때문에, 조정 관료는 물론이고 제야의 사인들 거의 전부가, 자신들이 의식하지 못한 사대주의자가 되어 중원을 흠모하다가 일생을 마쳤다. 조선조 500여 년간 민족주의적 사고는 발붙일 여지가 거의 없었으며, 따라서 중원에 대한 사대주의는 당연했고, 이에 대해 이의를 제기하는 사람이 오히려 이상하게 여겨지는 상황이었다.

고려조 왕 태조와 조선조 이 태조는 다른 인식의 소유자였다. 왕 태조는 전왕 태봉국 궁왕(弓王, 재위901~918)의 민족주의적 경륜의 일부를 계승하여, 불완전하게나마 국가를 경영코자 노력한데 반해, 이 태조는 철저하게 명나라를 숭배하는 사대주의자가 되어 국가를 이끌었다. 왕 태조는 26년(963) 대광(大匡) 박술희(朴述希, 朴述熙, ?~945)에게 '훈요(訓要)'를 지어 친히 내렸는데 그 중 제4조를 통해, "우리 동방은 오래전부터 당나라 문물과 예악을 흠모하여 그 제도를 본받고자 했다. 지역이 다르고 풍토가 같지 않고 인성도 다르므로 꼭이 동일하게 할 필요가 없다. 거란은 짐승 같은 나라로 풍속이 다르고 언어와 의관제도도 다른 만큼 삼가 본받지 말아야 한다."라고 훈시한 것이 그 증거이다.[27]

제천제지는 고대와 중세의 중요한 종교의식이었다. 제천제지에는 전통 토착제사와, 중원에서 이입된 원구단제천과 방택에서 행해진 제지의식의 두 종류가 있었다. 원구단 제사는 백성들의 참여를 막아 형식과 복잡한 의례로 점철되어 본질이 훼손되어 관변행사로 변질되어

27 『高麗史』「世家」卷 二 太祖 二十六年, 夏四月, 御內殿, 召大匡朴述希, 親授訓要曰,…其四曰, 惟我東方, 舊慕唐風文物禮樂, 悉遵其制, 殊邦異土, 人性各異, 不必苟同, 契丹是禽獸之國, 言語亦異, 衣冠制度, 愼勿效焉.

민인들의 관심 밖으로 밀려나 역동성과 발랄한 면모가 사라졌다. 제사의 뒤풀이로 관심을 끌었던 음주와 가무백희(歌舞百戱)도 원구단 제천에서는 금지된 듯하다.

설상가상으로 중원을 향한 뿌리 깊은 '사대주의' 통념까지 가미되어 제천의례는 더욱 형해화(形骸化)되었다. 제천의례의 사대주의 사유의 침윤과 이에 대한 논란은 앞서 지적한 변계량과 권근의 수용시각이 대표적 사례인데, 이 중에 변계량의 제천을 절대로 폐할 수 없다는 주체적 민족적 논리가 주목된다.[28] 중세의 경우 제천제지를 옛날처럼 당당하게 개최하기 위해 칭제건원은 대전제였다.

정통 민족종교의 회복과 계승을 위해 중원의 억압과 굴레를 벗어나는 것이 무엇보다 중요했으며, 현대에 들어와서 국조 단군성조의 부정과 격하에 이어, 외래 종교와 사회주의적 이념 등 서구로 향한 '신사대주의'의 대두와 연계된 민족의 정통성을 훼손하는, 외래 이데올로기와 종교로 부터의 해방이 또 하나의 새로운 과제로 등장하고 있다.

---

28 『太宗實錄』卷 三十一 十六年 丙申 六月, 敬承府尹, 卞季良上書, 書曰, 殿下遇災而惧, 修省戒謹, 日深一日, 敬天之誠, 至矣, 勤民之義, 盡矣,…先儒傳魯論者, 謂舞雩, 祭天禱雨之處云爾, 則古人之禱雨, 必祭天也, 明矣, 今禱雨而不於天可乎. 或曰, 誰不知禱雨於天之爲可乎, 然天子祭天地, 諸侯祭山川, 制也, 禱雨於天非僭也歟,…且國制, 據禮文廢郊祀, 數年于玆矣. 然吾東方, 檀君始祖也, 盖自天而降焉, 非天子分封地也, 檀君之降, 在唐堯之戊辰歲, 迄今三千餘年矣, 祀天之禮, 不知始於何代, 然亦千有餘年,…太祖康獻大王, 亦因之而益致謹焉. 臣以爲祀天之禮, 不可廢也.

3. 칭제건원의 염원과 좌절

우리 한민족을 비롯한 '몽골족, 여진족, 거란족, 선비족, 서하족' 등, 동아시아 지역에 살았던 여러 민족들 모두가 중원의 전체 또는 일부를 정복하여, 한 동안 칭제건원을 하여 위세를 떨쳤는 데 반해, 유일하게 우리 민족만 칭제건원을 못하고 사대주의를 표방하여 수천 년을 안분자족 하면서 살아왔지만, 내심으로는 '칭제건원'이 단군 이래 반만년 민족사의 전개과정에, 뜻있는 일부 영도자들의 염원으로 항상 이면에 자리하고 있었다.

우리 역사상 칭제건원의 기간은 학계나 일반인이 모르거나 알면서도 부인하는 단기 3237년(904) 발해(역년, 699~926)의 애왕(哀王, 901~926)4년, 신라의 효공왕(孝恭王, 재위897~911)8년에 마진국(摩震國, 泰封國)의 궁왕(弓王, 帝位901~917)의 '칭제건원'이 최초이며, 궁예가 칭제한 3년 후 애왕7년(907)에 거란(遼, 907~1125)의 태조 아보기(阿保機, 재위, 911~925)가 칭제했다.[29] 궁왕(弓王)이 칭제한 다음 993년이 지난 뒤, 1897년에 황제위에 등극한 고종황제가 두 번째이다. 반만년 역사에서 확실한 칭제건원의 시기는 태봉국과 대한제국의 칭제시기를 합산해도 27년에 불과하다.

궁제(弓帝)로 등극한 무태원년(904)에 황제위에 올라 '성책(906~910), 수덕만세(911~913), 정개(914~917)' 등으로 개원을 계속하며, 13년간 명실상부한 칭제건원을 시행한 역사상 최초의 지도자였음에도 불구하고, 김부식 이하 모든 사가들이 이를 약속이나 한 듯이 말살시켰다.[30]

29 黃維翰;『渤海國記』上篇 九頁 四年(渤海, 哀王, 四年, 서기, 901), 新羅, 弓裔稱帝.…七年(907), 阿保機稱帝.

단기 4230년 조선조를 재조하여 '광무'로 건원(建元, 실지는 改元임)한 대한제국(1897~1910)의 고종태황제는 10년간 제위에 있다가, 융희(隆熙, 1907~1910)로 개원(改元)한 순종황제(純宗皇帝, 帝位1907~1910)에게 일제의 강압으로 양위했다. 광무와 융희를 합쳐 14년 동안의 칭제건원을 실시한 것이 전부이다.

'건원'은 단기 2724년 서기 391년 고구려 광개토대왕(재위391~412) 즉위년에 연호(年號, 紀年) '영락(永樂)'이 최초이다. 연호 영락의 경우 이후 '개원'한 기록이 없고 몇 년 동안 사용했는지도 알 수가 없을 뿐 아니라, 이에 대해 『삼국사기』는 전혀 언급이 없다. 연호는 중국 기년을 쓰지 않고 자체 기년을 사용하는 것을 의미한다. 우리 선인들은 중국 연호의 사용을 달가워 않고 스스로 고유 기년을 갖고자 했다. 현재 우리들이 서기를 고민 없이 자랑스럽게 사용하며, 민족 고유의 '단기연호'를 봉건잔재라고 생각하며 비하하는 것과는 전혀 다르다.

비록 칭제는 못했지만 차선책으로 건원을 최초로 실시했던 광개토대왕의 연호 '영락' 이후, 신라 법흥왕이 서기 536년에 시행한 연호 '건원(建元, 536~550)'이 뒤를 이었고, 그 후 발해 고왕(高王, 재위 699~718)도 연호 '천통(天統, 699~718)'을 건원하여 권위를 세웠으며, 태봉국의 궁예는 제위에 등극하여 '칭제'와 더불어 '건원'을 시행하여, 최초의 '칭제건원'을 완벽하게 감행한 영도자로서, 연호 '무태(武泰)'를 건원하여 한민족의 기상을 동아시아에 널리 선양(宣揚)했다.

신라는 법흥왕의 '건원(建元)' 이후 '개국(開國), 대창(大昌), 홍제(鴻濟), 건복(建福), 인평(仁平), 태화(太和)' 등으로 개원(改元)을 계속하면

30 李敏弘; 「후삼국시대의 形勢와 弓王의 稱帝建元(동방한문학 91집, 2022)」에서 弓王의 稱帝 事實을 자세하게 검토했다.

서 '114년'간 이어갔다. 발해는 고왕이 '천통(天統)'으로 개원(開元)한 후, 917년 멸망할 때까지 '인안(仁安), 대흥(大興), 중흥(中興), 정력(正歷), 영덕(永德), 주작(朱雀), 태시(太始), 건흥(建興), 함화(咸和)' 등의 연호를 150여 년 동안 사용했다. 태봉국의 궁예도 '무태(武泰)'에 이어 '성책(聖冊), 수덕만세(水德萬歲), 정개(政開)'로 개원을 지속하면서 13년 동안 실시했다.

고려조는 918년 '천수(天授)'로 개원(改元, 建元이 아니고, 태봉의 연호 정개[政開]를 改元했다)한 뒤, 천수16년(933)에 폐지하고, 후당(後唐, 역년923~936)의 연호 장흥(長興)을 사용하다가, 다시 21년(938)에 후진(後晋, 역년936~946)의 연호 천복(天福)을 사용했다. 정종(定宗, 재위945~949)3년(948)에는 후한(後漢, 역년, 947~950) 연호 건우(乾佑)를 사용했다. 광종(光宗, 재위949~975)이 즉위하여 광덕(光德)으로 건원(建元)하여 2년간 쓰다가, 다시 후주(後周, 역년, 951~959)의 연호 광순(廣順)을 썼고, 후주가 멸망한 후 또한 준풍(竣豊, 960~963)으로 건원하여 시행하다가, 4년(963)에 송태조(宋太祖, 재위960~976)의 건덕(乾德) 연호를 사용했을 정도로 고려조의 연호는 만신창이가 되었다.

그 후 송나라의 연호를 계속 사용하다가, 성종(成宗, 재위, 982~997) 13년(994)에 거란(역년, 907~1125)의 통화(統和, 983~1011) 연호를 시행했다. 고려조는 22년간의 건원기간은 실질적으로 치욕과 굴종의 연속이었다. 조선조가 야심적으로 개국한 대한제국은, 제국(帝國) 이전 '개국(開國)·건양(建陽)'의 연호를 사용하다가, 1897년 '광무'로 개원한 다음, 융희까지 16여 년간 자체연호를 사용했다.[31]

31 李敏弘; 「禮樂論과 한국 역대왕조의 年號 · 諡號 · 廟號(동방한문학 제73집, 2017)」에 이 문제에 대해 구체적으로 논했다.

중원에 통일왕조가 들어서기 전 고구려와 발해조가 차지했던 광활한 만주지역의 우리 고토를 회복할 수 있었던 절호의 기회를 잃은 고려조 왕건의 무능과, 칭제건원의 염원을 아예 포기하고 제후국에 만족했던 조선조의 퇴영적 국가경영에 울분을 품었던, 반역자로 치부되어 줄곧 백안시되었던 일군의 인물들에 대한 관심과 재평가가 필요하며, 이들의 대표적 인물이 김헌창(金憲昌, ?~822)과 만적(萬積, ?~1198), 승려인 묘청(妙清, ?~1135)과 그 후 이시애(李施愛, ?~1467)와 이징옥(李澄玉, 1399~1453) 그리고 홍경래(洪景來, 1780~1812) 등이 있다.

김헌창은 태종무열왕의 후손으로, 왕위 다툼에서 패배하여 명주군왕(溟洲郡王)이 된 김주원(金周元, 생몰연대 미상)의 아들로, 신라에 반기를 들어 '장안국(長安國)'을 창건하여 '경운(慶雲)'으로 건원한 야심만만한 인물이다. 진나라 말엽 진승(陳勝, ?~BC, 209)과 오광(吳廣)이 왕이라 스스로 칭하면서 내건 구호인, '왕후장상이 본래 씨가 있느냐(王侯將相, 寧有種乎).'[32]라고 외친 적이 있었는데, 이를 인용하며 저항했던 노비 출신 만적의 기개와, 서경에 천도하여 '대위국(大爲國)'을 개국하여 연호 '천개(天開)'를 건원했던 묘청과, 지역차별에 반감을 품고 여진족과 제휴하여 함길도에서 반란을 일으킨 이시애와, 단종 때 '대금국(大金國)'을 창건하여 황제로 즉위했던 이징옥, 김씨 세도정치와 서북지역의 차별에 반감을 가지고 모역을 꾀했던 홍경래 등이 품었던 뜻과, 사대사상에 침윤된 기존질서에 저항한 행적들은 지금에 와서 재평가 할 이유가 있다.

---

32 『資治通鑑綱目』第二 中 二世皇帝 元年 秋七月, 楚人陳勝吳廣, 起兵於蘄, 勝自立爲楚王, 以廣爲假王, 擊滎陽(壯士不死則已, 死則擧大名耳, 王侯將相, 寧有種乎, 衆皆從之.)

신라는 진덕왕4년(650) 당나라의 압력을 받아, 자체 연호 태화(太和, 647~650)를 접고, 당 고종의 영휘(永徽, 650~656) 연호를 쓰기 시작했다. 신라가 자체 연호를 사용했던 사실을 두고 사대주의에 물던 김부식은, "삼대(三代, 夏·殷·周)가 각각 사용한 정삭을 후대에 이를 연호라고 칭했다. 이는 백성들의 의식을 통일하여 새롭게 하는데 목적이 있다. 이런 이유로 간웅(姦雄)이 기회를 엿보아 천하를 다투고 천자의 자리를 노리는 의지가 없다면, 천자의 나라에 신속한 편방소국에 불과한 신라가, 사사로이 연호를 쓰는 것은 옳지 않다."라고 주장했다.[33]

궁왕의 연호 '무태(武泰, 904)'는 영락 이후 693년이 지난 뒤이고, 고종의 광무(1897)보다 993년이나 앞섰다. 역대 중원정권은 '칭제'는 절대로 용인하지 않았지만, 연호 사용의 경우는 비교적 관대했으나 시대가 흘러 갈수록 사용반대 기류가 강화되었다. 신라 진덕왕의 연호 '태화'를 당 고종이 태종이라는 '묘호'와 함께 폐기하라고 압력을 넣은 것이 한 실례이다. 114여 년간 계속 개원을 거듭하며 사용했던 신라의 연호는 이로써 막을 내렸다.

칭제와 달리 연호 문제에는 비교적 관대했던 중원 제국주의 왕조는, 고려조 이후 연호에 대해 비교적 관대했던 정책을 바꾸어, 조선조에 들어와서 연호의 사용조차 금지시켰다. 조선조가 연호 사용을 전혀 시행하지 않았던 이유도 이에 말미암았고, 유학자들의 사대주의적

33 『三國史記』 卷 第五 眞德王 四年,…是歲, 施行中國永徽年號. 論曰, 三代更正朔, 後代稱年號, 皆所以大一統, 新百姓之視聽也, 是故苟非乘時並起兩立而爭天下, 與夫姦雄乘間而作, 覬覦神器, 則偏邦小國, 臣屬天子之邦者, 固不可以私名年.

사고가 조선조에 들어와 한결 심화되었기 때문에, 중국과 관계없이 스스로 연호 사용을 꺼려했던 것도 일인이 되었다고 생각된다.

김부식은 칭제건원을 우리 역대 왕조들이 시행해서 안 되는 까닭을, 중원의 사서들을 인용하여 이를 『삼국사기』를 통해 여러 차례 제시하여 합리화시켰고, 제천과 제지도 우리는 제후국인 만큼 해서는 안 된다고 누차 강조했다. 재천제지는 고대와 중세의 민인들이 행했던 전래 종교의식인데, 이를 중원왕조들이 독점하면서 소위 제후국들로 하여금 못하게 한 이유가 무엇인지. 중원 왕조들이 그들은 하늘이 내린 국가임으로 천자만이 하늘과 땅에 제사를 해야 한다고 자부한 것에 기인한 것일까.

'천하'를 통치하는 '천자'만이 천하의 '명산대천'에 제사를 할 수 있고, 중원에 신속된 제후국은 관할하는 지역에 있는 산과 하천에 국한하여, 제사를 지내게 한 동기도 현대적 관점에서는 이해가 안 된다. 중원 제국주의 왕조가 그들이 책봉한 제후국을 지배하기 위한 전략의 일부였다. 책봉제도는 오늘의 국가 간의 승인과 유사하다. 중원 왕조들의 이 같은 전략은 소멸되지 않고 현재까지 살아남아서, 현 중공정권과 소위 유엔 상임이사국들의 행태들도 형식을 달리한 전횡으로서 그 사례의 하나이다. 동서고금을 통해 강대국의 약소국 지배논리는 불변임에도 불구하고, 우리는 이를 지금도 모르고 있으며 알고도 그대로 수용하고 있다.

중세의 경우 칭제건원을 못한 제왕은 갖가지 제약을 받아 민인들로 부터도 전폭적인 존경을 받지 못하고, 이른 바 대국인 중국 눈치를 보느라 일거수일투족에도 신경을 썼다. 우리나라를 위시한 소위 '사이제국'을 '책봉제도'를 통해 '신속'시켜 '제후국'으로 묶어둔 전략의 기반은, 『예기(禮記)』의 「곡례(曲禮)」 「왕제(王制)」와 『주례(周禮)』 등에 구체적으로 기록되어 있다. 천자와 제후 및 대부 등 계층의 제사제도는 매우 엄격하여, 이들 범주에서 반역자가 아니면 벗어날 수 없었던 것이 중세의 엄연한 현실이었다. 칭제에서의 '제'는 천자를 뜻한다. 천자와 제후의 위상은 하늘과 땅의 차이에 대비될 정도이다.

천자는 후를 비롯해 3명의 부인과 9명의 빈 27명의 세부 81명의 어처 및 다수의 첩을 둘 수 있었다. 천자의 비를 후(后), 제후는 부인(夫人), 대부는 유인(孺人), 사는 부인(婦人), 서인은 처(妻)라는 호칭의 변별도 있었다. 공후(公侯)는 부인과 세부와 처만을 두었다. 천자는 '천지, 사방, 산천, 오사(五祀, 호[戶], 조[竈], 중류[中霤], 문[門], 행차[行此])'에 제사하고, 제후는 '방사(方祀), 산천, 오사', 대부는 오사, 사(士)는 선대에만 제사를 올린다. 죽음의 경우도 천자는 붕(崩), 제후는 훙(薨), 대부는 졸(卒), 사는 불록(不祿, 봉록을 받지 않는다는 의미이다), 서인은 사(死)로 칭하는 등의 엄격한 차별을 두었다.[34]

천자는 약간 명의 황후와 3인의 부인, 9명의 빈, 27명의 세부, 81명의 어처를 합쳐 약 120여 명의 후궁을 거느렸으며, 첩의 수는 한정되지도 않았고 황후는 예외로 취급했다. 황제는 육궁(六宮)을 두었는데 전궁(前宮)에는 황후가 거처했고, 후궁(後宮)에는 '부인, 빈, 세부, 어처, 첩'들이 거주했다. 신분에 따라 명칭도 '후(后), 부인(夫人), 유인(孺

34 『禮記』 卷之二 「曲禮」 下 第二, 天子有后, 有夫人, 有世婦, 有嬪, 有妻, 有妾(三夫人, 九嬪, 二十七世婦, 八十一御妻),…天子之妃曰后, 諸侯曰夫人, 大夫曰孺人, 士曰婦人, 庶人曰妻. 公侯有夫人, 有世婦, 有妻, 有妾,…天子祭天地, 祭四方, 祭山川, 祭五祀, 歲徧. 諸侯方祀, 祭山川, 祭五祀, 歲徧. 大夫祭五祀, 歲徧. 士祭其先.…天子死曰崩, 諸侯曰薨, 大夫曰卒, 士曰不祿, 庶人曰死.

人), 부인(婦人), 처(妻)' 등으로 다양했다. 이들 호칭은 지금도 거의 그대로 사용하고 있다. 기제사(忌祭祀)의 지방(紙榜)에 '유인(孺人)'은 현재도 사용하고 있다.

김부식은 『삼국사기』 전편에 신라 제왕의 후비를 제후의 반열에 넣어, 모두 '부인(夫人)'으로 기록했다. 천자는 하늘과 땅 4방의 여러 왕(王, 神)들과 산천과 오사 등 통 털어 제사를 할 수 있고, 제후와 대부 등과는 엄격한 차이를 두었다. 죽음에 따른 호칭도 '붕(崩), 훙(薨), 졸(卒), 불록(不祿), 사(死)' 등으로 칭했으며, 장례의 기간에도 엄격한 차이를 두어 신분에 따른 변별을 분명히 했다.

장례 역시 천자는 7일의 빈(殯) 7월에 매장(埋葬), 제후는 5일의 빈 5월에 매장, 대부와 사서인은 3일의 빈 3월에 매장을 했으며 3년 상은 동일했다. 천자는 칠묘(七廟)인데 삼소삼목(三昭三穆)에 대조(大祖)를 합해 7묘이고, 제후는 이소이목(二昭二穆)과 대조를 포함해 5묘, 대부는 일소일목(一昭一穆)에 대조를 합쳐 3묘이며, 사는 1묘이고, 서인은 침방에서 제사를 올렸다. 제사의 경우 천자는 천지에 제사를 지내고, 제후는 사직, 대부는 오사(五祀)에 제사했다. 천자는 천하명산대천에 직접 제사하고, 오악(五嶽)은 삼공, 사독(四瀆)은 제후가 관장토록 했다. 제후는 자신이 관리하는 영역 안의 명산대천에 한정하여 제사를 올려야 한다고 규정했다.[35]

35 『禮記』 卷之五 「王制」 第五, 天子七日而殯, 七月而葬. 諸侯五日而殯, 五月而葬. 大夫士庶人, 三日而殯, 三月而葬. 三年之喪, 自天子達.…天子七廟, 三昭三穆與大祖之廟而七. 諸侯五廟, 二昭二穆與大祖之廟而五. 大夫三廟, 一昭一穆與大祖之廟而三. 士一廟. 庶人祭於寢.…天子祭天地, 諸侯祭社稷, 大夫祭五祀. 天子祭天下名山大川. 五嶽視三公, 四瀆視諸侯. 諸侯祭名山大川之在其地者.

장례에도 천자를 비롯하여 서민에 이르기까지 엄격한 층위가 있었다. 천자는 빈소에서 7일을 지나 7개월, 제후는 5일에서 5개월, 대부는 3일에서 3개월을 지나 매장을 했으며, 신분 고하를 막론하고 사후 3년 상은 같았다. 신위를 모시는 사묘도 천자는 3소3목에다 대조를 합쳐 7묘였고, 제후는 2소 2목에 대조를 합해 5묘, 대부는 1소 1목에 대조를 합하여 3묘, 사는 1묘였으며 서인은 묘가 없고 제사를 침방에서 지냈다. 소는 양으로 남향 또는 좌측 목은 음으로 북향 또는 우측에 배치했다. 제사 역시 천자는 모든 하늘과 땅에 있는 산천에 제사를 올렸고, 제후는 사직에만 제사를 지냈다. 조선조가 사직에만 제사했던 까닭도 이에 말미암았다. 천자는 하늘아래에 존재하는 모든 명산대천에 치제 할 수 있으나, 제후는 그가 관장하는 지역의 산천에 국한하여 제사를 행할 수 있었다.

옥으로 6종의 예물을 만들어 천지와 사방에 예를 올렸다. 창벽(蒼璧)으로 하늘, 황종(黃琮)으로 땅, 청규(靑圭)로 동방, 적장(赤璋)으로 남방, 백호(白琥)로 서방, 현황(玄璜)으로 북방에 각각 예(제사)를 올렸다. 예천(禮天)은 동지에 북극에 있는 '천황대제(天皇大帝)', 예지(禮地)는 하지에 '곤륜산신(崑崙山神)', 예동방(禮東方)은 입춘에 '태호(太昊, 伏羲氏)', 예남방(禮南方)은 입하에 '염제(炎帝, 神農氏)', 예서방(禮西方)은 입추에 '소호少昊, 金天氏)', 예북방(禮北方)은 입동에 '전욱顓頊, 高陽氏)' 등 사방신(四方神)에게 제사를 지냈다. 하늘은 음덕(陰德)을 만들어 예(禮)로써 음란을 방지했고, 땅은 양덕(陽德)을 지어 재부(財富)의 독점과 사회적 알력을 화악(和樂)으로 예방했다. 그리하여 예악(禮樂)으로 천지의 조화를 이루고 물산을 장려하며 귀신을 섬기고, 만백성을 조화롭게 하여 백물(百物)을 풍요롭게 했다.[36]

제사를 드릴 때 옥으로 만든 여섯 종의 예기(禮器, 六器) 가운데, 푸른색의 원형 옥기는 동지에 하늘의 천황대제, 8각형의 옥홀(玉笏)은 하지에 땅의 곤륜산신, 청색 홀, 적색 반쪽 홀, 백색 호박(琥珀), 흑색 반쪽서옥(瑞玉)들은 동방의 '태호' 남방의 '염제' 서방의 '소호' 북방의 '전욱'에게, '입춘, 입하, 입추, 입동' 절기에 제사를 올릴 때의 각각 기물로 사용했다. '동, 서, 남, 북, 중앙'의 방향을 색채로 표현했던 것은, '좌청룡(左青龍'이 그 증거이다. 음력 24절기는 계절의 변화만을 나타낸 것이 아니라, 고대와 중세의 종교였던 기층신앙의 제의와도 결부되어 있었다.

반만년 민족사의 진행과정에서 우리들의 염원이었던 칭제건원은 안타깝게도 미완의 염원으로 남았다. 중세에 있어서 칭제건원은 자주독립의 상징이었다. 앞서도 잠간 지적했지만 중원 주변 이른바 사이제국의 여러 민족들 가운데, 유일하게 우리 한민족만이 궁왕과 고종 순종이 칭제했던 27년간을 빼고, 반만년 동안 부끄럽게도 칭제를 못했다. 고종이 칭제하여 황제로 즉위한 다음 조선조의 문물전장은 대한제국에 걸맞게 변한 것이 한둘이 아니다. 입에 담지 못했던 산호(山呼)의 '만세삼창'도 당당하게 했으며, 종묘사직 중 사직을 '대사(大社) 대직(大稷)'으로 바꾼 것도 그 가운데 하나이다.

칭제는 못했지만 건원(建元)인 기년(紀年, 年號)은, '고구려, 신라,

36 『周禮注疏』 卷十八, 以玉作六器, 以禮天地四方. 以蒼璧禮天, 以黃琮禮地, 以青圭禮東方, 以赤璋禮南方, 以白琥禮西方, 以玄璜禮北方(禮天以冬至, 謂天皇大帝, 在北極者也. 禮地以夏至, 謂神在崐崙者也. 禮東方以立春,…太昊.…禮南方以立夏,…炎帝.…禮西方以立秋,…少昊.…禮北方以立冬,…顓頊.).…以天産作陰德, 以中禮防之. 以地産作陽德, 以和樂防之. 以禮樂合天地之化, 百物之産. 以事鬼神, 以諧萬民, 以致百物.

발해, 태봉'과 대한제국의 연호를 합쳐서 316여 년 동안 실시했는데, 이 정도의 미미한 실적에 만족할 수밖에 없는 점이 아쉽다. 고구려 연호 '영락'은 몇 년 동안 지속했는지는 『삼국사기』에는 언급이 없고, '호태왕릉비(好太王陵碑)'에만 전하고 있는데 지속 연대가 분명하지 않아 합산에 넣지 않았다. 더더욱 아쉬운 점은 역대에 걸쳐 사대주의가 뿌리 깊이 침윤되어 생활화 또는 당연시 되어, '칭제건원'에 대해 학계나 일반인들이 이에 대해 전혀 관심이 없을 뿐 아니라, 이를 논의하는 것을 오히려 이상하게 여기고 있다.

4. 이소사대와 자소자축의 굴레

제천제지와 칭제건원 그리고 '이소사대'는 이를 종합하여 고찰해야만 그 실상을 파악할 수 있다. 각각 분리하여 접근하면 본질을 훼손시켜 파행을 면치 못한다. 제천제지는 칭제건원을 시행한 황제만이 할 수 있는 특권이었고, 이른바 중국에서 책봉 받은 제후국의 제왕은 엄격하게 금지된 의식이었다. 따라서 황제가 아닌 제후국은 황제왕조에 이소사대의 현실을 긍정하고, 오로지 사대만을 해야 한다는 정치적 강제성이 내면에 작용하고 있었다.

중원 제국주의는 제천제지는 해서 안 되고, 칭제건원도 해서 안 되고, 이소사대만을 변함없이 하라고, 수천 년 동안 우리 선대 왕조들에게 일사불란하게 요구했다. 사이왕조들 가운데 중원이 아시아의 전체를 제패하기 위한 이 같은 정략은, 서융(西戎)과 남만(南蠻)은 대체로 수용하지 않았던 것과는 달리, 동이제국 중 만주족과 거란족과 달리 우리 민족만이 공손하게 이를 수용했다. 만일 이를 거부하거나 불만을 가지면 단연코 용서하지 않겠다는 결의를, 한 무제는 무력을 동원하여 한사군 설치를 통해 행동으로 표시했고, 이를 속국의 분수를 지키지 않은 죄를 심판하는 '정벌(征伐)'이라고 합리화 했다. 이소사대의 사대주의적 논리의 배경에는 이와 같이 장구한 역사가 있다.

서기전 4세기 무렵 '이소사대'의 논리가 강대국이 약소국을 폭압하는 전략으로 활용되는 사실을 예감한 성현 맹자(孟子, BC, 327~289)는, 제(齊)나라 선왕(宣王)과 당대 정치현실을 논의하면서 자신의 견해를 소상하게 밝혔다. 선왕과의 대담에서 맹자는 '이대사소'와 '이소사대'의 논리에 관해, 후인들이 개입하여 첨삭할 여지가 없을 정도로 적의하게 말했다. 맹자는 이대사소(以大事小)의 인자한 포용성과 이소사대의 지혜를 놓고, 『시경』『서경』 등에 나타난 해당 자료들을 제시하며 그 실상을 설명했다.

제나라 선왕이 이웃나라와의 외교에도 어떤 도리가 있느냐고 묻자, 맹자는 "오직 어진 지도자만이 자기나라가 크고 강해도 작은 나라를 포용할 수 있다. 이런 까닭으로 은나라 탕왕은 약소국인 갈(葛)나라를 섬겨 보호했으며, 주(周)나라 문왕(文王)은 혼이(混夷, 흉노족의 나라, 이 부분은 『십삼경주소(十三經注疏)』를 참작하여 표기했다)를 보호했다. 그러므로 지혜로운 약소국의 군주가 이웃한 강대국을 섬겨 국가를 보존한 사례로, 주나라 대왕이 훈육(獯鬻)을 섬긴 것과, 월나라 구천(句踐)이 오(吳)나라를 신하의 예로 섬긴 사실이 그것이다. 대국의 지도자가 소국을 섬기는 것은 천리에 순응한 것이고, 약소국의 지도자가 강대국을 섬기는 것은 천리를 두려워하기 때문이다. 천리에 순응하면 천하를 보존하고, 천리를 외경하면 자신의 나라를 보존한다." 『시경』

은 이에 대해 '하늘의 위엄을 두려워함으로써 국가를 보존했다.'라고 평했다.[37]

강대국은 약소국에게 이소사대를 요구했고, 약소국은 강대국에게 이대사소를 기대했다. 그러나 고금을 막론하고 강대국은 이대사소를 실천하지 않았다. 맹자가 사례로 든 탕왕과 문왕이 과연 이대사소를 했는지는 의문이다. 주변 약소국을 내부문제로 인해 합병할 단계가 아니었기 때문에 일시적으로 보류했다고 보는 것이 옳다. 또 은나라 시조 탕왕과 주나라 시조 문왕을 기리기 위해 과장된 면도 있는 듯하다. 국가 간의 외교문제는 동서고금을 막론하고 맹자가 주장한 천리(天理)와는 거리가 멀다. 중국은 수 천여 년간 주변 약소국을 이대사소로 섬긴 사례가 없고, 반면 철저하게 착취의 대상으로 삼았다. 맹자도 이 사실을 알고 강대국이 주변 약소국에게 선심을 베풀기를 바라는 성인다운 기대를 개진했다고 봄이 타당하다.

강대국은 천리에 순응하여 약소국에게 시혜를 베풀어야만 천하를 확보할 수 있고, 약소국은 천리를 두려워하여 지혜롭게 처신해야만 그가 가진 국가를, 지킬 수 있다는 논리를 펴서 조심하라는 충고를 했다. 소위 낙천(樂天, 天理를 즐김.)과 외천(畏天, 天理를 두려워 함.)의 양날의 칼을 대비시켜, 강대국과 약소국에게 합리적으로 공존하기를 조언한 것이다. '사대주의'는 장구한 기간 동안 계속된 현실이고, 맹자의 이상이었던 '사소주의(事小主義)'는 강대국의 자비를 기대하는 이상으로, 이상은 이상일 뿐 현실의 적수가 못된다. 오늘날의 강대국이

37 『孟子』 卷之二 「梁惠王章句」 下, 齊宣王問曰, 交鄰國有道乎, 孟子對曰, 有, 惟仁者爲能以大事小, 是故湯事葛, 文王事混夷, 惟智者爲能以小事大, 故大王事獯鬻, 句踐事吳. 以大事小者, 樂天者也, 以小事大者, 畏天者也, 樂天者保天下, 畏天者保其國. 『詩』云畏天之威, 于時保之(『詩經』 「周頌」 我將 篇).

약소국에게 하는 행위를 보면 위의 논리는 자명하다. 국제평화를 위해 만든 유엔에 상임이사국을 두어 한 이사국이 거부권을 행사하면, 백여 회원국이 찬성해도 소용이 없는 사악한 규칙을 만든 것은, 강대국의 횡포가 지금도 완강하게 살아있음을 증명한다.

약소국이 자존심과 긍지를 내세워 강대국의 독선에 대항하다가 옥쇄(玉碎)하는 경우는, 존경할만한 행위로 칭찬할 수는 있지만 국가와 백성들이 치명적인 손상을 입어, 종국에는 민족소멸로 갔던 사례를 우리는 보아왔다. 북아메리카 인디언들이 침략자인 미국인에게 결연하게 저항한 결과 민족 소멸의 비극을 당한 것과 달리, 남아메리카 인디언은 정복자 스페인 민족에게 비굴하게 복종한 대가로, 지금 그들 원주민이 부흥하여 국가를 되찾은 남미 여러 나라의 현실이 산 교훈으로 남아있다. 미국인과 스페인 민족의 성향과 원주민의 인성도 이면으로 작용했다고 생각된다.

이소사대의 사대주의로부터 탈피하여 민족자존의 독립국가로 재조하기 위해, 약소국의 지도자는 시세의 변화에 현명하게 대응하기 위해, 경우에 따라 외천과 동시에 지자(智者)가 되어야 하고, 아울러 소용(小勇)을 버리고 대용(大勇)을 가져야 한다는 맹자의 조언을, 우리 나름으로 수용하여 이를 실천할 당위성이 있다. 이에 대해 맹자는 "청컨대 왕은 소용을 좋아하지 말고 대용을 가져야 한다. 칼을 부여잡고 사방을 노려보며 감히 누가 나를 당할 수 있느냐는 오만은 필부의 호기로서, 고작 한 사람을 상대하는 것에 불과하니, 대왕은 대용을 지니고 정치를 해야 한다. 『시경』에 이르길 '왕이 노하여 군대를 정돈하여 침략군을 저지시켜 주나라를 복되게 하여 천하에 보답했네.'라는 찬사는 문왕이 노하여 천하백성을 평안하게 했다."는 사실을 지적한 것이다.

『서경』에 "하늘이 백성을 내리어 그 임금으로 삼고 스승으로 점지한 까닭은 상제의 뜻을 좇아 사해의 백성을 교화시켜 행복하게 함."에 있거늘, 죄의 유무에 관한 판단은 오직 나에게만 있는데, 어느 누가 하늘의 뜻을 거역할 수 있느냐는 따위의 독선은, 주왕(紂王) 같은 한 사람의 폭군이 천하를 좌지우지하는 것으로, 이를 방관할 수 없어 토벌한 것이 바로 대용이니, 무왕의 이 같은 진노(震怒)가 천하를 평안케 했다. 그러므로 왕이 한 번 격노하여 천하 만백성을 평안하게 한다면, 백성들이 왕이 소용에 취하여 대용을 행사하지 않을까 두려워하는 소이이다.[38]

지정학적으로 우리나라는 중원의 역대 초강대국과 함께 공존해야 하는 권역에 처하여, 사대주의와 이소사대라는 양날의 칼날 틈바구니에서 고뇌를 거듭하면서, 수 천여 년을 살아왔고 지금도 변함이 없을 뿐 아니라, 낙천보다 외천의 사대주의 범주 속에 전전긍긍하면서 국가를 경영해 왔다. 어설픈 자존심을 내세워 아픈 과거를 부정하는 치기를 벗어부치고, 미래를 위해 당당하게 처신해야 함이 답이다. 그러기 위해 낙천과 외천 그리고 대용과 소용을 종합하여, 낙천과 대용을 바탕 하여 전혀 새로운 길을 개척하여 매진 할 시점에 와있다. 그리하

38 『孟子』 卷之二 「梁惠王章句」 下, 王請無好小勇, 夫撫劍疾視曰, 彼惡敢當我哉, 此匹夫之勇, 敵一人者也. 王請大之. 『詩』云, 王赫斯怒, 爰整其旅, 以遏徂莒, 以篤周祜, 以對于天下, 此文王之勇也. 文王一怒, 而安天下之民(『詩經』「大雅」 皇矣 篇). 『書』曰, 天降下民, 作之君, 作之師, 惟曰其助上帝, 寵之四方, 有罪無罪, 惟我在, 天下曷敢有越厥志. 一人衡行於天下, 武王恥之. 此武王之勇也. 而武王亦一怒, 而安天下之民, 今王亦一怒, 而天下之民, 民惟王之不好勇也(『書經』「周書」 泰誓 上篇).

여 국토와 민족의 열세를 극복하고 신장된 국력을 바탕으로, 대용(大勇)을 행사하여 강대국의 압제로부터 해방되어, 자주독립의 민족국가로 다시 태어 날 기회를 지금 맞고 있다.

불행하게도 우리는 맹자가 격찬했던 탕왕과 문왕 같은 지도자를 갖지 못했다. 민족의 열세를 자인하고 여진족과 연합하여 중원제국에 대항해야 했음에도 불구하고, 여진족에게 소용을 행사하여 강대국으로 나아가는 기회를 상실하고, 한반도 영역에만 안주하여 사대주의를 천명으로 받아드려 안분 자족했다. 중세에 진입하여 광개토대왕(재위 391~412) 원년 서기391년에 최초의 연호 '영락'을 건원했으나, 몇 년간 사용했는지도 알 수 없으며, 동왕 9년(399)에 연(燕)나라에 조공했다는 기록이 있는데, 혹시 이 무렵에 영락 연호가 폐지되었는지도 모르겠고, 대를 이어 즉위한 장수왕(長壽王, 재위, 413~491)이 개원하여 연호를 계속했다는 기록도 없다. 『삼국사기』 역시 이에 관한 기록이 전혀 없다.

장수왕이 압록강 북쪽에 있었던 국내성에서 대동강 유역 평양으로 수도를 옮긴 것도 필자는 흠결로 인식한다. 장수왕의 평양천도는 여진족과의 유대관계가 해이되는 계기가 된듯하고, 수도 남천이 고토 만주지역을 상실한 중요한 원인으로 필자는 인식하고 있다. 광개토대왕과 달리 삼국을 통합하여 민족 최초의 통일국가를 이룩한 문무왕(재위661~480)을 당과 제휴했다는 점을 강조하여, 지나치게 과소평가 된 것도 정당하지 않다.

당시 당나라를 도외시한 통일은 사실상 불가능한 사실을 망각한 소이이다. 현재 남북통일이 중국과 소련 및 미국과 일본을 배제하고 가능한 것인지를 생각하면, 과거사를 지나치게 정감적으로 접근하는 것은 능사가 아니다. 이제 정감적 기준에서 벗어나 지정학적 여건과 역사적 인물들에 대한 객관적인 냉정한 평가는, 과거와 현재 그리고 미래를 위해서도 필요하다.

인간의 삶에 있어서 대인관계가 중요한 것처럼, 나라간의 외교는 해당 국가의 흥망성쇠와 직결되어 있다. 수렵채취 사회에서 농경사회로 산업사회 정보사회로 인류사가 변천되었지만, 국가 간의 교류와 지배관계나 복속여부는 맹자의 시대와 변한 것이 없고 앞으로도 불변일 것이다. 맹자는 덕망 있는 지도자만이 '이대사소'를 할 수 있고, 현명한 지도자라야 자존심을 살리며 속국의 함정에서 벗어나 '이소사대'를 할 수 있다고 했다.

조선조 이 태조는 민족자존의 긍지를 버리고, 원제국을 멸망시키고 개국한 명나라에 대해, '이소사대를 국시로 삼아 이를 지혜롭게 시행하여, 임진왜란까지 200년간의 평화시대가 도래하여 이를 바탕으로 하여 조선조를 부강하게 만들었다는 긍정적 평가도 가능하고, 이 시기에 민족문화의 근간이 되는 한글창제를 위시한 자연과학적 많은 업적이 이룩된 점도 기억되어야 할 것이다.

이소사대의 경국이념은 단기 2342년 고구려 유리왕(瑠璃王, 재위서기전 19~서기 17) 28년(서기9년) 추 8월 부여왕 대소(帶素, 재위서기전 24~서기 22 동부여 마지막 왕)가 속국으로 여겼던 고구려에 사신을 보내 유리왕을 꾸짖는 말에 이미 나와 있다. 대소왕의 사자는 "우리 선왕(金蛙王)과 당신들의 선군 동명왕(東明王, 재위서기전 37~20)은 사이가 각별했는데, 동명왕이 우리 신하(오이[烏伊], 마리[摩離], 협보[陜父])를 꾀어 이곳으로 도망쳐 온 것은 백성들을 취합하여 나라를 세우려 함이다. 무릇 나라에는 대소가 있고 사람은 장유가 엄연한 까닭으로,

약자가 강자를 섬기는 도리인 '이소사대(以小事大)'는 예(禮)이고, 어린이가 어른을 모시는 것 또한 순(順)이다. 이제 왕(瑠璃王)이 만약 예와 순으로 나를 섬긴다면 하늘이 도와 국조(國祚)가 영원할 터이고, 그렇지 못하면 사직을 보존하기가 어려울 것이다. 이에 왕은 스스로 나라를 세운지 일천하여 백성도 나약하고 군사도 약세인 만큼 국세가 강해질 때까지 치욕을 참고 훗날을 도모함이 옳다고 했다."라고 생각하여 치욕을 참고 굴복하려 했다.[39]

부여왕 대소는 고구려 유리왕에게 약소국인 고구려가 강대국인 부여조에 사대하기를 사신을 보내 완강하게 요구했다. 1세기 무렵 고구려와 부여는 강약의 차이가 현저했음을 알 수 있고, 부여조가 고구려에게 사대를 해야 하늘이 도와 사직을 보존할 수 있다는 전통적인 사대주의적 논리를 전제로 사대를 요구한 것도 흥미를 끈다. 중원 제국주의 왕조들이 금과옥조로 내세웠던 사대주의 구도를 그대로 고구려에게 제시한 점도 놀랍다. 이소사대는 예이고 순리라는 대소왕의 주장은 중원의 사대주의 논리 그대로이다. 1세기 전후 우리 중세 왕조들 간에도 이소사대의 논리가 이처럼 실재했다.

본래 고구려의 종주국이었던 부여왕 대소는 과거 동명왕의 배신을 질책하며, 이소사대의 강령을 내세워 유리왕에게 사대할 것을 요구했다. 이에 유리왕은 부여국에 부득이 하여 사대하겠다고 했지만, 왕자 무휼(無恤, 大武神王, 재위18~43)은 완강하게 반대했다. 대소왕의 말대

39 『三國史記』卷 第十三「高句麗本紀」第一 瑠璃王 二十八年 秋 八月, 夫餘王帶素使來, 讓曰, 我先王與先君東明王相好, 而誘我臣逃至此, 欲完聚以成國家. 夫國有大小, 人有長幼, 以小事大者, 禮也, 以幼事長者, 順也. 今王若能以禮順事我, 則天必佑之, 國祚永終, 不然, 則欲保其社稷難矣. 於是, 王自謂立國日淺, 民孱兵弱, 勢合忍恥屈服, 以圖後効.

로 동명왕이 배신하여 교활한 술책을 부려 고구려를 세운 것은 사실이다. 역대 개국시조들 대부분이 자신의 생존기간에 모셨던 모국의 제왕을 배반하고, 온갖 간지를 농하여 나라를 세웠던 것은 통례이고 왕건과 이성계도 예외가 아니다.

1세기 무렵 부여왕과 유리왕의 문제를 12세기에 완성된 『삼국사기』 「고구려본기」를 매개로, 그 편린이라도 인지한 것을 다행으로 생각하며 김부식을 비롯해 우리 선인들이, '부여, 예, 옥저, 맥' 등 우리 고대국가의 역사에 무관심했던 점이 마냥 아쉽다. 이들 우리 전조들에 대한 정보는 중원 사서들에 일부나마 전하고 있으니, 이를 감사하게 여겨야 하는 처지가 딱하다. 김부식도 당시 국가의 전폭적인 도움을 받아, 당대까지 잔존한 모든 자료를 확보하여 저술했던 『삼국사기』를, 중원의 사마천(司馬遷, 서기전 145?~BC. 91?)처럼 '삼국(三國)'을 떼고 "사기(史記)"로 칭하여, 폭넓게 우리 고대사 전체를 기술했기를 바라는 기대를 갖는 것이 잘못일까.

부정하고 싶지만 부정할 수 없는 반만년 민족사의 아픈 진실인 이 소사대의 근저에는, 중원 왕조의 책봉정책과 여기에 부수된 조공 문제가 있다. 조공은 당시에 무역의 일종이라는 해석도 있으나 이는 허세에 입각한 자위이다. 천자문을 일본에 전한 것을 자랑삼아 떠벌렸던 유치한 발상을 접고, 조공 문제를 본격적으로 고통을 감내하며 밝혀 민족사의 미래를 위해 논할 시점에 우리는 와있다. 맹수는 상처를 입으면 아픔을 참고 까칠한 혀로 핥아 치료하는 것처럼 조공 문제를 검토할까 한다. 분량이 방대한 것도 아닌 『삼국사기』에 중국에 조공했다는 기사가, 곳곳에 짜증날 정도로 많은 이유도, 당대에 조공이 얼마나 중대한 문제였던 가를 말하고 있다.

사서들에 의하면 중국에 대한 최초의 조공은, 역대 왕조별로 단기 2365년(32) 대무신왕15년 고구려, 서기 43년 낙랑, 49년 부여, 220년 예맥, 281년 진한, 286년 마한, 429년 백제, 568년 신라, 934년 고려(태조18년)가 각각 시작했다. 이는 전대 왕조들이 처음 조공한 사례이고, 그 후 헤아릴 수 없을 정도로 수 천리를 오가며 미녀를 위시한 방물들을 바쳤다. 서기 32년부터 959년 8월까지 무려 927여 년 동안, 우리 역대 왕조들의 조공사행을 『책부원구』는 낱낱이 기록했다.[40]

『책부원구』에 수록된 중세 한반도 여러 왕조들의 조공 실태를, 구체적으로 부연하여 검토하면 대체로 다음과 같이 요약할 수 있다. 고구려는 서기 32년부터 656년까지 120여 회, 낙랑은 '44년, 261년, 481년, 496년' 등 4회에 걸쳐 고려국 낙랑공이라는 이름으로 조공을 했다. 탐라국의 '유리도라왕(儒李都羅王)'도 당나라에 한차례 조공을 했으며, 부여는 49년부터 '120년, 161년, 174년, 220년' 등 5회에 걸쳐 후한에 조공을 했다. 백제도 429년에서 652년까지 22회의 조공을 했고, 신라는 568년부터 932년까지 77여 회의 사신을 파견하여 조공을 했다. 삼국통일 후 267년을 더 존속한 기간을 계산하면, 신라의 조공 회 수는 적은 편이다. 신라는 자체 기년을 쓰고 있었던 기간에는 조공사행이 거의 없었다.

조선조는 개국 초부터 이소사대를 국시로 하여 출범한 제후국으로

40 『冊府元龜』 卷 九六八 外臣部 「朝貢」 一 ~ 五, 光武帝 建武八年 十二月, 高句麗王, 遣使奉貢.…二十年, 樂浪貢獻.…二十五年, 夫餘王, 遣使貢獻.…太康元年, 辰韓王, 遣使獻方物.…太康七年, 馬韓等十一國, 使人來獻.…文帝 元嘉六年, 七月, 百濟王, 遣使獻方物.…陳 光大二年, 六月, 新羅國, 遣使獻方物.…後唐 廢帝 淸泰元年, 八月, 高麗人入國, 十月, 高麗國王王建, 遣使人貢方物.…後周 恭帝 顯德六年, 八月, 高麗國遣使朝貢.

자처했기 때문에, 조공은 500여 년 동안 헤아릴 수도 없을 만큼 많다. 이소사대와 조공은 표리와 같아서 서로 분리할 수가 없다. 우리 역대 왕조들 중 역사상 출발부터 사대주의를 표방한 왕조는 조선조가 유일하다. 조선조는 부끄러워하지도 않고 당연하다는 듯이 비교적 즐겁게 조공을 했다. 역년 500여 년 동안 재야의 몇몇 인사들을 제외 하고, 사대주의에 저항했거나 반대한 사람은 전무했다.

반천 년간 이소사대의 사대주의는 유가이념이 주축이 되어, 사대부나 사인들 거개가 중원 한족이 개국한 '주, 양한(兩漢), 당, 양송(兩宋), 명조'를 우러러 모시며, 이를 당연시하여 긍지를 가지고 자랑으로 여겼다. 이와는 다르게 비 한족이 세운 '몽골족의 원제국, 거란족의 요나라와, 만주족의 청나라' 등을 오랑캐라고 비하하며, 이 또한 당연한 것으로 착각하여 우쭐댔다. 중원 한족에 대한 숭앙은 딱하게도 지금까지 이어지고 있다.

한족 왕조 수도(北京)에 조공사행으로 다녀와서 저술한 책은 『조천록(朝天錄)』이고, 비 한족이 개국한 왕조의 수도(北京)를 다녀와서 지은 책을 『연행록(燕行錄)』으로 차별한 것도, 같은 지역임에도 불구하고 이소사대의 관념이 저변에 깔려 있는 연고로, 책명을 달리한 것 역시 가소로운 작태이다. 한족을 숭앙하고 몽골족이나 만주족을 경멸하는 행태는 합리적이 아니다. 다 같은 사대인데 대상에 따라 태도가 달라지는 것은 유치한 행위이다.

조선조 사인들을 필두로 역대 지식인들의 왜곡된 사대주의에 대한 불공평한 인식과 이에 따른 처신에 대해 분노를 가졌던 특별한 인물이 있다. 숙종(肅宗, 재위1675~1720)대의 『규원사화(揆園史話)』의 저자 북애자가 그 대표적 인물이다. 1676년 그가 찬한 『규원사화』의 '숙종2

년 을묘 3월(上(肅宗)之二年 乙卯(丙辰年)이다)'에 지은 서문에, 역대 지식인들이 맹종했던 치욕스런 사대주의에 대해 통렬한 비판을 가했다. 학계에서 『규원사화』는 신빙성에 문제가 있다고 하지만, 필자는 이 책 편찬의 주제의식에 전폭적으로 공감한다.

북애자는 "일찍이 우리 조선의 가장 큰 단점은 제대로 된 『국사』가 없는 점이다. 중국은 『춘추』가 있어 명분이 확립되었으며, 『강목』이 완성되어 정통 왕조와 위조(僞朝)가 확실하게 나누어 졌다. 『춘추』와 『강목』은 중원 사인들이 근본으로 삼고 있다. 반면 우리나라는 누차 병란을 겪어 사서들이 거의 없어졌다. 이로 인해 후세 고루한 사람들이 중원 문적에 심취하여, 한 결 같이 사대에 빠져 주나라를 받드는 것을 당연시하여, 먼저 나라의 근본을 알아서 국가를 빛나게 할 생각은 하지 않고, 정리를 도외시하고, 칡과 등나무처럼 갈등만을 일삼고 있으니 이 얼마나 비루한 짓이냐. 승조(勝朝, 高麗朝) 이후 북쪽으로 가는 조공사행을 수 백 년 동안 계속하면서 이를 한스럽게 여기지 않고, 졸지에 만주족이 세운 청나라를 불구대천의 원수로 취급하고 있는 작태는 무슨 까닭인가."라고 개탄했다.[41]

중원왕조들은 『춘추』와 『강목』 등 기강의 전범이 되는 전적이 있어, 이를 국가 정통성의 척도로 삼고 있는데, 우리나라는 무수한 병란으로 말미암아 정당한 역사인식을 서술한 귀중한 서적들이 회진되어, 자주적 국가관을 수립할 사서가 없는 것을 개탄했다. 양언하지는 않

41 北崖老人;『揆園史話』 序, 余嘗論之, 朝鮮之患, 莫大於無國史, 夫『春秋』作而名分正, 『綱目』成而正閏別, 『春秋』『綱目』者, 漢土之賴以者也. 我邦『經史』, 屢經兵火, 散亡殆盡. 後世孤陋者, 流溺於漢籍, 徒以事大尊周爲義, 而不知先立其本, 以光我國, 是猶藤葛之性, 不謨其直, 而便求纏結也, 豈不鄙哉. 自勝朝以降, 貢使北行累百年, 而不爲之恨, 猝以滿洲之讎, 爲不俱戴天, 則何故耶.

았지만 북애자는 『삼국사기』와 『삼국유사』를 높이 평가하지 않았던 듯하다. 한족과 만주족은 다 같이 이민족인데 한족 왕조에 대한 사대는 옳고, 만주족에 대한 사대를 부끄러워하는 이유를 알 수 없다고 북애자는 항변했다.

도대체 중원의 주나라를 왜 수천여년 동안 떠받드는 까닭도 한심한 처사로 그는 보았다. 그리고 수 천리를 오가며 조공을 해왔던 것을 부끄러워하지 않는 것도 이해할 수 없다고 탄식했다. 만주족은 우리와 혈연관계가 있다. 언어의 순서도 주어 다음에 목적어가 온다. 중국어는 영어와 마찬가지로 주어 뒤에 동사가 이어진다. 만주족은 우리민족과 마찬가지로 몽골반점이 있다. 그럼에도 불구하고 만주족을 적대시하고 천대했던 이유가 무엇인지. 북애자가 만주족을 우호적으로 대하는 태도에 필자도 동조한다. 한족에의 사대는 당연시 하고, 청나라에 사대하는 것을 창피스럽게 인식하는 편향적 태도가 올바른 것인지를 묻고 싶다.

단기 3726년 이 태조원년(1392) 7월, 천자는 7묘, 제후는 5묘, 좌묘우사(左廟右社)가 예부터 내려온 제도인데, 전조 소목(昭穆)의 서열은 격식에 맞지 않고 위치도 성 밖에 있으니 바로잡아야 한다. 또 예조전서(禮曹典書) 조박[趙璞], 1356~1408)은 "신등이 역대 사전(祀)典을 보니 '종묘, 적전, 사직, 산천, 성황, 문선왕석전제' 등의 의례는 고금을 통해 행해진 전례이다. 이제 월령규식(月令規式)을 적어 후대에 남기는 바, 이를 유사(攸司)로 하여금 제때에 시행하게 하십시오, 그러나 '원구'는 천자의 예이니 혁파해야 한다. 이에 조선단군은 우리 동방 최초의 천명을 받은 지도자이고, 기자는 처음으로 교화를 시행한 군주이니, 평양부로 하여금 때를 정하여 제사를 올리라고 이 태조는 교

시하여, 제후예악을 실시할 것을 요구하는 이들의 건의"를 그대로 수용했다.[42]

조선조의 명나라에 대한 사대는 상상을 초월할 정도로 깊었으며 솔선하여 즐겁게 이행했다. 부마국으로 전락한 고려조의 영향을 받아서인지는 모르겠으나, 추호의 거부감도 없이 진심으로 사대를 한 사실은 이해가 안 된다. 조선조는 고려시대까지 알게 모르게 행했던 제천제지도 폐지했고, 7묘가 아닌 제후의 예인 5묘를 명나라가 요구하지도 않았는데 알아서 설치했으며, 또 이처럼 천자의 예악을 버린 것을 아쉬워하지도 않았다.

북애자가 조선조의 이 같은 철두철미한 이소사대에 입각한 국가경영에 대해 분노한 것은 당연하고, 따라서 조선조를 격하할 충분한 이유가 될 수 있다. 조선조는 지혜롭게 강대국을 모셔 실보다 득이 많았다고 자부했으며, 명나라에 대한 굴욕적 사대주의는 나름대로 실리를 취한 부분도 없잖아 있었다. 맹자가 말한 나라를 보존하기 위한 '외천(畏天)'의 지혜를 실시한 것으로 해석할 수도 있지만, 민족적 긍지의 손상은 비판받아야 마땅하다.

일본이 조선조를 속국으로 만들기 위해 종주국인 청제국의 제후국 굴레를 벗기는 것이 급선무라 생각하고, 의도적으로 조선조로 하여금 청의 속박을 벗어나 칭제건원을 하라고 사주한 것은 맞지만, 『고종황

42 『朝鮮王朝實錄』「太祖」卷 一 元年 壬申 八月, 天子七廟, 諸侯五廟, 左廟右社, 古之制也, 其在前朝, 昭穆之序, 堂寢之制, 不合於經, 又在城外, 社稷雖在於右, 其制有戾於古.…禮曹典書趙璞等上書曰, 臣等伏覩歷代祀典, 宗廟籍田社稷山川城隍文宣王釋奠祭, 古今通行, 有國常典, 今將月令規式, 具錄于後, 請下攸司, 以時擧行. 圓丘, 天子祭天之禮, 請罷之.…朝鮮檀君, 東方始受命之主, 箕子, 始興敎化之君, 令平壤府, 以時致祭.

제실록』을 보면 일제의 간계를 알면서도 이를 이용하여, 그 동안 잠재되었던 칭제건원에 대한 염원을 실행코자 했던 뜻있는 사인들에 내재해 있었던 민족긍지의 회복과도 부합된 면도 있었다. 조정 대신과 신료들 모두가 한 마음이 되어, 이 차제에 칭제건원을 실시해야 한다고 주장했으며, 고종황제도 서슴없이 이를 수락했다.

5. 미래 지향적 정통이념 확립

중원 역대 왕조들은 하나같이 수 천여 년간 소위 사이의 약소국들에게, 제후국으로서의 속국이 되어야 한다고 주장하고 또 이를 성공적으로 달성했다. 칭제건원을 감행했던 몇몇 강대한 '사이왕조'들 대부분은, 국가는 물론이고 민족까지 소멸되는 비극을 맞았거나, 아니면 본거지인 변방에 간신이 실낱같은 명맥만을 보존하고 있다. 중원왕조들은 '이화제이(以華制夷)'의 기치를 휘두르며, 교활하게 시행한 '이소사대(以小事大)'의 전략은 성공을 거두어 지금도 의기양양해 있다. '이대사소(以大事小)'를 팽개치고 '이대용소(以大容小)'의 관용도 버리고, '이대멸소(以大滅小)'를 잔혹하게 추구한 결과이다.

천만 다행으로 우리 한민족은 지혜롭게 사대를 하여, 민족 소멸을 막고 전통문화를 보존하여 지금 중원에 대해, 일부 사대주의자들을 제외하고는 비굴함을 벗어부쳤을 뿐 아니라, 오히려 중원을 내려다보며 긍지에 찬 삶을 영위하며 미래를 향해 힘차게 전진하고 있다. 결과적으로 초강대국인 중국에 이소사대를 하면서, 이면으로 '이화제화(以華制華)'를 추진하여 중원문화를 배워, 이를 무기로 하여 자주독립을

대한제국이 제천제지를 행했고 고종이 황제 위에 등극했던 원구단. 원구단은 일제에 의해 헐리고 황궁우 등 일부만 남아 있다.

은밀하게 추구했는데, 사대적으로 보이는 이 같은 시도가 전화위복이 될 것이라고 예측한 사람은 거의 없었다. 이는 하늘이 우리 민족에게 내린 축복이다.

결사적으로 침략자 미국인에 대항했던 북미 인디언과, 역시 침략자였던 스페인 민족에게 굴욕적으로 타협했던 남미 인디언들이 처한, 남북 아메리카의 오늘의 상황에서도 역사의 역설을 읽게 된다. 북미 인디언은 멸종되다시피 했는 데 반해, 남미 인디언들은 총칼로 부식시켰던 외래 종교와 문화를 극복하여, 민족의 전통을 회복하고 있는 현실에서 또 하나의 역설을 대하고 있다. 칭제건원을 감행하여 동북아시아를 호령했던 몽골족과 만주족 거란족 등은 현재 어떤 상황에 놓여있는지를 돌이켜 보면, 여기서도 우리는 역사진행에서 의외의 역설을 접할 수 있다.

천하를 오만무상하게 석권하여 위세를 떨쳤던 한족은, 지금도 사이의 영토를 강점하여 호기를 부리고 있다. 앞서도 말했던 것처럼 중원제국을 압도하여 한족을 휘하에 거느렸던 '사이민족' 들은 지금 소멸의 길을 가고 있는데, 이 같은 불행한 상황이 얼마나 더 지속할 수 있을지도 의문이다. 역사는 정의의 편에 서있는 것이 아니고, 반대로 불의와 힘의 논리에 편승하여 진행되고 있는 것이 아닌가 하는 의문을 떨쳐버리기 어렵다.

그렇긴 하나 현 세계 초강대국의 번영이 장구한 역사의 흐름 속에 언제까지 지금과 같이 지속할 것이란 보장 역시 없다. '천하대세(天下大勢), 분구필합(分久必合), 합구필분(合久必分).'이라 예언한, 나관중(羅貫中, 1330~1400)의 『삼국지(三國誌)』 머리 부분의 말이 생각난다. 강대국이 항상 강대국일수는 없고, 분열이 지속되면 통합이 이루러지고, 통합이 오래되면 반드시 분열되는 것은, 역사의 수레바퀴가 나아가는 섭리라고 그는 말했다.[43]

현재 세계를 장악하여 약소국을 속국으로 취급하며 위세를 떨치고 있는 강대국들도, 내부의 모순이 점차 심화되어 분열로 치닫고 있는 징후가 곳곳에 나타나고 있다. 나관중의 말대로 천하대세는 통합된지 오래이면, 내부의 모순이 노정되어 분열이 반드시 뒤따르게 마련임은 역사가 증명하고 있다. 현 유엔 상임이사국인 초강대국들 중에도 점차 국세가 기울어져 분열이 심화되어 혼란이 가속되고 있다고 인식하는 사람이 많다.

43 羅貫中; 聖嘆外書(順治元年, 1644년 판본) 『三國誌』 第一回 宴桃園豪傑三結義, 說話, 天下大勢, 分久必合, 合久必分. 周末七國分爭, 幷入于秦, 及秦滅之後, 楚漢分下, 又幷入于漢, …後來光武中興, 傳之獻帝, 遂分爲三國.

서구열강의 제국주의는 세계 도처의 국가들을 총칼로 정복하여, 원주민을 노예로 만들고 자원과 재물을 약탈하는 등 갖은 만행을 통시적으로 행하면서 이를 저들이 믿는 종교로 포장하여 자행했고, 이에 한 술 더 떠서 그들의 종교를 원주민에게 강요했다. 그리하여 토착민의 신앙 성소를 헐거나 그 위에 저들의 종교건물을 축조했다. 무력에 의해 점령당한 민족은 강압에 의해 자신들의 신앙을 버리고, 그들과 전혀 관계가 없는 생소한 종교를 믿을 수밖에 없었다. 현 남북 아메리카 원주민들이 믿는 종교가 바로 그 실례이다.

일본은 저들의 전통문화와 신앙을 지키기 위해, 서구화를 진행하면서도 외래종교의 유입을 철저하게 막았다. 일본이 화란을 동반 국가로 택한 이유는, 기독교 전파를 하지 않는다는 조건을 수락했기 때문이다. 그 결과 현재 일본에는 외래종교인의 숫자가 1억이 넘는 인구 가운데 70만도 못되는 것으로 알고 있다. 하지만 외래종교에 침윤된 남미의 경우도 토착 원주민의 정통 신앙이 되살아나, 서구로부터 이입된 종교가 사양화 되고 있으며, 원주민이 나라와 국권을 되찾아 통치하고 있는 국가가, 점점 불어나는 고무적인 현상을 지금 우리는 보고 있다.

세계 도처의 피정복 백성들은 종교와 더불어 설상가상으로 생경한 공산주의와 자본주의 등의 서구 이데올로기를 신봉하라는 강압까지 받았다. 이들 피정복 민인들은 서구열강들이 강제로 이식한 종교와 이념으로부터의 해방이 절실하고, 지금 점진적으로 이 길로 나아가고 있으며 머지않아 완전한 해방이 실현될 것으로 예상하고 있다. 수 백여 년간 자행한 만행에 가까운 이 같은 폭압도 힘을 잃어가고 있는 것이 현실이다. 역사가 언재까지 항상 강자의 편에만 있어야 하는지를 하늘에게 묻고 싶다.

동아시아에 있어서 한국의 지정학적 위치는 과거 로마제국처럼 지중해 한가운데 자리 잡은 이탈리아와 유사하다. 지금 우리는 분단의 아픔과 인구와 땅덩어리의 약세에도 불구하고, 온갖 역경을 극복하여 괄목할 만큼 국력이 신장되었다. 만일 북한처럼 핵무장을 하게 된다면 세계 어떤 나라도 우리를 얕볼 수 없을 것이다. 강대국 군수재벌들의 재래무기 판매욕심을 버린다면 핵무장은 어렵지가 않다. 중국과 소련의 공산정권은 북한을 핵무장이 금지된 동아사아 제국을 통제하기 위해, '이이제이(以夷制夷)'의 핵심 국가로 활용한 전략이 성공을 거두고 있다. 이런 까닭으로 북한은 핵무장을 하여 의기양양하여 안하무인의 행태를 보이고 있다.

해방전후 항간에 널리 유포되어 인구에 회자되었던 "미국아 믿지마라, 소련아 속지마라, 중국아 중흥한다, 일본아 일어난다, 조선아 조심해라." 란 예언적 참언(讖言)이 새삼스럽게 상기되는 이유는, 이들 참언이 지금 우리들의 현실에 하나도 틀리지 않게 나타나고 있기 때문이다. 이와 연계하여 과거 국제정치학을 전공한 이승만(李承晩, 1875~1965) 대통령이 "국제법은 사기에 불과하다."라고 한 경고가 새삼 떠오른다. 따라서 UN 같은 국제기구를 과신하는 따위의 어리석은 행태도 버려야한다. 그러므로 향후 우리는 남의 나라를 믿지 말고, 전통적인 국가와 민족의 보존 전략인 '부국강병(富國强兵)'을 이룩하여, 스스로를 지키는 방법 이외의 다른 대안이 없음을 절실하게 깨달아야 할 것이다.

20세기를 지나면서 우리 대한민국은 비약적인 발전을 거듭하여, 이민 와서 살고 싶어 하는 국가로 부상했다. 지하자원도 없는 분단국가로서 상상도 못했던 기적이 일어났다고 평가될 만하다. 철강 산업과 첨단 반도체와 아이티 산업의 발전은 물론이고, 문화예술과 접맥된 '한류(韓流)'도 전 세계를 휩쓸고 있다. 한류도 우연이 아니며 8세기 전후 일찍이 고구려 악무를 계승한 발해악무가 일본을 열광시킨 '발해류(渤海流)'도 있었다. 지금 와서 '케이 팝'까지 가미되어 가일층 세계인들을 열광시키고 있다. 게다가 품위 있는 온유한 민족성까지 곁들여 세계인들의 호감을 한결 고양시켰다.

지금부터 천여 년 동안 '종묘사직'에만 제사했던 관례를 버리고, 엄두도 못 냈던 '제천'과 '제지'를 형식을 달리하여 의연하게 시행해야 하며, '이소사대'를 버리고 진전된 '칭제건원'도 의연하게 실천하고, 우리와 전혀 무관한 서기에 집착하지 말고, '자주연호(自主年號)'인 단기 기원도 회복할 때가 되었다. 지금까지 해왔던 '제후예악'에 준하는 모든 의례를 깨끗이 청산하고, 신장된 국력을 바탕으로 하여 법고창신(法古創新)의 자주적 '황제예악'을 과감하게 실천해야 할 기회를 맞고 있다.

그러기 위해 외래 종교와 갖가지 나라를 해치는 박제이념(剝製理念)에서 해방되어, 민족종교와 민족이념을 소생시키거나 새롭게 창조하여, 활기차게 펼쳐나갈 여건이 무르익고 있다. '하늘이 준 기회를 잡지 못하면 역으로 재앙이 온다.'는 경고를 마음 깊이 새겨, 통일국가를 이룩한 뒤 동아시아를 휩쓸고 있는 '팍스시니카'에 대항하여, '팍스코리아나'를 바야흐로 역동적으로 추진하여, 동아시아는 물론이고 전 세계를 향해 과거 로마 제국처럼, 당당하게 나아갈 계제에 우리 겨레는 처해있다.

우리민족은 선천적으로 두뇌도 명석하고 신장도 적절하고 용모도 준수하며 체격도 우아하여, 그러므로 가당무대(歌堂舞臺)에 올라가면 관중들의 갈채를 자연스럽게 유발시킨다. 노래와 춤사위도 천부적으로 타고나, 여타의 민족들이 넘보기 어려운 경지에 있다. '케이 팝'이 동서양을 불문하고 풍미하고 있는 현상은 우연이 아니다. 이 같은 예술적 소양은 이미 수천여 년 전『위서』「동이전」등 중원 사서들에도 기록되어 전하고 있다.

학술과 문화 예술 그리고 예능은 후천적 노력만으로는 한계가 있고, 천부적 자질이 없으면 대성하여 명성을 얻기가 어렵다. 한문화(韓文化)의 세계화는 '팍스코리아나'의 열기에 편승하여, 계속적으로 전 세계로 널리 확산되어야하고, 그렇게 되기 위해 하로 빨리 반민족적 '패조(覇朝)'를 지속하겠다는 야욕에서 깨어나, 남북한이 하나로 통합되어 힘을 합쳐 배전의 노력을 경주해야 할 것이다.

'권불십년(權不十年)이요 화무십일홍(花無十日紅)'이라는 속설이 있다. 이 같은 속설을 무력화시키기 위해, 한반도 일부에서 자행되고 있는 간악한 독재자들이 나라밖과 인접국의 외부정보를 철저하게 차단하여 백성들을 세뇌시켜 노예화한 다음, '왕도(王道)'가 아닌 '패도(覇道)'로 이룩한 정권을 지속시키기 위해 잔혹한 간계를 구사하면, 영구집권이 가능다고 믿고 집요하게 노력하고 있다. 외세에 의한 분단을 마지못해 수용하고 스스로 이를 고착시킨 우리에게도 책임이 있다. 그 결과 표면적으로는 분단의 고착화가 성취된 것처럼 보이지만, 이 같은 참담한 비극적 상황이 오래가지 않을 것이기 때문에, 조국의 통일국가가 조만간 이루어지기를 갈망한다.

제3장

천년왕국 신라의 삼국통일과 향국전략

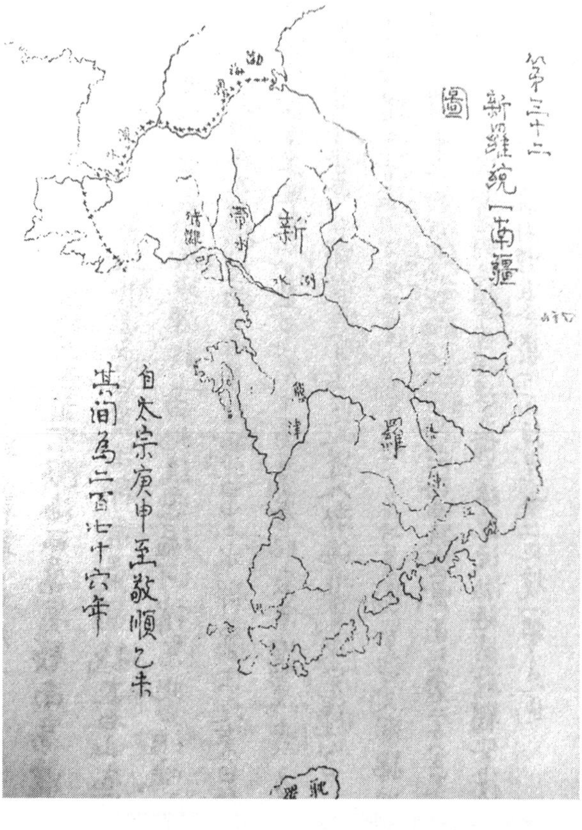

▮151쪽 그림. 李源台의 倍達族 疆域形勢圖 제32 統一新羅疆域圖.

1. 통일신라의 정삭론과 예악론

우리는 천여 년 동안 고구려를 과대평가하고, 세계사의 유례가 없는 992년의 역년을 누린 신라(단기 2277~3269)를 과소평가했다. 신라의 삼국통일도 당나라를 끌어드렸다고 하여 평가절하 했다. 만일 삼국이 그대로 존속했다면 한반도는 중국의 '군현(郡縣)'으로 전락했을 가능성이 많다. 앞으로의 남북통일이 미국 중국 등의 동조 없이 가능할 것인지를 생각해보면, 신라를 마냥 비난할 수만은 없다. 광활한 고구려 영토를 잃고 남쪽 일부와 백제 강토를 확보한 것은, 강대국 옆에 처한 우리로서는 선방일 수도 있다.

신라가 확보하지 못한 고구려 강역은 다행스럽게 우리 발해조가 차지했다. 소위 '남북국시대'를 맞아 신라와 발해가 서로 적대하여, 분단을 지혜롭게 극복 못한 것은 한으로 남았다. 그러나 신라가 한반도 대부분을 차지하고 고구려 백제의 동포를 포용했기 때문에, 흉포한 중원 역대 제국주의 국가로부터 민족과 영토를 보존했다. '고구려, 백제, 신라'가 오늘처럼 동족개념이 강하지 않았다는 견해도 있지만 이는 정설이 아니다.

고구려와 백제는 형제국가로 알려져 있고, 신라와 가야제국은 유사성이 있다. 신라와 가야의 최고 통치자 호칭이 '거서간(居西干) · 마립간(麻立干)'과 '아도간(我刀干) · 신귀간(神鬼干)' 등 '구간(九干)'의 '간(干)' 인 점도 암시하는 바가 있고, 진한(辰韓)과 가야가 뿌리가 같은 북방민족일 가능성도 있다. 가야가 사양길로 접어들자 백제가 아닌 신라에 귀의한 것도 우연이 아니고, 가야 백성들의 저항도 별로 없었다. 신라는 통합한 가야 고구려 백제 유민들을 애정을 가지고 포용한 정책도, 267년의 통일왕조(단기 3002~3269)를 지속하는데 기여했다.

천여 년 동안 신라 역시 동아시아 경국이념이었던 '예악론(禮樂論)'과 '정삭론(正朔論)'에 의거하여 국가를 통치했다. 신라의 경우 예(禮)는 제사(祭祀), 악(樂)은 악무(樂舞)를 기저로 했다. 예는 '차이(差異)' 악은 '화합(和合)'이라는 구도에서, '악무'를 통해 민인의 분열과 계층간의 위화감을 없애려는 의지를 갖고 있었다. 고구려 백제 악무는 당나라가 전부 가져갔기 때문에 통일신라가 수용하지 못한 대신, '가야제국(伽倻諸國)'은 신라가 복속했기 때문에 그 악무를 전부 신라가 차지했다. 중세의 경우 정복국가가 피정복국가의 악무를 가져가는 것이 관례였다. 김부식이 고구려 백제 악무를 전부 중원 사서(史書)에 의존한 것과, 『삼국유사』가 〈신라악무〉만을 수록한 까닭도 여기에 있다.

경순왕(敬順王)은 천년사직을 헌납한 공으로, 왕건에 의해 '정승공(政丞公)'으로 책봉 받고 그의 사위가 되어, '신라(新羅)'가 '경주(慶州)'로 격하된 점을 부끄러워하지도 않고, 이를 '식읍(食邑)'으로 받아 여생을 호의호식하며 살았다. 나라를 바친 치욕적인 망국군주를 일연선사가 '김부대왕(金傅大王)'으로 추켜 세운 것도 이해하기 어렵다. 신라는 고구려 백제 등 중세 왕조와 달리 최고 통치자를 일컬어, 민족 고유의 '거서간, 차차웅, 이사금, 마립간' 등의 존호를 수백 년 동안 사용했고, '오경(五京)'까지 개설한 것은 본받아야 할 통치 강령이다.

천년왕국 신라는 이민족에게 정복된 적이 없고, 천년 수도 '동경 주변 해안과 육로를 철통같이 방위하여 외적에게 또한 침탈된 적이 없었다. 아울러 병합한 '가야, 고구려, 백제' 유민들을 따뜻하게 보위하여 부흥운동을 예방한 전략도 효과를 거두어, 260여년의 '팍스서라벌'의 치세를 이룩했다. 신라가 쇠약해지자 '궁예'와 '견훤'이 등장하여 후삼국시대가 재현되었고, 이후 고려조와 조선조의 천년을 경과한 다음 '신라, 고구려, 백제, 가야'까지 되살아나, '사국시대(四國時代)'가 재현되고 있는 암울한 시대를 우리는 살고 있다.

단기 2277년(서기전 57)에 개국(開國)한 신라는 고구려(단기 2298, 서기전 37)와 백제(단기 2316, 서기전 18)를 단기 3002년(서기 669) 전후에 각각 통합하여 992년의 역년을 누렸다. 인류 역사상 천년을 지속한 왕조는 동서고금을 막론하고 없었다. 본고는 중세는 중세의 시각으로 접근해야 그 실상이 올바르게 파악된다는 상식에 입각하여 논의를 전개했다. 논의의 정당성을 확보하기 위해 각종 사서에 등재된 논거를 중복을 감내하고 하나하나 제시했다.

반만년 민족사 전개에 큰 위업을 남겼음에도 불구하고, 폄하와 동시에 과소평가된 신라의 위상을 밝히기 위해서이다. 학계 논저들에 수없이 소개된 내용들을 다시 인용한 이유는, 신라조의 재평가를 위해, 객관적 논거를 적시하여 독자의 공감을 유도하기 위해서였고, 새로운 시각으로 평결할 필요에 수응하여, 의도적으로 많은 자료들을 중복 재인용한 이유는 독자들의 공감을 얻기 위해서였다.

신라왕조의 역년은 단기 2277년 서기전 57에 개국하여 단기 3268년 서기 935년에 정승공 김부(政承公 金傅(?~979, 재위927~936. 고려가 공경스런 마음으로 고려조에 귀순했다는 의미를 부여하여, 경종(景宗[재위 975~982] 4년[979]에 '경순(敬順[一云, 孝哀])'이라는 시호를 내렸다. 제왕의 묘호(廟號) 가운데 앞머리에 붙은 '효(孝)'는 선대의 업적을 계승한다는 의미이다)가 나라를 고려에 바칠 때까지, 역사상 한국 최초의 통일국가를 이루어, 세계사에 유례가 없는 향국 992년을 누리며 찬란한 문물을 구가한 왕조였다. 통시적으로 신라의 이 같은 위업을 과소평가하고, 고구려를 감성적으로 과대평가하는 경향이 학계와 사회에 만연되어 있다.

고대 한반도에는 사서들의 기록에 의하면 78소국이 있었다고 알려져 있다. 서기전 1세기 전후에 등장한 '신라, 고구려, 백제'는 주변 소국들을 경쟁적으로 병합했다. 지정학적 위치로 말미암아 신라는 '북진책'을 고구려는 '남진책', 백제도 북진책을 도모하다가 좌절한 뒤 '남진책'으로 전환했다. 고구려의 경우 평양으로의 천도가 절정을 이루었고, 백제는 고구려 신라의 압박으로 수도가 한성에서 공주에 이어 부여까지 밀려났다. 이들 삼국 중 신라는 북방영토를 개척하여 정복왕조의 기상을 과시했다. 진흥왕(眞興王, 재위540~575)의 '순수비(巡狩碑)'가 그 대표적 증거이다.

진흥왕은 한반도 북부 상당 부분을 정복하여 삼국통일의 기반을 구축했으며, 가야를 비롯한 많은 국가들이 투항하거나 정복하면서 병합된 나라의 지배계층과 민인들에게, 다방면으로 시혜를 주고 아량을 베풀었기 때문에, 별다른 저항 없이 신라체제에 동화되었다. 진흥왕은 36년간 집권하면서 '개국(開國), 대창(大昌), 홍재(鴻齋)' 등 국정을 일신하기 위해 연호를 세 번이나 바꾸었다. 통합한 나라의 악무까지 그 국세에 기준하여 〈대악(大樂)〉 또는 〈군악(郡樂)〉으로 명명하여 포용했다.

법흥왕(法興王, 재위516~539)은 최초로 연호 '건원(建元)'을 '개원(開元)'하고, 최고 통치자의 명칭을 중국식인 '○○왕'으로 바꾸어 신라를 근대화한 지도자였다. 뒤를 이은 진흥왕은 백부 겸 외할아버지(진흥왕의 어머니는 법흥왕의 딸이었고, 비는 박씨였다. 7세에 즉위하여 왕대후(王

大后[法興王의 妃]가 섭정했다)인 법흥왕의 중원왕조로부터 독립하여 주체적 국가가 되어야 한다는 웅지를 계승하여, 진시황제(秦始皇帝, 서기전 259년 1월 1일~210년 7월 병인(丙寅), 재위서기전 247~210, 황제위, 서기전 221~210, 『사기』는 13세에 즉위했다고 했는데, 일반 논저들의 출생연대와는 다소의 차이가 있다)처럼 한반도(天下) 통일의 대망을 품었다.

'연호'는 고대와 중세 제왕의 국정지표였을 뿐 아니라 역대 중원 제국주의 왕조의 핵심 사안이었다. 중원의 고대 성군으로 포장된 삼황(三皇, 복희[伏犧, 재위서기전 3228~?]·신농[神農, 재위서기전 3228~3079?]·황제[黃帝, 재위서기전 2698~3079?])에 이어 오제(五帝, 인 소호[少昊, 재위서기전 2598~2515?]·전욱[顓頊, 재위서기전 2514~2437?]·제곡[帝嚳, 재위서기전 2436~2367?]·당요[唐堯, 재위서기전 2357~2258?]·우순[虞舜, 재위서기전 2357~2258?])가 가진 덕을 모두 갖추었다고 자부하여, 스스로 '황제(皇帝)'라고 칭한 시 황제(始皇帝 이후, 진조[秦朝])가 패망한 다음 개국한 한나라 무제(武帝, 재위서기전 140~88)는 대외정세와 국정상황의 추이에 부응하여 연호를 여러 차례 개원했다. 한 무제가 연호를 국정 상황에 맞추어 여러 차례 개원을 했던 것처럼 신라의 진흥왕도 연호를 수차 교체했다.[1]

진흥왕이 한반도 도처에 '순수비'를 산마루나 해당 요해처에 세운 뜻도, 제후 왕이 아니라 천자(天子[皇帝])임을 자임했기 때문이다. 신라 왕조는 고구려 백제와 달리 최고 통치자인 제왕의 존호(尊號)를 '거서간(居西干, 재위단기 2227~2336, 혁거세[赫居世, 세상을 밝히는 태양]

1 위 三皇五帝의 재위연대 표시는 중화민국 76년(1987, 재판) 楊隱이 편찬한 『中國音樂史』 '周前的樂舞' 편에서 인용했지만, 과연 정확한 것인지는 확인키 어려우나 참고로 인용했다.

또는 천자로 칭했다), 차차웅(次次雄), 이사금(尼師今), 마립간(麻立干)' 등 민족고유의 존칭으로 일컫다가, 법흥왕 대에 와서 ○○왕이라 칭하고, 중국 연호 사용에서 벗어나 자체 연호인 '건원'을 개원하여, 중원의 속국이 아닌 자주독립국가임을 내외에 선포했다.

신라 시조 혁거세의 호칭 "거서간"은 세계를 제패한 칭기즈칸(1162~1227)보다 "干(칸)"이라는 존호를 1262년 앞서 사용했다. 단기 2869년(536)에 최초로 신라의 자체 연호인 '건원(536~551)'을 시행하여, 중국 '기년(紀年)'의 굴레를 탈피한 영도자였다. 고구려 광개토대왕(재위 391~412) 원년 단기 2724년(391)에 역사상 최초의 연호 '영락(永樂)'이 개원된 후 245년이 경과한 뒤이다. 아쉽게도 고구려의 연호 영락은 처음이고 마지막이었다. 백제는 처음부터 연호를 사용했다는 기록이 없다.

이와는 달리 신라는 단기 2869년(536)에 법흥왕이 신라 자체 연호 '건원'을 기점으로 하여, 이후 서기 650년까지 114년 동안 자체기년을 사용하다가, 진덕왕(眞德王, 재위647~663) 4년(650)에 당나라 고종[唐 高宗, 628~683]의 연호 영휘[永徽, 650~655]를 수용한 이후, 신라의 마지막 연호 '태화[太和, 647~649]'는 막을 내렸다. 연호는 중세왕조의 자존이며 긍지의 표상임과 동시에 강대국의 속국이 아니고, 자주주권 국가임을 내외에 선언하는 주체적 강령이다.

신라는 법흥왕의 최초의 연호인 '건원' 이후 일관되게 '개원'을 계속한 왕조였으며, 혁거세거서간(1위, 太祖의 신라 고유의 호칭)을 비롯하여 차차웅(1위), 이사금(15위), 마립간(4위) 등 자체 존호를 570여 년을 사용하면서, 중원제국에의 종속을 거부하고 자존적 독립왕조로 존립했다. 이는 북방계와 토착 남방계의 연합인 신라인의 강건한 주체적

국민성과도 연관이 있는 것 같다.[2]

그 한 실례로서 고구려 백제와는 달리, 제왕의 칭호를 지증마립간(재위 500~513)까지 '거서간'을 위시한 신라만의 고유한 세 개의 존호를 자랑스럽게 사용한 사실에서도 찾을 수 있다. 학계나 사회에서 신라의 이 같은 자체 존호의 사용을 과소평가하고, 범상하게 취급하는 것은 문제가 있다. 삼국을 열거할 때 '고구려, 백제, 신라'로 배열하는 것도 합리적이 아니다. 개국과 존속 연대 등을 감안하고 후세에 기여한 업적을 봐서도 '신라, 고구려, 백제'로 기술하는 것이 맞다. 고구려를 중시하고 우선시하는 평가는 지역감정과 북한 정권의 인식에 편승한 것일까. 신라를 논의할 때 집고 넘어가야 할 또 하나의 중요한 명제는, 114여 년 동안 중국 '기년'을 일체 사용하지 않고 신라의 고유 '연호'를 당당하게 사용한 사실이다.

신라는 특유의 군사조직으로 알려진 '화랑도(花郎徒)'와 기층 신앙체계인 '풍류교(風流教)'와 민인 통합을 위한 불교와 기층문화가 융합된 '팔관연회(八關筵會)'도 성대하게 개최했다. 법흥왕 때 시행된 '연호'도 삼국통합의 전략이 잠재되어 있었다. 화랑과 풍류정신이 깔려있는 신라의 군대는 단순한 무력과 전투에만 전념하지 않고, 민인을 포용하는 낭만적 사유와 문화적인 요소가 내재되어 있었기 때문에, 고구려 백제 가야를 위시한 무수한 소국들의 민인들로부터 적대적 반감이 덜했던 것으로 생각된다.

'남모(南毛)'와 '준정(俊貞)'같은 미모의 여인이 무리를 이끌었던 점도, 민심을 결집시켰던 요인으로 작용했을 것이며, 무리를 이끌고 노

2 『三國史記』「新羅本紀」第一, 第二, 第三, "始祖赫居世居西干, 南解次次雄, 儒理尼師今,…實聖尼師今, 訥祗痲立干,…智證痲立干."

래하고 악기를 연주하며 전국의 명승고적을 유람했던 행적도, 당시의 민인들에게 호감을 갖게 했다. 고구려 백제와 다르게 신라는 세 명의 여왕을 가졌던 선진적 왕조이기도 했다. 따라서 신라의 군대는 반드시 외경의 대상이 아니라, 접근하고 싶었던 친화적 성향의 조직으로 인식되기도 했을 터이다. 김부식은 신라 사회와 군대의 이 같은 특유의 실상을, 김대문(金大問, 성덕왕 때 학자)의 『화랑세기(花郎世記)』와 고음(顧愔, 당나라의 학자)의 『신라국기(新羅國記)』와 『선사(仙史)』 및 최치원의 「난랑비서(鸞郎碑序)」를 인용하여 기록했다.[3]

우리 민족은 중원의 강대국에게 흡수되어 민족의 정체성이 훼손되는 것을 용인하지 않았다. 고구려 백제 지배층과 민인들에 비해 민족의식은 신라가 훨씬 강건했다. 신라가 자체 연호를 개원하여 중원왕조들의 제후국이 되는 것을 완강하게 부정했는데, 중원 왕조로부터 독립하려는 민족의식 역시 신라의 민인들이 유독 철저했다. 신라는 '거서간' 등 신라고유의 통치자의 칭호를 중국식의 왕호를 따르지 않고, 시조 혁거세거서간(단기 2277년[서기전 57])부터 지증마립간(단기 2846[513])까지 569여 년 동안 자체 존호를 사용한 점이 신라조의 자주정신을 웅변으로 말하고 있으며, 법흥왕 때부터 고구려 백제와 달리 자체 '연호'를 사용한 점에서도, 신라의 자존적 독립정신을 확인할 수

3 『三國史記』「新羅本紀」第四, 眞興王, 三十三年, "冬十月二十日, 爲戰死士卒, 設八關筵會於外寺, 七日罷.…三十七年,…遂簡美女二人, 一曰南毛, 一曰俊貞, 聚徒三百餘人,…其後更取美貌男子, 粧飾之名花郎以奉之, 徒衆雲集, 或相磨以道義, 或相悅以歌樂, 遊娛山水, 無遠不至, 因此知其人邪正, 擇其善者, 薦之於朝, 故金大問『花郎世記』曰, 賢佐忠臣, 從此而秀,…崔致遠「鸞郎碑序」曰, 國有玄妙之道曰風流, 設敎之源, 備詳『仙史』,…唐令狐澄(顧愔의 著作), 『新羅國記』曰, 擇貴人子弟之美者, 傅粉粧飾之, 名曰花郎, 國人皆尊事之也."

있다. 신라는 한나라가 설치한 한사군의 '낙랑(樂浪)'과는 전혀 관계가 없음에도 불구하고, 역대 중원왕조가 신라왕을 '낙랑군공(樂浪郡公)'으로 책봉한 것은 악랄한 사실의 왜곡이다. 필자는 소위 한사군의 위치를 압록강 이남으로 국한하고 있는 일반론에 대해 의구심을 갖고 있다.

신라의 삼국통일은 우리 겨레의 정체성을 공고히 하여, 역대로 강성한 중원정권을 수립한 한족으로 부터의 흡수를 막고, 우리민족의 정통성과 정체성을 확립하는 결정적인 계기가 되었다. 중원 북방과 또는 전부를 정복하여 호기를 부렸던, '선비족, 거란족, 만주족'은 지금 불행하게도 역사의 장에서 사라졌고, 몽골족은 북방 초원지대에서 겨우 명맥을 유지하고 있다. 이와는 달리 우리 겨레는 한족을 내심으로는 우러러 보지도 않았으며, 따라서 한족에 동화되는 것을 원천적으로 싫어했다. 이 같은 여건에 입각하여 지금 8천만 동포를 거느린 민족으로 성장했고, 해외동포들 역시 거주하고 있는 국가에 귀화를 꺼리고 있는 실정이다. 아마도 시간이 흐르면 1억의 민족으로 확장될 것으로 기대된다.

'연호'는 고대에 '정삭(正朔)'으로 일컬어지다가 삼대(三代, 하[夏]·은[殷]·주[周])에 들어와 '연호'로 명칭이 바뀌었다. 이는 사회를 크게 하나로 통합하여 백성들의 보고 듣는 바를 일사불란하게 지속시키는데 목적이 있다. "간웅(奸雄)이 승기를 잡아 편방소국이 천자의 나라에 신속(臣屬)하는 처지에, 사사로이 연호를 사용하는 행위는 옳지 못하다."고 하면서, 법흥왕이 자체 연호의 시초인 '건원'으로 개원한 것을 두고, 김부식은 사대주의적 인식에 근거하여 '사년(私年)'이라고 비판했다.[4]

'정삭'은 중원 제국주의 왕조들이 소위 주변 사이제국에 한 해의 시작을 어느 달로 할 것인지를 선정하여 반포함과 동시에, 저들 나라의 '기년(紀年, 年號)'을 사용할 것을 강요하는 것으로, 당시로 봐서 대단히 엄중한 정치적 족쇄였다. 중세의 문제는 중세의 척도로 평결해야 하지, 오늘의 가치관으로 접근하는 것은 비과학적이다. 신라가 자체 연호 '태화(太和)'를 폐기하고 당나라 '영휘(永徽)' 연호를 쓰기 시작한 것이 그 사례의 하나였으며, 신라의 자긍심을 훼손한 매우 충격적인 처사였다.[5]

연호 못지않게 '세수(歲首)'와 일자 변경의 기준이 되었던 '정삭'도 중세 왕조들의 중대한 사안이었다. 세수가 한나라에 들어와서 하정(夏正, 1월, 인월[寅月], 13월, 인정[人正, 인통[人統])으로 굳어진 후, 정삭의 위상은 다소 약세로 전환된 반면, 기년을 강조하는 연호가 동아시아 제국에 새로운 족쇄로 부상했다. '정삭론(正朔論)'에 삼정(三正, 천정[天正], 11월. 지정[地正], 12월. 인정[人正], 1월과 삼통(三統, 삼미지월[三微之月, 11월, 12월, 13월])이 있고 '삼정'과 '삼삭(三朔)'으로의 유분도 가능하다. 삼삭은 하로가 바뀌는 시점을 구분하는 기준이다. 삼정과 삼통은 명칭은 다르나 내용은 같다. 한 해가 시작되는 달의 경우 소위

4 『三國史記』「新羅本紀」眞德王 四年, 論曰, "三代更正朔, 後代稱年號, 皆所以大一統新百姓之視聽者也, 是故苟非乘時, 並起兩立而爭天下, 與夫姦雄乘間而作, 覬覦神器, 則偏方小國, 臣屬天子之邦者, 固不可以私名年.…而法興自稱年號惑矣."

5 『三國史記』「新羅本紀」眞德王 四年, "六月, 遣使大唐, 告破百濟之衆, 王織錦作五言〈太平頌〉, 遣春秋子法敏以獻唐皇帝.…高宗嘉焉, 拜法敏爲大府卿以還. 是歲始行中國永徽年號."

'삼대의 왕조가 각기 달랐다.

진(秦)나라는 '하(夏, 1月) · 은(殷, 12月) · 주(周, 11月)' 등과 달리 '10월(亥月)'을 세수로 했다. 진시황은 오덕종시설(五德終始說, 금[金], 수[水], 목[木], 화[火], 토[土]의 오행[五行]의 연계를 인정)을 숭봉하여, 전조 주나라가 '화덕입국(火德立國)'인 만큼, 불을 끄는 것은 물이므로 '수덕입국(水德立國)'을 표방했다. 주나라가 한 해의 시작을 자월(子月, 11월)로 한 것과 달리, 진나라는 해월(亥月, 10월)을 세수로 하여 조공(朝貢)도 이 달(10월)에 바치게 했으며, 황하(黃河)를 덕수(德水, 주나라는 화덕[火德], 진나라는 수덕[水德]을 표방했으므로 덕수[德水]로 개명했다)로 고치고 모든 복색과 깃발과 정기(旌旗)의 색채도 흑색으로 바꾸었다. 한나라는 역대 중원정권은 관례를 벗어나 독단적으로 진나라가 '10월'을 세수(歲首)로 한 것을 두고, 삼통(三統[三正, 11월, 12월, 1월] 중, 하나를 택하여 세수로 삼았다)에 괴리되므로 사리에 어긋난다고 단정하고 이는 '천도(天道)'를 거역한 것이라고 하여 10월이 세수였다는 기록을 모든 사서에서 삭제했다.[6]

우리 민족은 중세의 경우 '진력(秦曆)'과 '은력(殷曆)'에 영향을 많이 받은 흔적이 도처에 발견된다. 음력 10월을 '상달(歲首)'로 인식한 것은 진력과 연관이 있고, 이는 10월을 한 해의 시작으로 삼았다는 흔적이다. 은나라와 우리민족은 혈연적으로도 연관이 있었다. 또 백색을 숭상하여 흰옷을 즐겨 입은 전통도 은나라가 백색을 숭상한 사실과 접맥된다. 하로의 변경을 닭이 우는 '계명(鷄鳴)'으로 삼은 것도 은의

6 『史記』「秦始皇本紀」二十六年, "始皇推終始五德之傳, 以爲周得火德, 秦代周德, 從所不勝, 方今水德之時, 改年始, 朝貢皆自十月朔, 衣服旄旌節旗皆上黑[周以建子之月爲正, 秦以建亥之月爲正, 故其年始用十月而朝賀]"

정삭과 같다. 진나라의 '오덕종시설'은 신라와 태봉 그리고 고려조도 수궁하여, 신라는 '금덕(金德)' 태봉은 '수덕(水德)' 고려는 '목덕(木德)' 왕조로 각기 자긍했다. 제후국임을 스스로 자임했던 조선조에 들어와 오덕입국은 폐지되었다. 중세 황제국가로 자임하는 모든 왕조는 반드시 이를 실시했다.

하(夏)나라는 한 해의 시작을 1월로 잡았고, 은(殷)나라는 12월, 주(周)나라는 11월, 진(秦)나라는 10월로 설정했다. 이를 두고 하나라는 '인정(人正)' 은나라는 '지정(地正), 주(周)나라는 '천정(天正)'이라 칭했으며, 천지인(天·地·人)의 '삼재(三才)'와 결부하여 '인통(人統), 지통(地統), 천통(天統)'으로 지칭하기도 했다. 소위 이들 삼정과 삼통은 날짜의 변경기준 또한 각각 달랐다. 첫닭이 우는 것을 기준하여 하로가 바뀐다는 인식은 은나라의 '지통'과 결부된 인식이다.

'삼미(三微)'는 양기가 황천에 처음으로 생겨 미미하게 움직여 분명하게 나타나지 않는 상태를 말한다. 11월은 양기가 황천에 최초로 식물의 뿌리와 줄기에 배양되어 만물이 모두 적색을 띠게 되는데 적색은 양기가 성한 상태이다. 그러므로 주나라는 '천정(天正)'을 세수로 하고 적색을 숭앙한다. 12월은 만물이 백색의 삭이 텬다. 백색은 음기이기 때문에 은나라는 '지정(地正)'을 세수로 하며 백색을 숭상한다. 13월(1월)은 만물이 자라서 껍질을 뚫고 움이 돋아나는데 모두 흑색이므로, 이를 사람이 가꾸게 됨으로 하나라는 '인정(人正)'인 1월을 세수로 삼고 따라서 흑색을 숭모한다.

『상서대전(尙書大傳)』에 이르기를 하나라는 1월, 은나라는 12월, 주나라는 11월을 세수로 한다. 하나라는 맹춘(孟春), 은나라는 계동(季冬), 주나라는 중동(仲冬)이 세수이다. 하나라는 13월이 세수이고 흑색을 숭상하고 '평단(平旦, 日出)'을 날짜 변경의 기준으로 한다. 은나라는 12월을 세수로 하고 백색을 숭상하고 '계명'을 일자 변경의 준거로 한다. 주나라는 11월을 세수로 하고 적색을 숭배하고 '야반(夜半, 子正[0시])'을 일자 변경의 척도로 삼았다.[7]

하조(夏朝)는 13월(1월)을 세수로 하고 해가 뜨는 시간을 날이 바뀌는 기준으로 삼`고, 은조(殷朝)는 12월을 세수로 하고, 첫닭이 울면 날짜가 바뀌는 시점으로 했다. 주조(周朝)는 11월을 한 해의 시작으로 하고, 자정(子正, 0시)을 일자변경의 기준으로 삼는다. 우리나라는 은력(殷曆)을 준거로 하여, 첫닭이 울면 날짜가 바뀐다고 예부터 인식하여, 제사를 모시다가 첫닭이 울면 낭패를 했다. 서양문물이 들어온 다음 자정부터 날자가 바뀌는 것으로 고정되었다. 수천 년간 음력을 쓰다가, 고종의 건양(建陽 원년, 1896)부터 양력을 사용하기 시작했다. 우리나라는 이처럼 은나라의 영향을 음양으로 받아왔다. 세수를 수천 년 동안 중원 정권이 정해 준 달을 준용하다가, 대한제국 시대부터 일본의 영향으로 양력이 시행되었다.

한 해의 시작을 어느 달로 하느냐는 신라에서도 중요한 문제였다. 한 해의 시작 즉 세수의 결정은 중원왕조가 항상 깊숙이 관여했다. 연말에 중원정권은 소위 제후국에 '책력'을 주어 정삭을 그들 뜻대로 시행하게 했고, 소위 사이의 제후국들은 이를 당연시했다. 중원왕조

7 『白虎通疏證』卷 八, 「右論三正之義」, "三微者, 何謂也? 陽氣始施黃泉, 動微而未著也. 十一月之時, 陽氣始養根株黃泉之下, 萬物皆赤, 赤者, 盛陽之氣也. 故周爲天正, 色尙赤也. 十二月之時. 萬物施牙而白, 白者, 陰氣, 固殷爲地正, 色尙白也. 十三月之時, 萬物始達, 孚甲而出, 皆黑, 人得加功, 故夏爲人正, 色尙黑. 『尙書大傳』曰, 夏以孟春月爲正, 殷以季冬月爲正, 周以仲冬月爲正. 夏以十三月爲正, 色尙黑, 以平旦爲朔. 殷以十二月爲正, 色尙白, 以鷄鳴爲朔. 周以十一月爲正, 色尙赤, 以夜半爲朔"

에서 준 책력을 소중하게 종묘에 보관했다는 설도 있다. 위에 논의한 '삼정(三正[天正 · 地正 · 人正])'과 '삼통(三統, 천통[天統] · 지통[地統] · 인통[人統]' 및 '삼미지월(三微之月, 11월 · 12월 · 1월)'의 세 달 가운데, 신라가 어느 달을 세수로 했는지가 주목된다. 『삼국사기』 효소왕(孝昭王, 재위692~701) 조에 그 일단이 수록되어 있다. 효소왕4년(695)에 주력인 자월(子月, 천통[天統], 11월, 야반[夜半])을 세수로 했다가, 동왕9년(700)에 세수를 다시 인월(寅月, 인통[人統], 1월, 평단[平旦])로 복구했다.

'하력' 1월을 세수로 하다가 갑자기 '주력' 11월로 세수를 바꾼 까닭이, 혹시 측천무후(則天武后, 624~705)가 세운 주(周)나라 영향력이 작용한 것일까. 또 5년간 주력을 사용하다가 서기, 700년에 다시 하력인 1월로 왜 환원했는지도 궁금하고, 당의 중종(中宗, 재위684~710, 실제로는 고종의 황후 측천무후의 주조(周朝, 684~705]가 중국을 통치했다)이 아닌 측천무후의 '주나라'가 개입했을 가능성도 있고, 무후의 권력이 약화되자 다시 하력으로 되돌렸거나, 또는 나라 안에 어떤 사정이 있었던 것인지는 미지수이다. 여하튼 신라에도 세수 문제가 중요한 국가의 현안이었음을 이를 통해 알 수가 있다. 이후 고려 조선조까지 계속 하력인 1월이 세수로 통용되었으며 지금도 동일하다.[8]

1) 삼국시대의「예」와 제사

우리민족의 기층신앙은 '산천숭배(山川崇拜)'가 근간이었다. 무속(巫俗)도 외래신앙의 하나였다. 산천숭배는 지금도 민족의 심성 깊숙이 잠재되어 있다. 산천숭배의 실상이 『삼국사기』「제사」편에 상당

8 『三國史記』「新羅本紀」 孝昭王 四年, "以立子月爲正.…九年, 復以寅月爲正."

히 구체적으로 수록되어 있다. 모든 산에는 산신령이 존재한다고 지금도 믿고 있으며, 산신제(山神祭)와 직결된 입산제(入山祭)가 현재도 남아있는 것이 그 증거이다. '삼산오악(三山五嶽)'과 '명산대천(名山大川)'에 대한 숭앙이 기층신앙의 주축인 점도 이에 기인했다. 무교와 불교 도교 등 외래종교가 속속 유입되었지만, '산천신앙'은 그대로 남아서 현재까지 명맥을 유지하고 있으며, 앞으로도 소멸되지 않을 것으로 여겨진다.

지금까지 전하고 있는 모든 '산신도(山神圖)'는 백발노인과 호랑이가 함께 등장한다. '단군'의 '영이사적'에 웅녀(熊女)와 호녀(虎女)가 경쟁하여 웅녀가 이겨, 단웅(桓雄)을 만나 단군이 탄생한 것으로 되어있는데, 환웅과 호랑이 사이에 단군이 탄생해야 우리 정서에 부합됨에도 불구하고, 곰이 금기를 극복하여 승리했다는 사실은 마음에 닿지 않은 결말이다. 우리민족은 곰보다 호랑이를 더 좋아한다. 이승휴(李承休, 1224~1300)는 '단군'을 '단웅천왕(檀雄天王)'과 약초를 먹고 사람이 된 '손녀(孫女)' 사이에 태어났다고 하여, '웅녀'가 아닌 '손녀'로 표기한 점도 이 같은 정서에 비롯된 것이다.[9]

『삼국사기』에는 불교적 색채가 거의 없다. 김부식은 불교 등 외래종교에 대해서는 호의적이 아니었다. 이점은 『고려사』도 동일하고 중원의 『25사』도 예외가 아니다. '공맹사상을 기반으로 한 유가이념이 모든 사서에 근간이 된 것은, 역사를 객관적으로 평가하는데 작용했다. 신라의 경우 불교는 법흥왕15년(528)에 최초로 공식적으로 인

9 李承休; 『帝王韻紀』 卷 下, "初誰開國啓風雲, 釋帝之孫名檀君(下至三位太白, 弘益人間歟, 故雄受天符印三箇, 率鬼三千而降太白山頂, 神檀樹下, 是爲檀雄天王也, 云云. 令孫女飮藥成人身, 與檀樹神婚而生男, 名檀君, 據朝鮮之域爲王, 故尸羅高禮, 南北沃沮, 東北夫餘, 穢與貊, 皆檀君之壽也.)."

정되었다. 이차돈(異次頓, 506~527)의 순교(법흥왕, 14년?)와 요석공주(瑤石公主)와 결혼한 다음 환속한 원효(617~686) 등을 제외한 불교인사는 거의 없다. 「예」와 「제사」 편장에도 불교는 철저하게 배제되었으며 '유가이념에 입각하여 서술되었다.

'예악론'의 구체적 실상의 하나인 「제사」와 「악」 편장을 기술하면서, 사료의 부족을 보완하기 위해, 김부식은 중원 사서들을 많이 참고했다. 『삼국사기』에 인용된 중국 문헌들의 자료들을 원문과 대조할 때, 첨삭이나 주관적 부연이 거의 없고 객관적으로 착오 없이 이기했다. 김부식이 '예악'에 해당하는 제사와 악 장절에 인용한 '『후한서(後漢書)』, 『북사(北史)』, 『수서(隋書)』, 『양서(梁書)』, 『당서(唐書)』, 『풍속통(風俗通)』, 『책부원구(冊府元龜)』, 『통전(通典)』' 등 중국 측 문헌들의 해당 부분과 『삼국사기』에 인용된 이들 사서와의 내용이, 원전과 거의 일치한 사실을 접하고 그의 실증적 서술태도를 확인 할 수 있었다.

신라는 위만조선 등의 고대 국가와 '고구려, 백제, 발해'와 달리 중원의 한족과 거란족 등의 이민족 국가에게 멸망되지 않았다. 이로 인해 한 나라를 합병하면 맨 먼저 악무를 수거해가는 중세의 관례에 따라, 〈신라악무〉는 '고구려, 백제, 발해'와 같이 악무를 침탈당한 비극을 면하고 온전하게 보존되었다. '고구려, 백제, 발해'의 악무는 중원의 사서를 보지 않고는 고찰할 수 없는 점과도 다르다. 김부식이 고구려 백제의 악무 검토를 중원 사서들에 전적으로 의존한 점이 그 증거이다, 이에 비해 〈신라악무〉는 『삼국사기』 「악」 조에 비교적 자세하게 실려 있다.

신라 '예악론'의 행방은 『삼국사기』 「제사」와 「악」 편장을 통해 그 일단을 고찰할 수 있다. 예악론의 발원지는 중원이다. 예는 음(陰)이며 차이를 논하고 악은 양(陽)으로 화합을 강조했고, 종교와 교육은 음에 배속되었고 양의 지배를 받는다고 보았다. 예가 지나치게 번성하면 사회상이 분열되어 민심이 이반되고, 악이 과도하게 범람하면 기강이 문란해져 음란과 방종이 따르는 폐해가 야기되었기 때문에, 항상 '예악'의 통합과 조화를 추구했다. 이런 이유로 예악은 분리되지 않고 예부터 항상 결부시켜 논의되었다.

고려조에도 '예악론'은 자리를 확고하게 잡지 못했다. 조선조에 들어와 비로소 기틀을 잡고, 16세기 전후에 '성정론'과 결부하여 확장되어, 조선조는 발원지인 중원을 능가할 정도로 악무계(樂舞界)와 문원(文苑)을 풍미했다. 예악론의 공과는 지금도 결론이 나지 않고 잠복하여 사회의 저변에 흐르고 있다. 조선조 악무를 총괄하여 종합한 『악학궤범(樂學軌範)』은 그 바탕에 예악론이 깔려 있다. 『삼국사기』의 「제사」와 「악」 편장은 '예'와 '악' 장으로 바꿔도 무리가 없다. '사전(祀典)'과 '왕제(王制)' 유의 용어가 등장하는 것이 그 실례이다.

김부식이 1114년 『삼국사기』를 완성하여 고려 인종(仁宗, 재위 1123~1146)에게 올리면서, 「진삼국사기표(進三國史記表)」를 통해 '성상폐하(聖上陛下)'라고 일컫고 그 글을 '표(表)'라고 칭했다. 충렬왕(忠烈王, 1236~1308)13년(1287)에 이승휴도 『제왕운기(帝王韻紀)』를 완성하여, 국조 단군을 중원의 '반고(盤古)'와 함께 우리 민족의 '개국시조'로 숭앙하면서, '제왕운기진증표(帝王韻紀進呈引表)'로 일컬어 『삼국사기』와 같이 '표'라고 했다.[10] 우리 국조의 제왕에게 올리는 글을 '표'라고

10 李承休; 『帝王韻紀』 저자는 머리말에, '中朝則, 從盤古,…東國則, 自檀君'이라 하여 中原의 시조 盤古와 우리 민족의 시조 檀君을 同列로 기리며 帝王韻紀進呈

칭한 김부식과 이승휴는 기억되어야 할 인물이다. 특히 이승휴는 13세기 후반에 이미 '단군'을 숭앙한 사실이 더욱 돋보인다.

이와는 다르게 제후국으로 강등된 조선조에 들어와 우여곡절을 거친 後, 1454년 단종(1441~1457)2년에 완결된 『고려사』를 진상하며, 정인지(鄭麟趾, 1397~1478)는 「진고려사전(進高麗史箋)」을 통해, 단종을 '주상전하'라고 칭하고 그 글을 '전(箋)'이라 했다. 이후 권근도 또한 『삼국사략(三國史略)』을 올리며 '전'이라 했으며, 남수문(南秀文, 1408~1442) 역시 『고려사』를 진상하며 '전'이라 했고, 이극감(李克堪, 1424~1465) 또한 『고려사절요(高麗史節要)』를 진상하며 '표'가 아니고 '전'이라 했다.[11]

위계와 함의가 확연하게 다른 『삼국사기』의 '본기(本紀)'와 『고려사』의 '세가(世家)' 및 황제에게 올리는 문체인 '표'와 제후 왕에게 바치는 문체인 '전'을 혼동하고, '성상폐하'와 '주상전하'를 변별할 능력이 없는 사람은, 민족사를 논할 자격이 없다. 우리는 이들에 의해 격하되고 배제된 역사의 중요한 사안들을, 그 뜻하는 바가 무엇을 말하는 지도 모른 체 태연하게 일상적으로 사용하고 있다.

『삼국사기』의 저자 김부식은 교활하고 용렬한 반역자 왕건을 '아태조(我太祖)'라고 칭송하며, 태봉국의 찬탈을 합리화하여 예찬하는 것을 능사로 삼았다. 궁왕이 절대적으로 신임하여 '파진찬시중'으로 임명한 것을 빌미로 하여, 잔인하게 민인들을 사주하여 시해하고 무덤

引表라고 하여 '表文'임을 강조했다.

11 『東文選』 卷之四十四, 「表箋」, "進『三國史記』表,…進『三國史略』箋,…進『高麗史』箋,…進『高麗史要』箋," 章節 참조.

조차 남기지 않았을 뿐 아니라, 궁왕을 세상에 둘도 없는 나쁜 인물로 호도했다. 게다가 수하를 시켜 왕건의 배신과 교활한 처사를 미사여구로 분식하게 했다. 국운이 다한 발해의 광활한 영토를 거란족에게 내주어, 고구려 이후 광활한 우리 영토인 만주 땅 회복에는 관심이 전혀 없이, 신라를 헌납한 사위 김부와 더불어, 수많은 비빈들과 어울려 열락을 즐기면서 살았다.

발해 고지인 압록강 유역을 확보한 것은 왕건이 아닌 '궁왕(弓王)'이었다. 김부식은 『삼국사기』에 수백 년 동안 공존했던 발해에 대해 '북국(北國)'이란 이름으로 두서너 차례 간략하게 언급한 것이 전부이다. 이른바 '남북국시대'라는 용어도 후세 사가들이 붙인 것으로 김부식의 의지와는 무관하다. 왕건은 발해와의 혼인관계를 이유로 발해를 낭만적으로 대하여 난세를 적극적으로 극복하려는 전략이 없었다. 발해를 정복한 거란족에 대해서도 특별한 대응을 하지 않았으며, 나중에는 거란의 연호까지 쓰는 수모를 겪었고, 동족 왕조인 발해의 〈악무〉에 대해서도 유의하지 않았다.

안타깝게도 김부식은 한국 고대사에 대해 전혀 관심이 없었을 뿐 아니라, 만주 지역과 한반도 북부를 차지하여 번영했던 '부여, 옥저, 예' 와 남반부의 '마한, 진한, 변한'에 대해서도 거의 말하지 않았다. 일연(一然, 1206~1289, 김견명[金見明], 경산인)은 한국 고대사를 등한시하여 배제한 『삼국사기』의 역사인식에 불만을 품고, 이를 개탄하여 『삼국유사』를 집필한 의도는 훌륭하다. 중세의 정치 문화 예술의 근간인 '예악론'에 관해서도 본격적인 관심을 갖지 않았다. 사마천(司馬遷, 서기전, 145~86?)의 『사기(史記)』에도 「예서(禮書)」와 「악서(樂書)」는 중요한 위치를 차지했고, 이후 『25사』를 비롯한 중국의 모든 사서

에는 필수적으로 편성될 정도로 중시되었다.[12]

『삼국사기』에 「악」 조는 있으나 「예」 조는 없고 '예'에 부속된 하위 영역인 「제사(祭祀)」 조만이 편차되었다. 김부식은 '예'에 포괄된 제사 문제는 비교적 비중 있게 다루어 풍부한 자료를 남겼다. 고구려 백제의 '사례(祀禮)'는 분명치 않다고 했으니, '예악'에 대한 인식은 있었지만 『고기(古記)』와 중국 사서에 실린 내용만을 수록했다. '『후한서』, 『북사』, 『양서』, 『당서』' 등을 인용하여 고구려의 제천제의(祭天祭儀)와, 『책부원구』와 『고기』의 기록에 의거하여, 백제의 제천과 '오제지신(五帝之神)'의 숭앙 문제를 논한 것은 의미가 있다. 『고기』는 전래된 우리 민족의 사서로 여겨진다. 혹 이름만 전하는 『구삼국사기』일 가능성도 있다. 고구려 백제의 제천의례인 '동맹(東盟)'과 '십월제천(十月祭天)' '획저록제천(獲猪鹿祭天)' 및 '설단사천지(設壇祀天地)' 등의 출처는 거의 『고기』로써, 황제국만이 봉행할 수 있었던 자주독립의 긍지가 담긴 '제천'과 '제지'를 했다는 사실을 기록한 것이다.[13]

신라의 제사제도는 종묘제도에 의하면 남해왕(南解王, 재위4~23)3년(서기 6) 시조 '혁거세묘(赫居世廟)'를 창건하여 사시에 친매(親妹) '아노(阿老)'가 제사를 주관했다는 기록을 시점으로 하여, 지증왕(智證王,

---

12 『史記』 卷 二十三, 「禮書」 第一, 卷 二十四에 「樂書」 第二가 편차되어 있고, 「樂書」가 「禮書」보다 분량이 월등하게 많다.
『漢書』 역시 卷 二十二에 禮와 樂을 합쳐 「禮樂志」로 명명하여, 「禮樂志」 第二에 立禮成樂으로 규정하여 禮와 樂을 통합하여 비중 있게 다루었다.

13 『三國史記』 卷第三十二 「雜志」 第一, 祭祀 항목에, "高句麗 百濟 祀禮不明, 但古記及中國史書所載者, 以記云爾라 했다. 그러므로 고구려의 祭天儀禮를 『後漢書 · 北史 · 梁書 · 唐書』와 『古記』 등 사서에서 추적하여 작성했고, 백제는 『冊府元龜』와 『古記』에서 제천 사항을 추출했다고 밝혔다." 이는 고구려와 백제가 황제국에 준하는 祭天儀禮를 봉행했음을 의미한다.

재위500~512) 대에 시조 탄강지 내을(奈乙)에 '신궁(神宮)'을 설립하여 제사를 올렸고, 혜공왕(惠恭王, 재위765~779) 대에 오묘(五廟, 「왕제(王制)」에 천자는 7묘(七廟), 제후는 5묘(五廟)로 규정했다)제도를 완성했다고 했다. 김성왕조(金姓王朝)의 최초 제왕 미추왕(味鄒王, 재위262~283)과 삼한을 통일한 태종(太宗, 재위654~660)과 문무왕(文武王, 재위661~680)을 합쳐 영원이 훼철하지 않는다는 의미인 '세세불훼(世世不毁)'의 '5묘(五廟)'로 재차 확정하고, 선덕왕(宣德王, 재위780~784) 대에는 '사직단(社稷壇)'을 세웠다.[14]

또 「사전(祀典)」에는 모든 산천의 제사도 '경내산천'에 한정하고, 제천과 제지는 하지 못한다고 했다. 「왕제(王制)」에 이르길 천자는 '7묘(七廟)' 제후는 '5묘(五廟)'로 2소2목(二昭二穆), 천자는 3소3목(三昭三穆)에 태조를 합하여 7묘인데, 신라는 2소 2목에 태조를 합쳐 5묘로 한다고 했다. 또 천자만이 제천과 제지를 하고 천하에 존재하는 명산대천에 제사를 드릴 수 있고, 제후는 사직과 통치 경내에 있는 명산대천에만 제사를 올릴 수 있다고 규정했다. 이런 까닭으로 예를 벗어나는 제사를 지내지 않았으나, '팔조(八禬), 선농(先農), 중농(中農), 후농(後農), 풍백(風伯), 우사(雨師), 영성(靈星)'에는 제사를 지냈다.[15]

14 『三國史記』 卷 第三十二, 「雜志」 第一, 祭祀, "按新羅宗廟之制, 第二代南解王三年春, 始立始祖赫居世廟, 四時祭之, 以親妹阿老主祭. 第二十二代智證王, 於始祖誕降地奈乙, 創立神宮以享之. 至第三十六代惠恭王, 始定五廟. 以味鄒王爲金姓始祖, 以太宗大王文武大王, 平百濟高句麗有大功德, 並爲世世不毁之宗, 兼親廟二爲五廟. 第二十七代宣德王, 立社稷壇."

15 『三國史記』 卷 第三十二, 「雜志」 第一, 祭祀, "又見於『祀典』, 皆見境內山川, 而不及天地者. 蓋以「王制」曰, 天子七廟, 諸侯五廟, 二昭二穆, 與太祖之廟而五. 又曰, 天子祭天地, 天下名山大川, 諸侯祭社稷, 名山大川之在其地者. 是故不敢越禮而行之者歟. …祭八禬, …先農, …中農, …後農, …風伯, …雨師, …祭靈

삼산오악 이하 명산대천을 '대사(大祀), 중사(中祀), 소사(小祀)' 등으로 분류하여 제사를 올렸다. 대사에 삼산(三山, 내력[奈歷], 골화[骨火], 혈예[穴禮]). 중사에 오악(五岳, 동, 토함산. 남, 지리산. 서, 계룡산. 북, 태백산. 중, 부악[父岳]). 사진(四鎭, 동, 온말근(溫沫懃[牙谷停]). 남, 해치야리(海恥也里, 실제[悉帝, 推火郡所在]). 서, 가야갑악(加耶岬岳[馬尸山郡, 德山]). 북, 웅곡악(熊谷岳, [比烈忽郡, 安邊]). 사해(四海, 동, 아등변(阿等邊, 근오형변[斤烏兄邊]), 퇴화군(退火郡, [흥해]). 남, 형변(兄邊, 거칠산군[居柒山郡]). 서, 미릉변(未陵邊, 미산군[屎山郡]), 옥구(沃溝, 臨陂面). 북, 비례산(非禮山, 실직군[悉直郡), 三陟]). 사독(四瀆, 동, 토지하(吐只河, 참포[槧浦]), 퇴화군(退火郡, 興海). 남, 황산하(黃山河, 삽양주[歃良州], 양산[梁山]). 서, 웅천하(熊川河, 웅천주[熊川州, 公州]). 北, 한산하(漢山河, [한산주, 한강]) 등에도 제사를 올렸다.

소사에 포함된 '상악(霜岳), 설악(雪岳), 화악(花岳), 감악(鉗岳), 부아악(負兒岳)' 등의 여러 산악에도 제사를 올리고, 사성문제(四城門祭, 대정문[大井門]·토산양문[土山良門]·습비문[習比門]·왕후제문[王后梯門])와 '부정제(部庭祭) 천상제(川上祭) 일월제(日月祭) 오성제(五星祭) 기우제(祈雨祭) 사대도제(四大道祭) 압구제(壓丘祭) 벽기제(辟氣祭)' 등도 있었으며, '오악'을 위시한 '사진, 사해, 사독'에도 해당 산천을 배치하여, 제사의 경중에 따라 국조차원의 제사를 올렸다.

신라의 수많은 이들 제사는 외래적인 것이 거의 없고, 자생적이고 토착신앙에 근거한 민족 고유의 기층신앙에 준하는 신앙이 대부분이었다. 이들 기록에서 '예악론' 가운데 '예'에 속한 '제사'가 신라 사회에 중대한 위치를 차지하고 있었음을 인지할 수 있다. 신라의 장황한 이

星(撿諸『禮典』, 只祭先農, 無中農, 後農)."

들 제사는 종교적인 측면과 아울러 민심 수습을 위한 정치적 목적도 있었다고 생각된다.[16]

신라강역 중 수도 '동경(東京)'에 국한시켜 명명한 오악의 경우, 진산(鎭山)과 사악(四嶽)을 설정하여 국도의 형세가 산신의 보호를 받고 있음을 부각시켰다. 동경의 진산은 낭산(狼山)이고, 동악은 토함산, 북악은 금강산, 서악은 선도산(仙桃山), 남악은 함월산(含月山)이다.[17] 일반적으로 오악을 두는 것이 관례인데, 동경에는 중악(中嶽)이 없고 진산인 낭산을 머리에 두었다. 동경의 지세가 북쪽이 비었기 때문인지도 모르겠다. 동경의 개가 꼬리가 짧아 이를 '동경구(東京狗)'라 하고, 여인이 뒷머리에 쪽을 치는데 이를 '북계(北髻)'라 하는 까닭도 북방이 허한 까닭이라고 했다. 동경의 지세가 북방이 열려있었기 때문에 신라가 북진정책을 감행했다는 속설도 있다.[18]

고구려의 '예'인 「제사」 편장은 김부식이 신라 제사 못지않게 애정을 가지고 기술했다. 그는 '『고기』, 『후한서』, 『북사』, 『양서』, 『당서』' 등의 사서들을 참고하여 고구려의 「제사」를 기록했는데, 주로 '제천의례'에 특별히 관심을 가지고 자세하게 언급했다. 천자만이 제천을

16 『三國史記』 卷 三十二, 「雜志」 第一, 祭祀, "三山五岳以下, 名山大川, 分爲大中小祀. 大祀, 三山(一奈歷[習比部] 二骨火[切也火郡] 三穴禮[大城郡]. 中祀 五岳…四鎭…四海…四瀆. 小祀, 霜岳…雪岳…花岳…鉗岳…負兒岳…四城門祭…部庭祭…川上祭…五星祭…祈雨祭…四大道祭…壓丘祭." 등의 번다한 기록들을 축약하여 제시했다.

17 『東國輿地勝覽』 卷之二十一, "慶州府 山川, 狼山(鎭山), 吐含山(東嶽, 中祀), 金剛山(北嶽), 仙桃山(西嶽), 含月山(南嶽), 兄山(北兄山, 中祀)."

18 『東京雜記』 卷 一, 風俗, 新增・"女子北髻, 羅時以國都, 北方虛缺, 女子結髻於腦後, 因名北髻, 至今猶然. 狗之短尾者, 世謂之東京狗, 亦以北方之虛故也."

할 수 있다는 '천자예악'을 실시한 고구려의 기개를 기렸기 때문으로 생각된다. 신라의 「제사」는 주로 '제후예악'에 바탕 한 것으로 김부식은 이해했다. 신라의 경우 고구려와 달리 '제천' 문제를 직접적으로 언급하지 않았다. 고구려와 백제의 '사례'는 불명이어서, 『고기』와 『중국사서』에 실린 내용들에 의존했다고 말했으며 제사와 예를 동일시했다.

『후한서』에 고구려는 귀신과 사직 영성(零星)에 제사를 올렸고, 10월에 제천대회를 '동맹'이라 일컫고, 수도 동쪽에 대혈(大穴)이 있어 이를 '수신(隧神, 禭神)'이라 하고, 역시 10월에 이를 맞이하여 제사를 드렸다라고 했다.[19] 『북사』에 고구려는 10월 제천을 상례로 했으며 음사(淫祠)가 많았다. 두 곳의 신묘(神廟)가 있는데, 하나는 나무로 깎아 만든 부인상을 '부여신(扶餘神)'이라 이름하고 두 번째는 '고등신(高登神)'이라 했으며 이를 시조로 인식하여 부여신의 아들이라 불렀다. 여기에 관사를 설치하여 수호했는데 하백녀와 주몽이라 칭했다. 『양서』에 고구려는 왕의 거소 좌에 대옥을 세워 귀신에 제사를 드리고, 겨울에는 영성과 사직에 제사를 올렸다고 했다. 『당서』는 고구려 풍속은 음사가 많고, 영성과 태양신 및 '기자가한(箕子可汗)' 등에도 제사를 올렸다. 서울 동편 대혈을 '신수(神隧)'라 칭하며 10월에 왕이 신하들과 함께 제사를 지낸다고 기록했다.

『고기』에 동명왕(東明王, 재위서기전 37~20)14년(24) 왕모 '유화(柳花)'가 동부여에서 서거하자, 동부여 왕 금와(金蛙, 재위서기전 60~24?)가

19 『後漢書』 卷 八十五, 「東夷列傳」 第七十五, "高句麗, 其俗淫, 皆絜淨自憙, 暮夜輒男女群聚爲倡樂. 好祠鬼神, 社稷零星, 以十月祭天大會, 名曰東盟. 其國東有大穴, 號禭神, 亦以十月迎而祭之."의 내용을 『三國史記』는 그대로 移記했다.

'신묘(神廟)'를 건립했다. 태조왕(太祖王, 재위63~145)69년(121) 10월에 동부여에 행차하여 태후묘(太后廟)에 제사를 올렸다. 신대왕(新大王, 재위166~178)4년(168) 졸본에 행차하여 시조묘에 제사를 올리고, '고국천왕(故國川王, 재위179~196), 동천왕(東川王, 재위227~247), 중천왕(中川王, 재위248~269)과 고국원왕(故國原王, 재위331~370), 안장왕(安藏王, 재위519~530), 평원왕(平原王, 재위559~589), 건무왕(建武王, 榮留王, 재위618~641)' 등의 제왕들도 방문하여 제사를 올렸다. 고국양왕(故國壤王, 재위384~390)9년(재위 기간이 7년)에 '국사(國社)'를 세웠다고 했는데, 9년은 광개토대왕의 영락2년(392)이므로, 『고기』의 착오이거나 김부식의 전사가 오류일 수도 있다. 고구려는 3월 3일에 낙랑의 언덕에 모여 사냥에서 잡은 돼지와 사슴으로 제천에 이어 산천에도 제사를 올렸다고 했다.[20]

백제의 「제사」에 대해 『책부원구』는 매년 사중월(四仲月, 2・5・8・11월)에 하늘과 오제신(五帝神, 동 창제[蒼帝], 남 적제[赤帝], 서 백제[白帝], 중 황제[黃帝], 북 흑제[黑帝])에 제사를 드린다. 시조묘(구태묘[仇台

19) 『三國史記』 卷 三十二, "「祭祀」, 『後漢書』云, 高句麗好祠鬼神社稷零星, 以十月祭天大會, 名曰東盟. 其國東有大穴, 號襚神, 亦以十月, 迎以祭之. 『北史』云, 高句麗常十月祭天, 多淫祠, 有神廟二, 一曰扶餘神, 刻木作婦人像. 二曰高登神云, 是始祖扶餘神之子, 竝置官司, 遣人守護, 蓋河伯女朱蒙云. 『梁書』云, 高句麗於所居之左, 立大屋, 祭鬼神, 冬祠零星社稷. 『唐書』云, 高句麗俗多淫祠祀零星, 及曰, 箕子可汗等神, 國左有大穴, 曰神襚, 每十月王皆自祭."

20) 『三國史記』 卷 三十二, "『古記』云, 東明王 十四年,…王母柳花薨於東夫餘, 東夫餘其王金蛙,…遂立神廟. 太祖王六十九年, 冬十月幸夫餘, 祀太后廟. 新大王四年, 秋九月如卒本, 祀始祖廟. 故國川王,…東川王,…中川王,…故國原王,…安藏王,…平原王,…建武王,…竝如上幸. 故國壤王九年, 春三月立國社. 又云, 高句麗常以三月, 會獵樂浪之丘, 獲猪鹿祭天及山川."

廟], 『해동고기(海東古記)』에는 시조를 동명왕이라 하고, 혹은 시조 우태(優台)라 했으며, 『북사』와 『수서』는 동명왕 후손으로 구태가 대방[帶方, 眞番故地?]에 나라를 세웠다고 했고, 여기에는 시조를 '구태'라 했지만 신빙성이 없고, 동명이 시조이다)를 도성에 세워 4계절마다 제사를 올렸다고 기록했다.

『고기』에 온조왕(溫祚王, 재위서기전 18~27)20년(2) 단을 세우고 하늘과 땅에 제사를 올렸으며, 동왕38년(20)에도 제사를 지냈다. 고이왕(古爾王, 재위234~285)5년(238), 동왕14년(247), 그리고 근초고왕(近肖古王, 재위346~374)2년(347), 아신왕(阿莘王, 재위392~404)2년(393), 전지왕(腆支王, 재위405~419)2년(406), 모대왕(牟大王, 동성왕[東城王], 재위479~500)대에도 하늘과 땅에 제사를 올렸다. 다루왕(多婁王, 재위28~76)2년(29)에 동명성왕묘를 배알했으며, 책계왕(責稽王, 재위286~297), 분서왕(汾西王, 재위298~303), 계왕(契王, 재위344~346), 아신왕(阿莘王, 재위392~404), 전지왕(腆支王, 재위405~419) 등도 '시조묘'를 배알하는 것을 중요한 행사로 삼았다.[21]

백제는 신라와 마찬가지로 '삼산오악' 중 오악에 대한 기록은 없어서 제사 여부는 모르지만 '삼산(三山)'에 대한 제사는 올렸다고 유추된다. 일연은 『삼국유사』에서 백제의 삼산에 관해 "또 군(郡, 부여군[夫餘

21 『三國史記』 卷 三十二, "「祭祀」, 『冊府元龜』云, 百濟每四仲之月, 王祭天及五帝之神. 立其始祖仇台於國城, 歲祀四之(按『海東古記』或云, 始祖東明, 或云, 始祖優台. 『北史』及『隋書』, 皆云東明之後, 有仇台, 立國於帶方, 此云始祖仇台, 然東明爲始祖, 事迹明白, 其餘不可信也.). 『古記』云, 溫祚王二十年, 春二月, 設壇祠天地, 三十八年, 冬十月. 古爾王 五年,…近肖古王 二年,…阿莘王 二年,…腆支王,…牟大王,…並如上行. 多婁王 二年,…謁始祖東明王廟,…汾西王,…契王,…阿莘王,…腆支王,…並如上行."

郡], 국도[國都] 부여성) 가운데 '일산(日山), 오산(吳山), 부산(浮山)'의 세 산이 있는데, 백제 전성시대에 각각 그 산 정상에 신인(神人)이 거처하면서, 서로 왕래하여 아침저녁으로 끊임없이 날아 다녔다."라고 했다. 백제에도 수도를 중심으로 '삼산신앙(三山信仰)'이 있었던 것으로 확인된다.[22]

김부식은 백제 초기부터 '제천 · 제지'를 거행한 점을 국내외 사서를 탐색하여 긍지를 가지고 기록했다. 반면 신라의 제천 문제는 기록에 없어서인지는 모르나, 언급하지 않고 '일월신(日月神)'에 제사를 올렸다는 정도로 얼버무렸고, 심지어는 100여 년 동안 신라가 주체적으로 '건원'과 '개원'을 계속한 연호 사용을 두고, 중원 왕조가 인정하지 않는 '사년(私年)'이라고 격하했다. 이유는 알 수 없으나 그는 모국인 신라보다 백제에 더 호의를 가졌던 것일까.

2) 삼국시대의 「악」과 악무

신라는 가야를 비롯한 여러 소국들을 병합하여 중세 '예악론'에 입각하여 통합한 나라들의 악무를 애정을 가지고 수용했다. 김부식은 〈신라악〉에 특별히 관심을 경주하여 당시까지 남은 자료를 전부 수집하여 〈신라악〉 편장을 만들었으며, 가급적 중원 사서에 의존하지 않고 비교적 상세하게 서술코자 했다. 〈고구려악〉과 〈백제악〉이 전적으로 중원 사서에서 채록한 것과는 차이가 있다.

〈고구려악〉과 〈백제악〉이 전적으로 중원 사서에 의존한 것은 앞서 말한 것처럼, 고구려 백제의 악무와 악무인들까지 정복자인 당나라가

---

22 『三國遺事』 卷 第二, 「南夫餘 前百濟 北夫餘」, 又, "郡中有三山曰, 日山, 吳山, 浮山. 國家全盛之時, 各有神人, 居其上, 飛相往來, 朝夕不絶."

전부 가져갔기 때문이다. 반대로 〈신라악〉은 고려조가 대부분 수용했으므로 상당수가 잔존했고, 아울러 해당 문헌들이 남아 있었기 때문에 등재가 가능했다. 〈발해악〉의 경우 역시 『당서(唐書)』를 위시한 중원 사서들과 거란족의 『요사(遼史)』와 이후 등장한 만주족의 『금사(金史)』를 참고하여 추적할 수밖에 없다. 그나마도 김부식은 〈발해악〉을 『삼국사기』에 등재할 의향이 없었다.

『삼국사기』에서 김부식은 권 제32 「잡지(雜志)」 제1 '제사'와 '악' 편장 중, 「악」 조에 〈신라악〉과 〈고구려악〉 〈백제악〉의 장절들을 편성했다. 「고구려악」과 「백제악」의 분량은 〈신라악〉에 비해 극히 약소하다. 이들 〈삼국악〉들 가운데 특히 〈신라악〉에 역점을 두어 『신라고기(新羅古記)』와 『라고기(羅古記)』 〈향악잡영〉을 비롯한 국내의 사료들과, 중국의 '『금조(琴操)』, 『풍속통』, 『통전』, 『책부원구』' 등의 문헌을 섭렵하여 밀도 있게 기술하려고 했으나, 자료의 한계로 만족할 만큼의 정보는 훗날에 남기진 못했다.[23]

『풍속통』은 후한의 응소(應劭, ?~204?)가 찬한 저술로, '삼황오제(三皇五帝)'를 비롯한 고대와 중세의 인물과, '사전(祀典), 선농(先農), 사직신(社稷神), 영성(靈星), 조신(竈神), 풍백(風伯)' 및 각종 민간의 풍속과 신앙체계와 악무를 종합적으로 논한 「성음(聲音)」 장절 등을 수록한 10권으로 편차된 책이다. 『삼국사기』와 『풍속통』은 천여 년의 간극이 있다. 김부식의 『삼국사기』 신라의 「제사」조는 『풍속통』의 체재를 참고 한 것으로 여겨지는데 명기하지는 않았다. 고구려 백제의 제사와 악 조에는 『풍속통』을 전혀 언급하지 않았고, 반면 〈신라악〉

23 『三國史記』 卷 第三十二, 雜志 제1, 「祭祀」 편과 「樂」 편에 〈新羅樂〉과 〈高句麗樂〉 및 〈百濟樂〉 편 참조.

의 경우는 「성음」 편장의 내용을 세 차례나 인용했다.

'비파(批把)'는 근대 악가(樂家)가 제작했지만 어느 때 생겼는지는 알 수가 없다. 길이가 3척 5촌인 것은 천지인과 오행을, 현이 넷인 것은 사시를 상징한 것이라고 했다. '적(笛)'은 『악기(樂記)』에 의하면 무제 때 구중(丘仲, 한무제 시 인물)이 만들었고, 적은 씻는다는 뜻으로 사악한 마음을 버리고 아정(雅正)한 마음을 수용한다는 의미이다. '금(琴)'의 길이가 4척 5촌인 것은 사시(四時)와 오행(五行)을, 칠현(七絃)은 칠성(七星)을 본 땄다고 했다. 후고를 요하지만 유상곡수(流觴曲水)를 위주로 한 위락의 장소로만 알려진 '포석정(鮑石亭)'도 '치병구복(治病求福)'의 효험이 있는 '포군신(鮑君神)'을 모시는 제의적 성소의 기능도 있다.[24]

〈신라악〉은 그들이 병합한 '12가야'의 악무를 머리로 하여, 기타 수많은 소국들의 악무를 포괄하고 있다. 신라는 그들이 합병한 소국들의 악무를 파기시키지 않고 선별적으로 수용하는 아량을 베풀었다. 정복자들이 갖는 오만한 행패를 부리지 않고, 넓은 마음으로 포용하는 자세를 가졌는데 악무의 경우도 예외가 아니었다. 이 과정에서 아쉬운 것은 고구려와 백제악을 적극적으로 〈신라악〉에 편입하지 않았던 점이다. 그 이유는 고구려 백제의 악을 깡그리 당나라가 수거해

24 應劭: 『風俗通義』 卷 一, 三皇, 五帝, 三王.…卷 六, "聲音,…琴, 謹按世本,…琴長四尺五寸, 法四時五行也, 七絃者, 法七星也.…笛, 謹按『樂記』, 武帝時 丘仲之所作也. 笛者, 滌也, 所以蕩滌邪穢, 納之於雅正也. 批把, 此近世樂家所作, 不知誰也. 以手批把, 因爲名, 長三尺五寸, 法天地人與五行, 四絃象四時.…卷八, 祀典,…先農,…社神, 稷神, 靈星, 竈神, 風伯,…卷 九, 怪神,…鮑君神,…相告語, 治病求福, 多有效驗, 因爲起祀,…方數百里, 皆來禱祀, 號鮑君神."

갔기 때문이다. 가야가 신라에 병합되었기 때문에 애정을 가지고 수용한 결과이다.

『삼국사기』에 수록된 〈신라악〉은 수렴한 범주가 광범하다. 아마도 김부식은 당대까지 남은 자료들을 전부 찾아 기술하려는 의욕을 가졌던 것으로 여겨진다. 전래된 신라 고유의 악무가 주류이고, 그 가운데 유입된 외래악무도 더러 있고, 예악과 연관된 용어도 여러 차례 나타나 있는 걸 봐서, '예악론'에 입각하여 〈신라악〉 편장을 서술하려 했던 듯하다. 김부식은 〈신라악〉의 범주를 '삼죽(三竹), 삼현(三絃), 박판(拍板), 대고(大鼓), 가무(歌舞)' 등 5종으로 유분 하여, 악기와 노래와 춤을 척도로 삼았다. 춤의 경우 무자(舞者)의 수와 복장 문제를 자세하게 다루었고, '현금, 가야금, 비파'를 '삼현(三絃)'으로, '대금(大笒), 중금(中笒), 소금(小笒)'을 '삼죽(三竹)'으로 칭했다. 현악(絃樂)에 속한 현금을 매우 중시하여, 그 유래와 뜻하는 바를 정치하게 분석하여 기록했다.[25]

'현금(玄琴, 거문고)'은 중국악부(中國樂部)의 '금(琴)'을 본떠서 만들었다. 거문고는 복희(伏犧, 재위 ?~서기전 3218?)가 만든 악기로 이성으로 심신을 닦아 천진스런 마음을 갖게 한다고 『금조(琴操)』는 지적했다. 또 금의 길이는 3척 6촌 6분으로 366일을 상징하고, 넓이는 6촌으로 6합(동, 서, 남, 북, 상, 하)을 의미 하며, 상부에 새겨진 글자 '지(池)는 물로서 수평을, 하단의 '빈(濱)'은 다스린다는 뜻이라 했다. 앞이 넓고 뒤가 협소한 것은 '존비'를 상징했고, 위가 둥글고 아래가 네모진 것은 하늘과 땅을 형상했다. 오현(五絃)은 오행(금, 목, 수, 화, 토) 중,

25 『三國史記』 卷 第三十二, 「樂」 "新羅樂, 三竹三絃拍板大鼓歌舞, 舞,…三絃, 一 玄琴, 二 伽倻琴, 三 琵琶. 三竹, 一 大笒, 二 中笒, 三 小笒."

대현(大絃)은 임금 소현(小絃)은 신하를 각각 뜻한다고 했으며, 주나라 문왕과 무왕이 두 줄을 첨가했다고 했다. 또 『풍속통』에 이르기를, 금의 길이가 4척 5촌인 것은 4계절과 5행을 본 땄고, 칠현은 칠성을 본 따 만든 것이라 했다.[26]

『신라고기』는 『금조』 『풍속통』 유의 중원사서 들과 달리, 신라의 자생 토착 〈민족악무〉를 주로 채록했으며, 외래 악기를 신라악기로 변용한 사실에 초점을 맞추기도 했다. 진인(晉人)이 '칠현금(七絃琴)'을 고구려에 보냈는데 여인(麗人)이 악기인 줄은 알았지만, 그 성음과 연주법을 몰라 현상금을 걸고 음률과 연주법을 아는 자를 찾았다. 당시 이상(二相) 왕산악(王山岳, 4세기경의 인물?)이 칠현금을 개조하여 100여곡을 지어 연주했더니, 현학이 와 춤을 추자, '현학금(玄鶴琴)'으로 불렀다가 나중에 '현금(玄琴)'으로 칭했다.

신라인 공영(恭永)의 아들 옥보고가 지리산 운상원에서 50년간 거문고를 익혀 신조(新調) 30곡을 지어 속명득(續命得)에게 전했고, 속명득은 귀금(貴金)에게 전했으나 그가 지리산에서 나오지 않았으므로, 신라왕이 '금도(琴道)'의 단절을 걱정하여 윤흥(允興)을 남원공사로 위임하여 이를 전수하게 했다. 이에 윤흥은 안장(安長)과 청장(淸長)으로 하여금 전수받게 했지만, 귀금은 오묘한 곡은 전수하지 않았다. 윤흥이 아내와 함께 정성을 드리자 〈표풍(飄風)〉 등 3곡을 전수

26 『三國史記』 卷 第三十二, 「樂」 "新羅樂, 玄琴象中國樂部琴而爲之. 按『琴操』曰, 伏犧作琴, 以修身理性反其天眞也. 又曰, 琴長三尺六寸六分, 象三百六十六日, 廣六寸象六合, 文上曰池(池者水也, 言其平), 下曰濱(濱者, 服也), 前廣後狹, 象尊卑也, 上圓下方, 法天地也. 五絃象五行, 大絃爲君, 小絃爲臣, 文王武王加二絃. 又, 『風俗通』曰, 琴長四尺五寸者, 法四時五行, 七絃法七星, 玄琴之作也."

받고, 안장은 이를 아들 극상(克相)과 극종(克宗)에게 전하고 극종은 7곡을 창작했다. 극종 이후 거문고를 직업으로 삼는 자가 많아, 제작한 음곡에 평조(平調)와 우조(羽調)가 있었고, 모두 187곡이나 되었으며 나머지는 모두 유실되었다. 옥보고가 지은 〈상원곡(上院曲)〉 등 30곡은 남았으나 극종의 7곡은 없어졌다.[27]

'가야금'은 또한 중국악부 '쟁(箏)'을 본 따서 만들었다. 『풍속통』에 이르기를 쟁은 진(秦)나라 성악이다. 『석명(釋名)』은 쟁은 현을 높여 연주하면 쟁쟁하게 울렸고, '병주(幷州)·양주(梁州)'의 쟁은 형태가 비파와 유사하다고 했다. 부현(傅玄, 진[晉]의 문인)은 위가 둥근 것은 하늘을 본 땄고, 아래가 평평한 것은 땅을 본받았고 중간이 빈 것은 육합을 상징했고, 현의 기둥 수는 12월을 의방했고 인(仁)과 지(智)의 뜻을 품은 악기로 보았다. 원우(阮瑀, 위[魏]의 문인)는 쟁의 길이가 6척인 까닭은 율수(음률과 양률이 각각 6임을 지칭)에 응했고, 현이 열둘인 것은 사시 12개월에 응했으며, 기둥의 높이가 3촌인 이유는 삼재(三才, 천·지·인)를 의미했다. 가야금의 제도가 쟁과 약간 다르긴 해도 대체적으로 비슷했다.

『라고기(羅古記)』에 가야국 가실왕(嘉悉王, 대가야의 마지막 왕?)이 당의 악기를 보고 만들었는데, 왕이 이르기를 모든 나라에 방언이 있

27 『三國史記』 卷 第三十二, 「樂」 "新羅樂, 羅人 沙湌恭永子玉寶高, 入智理山雲上院, 學琴五十年, 自製新調三十曲, 傳之續命得, 得傳之貴金先生, 先生亦入智理山不出, 羅王恐琴道斷絶, 謂伊湌允興, 方便傳得其音, 遂委南原公事, 允興到官, 簡聰明少年二人, 曰安長淸長使詣山中,…先生有所秘而不傳,… 致禮盡誠然後, 傳其秘其所秘, 飄風等三曲. 安長傳其子克相克宗, 克宗製七曲, 克宗之後, 以琴自業者非一二. 所製音曲有二調, 一平調二羽調, 共一百八十七曲, 其餘聲遺曲, 流傳可記者無幾,…玉寶高所製三十曲, 上院曲一,…克宗所製七曲今亡."

는 것처럼 성음이 어찌 같아야 하느냐고 하며, 악사(樂師) 성열현인 '우륵(于勒)'에게 12곡을 짓게 했다. 뒷날 우륵이 나라가 어지러워지자 악기(가야금)를 가지고 신라 진흥왕에게 투항했다. 왕은 우륵을 거두어드린 다음 국원(國原, 중원경, 충주)에 거주하게 한 뒤, 대내마(大奈麻) 법지(法知, 주지[注知], 노래를 전수) 계고(階古, 가야금을 전수)와 대사(大舍) 만덕(萬德, 춤을 전수)을 파견하여 그 업을 계승하게 했다.[28]

3인이 11곡(12곡 중 1곡은 왜 빠졌는지는 의문이다)을 전수 받고, 이 악무는 번요(煩擾)하고 음란(淫亂, 정도를 벗어났다는 표현)하여 아정(雅正)하지 못하다고 평한 다음 5곡으로 산정했다. 우륵은 처음에 화를 냈다가 그 5종의 음악을 듣고 눈물을 흘리며, '락이불류(樂而不流)'하고 애이불비(哀而不悲)'하니 '정악(正樂)'이 되었다고 칭찬하며 왕에게 연희하라고 지시했다. 11곡 중 신라 악인들은 6곡을 배제했는데 어느 곡을 산거했는지는 불명이다. 진흥왕은 신라 악사들이 산정한 악무를 관람하고 대단히 기뻐했다. 왕이 좋아하는 것을 보고 간신(諫臣)이 이는 가야국을 망치게 한 '망국지음(亡國之音)'이므로 수용해서 안 된다고 건의했다. 왕은 "가야 왕이 음란해서 자멸한 것이지 악이 무슨 죄가 있느냐, 대개 성인이 악을 제정할 때 인정에 근거하여 조절했으니, 나라의 '치란(治亂)'과는 무관하다"라고 답한 뒤 5곡을 「대악(大樂)」으

28 『三國史記』 卷 三十二, 「樂」 "新羅樂, 『羅古記』云, 伽倻國嘉悉王, 見唐之樂器而造之. 王以謂諸國方言各異, 聲音豈可一哉, 乃命樂師省熱縣人于勒, 造十二曲. 後于勒以其國將亂, 携樂器投新羅." 『三國史記』 卷 三十二, 「樂」 "新羅樂, 伽倻琴, 亦中國樂部箏而爲之. 『風俗通』曰, 箏秦聲也. 『釋名』曰, 箏施絃高箏箏然, 幷梁二州, 箏形如瑟. 傅玄曰, 上圓象天, 下平象地, 中空准六合, 絃柱擬十二月, 斯乃仁智之器. 阮瑀曰, 箏長六尺, 以應律數, 絃有十二象四時, 柱高三寸象三才. 伽倻琴雖與箏制度小異. 而大槪似之.眞興王, 王受之安置國原. 乃遣大奈麻注知階古, 大舍萬德傳其業."

로 삼았다. 가야금에 〈하임조(河臨調)〉와 〈눈죽조(嫩竹調)〉 등의 2조가 있고 합쳐서 185곡이 있었다.[29]

「대악」은 국조악가 다음에 위치 한 중요한 악무이다. 〈하임조〉는 신라 법흥왕의 최초의 연호인 '건원(建元, 536~550)'을 진흥왕이 '개국(開國, 551~567)'으로 개원하여, 그 원년(元年, 진흥왕12년, 551) 춘 정월에, 낭선(娘城, 청주)에 순수(巡守)하여 무심천변에 축조한 '하임궁(河臨宮)'에서, 우륵과 그 제자 이문(尼文)이 음악에 정통했다고 하여 그들을 초치하여 악을 연주하게 했는데, 그들은 각각 〈신가(新歌)〉를 만들어 연주했다는 「진흥왕본기(眞興王本紀)」의 기록이 있는바, 왕이 머문 행궁의 명칭에 유래했다고 여겨지고, 눈죽조는 죽순처럼 단아하고 신속하게 높이 자라는 발랄한 곡조로 유추된다.[30]

우륵이 지은 12곡은 '〈하가라도(下加羅都), 상가라도(上加羅都), 보기(寶伎), 달사(達巳), 사물(思勿), 물혜(勿兮), 하기물(下奇勿), 사자기(獅子伎), 거열(居烈), 사팔혜(沙八兮), 이혁(爾혁[赤과 欠의 합자로 웃음소리 혁字인데 컴퓨터엔 없다. 미상], 상기물(上奇物)〉'이다. 이문이 지은 3곡은 〈오(烏), 서(鼠), 순(鶉)〉이다. 이들 12곡 가운데 7곡(6곡)이 산정

29 『三國史記』 卷 三十二, 「樂」 "新羅樂, 三人旣傳十一曲, 相謂曰, 此繁且淫, 不可以爲雅正. 遂約爲五曲. 于勒始聞焉而怒, 及聽其五種之音, 流淚歎曰, 樂而不淫, 哀而不悲, 可謂正也. 爾其奏之王前. 王聞之大悅. 諫臣獻議, 伽倻亡國之音, 不足取也. 王曰, 伽倻王淫亂自滅, 樂何罪乎, 盖聖人製樂, 緣人情以爲撙節, 國之理亂不由音調, 遂行之以爲大樂. 伽倻琴有二調, 一河臨調, 二嫩竹調, 共一百八十五曲."

30 『三國史記』 卷 第四, 「新羅本紀」 "眞興王, 十二年春正月改元, 開國元年(551) 三月, 王巡守次娘城, 聞于勒及其弟子尼文知音樂, 特喚之, 王駐河臨宮, 令奏其樂, 二人各製新歌奏之."

되었는데, 모르긴 해도 수도라는 뜻이 있는 〈하가라도〉와 〈상가라도〉를 위시하여 서역에서 유래한 〈사자춤〉 등이 포함된 듯하고, 신라 악인들이 이문의 3곡(까마귀, 쥐, 메추라기)을 엮어서 검토했다면 이들 3곡은 정리의 대상일 수도 있었다고 여겨진다. 〈가야악무〉 가운데 〈사자기〉는 지금도 연희되고 있다. 중세사의 경우 대담한 억측도 나름대로 의미가 있다고 생각하여 이를 제시했다.[31]

〈우륵 12곡〉의 모태는 가야연맹 12국의 '국가악무'이다. 12국의 문화와 긍지가 담긴 애국심이 형상된 악무로 여겨진다. 가야제국은 통일국가를 이루지 못했다. 12국 모두가 자의식이 강해 통일국가의 성립을 원하지 않았기 때문으로 해석된다. 김해의 '금관가야'와 고령의 '대가야'가 전후로 맹주 역할을 했으나, 통합으로 나아가지는 못하고 결국 신라에 합병되었다. 신라는 가야제국에 정복자로서의 횡포를 부리지 않고, 악무를 위시한 가야문물을 애정을 거지고 포용했다. 그 결과 가야의 지배계층과 민인들의 도움이 통일신라 성립에 기여했다.

'비파'는 근대 악가가 제작한 것으로 그 기점을 모른다고 『풍속통』은 지적했고, 길이가 3척 5촌인 것은 '천, 지, 인'과 오행, 사현(四絃)은 사시를 본 딴 것이라 했다. 『석명(釋名)』은 비파는 본래 호인(胡人, 북방 기마민족) 이 말 위에서 연주하는 악기로, 손을 앞으로 밀면 비(琵), 뒤로 당기면 파(琶)라는 소리가 나기 때문에 비파로 이름 했다고 했다. 향비파(鄕琵琶, 신라비파[新羅琵琶])는 당 악기와 제도가 대동소이하여 역시 신라에서 제작되었으나 누가 만들었는지는 모른다. 그 음

31 『三國史記』 卷 第三十二, 「樂」 "新羅樂 于勒所製十二曲, 一曰下加羅都, 二曰上加羅都, 三曰寶伎, 四曰達已, 五曰思勿, 六曰勿兮, 七曰下奇物, 八曰獅子伎, 九曰居烈, 十曰沙八兮, 十一曰爾혁(해당 한자 없음), 十二曰上奇物. 泥文所製三曲, 一曰烏, 二曰鼠, 三曰鶉."

에 '궁조(宮調), 칠현조(七賢調), 봉황조(鳳凰調)' 등 3조가 있는데 전부 312곡이 전할 정도로 번성했다. 이 기록에서 주목되는 악기는 신라 고유의 악기로 여겨지는 '향비파'이다. 신라인이 신라 자체의 악기와 곡조를 즐겨했다는 점이 주목된다.[32]

'삼죽(三竹)' 역시 당나라 '적(笛)'을 모방한 악기이다. 『풍속통』은 적은 한나라 무제(武帝) 때 구중(丘仲)이 만들었다. 송옥(宋玉, 초나라 궁정시인)의 「적부(笛賦)」가 있는데 송옥은 한나라 이전 사람이므로 이 설은 잘못이다. 마융(馬融, 79~166)은 근대 쌍적(雙笛)은 서역 羌에서 생겼다, 적은 척(滌)으로 사악한 때를 씻어내어 아정으로 나아가게 한다는 의미이다. 길이는 1척이고 구멍이 47개이다.

'향삼죽(鄕三竹)'은 역시 신라에서 발생했는데 누가 만들었는지는 모른다. 『고기』에 신문왕 때 동해 중에 홀연히 거북머리 같이 생긴 작은 산이 있어, 낮에는 둘 밤에는 하나로 합쳐졌으며 그 위에 대나무 한 그루가 있었다. 왕이 사람을 시켜 이를 잘라 피리를 만들어 '만파식(萬波息)'이라 이름 했다고 했으나 이 설은 괴이하여 믿을 수 없다. 『삼국유사』의 「만파식적(萬波息笛)」 편장도 그 출처가 『고기』인 듯하다. 삼죽적(三竹笛)에는 '칠조(七調)'가 있는데 '평조(平調), 황종조(黃鐘調), 아조(雅調), 월조(越調), 반섭조(般涉調), 출조(出調), 후조(俊調)'가 그것이다. 대금(大笒)에 324곡, 중금(中笒)에 245곡, 소금(小笒)에 298곡이 있었다. 동아시아의 악기에는 팔음(八音, 금(金), 석(石), 사

---

32 『三國史記』 卷 第三十二, 「樂」 "新羅樂 琵琶, 『風俗通』曰, 近代樂家所作, 不知所起, 長三尺五寸, 法天地人與五行, 四絃象四時也. 『釋名』曰, 琵琶本胡中馬上所鼓, 推手前曰琵, 引手却曰琶, 因以爲名, 鄕琵琶與唐制度, 大同小異, 亦始於新羅, 但不知何人所造, 其音有三調, 一宮調, 二七賢調, 三鳳凰調, 共三百十二曲."

(絲), 죽(竹), 포(匏), 토(土), 혁(革), 목(木)'이 있었다. 신라의 경우 팔음 중 '죽, 사, 목, 혁' 등 4음만이 확인된다.[33]

신라의 자생적 고유악무로 여겨지는 '〈회악(會樂), 신열악(辛熱樂), 돌아악(突阿樂), 지아악(枝兒樂), 사내악(思內[시뇌詩惱]樂), 가무(笳舞), 우식악(憂息樂), 대악(碓樂), 우인(竽引), 미지악(美知樂), 도령가(徒領歌), 날현인(捺絃引), 사내기물악(思內奇物樂)〉' 등 13종의 악무가 첫머리에 실려 있다, 이들 악무 가운데 첫머리에 나오는 〈회악 · 신열악〉은 초대 이사금(임금)인 유리왕(재위24~56) 때 지어진 것으로, 신라가 2대 남해차차웅(재위4~23) 대를 지나, 존호를 '이사금'으로 바꾸어 국가 형태를 공고하게 갖춘 무렵에, 왕조의 권위를 높인 의도에서 창작된 악무인 듯하다.

〈회악〉은 신라 왕조가 제작한 최초의 공식 종합악무라는 의미로 해석되고, 창업주 혁거세거서간에서 '거서간'은 우리나라 제왕의 고유 존호인 '태조(太祖)'의 호칭으로 상정된다. 그러므로 초대 '임금님'의 호칭을 받은 유리이사금 대에 조정의 공식악무가 창제될 개연성이 있다. 13종의 악무 중 〈대악〉은 백결선생, 〈우인(竽引)〉은 천상욱개자(川上郁皆子), 〈날현인〉은 담수(淡水), 〈사내기물〉악은 원랑도(原郎徒)가 지었다고 하여, 작자가 알려졌으나 여타는 제작 시대만 언급

33 『三國史記』 卷 第三十二, 「樂」 "三竹, 亦模倣唐笛而爲之者也.…『風俗通』曰, 笛漢武帝時, 丘仲作也, 又按宋玉有「笛賦」, 玉在漢前, 恐此說非也. 馬融云, 近代雙笛從羌起, 又笛滌也, 所以滌邪穢而納之於雅正也. 長一尺四十七孔. 『古記』云, 神文王時, 東海中忽有一小山, 形如龜頭, 其上有一竿竹, 晝分爲二, 夜合爲一. 王使斫之作笛, 名萬波息, 雖有此說, 怪不可信. 三竹笛有七調, 一平調 · 二黃鐘調 · 三二雅調 · 四越調 · 五般涉調 · 六出調 · 七俊調. 大笒三百二十四曲, 中笒二百四十五曲, 小笒二百九十八."

했다.[34]

〈가무〉는 북방민족 악기의 가락에 춤을 곁들려 연희 된 것이고, 〈우인〉은 생황(笙簧)과 유사한 악기의 연주를 중심으로 공연된 악무라고 생각된다. 〈우식악〉은 눌지마립간(訥祗麻立干, 재위417~457) 때에 박제상(朴堤上)에 의해 일본에 잡혀간 왕자 미사흔(未斯欣)이 귀국하여, 근심이 없어졌다는 설화에 근거한 악곡이다. 〈대악〉은 '방아타령'의 원형으로 알려진 악가이다. 〈사내악〉과 〈사내기물악〉이 있었던 것도 특이하다. 그 밖에 악무들의 실상은 현재로서 짐작하기 어렵다.

〈신라악〉에 〈군악(郡樂)〉이라는 장르가 있다. 중세의 경우 소국을 통합하는 과정에 병합된 국가의 규모와 경중에 따라 '부(府), 주(州), 군(郡), 현(縣)'으로 격하시키는 것이 관례였다. 고려는 신라를 경주(慶州)로 태봉을 동주(東州)로, 신라는 사벌국을 상주(尙州)로 개명한 것도 국가의 규모에 준하여 강등한 것이다. 군악에 나오는 군(郡)도 대체로 신라가 통합한 소국으로 여길 수도 있다.

〈내지(內知)〉는 일상군(日上郡), 〈백실(百實)〉은 안량군(押梁郡(경산), 〈덕사내(德思內)〉는 하서군(河西郡, 울산), 〈석남사내(石南思內)〉는 도동벌군(道同伐郡, 영천), 〈사중(祀中)〉은 북외군(北隈郡)의 악무라고 했다. 이들 악무는 모두 해당 지역의 향인들이 희락(喜樂)을 구가하면서 지은 것으로, 악기의 수와 가무의 형태는 후세에 전하는 바가 없다고 아쉬워했다. 위 5개 군이 고대의 소국이었다면, 신라는 소국들의 악무를 버리지 않고 수용하여 '〈군악〉'으로 존치한 것으로 포용

34 『三國史記』 卷 第三十二, 「樂」 "會樂及辛熱樂.…突阿樂.…枝兒樂.…思內(一作詩惱)樂.…笳舞.…憂息樂.…碓樂, 百結先生作也. …竽引, 川上郁皆子作也.…美知樂.…徒領歌.…捺絃引, 淡水作也.…思內奇物樂, 原郎徒作也."

력의 일단으로 해석된다.[35]

『고기』에는 정명왕(政明王, 신문왕[神文王], 휘[諱, 政明, 明之, 字는 일소日怊]. 재위681~691)9년(689) 왕이 '신촌(新村)'에 행차하여 잔치를 베풀고 성대하게 악무를 공연했다고 기록했다. 『삼국사기』「신라본기」 신문왕9년 조에는 이에 대한 언급이 없다. 김부식이 『고기』를 인용하여 이를 기술한 것은 의미가 크다. 신문왕은 삼한통합을 성취한 문무왕의 장자로 신라의 극성시대를 계승하여 국가를 통치한 영명한 지도자이다. 아버지 문무왕은 '시법(諡法)'에 최고의 경지인 '문무(文武)'라는 '시호(諡號)'를 받았고, 정명왕의 시호가 '신문(神文)'인 것도 신라조의 문물을 최고조로 창달했다는 의미를 가진 '신문(神文, 시법[諡法曰, 聖不可知曰, 神. 施而中理曰, 文].)' 역시 정치적 업적에 초점을 맞춘 시호이다.

문무왕은 당나라와 연합하여 664년에 백제를, 669년에 고구려를 병합하여 삼국통일을 완성했다. 이 과정에 백제 유민 13,000여명과 고구려 유민 20여만 명을 합쳐 대략 230,000(30만 명이 넘는다는 설도 있다)여명의 동포를 당나라로 압송해갔다고 했다. 이에 비해 문무왕은 겨우 7,000여 명의 고구려 유민을 대동하고 신라로 돌아왔다. 복잡한 사정이 있었겠지만 고구려 백제 유민의 상당수가 신라로 귀순했을 것이 예상된다.

신문왕9년은 신라가 삼국통일을 완성한 지 20년이 된 해이다. 신라로 귀순한 고구려 백제 유민을 위해 많은 주택 건설이 필요했을 터이

35 『三國史記』 卷 第三十二, 「樂」 "郡樂, 內知, 日上郡樂也. 白實, 押梁郡樂也, 德思內, 河西郡樂也, 石南思內, 道同伐郡樂也, 祀中, 北隈郡樂也. 此皆鄉人, 喜樂之所由作也, 而聲器之數, 歌舞之容, 不傳於後世."

고, 이로 인해 수도 동경 주변에 많은 주거지가 조성되었을 것이고, 이후 20여년이 지나 신도시가 완성되어 이를 '신촌(新都市)'으로 칭하게 되었다고 필자는 생각한다. 신문왕은 신촌의 완공을 기념하는 국가 차원의 대대적으로 악무를 연희하여, 백성들과 더불어 경축하고 싶었을 것은 당연하다. 그리하여 당시까지 남아있었던 악무를 총동원하여 신촌에서 공연하게 하여 통일의 위업을 기리고, 아울러 자신의 통치업적을 내외에 과시하기 위해 거국적 축전을 개최한 것으로 생각된다.

이 은성한 축전을 『고기(『구삼국사기』로 유추된다.)』는 자랑스럽게 기록했고, 김부식은 다시 인용하여 이를 후세에 남기기 위해 비교적 자세하게 이기했다. 단기 3022년(689) 신문왕이 행차했을 때 신촌에서 공연된 악무는 〈가무〉를 필두로 '〈하신열무, 사내무, 한기무(韓岐舞), 상신열무, 서경무, 미지무〉 등 7종이다. 『고기』는 신촌에서 연희된 〈笳舞〉를 위시한 〈하신열무〉 등 7종의 가무에 등장하는, 監(감독) 가척(歌尺, 가수) 무척(舞尺, 무용수) 금척(琴尺, 거문고 연주자)은 협연자들로서, 악무에 중추적인 역할을 수행했다고 지적했다. 이들 악무는 신라가 합병한 소국들의 악무일 가능성도 있다.[36] 척은 우리말의 '○○치, ○○쟁이, 양아치, 벼슬아치' 등 해당분야의 전문가를 지칭한 용어이다.

신문왕9년(689) 신촌에서 '설보주악(設酺奏樂, 연회를 열어 악을 연주함)'의 축전을 개최한 후 118년이 흐른 뒤, 애장왕(哀莊王, 재위800~808) 8년(807)에 처음엔 〈사내금(思內琴)〉을 연주하고 다음으로 〈대금무(碓

36 『三國史記』 卷 三十二, 「樂」 "『古記』云, 政明王九年, 幸新村, 設酺奏樂. 笳舞, 監六人, 歌尺二人, 舞尺一人. 下辛熱舞, 監四人, 琴尺一人, 舞尺二人, 歌尺三人. 思內舞, 監三人, 琴尺一人, 舞尺二人, 歌尺二人. 小京舞, 監二人, 琴尺一人, 舞尺一人, 歌尺三人. 美知舞, 監四人, 琴尺一人, 舞尺三人."

琴舞)〉를 연희했다. 〈사내금〉은 무용수(舞尺) 4인 거문고 연주자 1인 색동옷을 입고 수놓은 부채를 든 가수(歌尺) 5인이 협연했고, 〈대금무〉는 적색 옷을 착용한 무용수와 청의를 입은 거문고 연주자가 함께 했다. 이들 두 악무의 출연자들은 모두 금을 아로새긴 혁대를 착용했으며, 9세기 초엽까지 잔존한 신라의 악무들이였다. 김부식은 문헌에 이 같이 기록되었을 뿐 자세한 것은 알 수 없고, 신라시대에 악공(樂工)을 '尺(쟁이)'이라 불렀다고 했다.[37]

김부식은 「신라악」 말미에 최치원(857~908?)의 〈향악잡영〉 5수를 인용하는 것으로 마무리했다. 그가 공식 〈국조악무〉의 의미가 아닌 「향악」이라 말한 것은 까닭이 있었을 것이다. '향악'은 동아시아의 다양한 악무중의 한 장르로 〈향가〉와는 변별됨은 물론이고, 민인들이 애호하는 연극과 탈춤 잡희 등을 포괄한 분야로 중국에도 널리 분포되어 있었다. 최치원의 〈향악잡영〉이 그가 중국 유학 중에 관람했던 바를 음영한 것으로도 볼 수 있는 단서가 될 수도 있는 부분이다.

최치원이 고려조 개국을 암묵적으로 긍정했던 사례로 오해를 받은 "계림에는 단풍이 들고, 곡령(鵠嶺, 개성에 있는 고개로 여기에 왕건의 무덤 현릉[顯陵]이 있다)에는 푸른 솔이 우거졌다(鷄林黃葉, 鵠嶺青松) 라는 구절은 고운이 왕건에게 보낸 편지에 실린 내용이라는 견해도 있고, 계림은 신라 곡령은 개성이다."라는 글귀를 남겼는데 이는 신라가 멸망할 것을 예측했다는 설이 있고, 이에 근거하여 고려조가 현종(顯宗, 재위 1010~1031)22년(1031) 문창후(文昌侯)에 봉하여 문묘에 봉안했

37 『三國史記』 卷 三十二, 「樂」 "哀莊王八年, 奏樂, 始奏思內琴, 舞尺四人青衣, 琴尺一人赤衣, 歌尺五人, 彩衣繡扇, 並金鏤帶. 次奏碓琴舞, 舞尺赤衣, 琴尺青衣, 如此而已, 則不可言其詳, 羅時樂工皆謂之尺."

다고 보기도 한다. 조선조에 들어와 고운의 문묘배향을 두고 유학자가 아니라는 평가에 따라 많은 논란이 있었다.

「향악」이라는 장르는 중국에도 있었으며, 조정 공식 악무가 아닌 지방의 악무를 지칭했다. 〈향가(鄕歌)〉에 견인되어 전체를 〈신라악〉으로만 보는 견해는 문제가 있다. 〈금환, 월전, 대면, 속독, 산예〉가 과연 서라벌 동경에서 전부 연희된 악무인지도 의문이다. 소위 〈신라오기(新羅五伎)〉로 지칭된 이들 외래악무는 거개가 서역에서 발생하여, 중원에 널리 퍼졌고 신라와 가야에도 들어와 민인들에게 애호된 악무로 알려져 있으나, 과연 노래와 춤과 악기반주가 융합된 이들 악무가 모두 서라벌에 전파되었는지는 단정키 어렵다. 혹시 고운이 유학 중 장안과 낙양 등지에서 공연된 것을 접하고, 칠언시로 형상한 것이 아닌지도 짚어볼 필요가 있다. 고운이 이들 악무를 〈향악〉으로 칭한 것도 종합악무로 보았기 때문일 수 있고, 〈신라악〉이 아닌 장르의 의미로 사용했을 수도 있다.

유리이사금은 재위5년(28)에 백성이 못사는 이유는, 자신의 무능에 있다고 스스로 자책하고, 환과고독(鰥寡孤獨)과 늙어 병들어 스스로 자활하지 못하는 사람들을 두루 구제했다. 이로 인해 이웃나라 백성들이 신라로 귀의한 자가 많았다. 이 해에 민속이 환강(歡康)하여 처음으로 〈도솔가(兜率歌)〉를 지었는데 이 노래가 〈가악(歌樂)〉의 효시라고 했다. 이 기록에서 '가악'에 대한 해석을 두고, 필자는 '이 노래는 악(樂)의 시초이다.'라고 해석했다(此歌.樂之始也). 이 경우 노래는 〈두솔가〉를 말하고, "악"은 가무를 포괄하는 장르 용어로 이해했다. '두솔'은 머리 또는 시초를 뜻하는 우리말로 여겨지고, 경상도 지역에

서 최초로 집단을 인솔하여 입향(入鄕)한 시조를 '도솔령'으로 부르는 사실과도 여관이 있는 듯하다.[38]

또 유리이사금9년(32) 봄에 신라 '육부(六部)'의 명칭을 바꾼 다음 성을 하사했다. 그 후 왕이 육부를 획정한 다음 이를 양분하여, 왕녀(王女) 2인으로 하여금 각각 부내 여인들을 나누어 편을 짜서, 추 7월 16일 부터 매일 이른 아침 대부(大部)의 뜰에 모여 밤 10시 전후까지 길쌈을 하게 하여, 8월 15일에 실적을 평가한 다음, 패자가 주식을 제공하여 승자에게 사례를 했다. 이에 '가무백희(歌舞百戲)'를 베풀어 즐겼는바 이를 일러 '가배(嘉俳)'라고 했다. 이 때 패배한 팀의 한 여인이 일어나 춤을 추며 '회소회소(會蘇會蘇)'라고 노래했는데 그 곡조가 슬프면서 우아했다. 후인이 그 소리에 근거하여 노래를 지었으며 이름 하여 〈회소곡(會蘇曲)〉이라 했다.[39]

고래로 '사성(賜姓)'은 황제나 제왕만이 부여할 수 있었다. 따라서 성은 개인이 함부로 정할 수가 없었다. 김부식이 「신라악」을 편술하면서 신라 초기 중요한 가무인 〈두솔가〉와 〈회소곡〉에 관심을 가지지 않았던 이유가 무엇인지. 〈두솔가〉와 〈회소곡〉은 신라가 나라의

38 『三國史記』「新羅本紀」第一, "儒理尼師今, 五年 冬十一月, 王巡行國內, 見一老嫗, 飢凍將死, 曰予以眇身居上, 不能養民吏老, 老幼至於此極, 是予之罪也. 解衣以覆之, 推食以食之, 仍命有司, 在處存問, 鰥寡孤獨老病不能自活者, 給養之. 於是隣國百姓, 聞而來者衆矣. 是年民俗歡康, 始製〈兜率歌〉, 此歌, 樂之始也."

39 『三國史記』「新羅本紀」第一, "儒理尼師今, 九年 春, 改六部之名, 仍賜姓,…王旣定六部, 中分爲二, 使王女二人, 各率部內女子, 分朋造黨, 自秋七月旣望, 每日早集大部之庭績麻, 乙夜而罷, 至八月十五日, 考其功之多少, 負者置酒食, 以謝勝者, 於是負家一女子起舞, 嘆曰會蘇會蘇, 其音哀雅. 後人因其聲而作歌, 名〈會蘇曲〉."

기틀을 잡아가는 과정에 탄생한 〈국조악무〉였다. 육부의 명칭을 바꾸고 육부의 우두머리에게 姓을 부여한 것은, 당시로 봐서 대단히 획기적인 사안으로 단기 2341년(28)과 단기 2345년(32) 사이에 단행된 신라의 국가적 시책이었다.

'성(姓)'과 관련해서 우리는 '백성(百姓)'이라는 말을 널리 사용하고 있다. 백성은 여러 가지의 성이라는 말로 만백성이라 하여 일반 민인들을 총칭하는 단어이다. 중세에 성은 일반 평민은 대체로 갖지 못했다. 신라 유리이사금이 6부의 우두머리에게 성을 하사한 것이 최초이다. 성을 하사받은 육부의 촌장들은 이를 매우 영광으로 생각했다. 성은 그만큼 신성한 것으로 인식하여 지금도 '성을 바꾼다.'는 말은 최대의 맹세로 여기고, 성을 잘 못 알고 바꾸어 부르면 대단히 불쾌하게 여긴다.

성의 발원은 오성(五聲, 五音)에서 기원했다고 알려져 있다. 성이 100가지인 이유는 옛날 성인이 율(律, 律呂, 音律)을 불어서 성을 정하여 그 족속의 성향을 계도했다. 사람은 오상(五常, 인·의·예·지·신)을 품고 태어나는데, 정성(正聲, 궁[宮]·상[商]·각[角]·치[徵]·우[羽])에 다섯 가지가 있는바, 5상(五常)과 5음(五音)이 어울려 25가 되고, 여기에 춘하추동 4계의 다른 기운이 변전하고 합쳐서 100이 되기 때문에 백성이라 한다고 했다. 즉 음률과 5상 그리고 4계가 곱하고 합쳐서 백성이 형성되었다고 했다.[40] 백성의 발원을 설명한 이 논리가 어느 정도 과학적인 근거가 있는지는 모르겠으나, 삼라만상의 기본을 음률

40 『白虎通疏證』 卷 九, "姓名, 姓, 所以有百者何, 以爲古者聖人, 吹律定姓, 以紀其族. 人含五常而生, 正聲有五, 宮商角徵羽, 轉而相雜, 五五二十五, 轉生四時異氣, 殊音悉備, 故姓有百也."

로 본 중원의 논리는 나름대로 의미가 있다.

『삼국사기』「악」편 마지막 부문에 구색을 맞추기 위해 부록처럼 「고구려악」과 「백제악」이 실려 있다. 김부식이 『삼국사기』를 저술할 때에도 고려와 백제의 악에 대한 남아있는 자료가 거의 없었다. 중세의 경우 한 나라를 병합하면 가장 먼저 수거해 가는 것이 악무였음을 앞서도 언급한 것같이, 당나라가 깡그리 가져가고 남은 것이 거의 없었다. 악기 등은 물론이고 악무에 종사했던 악공들까지 중국으로 전부 데려갔다. 김부식이 인용한 『고기』 등에도 〈고구려악〉과 〈백제악〉에 관한 기록이 없었던 것 같다. 망국의 아픔은 악무도 예외가 아니었다.

'예악'의 중요성은 김부식도 알고 있었다. 『삼국사기』의 중심은 「신라본기」와 「고구려본기」「백제본기」이다. 이들 「본기(本紀)」 다음에 「연표(年表)」가 있고, 그 다음에 「잡지(雜志)」가 편차되어 있는데, 「잡지」 첫머리에 「제사」와 「악」, 즉 「예악편장」을 머리에 놓았다. 예악의 중시는 중원의 『25사』도 예외가 아닐 정도로 많은 부분을 차지했고 『고려사』 또한 동일하다. 사정이 이러함에도 불구하고 일부 학자들은 약속이나 한 듯이, 「예악편」을 무시하고 논의를 전개하여 종합적인 역사 이해의 파행을 초래했다. '예악론'은 고대와 중세 사회를 이해하는데. 불가결한 필수임에도 불구하고, 이를 인식하지 못한 까닭에서 비롯된 것이다.

〈고구려악〉은 『통전』「사방악(四方樂)」 '동이 이국(東夷二國, 고려·백제)' 편장에 실려 있는데, 김부식은 이를 글자 한자 빼지 않고 옮겨 적었다. "악공인(樂工人)은 자색 비단 모자에 새 깃털을 장식하고, 황대수에 자라대를 차고 통큰바지를 입고 검은 가죽신을 신고 5색의 노끈을 돌렸다. 무자 4명은 뒤에 추계(椎髻, 상투)를 틀고, 붉은 수건을 이마에 두르고 금 고리를 장식했으며, 무자 2명은 황색의 군유와 적황색의 고를 입고, 무자 2명은 적황색의 치마저고리 입었다. 그 소매는 극히 길게 하며 검은 가죽신을 신고 쌍쌍이 짝을 지어 서서 춤을 춘다. 악기에는 '탄쟁(彈箏 1), 국쟁(掬箏 1), 와공후(臥箜篌 1), 수공후(竪箜篌 1), 비파(琵琶 1), 오현비파(五絃琵琶 1), 의취적(義觜笛 1), 생(笙 1), 횡적(橫笛 1), 소(簫 1), 소필률(小觱篥 1), 대필률(大觱篥 1), 도피필률(桃皮觱篥 1), 요고(腰鼓 1), 재고(齋鼓 1), 담고(擔鼓 1), 패(唄 1)'을 쓴다. 당 무태후(武太后, 624~705) 때에도 25곡이 남아 있었으나 지금은 1곡만 전습되고 있으며, 의복도 점점 쇠퇴하여 본래의 모습을 잃었다."라고 기술한 다음, 다시 『책부원구』를 인용하여 "악기에는 '오현금(五絃琴), 쟁(箏), 필률(觱篥), 횡취소(橫吹簫), 고(鼓)' 등이 있어 갈대를 불어 곡조를 맞추었다."고 부기했다.[41]

『통전』과 『책부원구』의 기록에 의하면, 〈고구려악〉은 삼국 중 가장 다양하고 규모가 큰 악무를 갖고 있었음이 확인되는데, 아쉽게도 정복자인 당나라가 모두 수거해 가서 통일신라시대에는 남은 것이 거의 없었으며, 이를 기록한 사서도 인멸되어 전하는 것이 거의 없었다. 고구려 〈악무〉에 등장하는 악기도 무려 16종이나 되고, 무자들이 입

41 『通典』「樂典」 四方樂 "東夷二國, 〈高麗樂〉, 工人紫羅帽, 飾以鳥羽, 黃大袖紫羅帶, 大口袴, 赤皮靴, 五色緇繩. 舞者四人, 椎髻於後, 以絳抹額, 飾以金璫. 二人黃裙襦赤黃袴, 極長其袖, 烏皮靴, 雙雙併立而舞. 樂用彈箏一, 掬箏一, 臥箜篌一. 竪箜篌一, 琵琶一, 五絃一, 義觜笛一, 笙一, 橫笛一, 簫一, 小篳篥一, 大篳篥一, 桃皮篳篥一, 腰鼓一, 齋鼓一, 擔鼓一, 唄一. 大唐武太后時. 尙二十五曲, 今唯能習一曲, 衣服亦寖衰敗, 失其本風."
『三國史記』 卷 三十二, "「樂」, 〈高句麗樂〉, 『冊附元龜』云, 樂有五絃琴, 箏, 篳篥, 橫吹簫, 鼓之屬, 吹蘆以和曲."

었던 복색도 현란하기 그지없어, 다양한 악기들의 합주와 무자들의 숙련된 춤이 보는 이의 감탄을 자아내어 박수갈채를 받으며 연희되었을 것으로 예상된다.

고구려의 '무용총(舞踊塚)'은 현란한 무도문화를 향유했던 사실의 귀납이다. 당나라가 가져 간 〈고구려악〉도 7세기까지 25곡이 있었는데, 세월이 흘러 겨우 1곡만 남을 정도로 쇠락했다. 6.7세기경 동북아시아의 최고 경지에 있었던 〈고구려악〉을, 7세기 말엽에 흥기한 북국(北國) 발해조가 계승하여, 동아시아 악무계를 석권하다가 일본까지 막대한 영향을 과시하여 '발해류(渤海流)'를 형성했다. 현존 〈일본악무〉는 〈고구려악〉과 〈발해악〉의 영향을 많이 받았다.

〈백제악〉은 당 중종(中宗, 재위684~710) 대에 와서 공인들이 죽거나 흩어져 백제악은 소멸 직전이었다. 당 개원(開元, 현종[玄宗]의 연호, 713~741) 연간에 기왕 범(岐王 範, 예종[睿宗, 재위710~712]의 넷째 아들)이 태상경(太常卿)이 되어 다시 재건할 것을 아뢰었는데, 이 무렵에도 음과 기예가 빠진 것이 많았다. 무자(舞者) 2명은 자대수(紫大袖)의 군유(裙襦, 치마저고리)를 입고, 장보관을 쓰고 가죽신을 신었다. 악과 악기 가운데 남은 것은 '쟁(箏), 적(笛), 도피필률(桃皮篳篥), 공후(箜篌)'와 '가(歌)' 등인데, 악기류는 내지(內地, 중국)와 비슷했다. 『북사(北史)』에는 '고각(鼓角), 공후(箜篌), 쟁(箏), 우(竽), 지(篪), 적(笛)' 등의 악기가 있었다고 했다.[42]

42 『通典』「樂典」四方樂 "東夷二國 〈百濟樂〉, 中宗之代, 工人死散. 開元中, 岐王範爲太常卿, 復奏置之, 是以音伎多闕. 舞者二人, 紫大袖裙襦, 章甫冠, 皮履. 樂之存者, 箏, 笛, 桃皮篳篥, 箜篌, 歌."
『三國史記』卷 三十二, 樂 "『北史』云, 有鼓角, 箜篌, 箏, 竽, 篪, 笛之樂."

2. 『삼국유사』에 수록된 신라악무

김부식은 『삼국사기』에 소위 〈향가〉에 관해서 전혀 언급하지 않았다. 최치원이 「향악(鄕樂)」에 관심을 가지고 〈악무〉 5수를 수록한 시각과도 대비된다. 「향악」과 〈향가〉를 변별하여 「향악」에 주안점을 두고 「악편(樂編)」을 서술하면서, 『삼국유사』에 채록된 유명한 〈향가〉 14수에 대해 전혀 관심을 갖지 않았는데, 불교적 색채가 있었기 때문인지 아니면 〈향가〉의 중요성을 부여하지 않았거나, 현재와 달리 그 위상이 높지 않은 연고인지, 당시 해당 자료를 접하지 못한 까닭으로도 볼 수도 있다. 여하튼 한국문학에 중요한 위치를 점하고 있는 〈향가〉가 『삼국사기』에서 전적으로 배제된 것은 의아하다.

향가집 『삼대목(三代目)』이 사서에 언급된 점을 볼 때, 상당한 위상을 차지하고 있었음을 알 수 있다. 일본의 경우 우리 〈향가〉에 많은 영향을 받은 가곡 5,500여 수를 수록한 『만엽집(萬葉集)』이 전하는 사실과도 대비된다. 만엽은 1만 수의 노래를 수록한 가곡집이라는 뜻이다. 삼국시대와 통일신라의 역년 서기전 57년부터 서기 935년까지 일천 년간의 장구한 기간 동안, 〈향가〉 14수밖에 남은 것이 없다는 사실을 우리는 어떻게 설명해야 할 것인지 난감하다. '악무사(樂舞史)'의 미래를 위해 이 같은 난감한 악무의 실상을 두고, 큰 소리를 치며 으스대는 치기에서 벗어날 때도 되지 않았는가.

소위 중세(삼국시대부터 중세로 보는 시각에 편의상 이를 수용한다) 이전 수천 년 동안 선인들이 애호했던 가곡을 위시한 악무는 얼마나 남아있으며, 그 수가 어느 만큼인지를 돌이켜 보면 참담한 심정을 억제하기 어렵다. 또 그 장구한 시대를 기록한 문헌이 얼마만큼 전하고 있는 지를 되돌아보면 역시 처창한 심경을 가누기 어렵다. 삼국시대 이전의 역사를 『25사』「사이전」 등 중원의 문헌을 통해야만 알 수 있다는 현실 역시 부끄럽다. 고대사의 보고인 『삼국유사』의 해당 기록들 거의 모두가 중원 사서에 근거했다는 사실도 아쉽다. 신라의 『국사(國史)』 고구려의 『유기(留記)』 백제의 『서기(書記)』 등 귀중한 사서들을 반복된 전란으로 잃어버린 것은 통한으로 남았다. 일본의 사서 『일본서기』도 『백제서기』에 말미암았다는 견해가 있다.[43]

김부식이 『삼국사기』를 편찬할 때 『고기』와 『해동고기』 등의 국내의 사서와 문헌들을 참고로 했는데, 이들 사서들의 이름을 구체적으로 명시하지 않은 것도 유감이다. 아마도 고려 초기에 완성했다는 『구삼국사기』 등을 지칭한 것으로 생각되는데, 이를 밝히지 않은 연유가 무엇인지. 혹시 『삼국사기』라는 명칭을 그가 독점하려는 의도가 아닌지도 의심된다. 『구삼국사기』는 이규보(李奎報, 1168~1241)가 서기 1193년 무렵 26세 때 이를 저본으로 하여 서사시 〈동명왕편(東明王篇)〉을 저작했다.

이규보가 참고한 『구삼국사기』의 「동명왕본기」와 현전 김부식 『삼국사기』의 「동명왕본기」의 내용과 분량은 물론이고 역사를 보는 시각에도 현격한 차이가 있다. 『구삼국사기』의 「동명왕본기」는 신이(神

43 『三國史記』「新羅本紀」 第四, "眞興王 六年,…異斯夫奏曰, 『國史』者, 記君臣之善惡, 示褒貶於萬代, 不有修撰, 後代何觀,…居柒夫等, 廣集文士, 俾之修撰." 「高句麗本紀」 第八, "嬰陽王, 十一年,…詔大學博士, 李文眞, 約『古史』爲『新集』五卷, 國初始用文字, 時有人記事一百卷, 名曰 『留記』, 至是刪修." 百濟本紀 第二, 近肖古王 三十年, 冬十一月, 王薨, 『古記』云, 百濟開國以來, 未有以文字記事, 至是得博士高興, 始有『書記』."

異)한 설화도 전부 수록했지만, 김부식의 「동명왕본기」는 전래 구전의 신이한 설화는 『국사』에 실어 후세에 전하는 것은 옳지 못하다고 여겨 배제하고, 소위 실증적 사실만을 선별해서 수록했다. 이규보는 『당서(唐書)』 「현종본기(玄宗本紀)」 '양귀비전(楊貴妃傳)'에는 승천입지(昇天入地) 등의 내용이 없지만, 백락천(白樂天, 772~846)이 신이한 전래 설화도 역사의 한 단면이므로, 시로 형상함이 옳다고 하여 서기 806년에 창작된 〈장한가(長恨歌)〉를 남겼는데, 김부식은 황당하다고 평가하여 이를 삭제한 것은 잘못이라고 비판했다.[44]

백락천은 당 현종(玄宗, 재위712~756)과 양귀비(719~756)의 열정을 낭만적으로 아름답게 〈장한가〉를 통해 묘사했다. 현종과 양귀비는 34세의 연령차가 있었으나, 백락천은 뜨거운 애정을 부각시켜 아름답게 노래했다. 중원 천자의 경우 육궁(六宮)에 황후(皇后, 여러 명을 둘 수 있었다)를 필두로 '삼부인(三夫人), 구빈(九嬪), 24세부(二十七世婦), 81어첩(八十一御妾)' 등 120여 명의 여인들이 합법적으로 기거할 수 있었고, 황후는 120명에 포함시키지 않았고 첩의 수도 포함되지 않았다.[45] 따라서 오늘의 안목으로 현종과 양귀비의 관계를 불륜으로 보

---

44 李奎報;『東國李相國集』 卷 三, "「東明王篇」 幷序, 世多說東明王神異之事, 雖愚夫騃婦, 亦頗能說其事,…越癸丑四月, 得『舊三國史』, 見東明王本紀, 其神異之迹, 踰世之所說者. 然亦初不能信之, 意以爲鬼幻, 及三復耽味, 漸涉其源, 非幻也乃聖也, 非鬼也乃神也. 況, 『國史』直筆之書, 豈妄傳之哉. 金公富軾, 重撰『國史』, 頗約其事, 意者公以爲, 『國史』矯世之書, 不可以大異之事, 爲示於後世, 而約之耶. 按唐「玄宗本紀」楊貴妃傳, 並無方士昇天入地之事, 唯, 詩人白樂天, 恐其事淪沒, 作歌以志之, 彼實荒淫奇誕之事, 猶且詠之, 以示于後, 矧東明之事, 非以變化神異眩惑衆目, 乃創國之神迹, 則此而不述, 後將何觀, 是用作詩以記之, 欲使夫天下, 知我國本聖人之都耳."

45 『禮記』 卷之二, 「曲禮 下 第二, "天子有后, 有夫人, 有世婦, 有嬪, 有妻, 有妾. 三夫人, 九嬪, 二十七世婦, 八十一御妻. 自后而皆三, 因而增其數, 妾之數未聞."

는 것은 적절하지 않다. 이규보 역시 이를 감안하여 이해했고, 고구려의 개국시조인 동명성왕(재위서기전 37~서기전 20)을 신화적으로 묘사하여 칭송한 것을 용인했기 때문에, 『구삼국사기』의 「동명왕본기」를 실증적인 척도로 편집한 김부식의 시각을 비판한 것이다.

이규보는 1193년 4월에 『구삼국사기』를 얻어 가감 없이 인용하여 〈동명왕편〉을 저작했다. 『삼국사기』가 1124년에 완성되었으니, '69년'이 경과할 무렵까지 『구삼국사기』는 남아 있었다. 김부식이 『삼국사기』를 편찬할 때 『구삼국사기』가 잔존했음이 확실하고, 이를 『고기』라고 애매하게 표현했을 것으로 생각된다. 김부식은 앞서도 언급했지만 『삼국사기』라는 명칭을 과거에 있었던 것이 아니고, 자신만의 독창적 용어로 보려는 의지를 가졌던 것일까. 이규보는 김부식이 『삼국사기』를 다시 저술하면서, 공적으로 서술된 과거의 『구삼국사기』를 자의로 편집하는 태도는 옳지 못하다고 비판함과 동시에, 『삼국사기』를 두고 『구삼국사기』를 바탕으로 한 '중찬(重撰)' 된 사서라고 규정했다.

『삼국유사』는 일연선사(1202~1289)가 서기 1281(충렬왕7년) 또는 1285년(충렬왕11년) 무렵에 편찬했다고 알려져 있다. 청년 시절부터 만년에 이르기까지 야심적으로 자료를 수집하여 편찬한 사서로, 반만년 역사라는 말을 실증한 저술이다. 그는 단기 3478년(1145) 『삼국사기』가 발간된 대략 140여 년 전후, 13세기 말엽에 『삼국유사』를 출간했으며, 여기에 한국 '악무사'에 주옥같은 작품 〈향가〉 14수가 실려 있다.

가사가 온전한 14수의 〈향가〉와, 가사가 인멸되어 이름만 전하는 작품도 9수가 있으며, 한문으로 번역된 노래도 2수가 있고 『균여전(均

如傳)』의 〈찬불가〉 11수를 합치면 총 25수가 된다. 천년을 누린 왕조의 가곡이 25수에 불과하다는 사실은, 기록의 탈루를 감안해도 너무나 난감하다. 고려조 예종(睿宗, 1079~1122) 대의 〈도이장가(悼二將歌)〉와 정서(鄭敍, 인종대의 문인)의 〈정과정(鄭瓜亭)〉을 포함해도 27수에 불과하다. 『삼국유사』와는 달리 『삼국사기』에는 가사 유무를 떠나 훨씬 더 많은 가곡이 실려 있다. 반면 김부식은 일반 민인들이 애호했던 〈향가〉에는 별 관심이 없었고, 조정에 연희된 〈국조악무(國朝樂舞)〉에 비중을 두어 이를 중점적으로 채록했다. 일연이 신라조의 공식악무에 대해 언급하지 않았던 점과는 대조적이다.

「처용랑 망해사(處容郎 望海寺)」 편장을 통해 일연은 〈처용가무(處容歌舞)〉와 〈남산신무(南山神舞), 어무상심(御舞祥審, 어무산신[御舞山神]), 상염무(霜髥舞), 옥도령무(玉刀鈴舞, 북악신중무[北岳神呈舞]), 지백급간무(地伯級干舞), 지리다도파가(智理多都波歌)〉 등을 소개했다. 이들 악무는 태평성대를 구가했다고 알려진 헌강왕(憲康王, 재위, 875~885) 때, 동해용왕이 7명의 아들을 데리고 어전에 나타나 덕을 칭송하며 음악을 연주하고 춤을 바친 처용과, 포석정에 행차할 때 '남산신'은 춤을 올렸고, 금강령에 행차할 때 '북악신'도 헌무를 했고, 동례전(同禮殿)에 연회를 베풀 때 '지신'이 나타나 춤을 춘 것 등과 관련된 악무들이다. 헌강왕 시대가 과연 태평성대인지는 모르겠으나 신라의 문물이 난숙한 시대였던 것은 사실이고, 이로 인해 가무가 편만하여 열락을 일삼았던 시기로 조정과 민인이 함께 탐닉했던 것으로 이해된다.[46]

46 『三國遺事』 第二, 「處容郎 望海寺」. "憲康大王之代, 自京師至於海內, 比屋連墻, 無一草屋, 笙歌不絶道路,…於是大王遊開雲浦(在鶴城西南, 今蔚州),…東海龍王喜, 乃率七子於駕前, 贊德獻舞奏樂, 其一子隨駕入京, 補佐王政, 名曰

『삼국사기』의 처용과 『삼국유사』의 처용은 그 성격이 완전히 다르다. 『삼국사기』는 처용에 관해서 서기 879년 3월 국동의 '주군'을 순행할 때, 어디서 왔는지를 알 수 없는 네 사람이 헌강왕 어가 앞에서 노래하고 춤을 추었다. 형용이 해괴하고 복장도 괴이했는데 당시 사람들은 '산해정령(山海精靈)'이라고 칭했다(『고기』에는 즉위원년[875]이라 했다). 『삼국유사』는 왕이 개운포(울주[蔚州])에 유람했을 때 갑자기 구름과 안개가 자욱해져 길을 잃게 되자, 왕이 용왕을 위해 절을 짓겠다고 하자 안개와 구름이 걷히고, 동해용이 일곱 아들을 데리고 어가 앞에 나와 덕을 칭송하며 춤을 추고 악을 연주한 다음, 아들 하나를 왕을 수행하게 하여 이를 '처용'이라 하고 왕은 미인을 주고 벼슬을 내렸다고 했다.

이때 처용 처의 미모에 혹한 역신(疫神)이 아내를 범하자 처용은 이를 용서하고 노래(처용가[處容歌])를 불렀다. 역신이 감동하여 역병을 구축하는 '벽사진경(辟邪進慶)'의 효험이 구현되었다고 서술했다. 필자는 오래전에 『삼국사기』 기록에 근거하여 고대 울산권역에 있었던 우시산국(于尸山國)의 역신을 구축하는 '국가악무'로 이해하고, 이를 헌강왕에게 바쳤다는 논리를 전개한 바가 있다. 이 기록은 우시산국이 신라에 완전히 복속되는 정치사회적 과정의 일단으로 파악한 것이다. '우시산'은 신라의 '소사(小祀)'로 분류되어 국가차원의 제사를 받던 산이었으며 지금도 산신을 제사하는 사당이 우시산 아래 남아

處容, 王以美女妻之.…疫神欽慕之變爲人, 夜至其家, 竊與之宿, 處容自外至其家, 見寢有二人, 乃唱歌作舞而退.…又幸鮑石亭, 南山神現舞,…曰御舞祥審(御舞山神),…又幸於 金剛嶺時, 北岳神呈舞, 名玉刀鈴. 又同禮殿宴時, 地神出舞,…『語法集』云, 于時山神獻舞唱歌云, 〈智理多都波都波〉等者."

있다.[47]

일연은『삼국유사』에 〈해가사(海歌詞)〉와 〈가락국가(駕洛國歌)〉 등 〈한역가(漢譯歌)〉 2수와, 가사가 일실된 〈물계자가(勿稽子歌), 산화가(散花歌), 무애가(無㝵歌), 망국애가(亡國哀歌), 앵무가(鸚鵡歌), 현금포곡(玄琴抱曲), 문군곡(問羣曲), 대도곡(大道曲), 신공사뇌가(身空詞腦歌)〉 등의 9수도 수록했다. 아울러 가사가 온전하게 남아있는 민족 고유의 '향찰표기(鄕札表記)'로 기록된 〈모죽지랑가, 헌화가, 안민가, 찬기파랑가, 처용가, 서동요, 천수대비가, 양지사석가, 원왕생가, 월명사도솔가, 제망매가, 혜성가, 원수가(怨樹歌, 宮庭栢), 우적가〉 등 14수의 〈향가〉도 실려 있다.[48]

향찰 이두 또는 〈향가〉식 표기법으로 알려진 이 양식은 일본에도 영향을 준, 한자를 바탕으로 한 우리말 '기사법(記寫法)'으로 중요한 위치를 점하고 있다. 진성여왕(眞聖女王, 재위887~896)2년(888) 대구화상(大矩和尙)에게 명하여 향가를 수집케 하여 이를 『삼대목(三代目)』이라 일컬었다는 기록이 있은 이후, 각종 사서와 문헌들에 일체 언급이 없다.[49] 〈향가〉 역시 『삼국유사』 이래 800여 년간 잊혀 졌다가, 당시 경성제대에 와 있던 소창진평 교수가 최초로 부각시켰으며 이로부터 학계에 활발한 연구가 시작되었다.

---

47 『三國史記』「新羅本紀」"憲康王 五年春三月, 巡幸國東州郡, 有不知所從來四人, 詣駕前歌舞, 形容可駭, 衣巾詭異, 時人謂之, 山海精靈(『古記』謂, 卽位元年)." 條와 『三國遺事』「紀異」第二, 「處容郎 望海寺」. "東海龍王喜, 乃率七子, 現於駕前, 贊德獻舞奏樂." 條 참조.

48 趙潤濟; 『韓國詩歌史綱』 第三節 『三國遺事』의 鄕歌, 39~52쪽 參照.

49 『三國史記』「新羅本紀」第十一, "眞聖王 二年 春二月,…仍命與大矩和尙, 修集鄕歌, 謂之三代目云,"

향가집 『삼대목』의 '삼대(三代)'는 김부식이 말한 신라의 '상대, 중대, 하대'가 아니고, 중원의 태평성대 대명사인 '하, 은, 주'의 의미로 사용되었다고 필자는 생각한다.[50] 『삼대목』과 관련이 있는 일본의 『만엽집(萬葉集)』에 수록된 5,500여 수의 노래가 전부 향찰표기법으로 묘사되어 실려 있을 뿐 아니라, 영문으로 번역되어 전 세계에 보급시켰다. 우리와 달리 일본이 이를 보존하여 후세에 남긴 것은 평가되어야 한다. 현전 〈향가〉 14수 중 4구체는 2수이고, 8구체가 2수이며, 10구체가 8수이다. 『삼국유사』가 없었다면 귀중한 '악무사'의 한 축인 〈향가〉는 영원이 소멸되고 말았을 것이다.

〈향가〉 작가의 주류는 승려가 차지했고 평민의 남녀도 작가 대열에 포함된 사실이 주목되는 바, 따라서 〈향가〉는 『삼국사기』의 실린 작품과 대비할 경우, '평민문학'의 범주에 포괄될 수 있다. 김부식은 그가 유의했던 '예악론'에 비추어 볼 때, 불교적 색채가 농후한 〈향가〉가 매력이 없었을 것은 당연하고, 평서인의 세속적 주제의식으로 점철된 작품의 성향에도 호감이 가지 않았을 것이다. 김부식이 인식한 악무의 범주에 〈향가〉가 하위로 밀려난 것은 유감이다. 현전 최고의 사서인 『삼국사기』에 '삼국(三國)'이라는 관사를 붙여 당대까지 남아있었던 삼국 이전의 자료를 담지 않았던 처사도 패착이고, 이로 인해 삼국 이전 장구한 민족사를 방치한 김부식의 협량도 불만이다. 사마천이 『사기』라고 일컬어 중원의 상고사를 호방하고 밀도 있게 서술한 역사인식이 마냥 부럽다.

---

50 『三國史記』「新羅本紀」第十二, "國人自始祖至此. 分爲三代, 自初至眞德二十八王, 謂之上代, 自武烈至惠恭八王, 謂之中代, 自宣德至敬順二十王, 謂之下代云."

일연은 '삼국'이라는 접두어에 국축되지 않고 '고조선, 왕검조선, 위만조선, 마한, 이부(二府), 72(78)국, 낙랑국, 북대방, 남대방, 말갈, 발해, 5가야, 북부여, 변한, 진한, 가락국' 등 『삼국사기』가 언급하지 않았던 삼국 이전의 고대와 중세 국가들을 중원의 사서를 비롯하여 각종 사료를 참고하여 서술한 점은 높이 평가되어야 할 업적이다. 고대국가 가운데 중원 사서에 나오는 '기자조선'을 중시하지 않았을 뿐 아니라, 기자에 대해 주 무왕 즉위년 기묘(己卯)에 기자를 조선에 봉했다는 정도로 말하고 더 이상 천착하지 않았다.

『삼국유사』는 이와는 대조적으로 『위서』를 인용하여 2천년 이전 '단군왕검(檀君王儉)'이 아사달에 도읍을 정하고, 나라를 세워 '단군조선'이라 칭했는데 당나라의 요왕(堯王, 서기전 2357~2258?, 甲辰에 즉위)과 시기를 같이 했다고 했으나, 단군의 실지 개국연대는 서기전 2333년 무진년(戊辰, 요왕25)이다. 중원의 사서들은 우리 국조 단군에 대해 전혀 기록하지 않았다. 요임금과 거의 동시에 개국했다는 점을 마땅찮게 여겼던지는 모르겠으나, 『사기』를 비롯한 『25사』와 각종 문헌들에 이를 적시하지 않았다.[51] 학계에서는 일연이 어환(魚豢, 촉한[蜀漢]과 서진[西晉] 시대의 사가)이 진 무제(晉 武帝, 재위265~289) 태강(太康, 280~287)년간에 저술한 『위략(魏略)』에서 취한 것으로 보지만 확실치 않다. 『위략』은 진수(陳壽, 233~297)가 편찬 한 『삼국지(三國志)』의 저본으로 알려져 있다.

현전 『위서』의 「본기」와 '조선전' 등에 단군의 조선조 개국에 관한

51 『三國遺事』「紀異」 卷 第一, "古朝鮮, 『魏書』云, 乃往二千載, 有檀君王儉, 立都阿斯達(『經』云, 無葉山. 亦云, 白岳在白州地. 或云, 在開城東, 今白岳宮是.), 開國號朝鮮, 與高同時."

기록은 없다. 일연은 『고기』를 인용하여 '환인(桓因)'의 서자(庶子, 태자나 세자가 아닌 일반 아들들을 지칭) '환웅(桓雄)'이 하늘 아래 '홍익인간'의 뜻이 있음을 알고, '천부인' 3개를 주어 가서 다스리게 했다. 환웅이 3천의 무리를 이끌고 태백산(백두산?) 신단수 아래 신시(神市, 환웅의 별칭으로도 일컬어진다)를 열었고, 이를 '환웅천왕'이라 하며 '풍백, 우사, 운사'로 하여금 곡식과 수명과 병과 형벌 및 선악을 관장하게 했다. 그 무렵 인간이 되고자 했던 곰과 범이 정해진 과정을 거쳐, 곰이 여인이 되어 환웅과의 사이에 '단군(壇君)'이 탄생한 것으로 『삼국유사』는 『고기』에 근거하여 기록했다.[52]

『삼국유사』가 『고기』를 인용하여 서술한 '단군조선'의 개국을 두고 학계에서 '단군신화'로 칭하고 있지만 이는 잘못이다. 서양의 제우스 아폴론 등이 등장하는 '신화'와는 본질적으로 위상과 차원이 다르다. 『조선왕조실록』과 여타 우리 전적에는 '영이사적'으로 지칭하여 단군의 개국위업을 천양했다. 일연이 인용한 『고기』에는 『세조실록』등에 나오는 '『단군고기(檀君古記)』, 『고조선비사(古朝鮮秘詞)』, 『조대기(朝代記)』, 『삼성밀기(三聖密記)』' 등과 『구삼국사기』도 포함되었다고 생각된다.[53]

52 『三國遺事』「紀異」卷 第一, "古朝鮮, 『古記』云, 昔有桓因(謂帝釋也)庶子桓雄, 數意天下, 貪求人世, 父知子意,…可以弘益人間, 乃授天符印三個,…率徒三千, 降於太白山頂, 神壇樹下, 謂之神市, 是謂桓雄天王也, 將風伯雨師雲師, 而主穀主命主病主刑主善惡,…時有一熊一虎,…願化爲人,…忌三十七日, 熊得女身,…故每於壇樹下, 呪願有孕, 熊乃假化而婚之, 孕生子號曰壇君王儉, 以唐高卽位五十年庚寅(唐堯卽位元年戊辰, 則五十年丁巳, 非庚寅也, 疑其未實), 都平壤城(今西京), 始稱朝鮮."

53 『世祖實錄』卷 七, "三年 五月, 諭八道觀察使曰, 『古朝鮮秘詞』,…『朝代記』,…『三聖密記』,…等 文書, 不宜藏私處, 如有藏者, 許令進上."

단군과 환인 환웅을 모시는 문화현의 '삼성당(三聖堂)'과 평양의 '단군묘(檀君廟)'에 관한 정보를, 『성종실록』이 『삼국유사』가 구체적으로 살피지 못했던 사실들을 12항목에 걸쳐, '『삼성당사적(三聖堂事跡)』, 언전(諺傳), 『고기』, 『관서승람(關西勝覽)』, 『문화현고적(文化縣古跡)』' 등을 참고하여 비교적 자세하게 기록했다. 이들 자료 중에 관심이 가는 것은 '언전'이다. 언전은 민인들 간에 구비전승으로 장구한 시간에 걸쳐 전해온 신성한 단군의 사적을 의미한다. 단군성조의 영이사적은 조선 초기에도 관변 못지않게 백성들에게 신성시된 신앙이었던 반면, 성리학의 융성과 '사림파(士林派)'의 등장으로 약화되고 '기자'를 존숭하는 풍조가 부상했다.

황해도 관찰사 이예(李芮, 1419~1480)가 신이 '삼성당'에 관여했던 사람들을 만나, 항간에 전하는 말에 의하면 단군이 처음에 신이 되어 구월산 사우(祠宇)에 모셔졌다가, 이후 여러 곳을 옮겨진 뒤 삼성당에 안치되어 제사를 올렸다는 계를 올렸다. '단군'과 아버지 '단웅', 할아버지 '환인'을 '삼성(三聖)'으로 칭하여 제사를 올렸다. 삼성당에는 '환인천왕'은 남향, '단웅천왕'은 서향, '단군천왕'은 동향으로 각각 안치했다. 그 후 태종(太宗, 재위1401~1418) 조에 하륜(河崙, 1347~1416)의 건의로 사우에 모셔진 '목상'을 혁파했다.

삼성당의 제기는 옛적에는 금과 은이었는데 임란 이후 사기(沙器)와 유기(鍮器)로 대체했다. 『관서승람』「문화현고적」 편에 구월산 아래 성당리(聖堂里) 소증산(小甑山)에 '환인, 환웅, 단군'을 모신 '삼성사(三聖祠)'가 있었으나, 후에 평양으로 옮긴 뒤 제사를 지내지 않아, 악질이 만연했다는 설이 돌 정도로 지역주민들의 숭앙을 받았다. 『고기』에 단군이 '아사달산(阿斯達山)'에 들어가 신이 되었다고 전하는데, 구월산(九月山, 붙혀서 발음하면 궐산[厥山]이 되고, 궁궐이 있었기 때문에 '궐산'이라 했다는 설도 있다)이 바로 '아사달'이라고 했다.[54]

3. 경순왕이 왕건에게 바친 천년왕국

한반도 모든 지역의 명칭에는 짧게는 수백 년 길게는 천여 년의 역사가 담겨있다. 권력투쟁에서 승리한 인물 들이 자의로 호칭을 변경하는 행위는 역사를 반하는 방자한 독선이다. 유구한 역사를 갖고 있는 신라영역과 그 천년 수도 서라벌과 통일신라 전후 '동경(東京)'이라는 호칭을, 신라를 차지한 왕건(877~943)이 일괄하여 '경주(慶州, 경주부[慶州府])'로 일컬어 비하했다. 왕건이 찬탈한 태봉국 영역을 '동주(東州)'로 칭한데 비유하면 나름대로의 예우로 볼 수도 있다. 부(府)와 주(州)는 위상의 차이가 있다.

조선조가 오백년 고려조 수도의 호칭이었던 '황도(皇都), 개경(開京), 개도(開都)'에, '황, 경, 도' 등의 한자(漢字)를 제거하고 '성(城)'으로 교체하여 '개성(開城)'으로 격하시킨 것과, 무도하게도 우왕(禑王, 1365~1389)과 창왕(昌王, 1380~1389)의 성까지 '신씨(辛氏)'로 바꾸어 우

54 『成宗實錄』 卷 十五, "三年 壬辰 二月, 黃海道觀察使李芮馳啓曰, 臣… 得三聖堂事跡, 條錄以聞. 諺傳檀君, 初爲神入九月山.…檀君, 及父檀雄, 祖桓雄, 稱爲三聖, 建祠宇祭之.…三聖堂, 桓因天王南向, 檀雄天王西向, 檀君天王東向. 俗傳, 古皆木像, 我太宗朝, 河崙建議, 革諸祠木像, 三聖木像, 亦例罷. …三聖堂祭器, 古用金銀, 自倭亂後用沙器,…『關西勝覽』載, 文化縣古跡云, 九月山下, 聖堂里,…有桓因, 檀雄, 檀君, 三聖祠,…皆謂三聖堂, 移設于平壤府, 不致祭, 其後惡疾乃興,…三聖堂移平壤,…『古記』云, 檀君入阿斯達山, 化爲神, 卽今本道文化縣九月山, 其廟存焉."

왕과 창왕 부자를 함께 시해한 뒤, 고려조를 찬탈한 이성계(李成桂, 1335~1408)의 잔인무도하고 악랄한 횡포와도 맥락을 같이한다.

태봉(泰封, 후고구려, 고려, 마진, 태봉)의 수도였던 철원의 '풍천원(楓川原)'을 비롯한 태봉의 영역을 '동주'로 강등한 것 역시, 궁예(弓裔, 궁왕[弓王], 궁제[弓帝], 집권기간, 890~918, 재위901~918, 칭제[稱帝], 904~918)의 웅혼한 '칭제건원(稱帝建元)'의 경국이념을 버리고, 제후국으로 자처한 왕건 일당의 술수였다. 왕건은 중원의 혼란기를 맞아 광활한 고구려와 발해의 고지를 차지하여 중원 왕조로부터 독립할 수 있는 절호의 기회를 놓친 위인이다. 이를 두고 서거정(徐居正, 1420~1448)은 역으로 궁왕을 폄하하면서, 왕건 편에 서서 다음과 같이 사실을 오판한 궁왕의 무모한 방종을 탄식조로 읊었다.[55]

國破山河作一州	나라는 망해 국토는 한 주로 격하된
泰封遺跡使人愁	태봉의 유적이 시름을 북돋운다.
至今麋鹿來遊地	지금은 사슴의 무리가 와서 뛰놀고
依舊魚龍寂寞秋	어룡들만 예처럼 적막하게 노닌다.
斜日淡烟天共遠	석양에 뿌연 안개 하늘아래 유유하고
洛花飛絮水同悠	떨어진 꽃과 버들개지 물위에 떠가네.
當時鏡讖歸眞主	당시 거울의 명문 참 주인 따로 있는데
可笑弓王事逸遊	가소롭게도 궁왕은 열락만 일삼았네.

후삼국 시대의 난세에 '경참(鏡讖, 거울[銅鏡]에 세긴 참언)'에 새겨진 압록강과 계림을 모두 차지한다는 예언적 '참언(讖言)'을 궁왕이 자신

55 『新增東國輿地勝覽』 卷 四十七, "「鐵原都護府」, 建治沿革, 高麗太祖即位. 徙都松嶽, 改鐵原爲東州."

을 지칭한 것으로 착각한 것은 사실이다. 한국 중세사의 전개과정에 난세 마다 '비기도참설(秘記圖讖說, 정권교체의 예언)'이 나타나 야심가들이 여론형성에 이를 아전인수 격으로 활용했다. 〈동요(童謠)〉와 〈참요(讖謠)〉 등으로 일컬어진 이 같은 〈가요〉들은 자연발생적이기보다는 야심가들에 의해 조작되어 유포된 일종의 가짜뉴스들이다. 역사적으로 가장 악랄하고 파급효과가 컸던 가짜뉴스는 고려 말 우왕과 창왕의 성이 왕씨(王氏)가 아니고 '신씨(辛氏)'라는 것과, 진시황의 성이 영씨(嬴氏, 조씨[趙氏])가 아니고 '여씨(呂氏)'라는 주장이다. 필자는 이를 대표적인 가짜뉴스라고 생각한다.

위 서거정의 시 중 '경참'은 궁예와 왕건이 각각 권력 유지와 반역에 이용되었다. 경참의 내용은 "상제가 '진마(辰馬, 진한 마한)'에 아들을 보내 먼저 닭(계림[鷄林])을 잡고 이어서 오리(압록강?)를 잡는다, 두 용이 나타나 하나는 '청목(青木)'에 숨고, 하나는 '흑금(黑金)'에 나타난다."고 했는데, 청목은 송경 흑금은 철원을 의미하는 것으로 풀었다. 이 글은 교활한 왕건과 그 간교한 반역을 배후에서 획책했던 일당들에 의해 농가성진(弄假成眞)을 염두에 둔 작위였다. 국권 찬탈을 노렸던 왕건 일당들에 의해 이 '경참'은 궁제(弓帝, 당시는 황제였다)를 시해하고 '태봉'을 멸망시켜 고려조를 수립하는데 악랄하게 이용되었다.[56]

조선조는 오백년 동안 각종 문헌에 통시적으로 수도를 '경도(京都)'로 칭했고, '한성부(漢城府)'는 경도를 보위하는 부속 지역이었다. 조

56 『三國史記』 卷 五十, "「弓裔列傳」, 含弘等相謂曰, 上帝降子於辰馬者, 謂辰韓馬韓也, 二龍見, 一藏身青木, 一顯黑金者, 青木松也,…黑金鐵也, 今所都鐵原之謂也,…先操鷄後搏鴨者, 波珍湌侍中, 先得鷄林, 後收鴨綠之意也."

선조의 수도 경도를 일제가 자국의 교토(경도[京都])와 변별하기 위한 간계로, 한성부를 부각시킨 의도와도 관련이 있다. 우리는 아직도 중원과 일제의 이 술수에 놀아나 서울을 한성(漢城)이나 '경성(京城)'으로 부르는 사람이 많다. 중국인은 우리 서울을 '한성'으로 칭하는 것을 매우 좋아한다. 이는 한성부의 명칭 중 '한(漢)'이 한자와 같기 때문이다. 한강(漢江)의 한자(漢字)의 본 뜻은 우리말의 '크고 장대하다.'는 뜻이므로, 한강의 명칭도 굳이 한자로 표기한다면 '한강(韓江)'으로 함이 맞다.

지봉(芝峰) 이수광(李睟光, 1563~1628)은 "신라는 국조를 누린지 1천년이나 되는데, 중엽에 삼한을 통합하여 계절의 바뀜도 조화롭고 풍년이 이어져, 사람들이 '성대(聖代)'라 칭송하고 인하여 '신라성대(新羅聖代)'라" 칭했다.[57] 민족 '삼대악무(三大樂舞)'인 〈동동가무(고구려), 정읍사(백제), 처용가(신라)〉 가운데 〈처용가〉에도 "신라성대 소성대 천하태평 라후덕."이라 하여 신라시대를 '성대'라 일컫고 '천하태평(天下泰平)'이라 칭송했다.[58] 처용의 탈을 12제국(통일신라가 통합한 변진 12국)의 민인들이 힘을 모아 제작한 것이라 하여 그 내력의 유구함을 예찬했다. 〈처용가〉와 그 가면을 열병을 치유하고 전파자인 '열병대신(熱病大神)'의 순치된 기원을 함축하여, 이를 축출하는 '나신앙(儺信仰)'과 연관된 신통력 있는 〈가곡〉으로 인식했다.

『삼국유사』 소재 〈처용가〉와 『악학궤범』에 수록된 〈처용가〉는 그

57 李睟光;『芝峰類說』諸國部 "新羅享國一千年, 中葉統合三韓, 時和歲豊, 人謂聖代, 諺稱, 新羅聖代者, 此也."

58『樂學軌範』卷之五, 時用鄕樂呈才圖說 "「鶴蓮花臺處容舞合設」, 女妓唱 〈處容歌〉 前腔, 新羅盛代, 昭盛代, 天下泰平羅候德."

위상에 차이가 있다. 향가 〈처용가〉는 〈고려가곡〉으로 전승되면서 부연되고 확충되었다. 이는 〈처용가〉가 그만큼 중시되고 조정과 민인들에게 애호된 악무였다는 증거이다. 두 〈처용가〉를 대비할 때 고려 〈처용가〉가 더 고형에 가깝다. 『삼국유사』는 "東京 밝은 달밤에 밤 깊도록 노닐다가, 귀가하여 침실에 들어가니 다리가 넷이네, 둘은 내해인데 둘은 누구의 것이냐, 본디 내 아내인데, 빼앗긴 것을 어찌할고."라고 처용이 화내지 않고 노래했다고 기술했다.[59]

'동경(東京)'은 신라인의 긍지가 담겨있는 용어이다. 선학들의 일부가 이를 '서울'로 해독한 것은 잘못이다. 고래로 황제국으로 자임하는 왕조는 '5경(五京)'을 설치했다. 중원은 물론이고, 발해조도 "상경(上京), 중경(中京), 동경(東京), 남경(南京), 서경(西京)" 등의 5경을 개설했고, 고려조도 삼경(三京, 개경 · 서경 · 동경)을 경영했다. 조선조도 양성지(梁誠之, 1415~1482)가 경도(京都, 한성[漢城]과 분리하여 수도를 한성이 아닌 경도로 칭했다)를 상경, 한성부와 개성부를 합쳐 중경, 경주를 동경, 전주를 남경, 평양을 서경, 함흥을 북경으로 하자는 "5경개설(五京開設)"을 건의했지만 시행되지 않았다.[60] 이는 지역민의 긍지와 민인들의 통합을 이룩하기 위한 정책으로 오늘의 직할시에 해당된다.

신라 역시 황제국으로 자임했던 만큼 당당하게 "오경(오소경[五小京])"을 설치했다. 충주의 중원경(中原京), 원주의 북원경(北原京), 남원의 남원경(南原京), 청주의 서원경(西原京), 김해의 금관경(金官京)

59 『三國遺事』 第二, "處容郎 望海寺, 時 神現形跪於前曰, 吾羡公之妻, 今犯之矣, 公不見怒, 感而美之, 誓今已後, 見畵公之形容, 不入其門矣. 因此, 國人門帖處容之形, 以僻邪進慶."

60 梁誠之; 『訥齋集』 卷 二, "「奏議」…乞以京都爲上京, 漢城府開城府爲中京, 屬京畿右道, 以慶州爲東京, 全州爲南京, 平壤爲西京, 咸興爲北京."

이 그것이다. 신라는 국도가 남쪽에 치우친 것을 우려하여 수도 이전을 간혹 거론했다. 신문왕(神文王, 9년(689) 9월 장산성(獐山城, 慶山?)에 행차하여 서원경에 성을 쌓고, '달구벌(達句伐, 大邱)'로 수도를 이전코자 했으나 이루지 못했다는 기록이 그 사례 중에 하나다.[61] 충주를 중원경으로 칭한 것은 수도를 한반도 중앙으로의 이전을 염두에 둔 호칭이다. '동경'은 신라인에의 야심과 자긍의 의지가 내포된 명칭임으로, 이를 우리말 '서울'로 번역한 것은 과오이다.[62]

각종 사서들의 기록에 의하면 신들은 대체로 미인을 좋아했다. 「고구려본기」에 의하면 당장 이세적(李世勣, 594~669)이 보장왕(寶藏王, 재위642~668)4년(645)에 고구려 요동성을 당 고종과 함께 수 백 겹으로 포위하여 함락의 계제에 있었을 때, 성안에 있는 '주몽사(朱蒙祠)'에 미인을 '부신(婦神)'으로 분장하여 입시하게 했는데, 무(巫)가 주몽이 기뻐했으니 성은 온전할 것이라고 했다는 기록도, 미모의 처용 처를 범했던 역신이 처용에게 무릎을 꿇었다는 사실과 같은 맥락이다.[63]

단기 3826년(성종24년, 1493)에 발간된 『악학궤범』에는 〈처용가〉를 〈처용무〉라 일컫고, 신라조의 태평성대를 구가한 악무로 보았다. "新羅聖代 昭聖代, 天下泰平 羅候德, 처용아바 以是人生애 相不語하시란대, 相不語하시란대, 三災八亂이 一時消滅하샷다(후략)."라고 역신을 구축하는 기능을 지녔던 〈처용가〉로 인한 신라의 태평성대를

61 『三國史記』「新羅本紀」"神文王 九年 九月二十六日, 幸獐山城, 築西原京城, 王欲移都達句伐, 未果."

62 梁柱東; 『麗謠箋注』 三, "處容歌" 章節.

63 『三國史記』「高句麗本紀」"寶藏王 四年, 李世勣攻遼東城, 晝夜不息, 旬有二日, 帝引精兵會之, 圍其城數百重, 鼓噪聲振天地, 城有朱蒙祠, 有鎖甲銛矛, 妄言, 前燕世天所降, 方圍急飾美女以婦神, 巫言, 朱蒙悅, 城必完."

칭송한 다음, 동경 밝은 달밤에 즐겁게 밤새워 노닐다가 귀가했다고 노래했다.

학계 일부에서 〈처용가〉 원문 해석을 피상적으로 검토하여 '불륜가무(不倫歌舞)'로 해석한 것은 잘못이다. 불륜을 노래한 가곡을 조정 공식행사에 사용했을 까닭이 없다. 「학연화대처용무합설(鶴蓮花臺處容舞合設)」 편장에 언급한, 삼재팔란(三災, 수재[水災]·풍재[風災]·화재[火災]·팔란(八亂), 지옥[地獄]·아귀[餓鬼]·축생[畜生]·울단월[鬱單越]·장수천[長壽天]·농맹음아[聾盲瘖啞]·세지변총[世智辯聰]·불전불후[佛前佛後])을 일시에 소멸시켜, '벽사진경'으로 나아가는 태평성대를 구가한 주제의식이 형상된 〈가무〉이다. 따라서 〈처용가무〉는 역신을 구축하는 제의로서 처용의 처가 활용된 것이지, 남녀의 실질적 동침과는 무관한 것으로 이해해야 할 것이다.

『증보문헌비고』는 신라의 국호는 '서야벌, 사라, 사로, 신라'로 부르다가 탈해왕 9년(61) 시림(始林)에서 기이한 일이 생겨 '계림'으로 칭했고, 이후 기림이사금(재위, 298~309)10년(307)에 '신라'로 회복했다. 『여지승람』에는 후인들이 '경도(京都)'를 서벌(徐伐)이라 하다가 나중에 서울(徐菀, 우리말 서울의 한자 표기)로 변했다고 하여 '서울'의 어원임을 밝혔으며, 『동사보감』을 인용하여 국호 신라의 함의를 '덕을 날로 새롭게 하고, 사방을 포용하여 망라한다.'는 의미라고 설명했다.[64]

향국 1천년을 누리며 삼한을 통합했던 신라도 패망하여 경주부(慶州府)로 격하되었으며, 신라를 복속했던 고려조도 향국(享國, 475년 32

64 『增補文獻備考』「輿地考」二, "新羅國, 國號徐耶伐, 或云斯羅, 或云斯盧, 或云新羅, 脫解王九年, 始林有鷄怪, 史名鷄林因以爲國號. 基臨王十年復號新羅. 『輿地勝覽』, 後人稱凡京都, 亦曰徐伐, 後轉爲徐菀. 『東史寶鑑』, 新羅取日新其德, 網羅四方之義也."

왕) 475년이 못되어 역사의 뒤안길로 사라졌다. 여말선초의 원천석(元天錫, 1330~?)은 고려조의 패망을 다음과 같이 〈단가(短歌)〉를 지어 개탄했다.

> 흥망이 유수하니 만월대도 추초로다
> 오백년 왕업이 목적(牧笛)에 부쳐시니
> 석양에 지나는 객이 눈물 계워 하노라.

영재(泠齋) 유득공(柳得恭, 1748~1807)도 그가 저작한 『21도 회고시』를 통해, 삼한을 통합하여 태평성대를 구가했던 천년왕국 신라의 멸망을 회상하며, "진한육부(辰韓六部)의 가을 연하(烟霞)도 담박한데, 번화했던 서울(徐菀, 東京)의 풍경 상상하니 애처롭기 그지없네, '만만파파(萬萬波波)'로 이름 더한 젓대를 비껴 불며, '삼성(三姓)'이 일천년을 누렸다."라고 음영하며 감회에 젖었다.[65]

열수(洌水) 한치윤(韓致奫, 1765~1814)은, 한국에 대한 사실을 기록한 국내외의 각종 문헌을 참작하여, 펴낸 『해동역사(海東繹史)』를 통해 신라의 유래를 소상하게 설명했다. 『동사(東史)』에 신라 혁거세는 진한육부 백성들의 추대를 받아, 한 선제 오봉원년(서기전 57)에 즉위하여 처음으로 서라벌이라 칭했다. 남해왕(南解王, 재위 4~23) 시에는 계림, 기림왕 때에 신라로 고쳤다. 그 사이에 사로 또는 신라로 일컫다가 지증왕(智證王) 4년(503)에 비로소 신라로 확정했다. 방언으로 신(新)은 사로(斯盧, 새로) 국(國)은 나(羅, 나라)이며 새롭게 나라를 세웠

65 柳得恭; 『二十一都懷古詩』 "新羅, 辰韓六部澹秋烟, 徐菀繁華想可憐, 萬萬波波加號笛, 橫吹三姓一千年"

다는 뜻이다. 따라서 '서라(徐羅), 사라(斯羅), 신라(新羅)'는 모두 '사로(斯盧)'의 변전이며, 『위지(魏志)』가 말한 진한(辰韓) 사로국(斯盧國)을 의미한 것이라고 했다. 이 편장에서 한치윤은 중원왕조들이 신라를 '낙랑군왕(樂浪郡王)'으로 격하시켜 신라왕으로 줄곧 봉하여, 한사군의 낙랑군과 전혀 무관한 신라를 낙랑군의 영역이라고 말한 것은, 사실에 어긋난 판단이라고 내심으로 지적했다.[66]

『전고대방(典故大方)』「역대 편」에 신라에 관한 집약된 기록이 있다. 국호 신라가 뜻하는 바는 덕을 날로 새롭게 하고 사방에 정의를 펼친다는 의미이다. 기원갑자(紀元甲子, 漢.宣帝, 五鳳元年[단기 2277년 서기전 57])에 개국하여, 후당(後唐) 폐제(廢帝) 로왕(潞王, 재위934~936) 을미(乙未, 935)에 멸망했다. 수도는 경주였고 '박, 석, 김' 3성이 왕위를 서로 전했다. 박씨는 10세, 석씨는 8세, 김씨는 28세였다. 초호는 '사로(斯盧)'였으며 56왕 992년의 역년을 누렸다고 했다.[67]

고대 한반도에는 78소국이 있었는데, 신라가 정복한 이들 소국의 형세에 따라 부주군현으로 강등시킨 사실도 동일선상에 있다. 오늘날 소위 지방자치제의 소관 영역이 과거 78소국의 영역을 거의 그대로

66 韓致奫;『海東繹史』卷 第十, 世紀 十, "新羅, 按『東史』, 新羅赫居世, 爲辰韓六部民所推, 以漢宣帝五鳳元年立, 始稱徐羅伐, 南解王時, 改鷄林, 基臨王時, 改新羅(東晋, 元帝, 三年[320, 訖解王, 11년?). 其間或稱斯盧, 或稱新羅. 智證王四年(梁武帝, 天監二年), 始定爲新羅. 蓋方言以新爲斯盧, 以國爲羅, 羅取諸新創建國之義也. 然則所云徐羅斯羅新羅, 皆斯盧之轉, 而斯盧者, 卽『魏志』所云, 辰韓斯盧國, 是也.…北齊 武成帝,…國王金眞興, 爲使持節東夷校尉, 樂浪公新羅王.…隋文帝,…高祖拜眞平 爲上開府, 樂浪郡公新羅王.…唐高宗 五年,…新羅王加授開府儀同三司, 封樂浪郡王."

67 『典故大方』卷 一, 歷代編 "新羅, 德日新, 網羅四方之義. 紀元甲子(漢, 宣帝, 五鳳元年)起, 後唐潞王乙未亡, 都慶州. 朴昔金三姓相傳. 朴十世, 昔八世, 金二十八世, 初號斯盧, 五十六王, 九百九十二年."

보존하고 있는 사실에서, 지역의 뿌리가 얼마나 견고한 가를 확인할 수 있다. 읍면단위의 지역을 행정편의에 따라 바꾸려고 하면 해당지역 주민이 결코 좌시하지 않을 것이고, 이를 변경한 사례는 해방이후 논산과 울진밖에 없다.

지금부터 우리는 각계각층에 다방면에 걸쳐 알게 모르게 남아있는, 중원의 제국주의적 횡포와 제후국이나 '번방(藩邦)'이라는 시각에 입각하여, 뿌리깊이 잔존한 흔적과 그림자를 과감하게 제거하여 청산할 때가 되었다. 이제 중국에 사대를 하지 않아도 의연하게 생존할 여건을 두루 갖추고 있다. 중국에 조공할 필요도 없고 사대를 안 해도 될 만큼 국력을 갖추었으며, 이를 도와줄 우방이 있을 뿐 아니라 부국강병을 성공적으로 달성했다. 다만 일부 몰지각한 정치가들이, 주변 국가의 술수에 놀아나거나 눈치를 보느라 강병을 주저하는 현상이 있는데, 이는 국가의 존망을 위해 매우 위험한 패배주의적 발상일 뿐 아니라, 자신도 모르게 제2의 경순왕의 길로 가는 지름길이다.

또 전래의 타성에 젖어 은연중 중국에 사대를 해야 한다는 인식을 버리지 못하고 뇌리 속에 뿌리 깊게 남아있다. 최근 중국지도자가 한국은 역사적으로 중국의 '속국'이었다고 공공연하게 말했다. 이를 두고 우리는 별로 분노하지도 않았으며, 당연한 말을 했다는 식으로 수용했고 국가차원의 항의도 없었다. 중국은 실지로 수천 년에 걸쳐 한국을 속국으로 취급했다. 중국이 펴낸 『25사』를 비롯한 각종 사서 역시 우리 역대 왕조를 제후국이나 속국으로 보았다. 『25사』 등 중원의 사서에 우리 역대 제왕을 무례하게도 하나같이 이름을 기휘(忌諱)하지 않고 그대로 표기했다.

명실상부하게 속국이 아니고 자주독립국임을 선언한 지도자는 '칭제건원'과 '오행입국(五行立國)' 그리고 '오덕입국(五德立國)'을 실시해야 하는데, 오직 태봉국(泰封國)만이 이런 요건들을 완벽하게 갖추었다. 그 증거로 '금, 목, 수, 화, 토'의 5행 중 수덕(水德)을 표방하여 오행과 오덕을 모두 구비했다. 이들 요건을 완전하게 갖추어 시행한 영도자는 태봉국의 궁제(弓帝, 904~918)가 유일하다. 광개토대왕(재위384~412)의 연호 '영락(永樂)'과 '건원(建元)'을 표방한 법흥왕과 발해의 여러 왕과, 고려조 초엽 태조(太祖, 재위, 918~943)와 광종(光宗, 재위950~974) 등의 왕들이 있었지만 '칭제(稱帝)'는 못했고, 대한제국의 고종(1852~1919)과 순종(1874~1926)은 조선조를 청나라의 굴레를 벗게 한 다음, 그들의 속국으로 만들기 위한 일제의 계략이 작용했기 때문에, 완전한 칭제건원과는 다소의 거리가 있다. 그러므로 중세의 관점에서 유일하게 '궁제(弓帝)'만이 '칭제건원'과 '오덕입국(오행입국)'까지 완벽하게 실시한 최초의 영도자였다. 이 같은 궁제의 공전절후의 민족자존의 위업을 두고, 학계나 일반인들이, 약점만을 부각시켜 폄하를 일삼는 현실이 과연 정당한 것인지 반문한다.[68]

단기 3268년(935) 경순왕(敬順王, 김부[金傅], 효애왕[孝哀王])이 울면서 간하는 왕자들의 간청을 뿌리치고, 천년사직의 신라를 왕건에게 바친 후, 왕건의 장녀 낙랑공주를 아내로 맞아 '정승공(正承公)'으로 책봉되어, 1천석의 봉록을 받고 경주를 '식읍(食邑)'으로 받아, 44년간 무수한 처첩들과 더불어 여생을 호의호식하며 안락하게 보냈다.[69] 경

68 李敏弘; 「後三國時代의 形勢와 弓王의 稱帝建元(東方漢文學 제91집, 2022년(東方漢文學會)」에서 자세하게 논했다.

69 『三國史記』 「新羅本紀」 第十二, "敬順王 本紀 九年, 冬十二月, 王以四方土地, 盡爲他有, 國弱勢孤, 不能自安, 乃與群下, 謨擧土降太祖, 群臣之議, 或以爲可. 或以爲不可, 王子曰, 國之存亡, 必有天命, 只合與忠臣義士, 收合民心自

순왕의 두 아들을 낳은 왕비에 대해 문헌들에 일체 언급이 없는 것도, 그 이면에 왕건이 음양으로 작용하지 않았나한다. 신라 천년의 왕도였던 동경이 경주로 강등된 사실과도 맥락을 같이 한다.

동안거사(動安居士) 이승휴는 『제왕운기(帝王韻紀)』를 통해, 신라 시조 박혁거세는 하늘에서 내려온 인물로, 한 선제(宣帝, 재위서기전 74~49) 오봉(五鳳원년 갑자[甲子, 서기전57])에 진한 땅에서 개국하여, 이후 56왕 992년간의 역년을 누리다가 후당 청태(淸泰 2년 을미[935] 중동[仲冬]에, 김부가 고려 태조18[단기 3268, 서기935]년에 나라를 바치고, 장주[長主, 장녀, 낙랑공주]를 아내로 맞아 상보[尙父]에 책봉되어, 지금까지 경사가 이어지고 있다고 평했다. 이승휴는 태조18년은 '단군원년(檀君元年)' 무진(戊辰) 이후 3288년(3268?)이라고 기술했다. 중세 문헌에 '단기기년(檀紀紀年)'을 당당하게 기록한 사례로 최초이고 최후이다. 아울러 김부식이 빠뜨린 '『단군기(檀君記)』, 『단군본기(檀君本紀)』, 『동명왕본기(東明王本紀, 『구삼국사기』에 실린 내용)』' 등을 인용했다. 이 기록에서 우리는 13세기에 '민족자존의식'을 가졌던 이승휴를 만나게 된다.[70]

경주는 신라 천년의 수도였으며 전 세계에서 천년동안 수도였던

固, 力盡而後已, 豈宜壹千年社稷, 一旦輕以與人.…王子哭泣辭王, 徑歸皆骨山, 倚巖爲屋, 麻衣草食, 以終其身.…王率百寮, 發自王都, 歸于太祖. 香車寶馬, 連亘三十餘里. 道路塡咽, 觀者如堵. 太祖出郊迎勞, 賜宮東甲第一區. 以長女樂浪公主妻之. 十二月封爲正承公. 位在太子之上. 給祿一千石,…改新羅爲慶州, 以爲公之食邑."

70 『帝王韻紀』 卷 下, 「東國君王開國年代」 "新羅始祖赫居世, 所出不是人間系, 有卵自蒼蒼來,…漢宣五鳳元甲子, 開國辰韓定疆界,…金傅大王能遠計, 後唐末帝淸泰二, 乙未仲冬朝我陛(我太祖十八年也, 自檀君元年戊辰, 至此三千二百八十八年), 妻以長主(樂浪公主也)封尙父, 衣冠亦使朝連袂(賜羅臣皆以本職詣朝行), 九百九十二年來, 五十六王能稱制, 至今餘慶猶不窮."

곳은 경주(東京)밖에 없다. 한때 수도를 중원경(忠州)으로 옮기려 했지만 이루지 못했고, 대구(大丘)로의 천도설도 있었지만 실천되지 않았다. 삼국통일 이후 수도를 국토의 중앙인 '중원경'으로의 천도가 정답인데, 신라는 끝내 서라벌에 주저앉아 안일에 젖었다. 신라의 오경(五京) 중 중원경(中原京)의 지명 '중원(中原)'이 가진 의미도, 5경 가운데 중심이 되는 도읍이라는 의미이다. 수도 동경은 여타의 5경보다 상위에 있었다.

신라 시조의 성은 박 씨이고 이름은 혁거세로, 단기 2277년 전한 효선제(孝宣帝 오봉원년(서기전 57) 갑자(甲子) 4월 병진(丙辰, 일설에는, 1월 15일)에 즉위하여 호를 '거서간'이라 했고 당시 나이는 13세였으며 국호를 '서나벌(徐那伐)'이라 했다.[71] 신라의 나라이름은 '서야벌, 사라, 사로, 신라' 등으로 일컬어지다가, 탈해왕(재위57~79) 9년(65)에 '계림(鷄林)'으로 칭했으며, 기임왕(재위298~309)10년(307)에 신라로 다시 회복했다.[72]

국호 계림은 242년간 통용되었다. 신라로 회복하기까지 2세기 반이나 걸린 까닭이 무엇인지. 지증마립간4년(503) 10월 군신이 "시조 창업 이래 국명이 정해지지 않아 '사라, 사로, 신라' 등으로 일컬어지고 있는데, 신등이 '신자(新者)'는 덕을 나날이 새롭게 한다는 '덕업일신(德業日新)'으로, '라자(羅者)'는 사방에 정의를 두루 펼친다는 '망라사방지의(網羅四方之義)'로 정의하여 이를 국호로 삼는 것이 마땅합니

71 『三國史記』「新羅本紀」第一, "始祖姓朴氏, 諱赫居世, 前漢孝宣帝五鳳元年, 甲子四月丙辰(一日 正月 十五日)卽位, 號居西干, 時年十三. 國號徐那伐."

72 『三國史記』卷 三十四, 「雜誌」第三, 「地理」一, "國號曰徐耶伐, 或云斯羅, 或云斯盧, 或云新羅. 脫解王九年始林有鷄怪, 更名鷄林, 因以爲國號, 基臨王十年, 復號新羅."

다. 또 자고로 국가를 일으킨 지도자는 '칭제'나 '칭왕'을 했습니다. 시조가 입국하여 22세에 이르기까지, 방언으로 칭하여 존호가 정해지지 않았습니다. 이제 군신이 한마음으로 신라국의 '왕(王)'이라는 존호를 삼가 올립니다."라고 아뢰자 왕이 이를 수용했다.[73]

『교남지(嶠南誌)』도 경주군의 변천에 관해 자세하게 기술했다. 경주는 본래 신라의 고도로 서기전 57년 시조 혁거세가 개국하고 도읍을 정하여 서야벌이라 했다. 그 후 방언에 왕경을 '서야벌'이라 했으나 지금은 서울이라 부른다. 혹은 '사라·사로'라고 하다가 후에 신라로 칭했다. 탈해왕(재위57~79) 때 '시림(始林)'에 닭의 변괴가 있어, '계림(鷄林)'으로 일컫고 인하여 국호를 '계림'이라 했다가, 기림왕 때 '신라'로 회복되었다.

고려태조18년(936)에 경순왕 김부가 항복해오자, 나라는 없어져 경주가 되었다. 후에 대도독부로 승격되었고 성종(재위982~997)6년(987) '동경유수(東京留守)' 또는 '유수사(留守使)'로 부르다가 나중에 '영동도(嶺東道)'에 귀속되었다. 현종(1010~1031) 3년(1012)에 '경주방어사'로 강등되었고, 5년(1014)에는 '안동대도호부'로 일컫다가 21년(1030)에 다시 '동경유수'로 복원되었다. 당시 '예방(銳方)'에서 올린 『삼한회토기(三韓會土記)』에 '고려삼경'이라는 말이 있다는 보고에 말미암은 것이다.

73 『三國史記』 卷 第四, 「新羅本紀」 第四, "智證麻立干, 四年 冬十月, 羣臣上言, 始祖創業已來, 國名未定, 或稱斯羅, 或稱斯盧, 或言新羅, 臣等, 以爲新者德業日新, 羅者網羅四方之義, 則其爲國號宜矣. 又觀自古有國者, 皆稱帝稱王, 自我始祖立國, 至今二十二世, 但稱方言, 未正尊號, 今羣臣一意謹上號, 新羅國王, 王從之"

신종(神宗, 재위1198~1203)5년(1202) 동경 야별초가 반란을 일으켜 주군(州郡)을 겁략(劫掠)하자, '지경주사(知慶州事)'로 강등되었다가 고종6년(1219)에 유수로 다시 회복되고, 충렬왕34년(1308) '계림부'로 고쳤다가 이조 태종13년(1413) 경주 구호로 복원되고, 세조(재위1455~1468)시 진을 설치하여 여러 군현을 관장하게 했다. 효종(孝宗, 재위1650~1659)원년(1650)에 '목(牧)', 10년(1659)에 '부(府)' 현종6년(1665)에 '도호부'로 강등되었다가, 숙종(재위1675~1720)5년(1679)에 '부윤(府尹)'으로 승격되었다. 고종31년(1894)에 '군(郡)'이 되고 광무10년(1906)에 관할 지역의 변화가 있었다. 대정(大正, 1916~1926) 3년(1914)에도 관할 지역의 이동이 있었다.[74]

『교남지』가 기록한 위의 내용은, 경주의 역사를 통시적으로 제반 문헌을 참고하여 소상하게 밝힌 것이다. 사료의 한계로 인해 같은 내용의 중복 기록은 피할 수가 없는 실정이고, 약간의 첨삭도 의미가 있는 만큼 이를 인용하여 실상을 밝히고자 했다. 서기전 57년(단기 2277)부터 1914년(단기 4247)까지 2천 년 내외의 동경 경주부의 변천

74 『嶠南誌』卷之四, "慶州郡 沿革, 本新羅古都, 漢五鳳元年, 始祖赫居世, 開國建都, 號徐耶伐(此後方言, 王京通謂徐耶伐, 今稱京師爲徐鬱), 或稱斯羅, 或稱斯盧, 後稱新羅. 脫解王時, 始林有鷄怪, 更名鷄林, 因以爲國號. 基臨王復號新羅. 高麗太祖十八年, 敬順王金溥來降, 國除爲慶州, 後陞爲大都督府. 成宗六年改東京留守, 又稱留守使, 屬嶺東道. 顯宗三年, 降爲慶州防禦使, 五年又改安東大都護府, 二十一年, 復爲東京留守, 時銳方所上, 三韓會土記, 有高麗三京之文, 故復置之. 神宗五年, 東京夜別抄作亂, 攻劫州郡, 遣使道諭亂, 降知慶州事, 奪管內州府郡縣, 分隷安東尙州. 高宗六年, 復爲留守, 忠烈王三十四年, 改鷄林府. 李朝太宗十三年, 復慶州舊號. 世祖置鎭.…孝宗元年,…降爲牧, 十年還陞爲府, 顯宗六年,…降爲都護府, 肅宗五年, 復陞府尹, 高宗三十一年, 改爲郡. 光武十年, 割東海面屬迎日, 竹長面屬淸河. 大正三年, 合長鬐陽北陽南, …爲本郡."

과정을 종합 정리하여, 일목요연하게 서술한 것은 경주를 이해하는 데 참고가 된다.

신라의 국호와 왕의 명호에 대하여 김부식은 지증마립간원년(500)조 '논왈(論曰)' 장을 통해, 왕의 호칭이 거서간 1위, 차차웅 1위, 이사금 16위, 마립간이 4위인데, 신라 말 명유 최치원이 「제왕연대력(帝王年代曆)」을 지으면서, '거서간, 차차웅, 이사금, 마립간' 등 22대 동안 사용한 우리 고유의 존호를 두고, 사대주의적 시각에 근거하여 비야(鄙野)하다고 인식하고, '○○왕'으로 모두 고쳤다. 김부식은 신라 고유의 '존호'가 비야 한 것이 아니라고 하며, 중원의 『좌전(左傳)』과 『한서(漢書)』에도 오히려 범어(梵語) '곡어토(穀於菟, 유호[乳虎])'와 흉노어(匈奴語) '탱리고도(撑犁孤塗, 천자)'를 남겼는데, 이제 신라의 사적을 기록함에 있어서, 우리 방언을 그대로 살려서 존치함이 당연하다고 여겨 「신라본기」에 이를 사실대로 기술했다.[75]

이 기록에서 사대주의자 최치원과 민족주의자 김부식의 일면을 접하게 된다. 당에 유학하여 고작 '빈공과'에 합격했다고 하여, 수천 년간 고운을 과대평가해온 사대적 인식도 문제가 있고, 신라가 우리와 별 관계도 없는 '토황소격(討黃巢檄)' 등을 지은 고운을 중용하지 않았다고 비판하는 논의도 정당하지 않다. 신라 조정이 당에 유학했다고 해서 고운을 마냥 기리지 않고, '빈공제자(賓貢諸子)' 중의 한사람 정도로 취급한 것은 신라적 관점에 입각한 온당한 처사이다. 요즘도 신통치 못한 해외 유학생에 대한 과대평가는 계속되고 있다.

75 『三國史記』 卷 第四, 「新羅本紀」 第四, "智證麻立干元年, 論曰, 新羅王稱居西干者一, 次次雄者一, 尼師今者十六, 麻立干者四. 羅末名儒崔致遠作帝王年代曆, 皆稱某王, 不言居西干等, 豈以其言鄙野不足稱也. 曰左漢中國史書也, 猶存梵語穀於菟, 匈奴語撑犁孤塗等. 今記新羅事, 其存方言亦宜矣."

우리는 통시적으로 신라의 국호와 수도를 혼동하여 후인들을 혼란스럽게 만들었다. 서라벌을 국명으로 보았고 왕도의 호칭으로 여겼다. 당대 신라인도 국호와 왕도를 혼동한 사례가 있었고 로마와 로마제국처럼 동일시하기도 했다. 신라가 정식 국명으로 확정된 지증마립간(재위500~513)4년(503)까지 6세기에 걸쳐 신라 자체에서도 국명과 수도의 개념을 혼용하여 사용했다. 혁거세거서간21년(서기전, 37), 궁성을 축조하여 '금성(金城)'으로 칭하고, 파사왕(婆娑王, 재위80~111)22년(101) 금성 동남쪽에 성을 쌓고 '월성(月城)' 혹은 '재성(在城)'이라 했다. '신월성(新月城)' 북쪽에 '만월성(滿月城)'이 있었고, 신월성 동쪽에 '명활성(明活城)'이 있었으며, 신월성 남쪽에 '남산성(南山城)'이 있었다.[76]

시조 이래 여러 왕들은 주로 '금성'에 머물렀고, 후세에는 월성과 신월성에 많이 기거했다. 말엽에 강토가 날로 줄어, 말왕 김부가 나라를 왕건에게 바친 후 신라는 '경주'로 강등되었다. 곡령(鵠嶺)에 있는 왕건의 현릉(顯陵)의 십이지상(十二支像)을 비롯한 지석 말미에 김부는 초라한 석물로 남아있다. 김부의 경주는 오늘의 '경주시'를 말하는 것이 아니라, 김부가 왕건에게 바친 신라의 강역 전체를 의미한다. 그러므로 현재의 경주시는 '동경'으로 칭해야 마땅하다. 경덕왕(景德王, ?~765) 전후에도 신라의 수도를 '경도(京都)·경성(京城)'이라 칭했다. 경덕왕이 수도 경성을 수리하는 관청을 '경성주작전(京城周作典)'이라 했는데, 경덕왕이 이를 '수성부(修城府)'로 바꾸었다가, 혜공왕(惠

76 『三國史記』 卷 第三十四, 雜志 第三, 「地理」 一, "初, 赫居世二十一年, 築宮城號金城. 婆娑王二十二年, 於金城東南築城, 號月城或號在城,…新月城北有滿月城,…又新月城東有明活城,…又新月城南南山城.…始祖以來, 處金城, 至後世多處兩月城.…末王金傅, 以國歸我太祖, 以其國爲慶州."

恭王, 재위765~779)이 본래 명칭으로 환원시켰으며, 조선조의 서울 '경도(京都)'를 보위하고 수집(修葺)하는 '한성부'와 그 기능이 유사하다.[77]

신라 수도의 명칭으로 지증마립간10년(509) 춘정월에 '경도'에 동시(東市, 東市典)를 설치했다는 기록이 나오는 점을 볼 때, 6세기 초에도 신라가 수도를 '경도'로 일컬었음을 확인할 수 있고 '경도역(京都驛)'이라는 역참도 있었다.[78] 『구당서』「신라국」 편에, '본래 '변한(弁韓)'의 묘예(苗裔)이다. 한나라 때 낙랑의 땅으로 동남이 바다이고, 서는 백제 북은 고려와 이웃하여 동서가 천리 남북이 2천리이다. 성읍과 촌락이 있고 왕의 거소를 '금성(金城)'이라 했으며, 주위가 7, 8리였고 위병이 3천명이고 '사자대(獅子隊)'를 설치했다.'고 했다. 신라가 한나라 때부터 낙랑 땅이라는 『구당서』의 기록은 망발이다. 신라는 중원 국가에 정복된 적이 없었던 왕국이었다.[79]

『삼국유사』「처용랑 망해사」 조에 처용이 밤늦도록 놀다가 집에 와서, 침실에 아내와 다른 남자가 동침하고 있는 현장을 보고 불렀다는 〈처용가〉에도, 경주가 아닌 '東京'으로 표기했으며, 「원광서학」 편에도 '동경안일호장(東京安逸戶長)'이라는 기록이 나오고, 「흥법(興法)」

77 『三國史記』 卷 第九, 「新羅本紀」 "景德王, 夏四月, 京都雹大如鷄子,…卷第三十八 「雜志」 第七 職官 上, 惠恭王四年,…京城周作典, 景德王改爲修城府, 惠恭王復故."

78 『三國史記』 卷 第四, 「新羅本紀」 第四 "智證麻立干, 十一年, 春正月, 置京都東市." 『三國史記』 卷 第三十八, 雜志 第七, 職官 上, "京都驛, 景德王改爲都亭驛, 後復故."

79 『舊唐書』 卷 一百九十九, 上, 列傳 第一百四十九 上, 「東夷」 "新羅國, 本弁韓之苗裔也. 其國在漢時樂浪之地, 東及南方俱限大海, 西接百濟, 北鄰高麗. 東西千里, 南北二千里. 有城邑村落. 王之所居曰金城, 周七, 八里, 衛兵三千人, 設獅子隊."

제3에도 동경이라는 기록이 있다.[80] 『고려사』「세가」 광종(光宗, 재위 950~975)11년(960) 춘 삼월 갑인에, 백관의 공복을 정하고 개경(開京)을 '황도(皇都)'로 서경(西京)을 '서도(西都)'로 고치고, 목종(穆宗, 재위998~1008)6년(1003) 춘 정월에 교서를 내려 삼경(三京, 개경 · 서경 · 동경)과 10도의 군료(群僚)와 서관(庶官)들은 짐(朕)의 유언(諭言)을 체득하라고 했다.[81]

고려시대에는 경주를 동경과 함께 '동도(東都)'라고도 칭했다. 『고려사』「열전」에, 채정(蔡靖, ?~1217)은 등제하여 동도서기(東都書記)로 있다가 국학학정(國學學正)을 거쳐, 동도에 반란이 일어나 유수부사(留守副使)로 제수되어, 단기(單騎)로 부임하자 동도인(東都人)들이 반란을 멈추고 안정되었다고 했다. 『삼국유사』는 경주를 '동경(東京)'으로 『고려사』는 '동도(東都)'라고 일컬었고, 경주라는 지명은 거의 사용하지 않았다.[82]

1) 서라벌과 동경 경주부의 연혁

『고려사』「지리지」 경상도 편장에, 상주 소관을 '영남도', 경주(慶

80 『三國遺事』「紀異」第二, "處容郎 望海寺, 其妻甚美, 疫神欽慕之, 變爲人夜至其家, 竊與之宿. 處容自外至其家, 見寢有二人, 乃唱歌作舞而退. 歌曰, "東京明期月良, 夜入伊遊行可," 「義解」第五, 圓光西學, "又東京安逸戶長, 貞孝家在古本殊異傳." 「興法」第三, "東京興輪寺金堂十聖."

81 『高麗史』「世家」卷 第二, "光宗 十一年 春三月 甲寅,…定百官公服, 改開京爲皇都, 西京爲西都." …「世家」卷 第三, "穆宗 六年 春正月, 敎曰,…其三京十道, 群僚庶官, 體朕諭言."

82 『高麗史』「列傳」第十六, "蔡靖, 本陰城縣吏, 力學通經, 登第掌東都書記,…神宗朝出牧晉陽. 東都與永州作亂, 議遣安撫使, 而難其人, 聞東都人思靖不已, 乃拜留守副使, 靖單騎之任, 東都人聞其至, 反則悉安."

州) 금주(金州)의 소관을 '영동도' 등으로 부르다가, 충숙왕(재위, 1314~1330, 복위, 1332~1339) 원년(1332)에 경상도로 확정되어 '1경(一京), 2목(二牧), 3부(三府), 30군(三十郡), 92현(九十二縣)'을 관장하게 했다. 1京은 동경유수(東京留守)로 경주에 주재했다. 경주는 신라의 고도(古都)로 시조 혁거세가 나라를 열어 도읍을 세우고, 국명을 '서야벌, 사라, 사로, 계림' 등으로 일컫다가 뒤에 다시 '신라'로 확정했다. 고려 태조 18년(935) 경순왕 김부가 항복한 뒤, 신라라는 국명을 없애고 그 영역을 일괄하여 경주라 했다. 동경유수가 경주방어사보다 상위이고 문제가 생길 때마다 명칭을 경주로 격하시켰다. 「삼한회토기」에 '고려삼경'이라는 글이 있었다는 보고를 받고 동경유수로 복원했다. 「본기(本紀)」와 중복되지만 고증을 위해 재차 수록했다. 다소의 혼란은 있으나 동경과 경주는 대체로 다른 위상으로 인식하여 사용되었다.[83]

1751년 무렵에 완성된 이중환(李重煥, 1690~1756)의 『택리지(擇里志)』에 "신라는 향국 천년 동안 경주에 도읍했는데, 당 태종이 김춘추(金春秋)에게 신라를 지칭하여 '진실로 군자지국'이라는 말에 의거하여 '계림군자국(鷄林君子國)'으로 일컫기도 했으며, 이는 오늘의 동경이며 부윤을 두어 다스린다. 주치(州治, 경주부의 치소[治所], 동경)는 태백산맥 왼쪽 줄기 중앙에 있는데, 형가(形家)는 '회룡고조(回龍顧祖)'의

83 『高麗史』「地理」二, "慶尙道, 成宗十四年, 分境內爲十道, 以尙州所管爲嶺南道, 慶州金州所管爲嶺東道,…忠肅王元年, 定爲慶尙道, 領京一牧二府三郡三十縣九十二. 東京留守官, 慶州, 本新羅古都. 始祖赫居世王, 開國建都, 國號徐耶伐, 或稱斯羅, 或稱斯盧, 後稱新羅, 脫解王九年, 始林有鷄怪, 更名鷄林, 因以爲國號. 基臨王十年, 復號新羅. 太祖十八年, 敬順王金傅來降, 國除爲慶州.…顯宗三年, 廢留守官, 降爲慶州防禦使. 五年改安東大都護府. 二十一年, 復爲東京留守, 時銳方所上, 三韓會土記, 有高麗三京之文, 故復置之."

형국이라 했다. 서북이 열려있는 판국으로 중간에 물이 동으로 흘러 바다로 들어간다."고 했다. 이 기록에서 이중환도 경주를 '동경'으로 칭했다.[84]

전래 문헌들의 나타난 경주에 대한 내용은 대동소이하고 거개가 중복 기술되었다. 『신증동국여지승람』 '경주부'의 영역을, 동은 울산 경계에서 장기현계까지, 남은 언양현계, 서는 청도군계에서 영천군계까지, 북은 영일현계까지이고, 서울과의 거리는 783리라 했고, 기타 사적에 관한 기술 역시 큰 차이가 없다.[85] 본래 신라의 고도로 한나라 오봉(五鳳) 원년에 나라를 열어 도읍을 세워 국호를 '서야벌(이로부터 방언으로 왕경을 서야벌(徐耶伐)로 일컬었다), 사라, 사로'로 불렀다가 '신라'로 바뀐 다음 '계림'이 되었다가, 경순왕이 나라를 바친 이후부터 '경주'로 격하되었다. 경주에서 여러 호칭으로 변경되었다가 태종 조에 경주로 확정되었다. 경주부의 '군명(郡名)'은 '진한, 서야벌, 사로, 신라, 낙랑, 계림, 월성, 동경, 금오(金鰲), 문천(蚊川)' 등이 있다.[86]

위의 각종 기록을 통해서 경도에 '금성을 비롯해 '부산성(富山城), 월성(月城, 在城), 신월성, 만월성, 명활성, 남산성, 관문성(關門城)' 등

---

84 李重煥; 『擇里志』 「慶尙道」 "新羅享國千年, 都慶州, 卽古所稱鷄林君子國也, 今稱東京. 置府尹以莅之, 州治在太白左枝中央. 形家言回龍顧祖. 向西北開局, 局中之水, 東流爲大江, 入于海."

85 『新增東國輿地勝覽』 卷 二十一, "慶州府, 東至蔚山郡界六十一里, 至長鬐縣界八十四里, 南至彦陽縣界六十二里, 西至淸道郡界七十六里, 至永川郡界五十三里, 北至迎日縣界三十六里, 距京都七百八十三里."

86 『新增東國輿地勝覽』 卷之二十一, 「慶尙道」 "慶州府 建置沿革, 本新羅古都, 漢五鳳元年, 始祖赫居世, 開國建都, 國號徐耶伐(此後, 方言, 王京通爲徐耶伐), 或稱斯羅, 或稱斯盧, 後稱新羅. 脫解王時, 始林有鷄怪, 更名鷄林, 因以爲國號,…太宗朝復慶州舊號,…郡名, 辰韓, 徐耶伐, 斯盧, 新羅, 樂浪, 鷄林, 月城, 東京, 金鰲, 蚊川."

이 있었는데. 이들 성은 금성을 보위하거나 유사시에 피난처로 이용된 듯하고, 즉위한 왕들의 취향에 따라 이들 성들에 옮겨 거주했다. 『동전고(東典考)』「진보(鎭堡)」 산성(山城) 경상도 경주 조에, 부산성은 서쪽 32리에 있는데 석성이다. 금성은 동서를 흙으로 쌓았고 혁거세가 축조했다. '월성'은 동남 5리의 토축으로 형태가 반월과 같았다. 만월성은 월성 북쪽에 있는데 토축이다. 명활성은 월성 동편에 있는데 석축이다. 남산성은 월성 남녘에 있고 토축이다. 관문성은 동서가 15리이며 석축이다.[87]

신라 수도 경도는 천년 동안 외적(견훤은 외적이 아니다)에게 침탈된 적이 없었다. 지정학적으로 침탈이 불가능한 지역으로 이해되고 있다. 금성을 위시한 월성 등은 수도를 의미하지 않고 역대 왕들의 기거했던 거처나 행궁으로 여겨진다. '금성, 월성, 만월성, 명활성'은 인접해 있었고 '임관성'은 울산으로 가는 통로로 왜구의 침탈을 방어하는 요해처였다. '계림'은 경도와 국명으로 병용되었다. 지세가 동남이 산과 강으로 막혀 있는 반면, 서북방이 틔어 있기 때문에 '북진책'을 썼다고 보기도 한다. 신라의 주적은 고구려와 백제보다 왜국이었다. 백제와 달리 신라는 왜와 관계가 나빴다. 신라가 끝까지 일본의 천황제를 인정하지 않았던 사실과도 관계가 있고, 지형적으로 왜구의 침략이 잦았던 것도 일인이 되었다.

『세종실록』「지리지」에, '경상도'는 삼한시대의 진한 삼국시대에는 신라였는데, 고려 태조가 신라 백제를 병합한 뒤 경주라 칭했다. 경주

87 『東典考』 卷之十一, "鎭堡(廢鎭堡 附) 山城 慶尙道 慶州, 富山城(西三十二里, 石築), 金城(東四里, 土築, 赫居世築), 月城(東南五里, 土築, 形如半月), 滿月城(月城北, 土築), 明活城(月城東, 石築), 南山城(月城南, 土築), 關門城(東四十五里, 石築)."

에는 부윤(府尹)과 판관(判官) 유학교수관(儒學敎授官)이 각각 한 명이 있었다. 경주는 신라 고도로 한 선제 오봉 원년(서기전 57) 甲子에 시조 혁거세가 나라를 세우고 도읍으로 정했다. 인하여 '서야벌, 사라, 사로, 신라' 등으로 불렀다. 경순왕 김부가 고려에 항복한 다음부터 경주로 칭했다. 이후 '대도독부, 동경유수, 경주방어사, 지경주사' 등으로 일컫다가, 태종15년(1415) 을미에 '경주부'로 개명했고 별호는 '낙랑' 이라고도 했다. 경주의 별호를 '낙랑'이라 칭한 것은 송 태종 순화(淳化, 990~994) 연간이라고 했다.[88]

중국은 한사군의 영역을 압록강이남 한반도 전체로 확장하여 설정했지만 이는 잘못이다. 한 무제와 당 고종도 신라는 정복하지 못했다. 『수서(隋書)』「신라전」에 '신라국은 고려 동남에 있는데, 한나라 때 낙랑 땅에 있었고 혹은 '사라'로 칭했다.'라는 기록도 있지만, 이 역시 중원 사서들의 과장이다. 그러므로 신라의 강역을 낙랑영역으로 보는 것은, 중원 제국주의 정권들이 한반도가 오래전부터 중국의 속국이었음을 왜곡하여 강조한 자의적 술수이다.[89]

『증보문헌비고』「여지고(輿地考)」 군현연혁 경상도 편에, 본래 진지(辰地)로 후에 북은 진한 남은 변한이다. 신라가 진한 변한을 병합하여 삼국을 통일한 뒤, '상주, 양주(良州), 강주(康州)'를 두었다가 군

---

88 『朝鮮王朝實錄』 世宗 卷 一百五十, 「地理志」 "慶尙道, 在三韓時, 爲辰韓, 三國時爲新羅, 及高麗太祖倂新羅百濟, 置東南道都部署使, 置司慶州.…慶州, 府尹一人, 判官一人, 儒學敎授官一人. 卽新羅故都. 漢宣帝五鳳元年甲子, 始祖赫居世, 開國建都, 因號徐耶伐.…太宗十五年乙未(卽, 大明太宗永樂十三年), 改爲慶州府, 別號樂浪(淳化所定)."

89 『隋書』 「列傳」 第四十六, "東夷 新羅, 新羅國, 在高麗東南, 居漢時樂浪之地, 或稱斯羅. 魏將毌丘儉討高麗, 破之, 奔沃沮. 其後復歸故國, 留者遂爲新羅焉."

현으로 나누었다. 말엽에 궁예와 견훤이 분점 했으며 이후 고려가 이를 병합하여 경상도라 했다. 신라는 서야벌을 국도로 삼았다. 고려는 태조18년 '신라'를 없애고 경주라 했다가 대도호부로 승격했다. 성종 대에는 동경유수 현종 대에는 주와 부로 강등되었다가 이어서 부(府)가 경(京)이 되었다. 신종(神宗, 재위, 1198~1203) 조에 다시 주로 강등되는 등 우여곡절을 거쳐 충렬왕 대에 계림부로 고쳤다. 조선조에 들어와 태종15년(1415) 경주부로 했다가 고종32년(1895) 경주군(慶州郡)이 되었다.[90]

저자와 출판 연대가 명확하지 않은 『동경지(東京志)』를 현종(顯宗, 재위1660~1674) 10년(1669) 민주면(閔周冕, 1629~1670)이 『동경잡기(東京雜記)』로 개명하여 출간했고, 이를 성원묵(成原默, 1785~1865)이 헌종(憲宗, 재위1835~1849)11년(1845)에 다시 펴낸 『동경잡기』 중 「진한기(辰韓紀)」에, 경상도는 본래 진한 땅으로 나중에 신라의 소유가 되었다. 『동경지』가 증보되어 『동경잡기』로 확충된 것은 상당한 의미가 있다. '경주잡기(慶州雜記)'가 아니고 『동경잡기』로 명명한 이유는, '경주'라는 지명이 가진 비극과 치욕을 벗어나고자 한 신라 후예들의 의지와 관련이 있다.

진한은 마한의 동쪽에 있는데, 스스로 진(秦) 나라에서 부역을 피해 한(韓)에 망명해온 사람으로, 마한이 이들에게 동쪽 땅을 주자 성책을

90 『增補文獻備考』 卷之十七, 「輿地考」 五, 郡縣沿革 三, "慶尙道, 本辰地, 後北爲辰韓, 南爲弁韓, 新羅倂有二韓地, 統合三國, 後置尙良康三州, 分領郡縣, 及其末弓裔甄萱, 分據尙良二州, 高麗倂三州爲慶尙道, 本朝因之.…新羅, 徐耶伐(國都), 慶州, 太祖十八年, 新羅國除, 改爲今名爲州, 尋降爲大都護府. 成宗改東京留守, 顯宗降州尋降府, 府爲京. 神宗降州管內州府郡縣.…慶州郡, 本朝, 太宗十五年, 復改今名爲府. 今上三十二年改爲郡."

만들어 살았다. 언어도 '진인(秦人)'과 유사하여 스스로 '진한(秦韓)'이라 불렀다고 했다.[91] 진한의 왕은 오랜 기간 동안 마한 사람이 차지했으며 진한 12국을 통솔했다. 땅은 오곡이 자라기에 알맞았으며, 양잠을 즐겨 했고 비단과 삼배를 잘 짰다. 말과 소를 타고 다녔으며 예의를 갖추어 혼례를 거행했고, 행인들은 길을 서로 양보하는 좋은 풍속을 가졌다.[92]

『삼국사기』「신라본기」 경순왕 조 말미에, "국인이 신라를 시조로부터 말왕 경순왕까지 삼대(三代)로 나누었는데, 진덕왕(재위647~653)까지 28왕을 상대(上代), 무열왕(재위654~660)부터 혜공왕까지 8왕을 중대(中代), 선덕왕부터 경순왕 까지 20왕을 하대(下代)"라고 했는데, 신라인이 스스로 나라가 하대에 와서 멸망에 이르렀다고 생각한 것은 믿기 어렵고, 이는 신라는 멸망하고 고려조가 개국한다는 김부식의 자의적 관점에 의한 분류이다.[93]

삼대와 관련해서 진성여왕(재위887~896)2년(888) 위홍(魏弘, 헌강왕, 진성여왕 대의 각간[角干])과 대구화상(大矩和尙, 진성여왕 대의 승려)에게 명하여 '향가집' 『삼대목』을 편찬하게 했다는 기록이 있다.[94] 여기서

91 『梁書』「列傳」 東夷 "新羅, 新羅者, 其本辰韓種也. 辰韓亦秦韓, 相去萬里, 傳言秦世亡人避役來適馬韓, 馬韓亦割其東界居之, 以秦人, 故名之秦韓."

92 『東京雜記』 卷之一, 「辰韓紀」 "慶尙道. 本辰韓之地, 後新羅所有(出『輿地勝覽』), 辰韓在馬韓之東, 自言秦之亡人, 避役入韓, 韓割東界以與之, 立城柵. 其言語有類秦人, 或謂之秦韓. 常用馬韓人作主, 所統凡十有二國, 地宜五穀, 俗饒蠶桑, 善作縑布, 乘駕牛馬, 嫁娶以禮, 行者讓路(出『東國通鑑』)."

93 『三國史記』「新羅本紀」 "敬順王 九年,…國人自始祖, 至此分爲三代, 自初至眞德二十八王, 謂之上代, 自武烈至惠恭八王, 謂之中代, 自宣德至敬順二十王, 謂之下代云."

말하는 '삼대'가 위에 언급한 신라의 '상대 중대 하대'를 지칭했다고 알려져 있는데, 이 역시 필자는 중국이 태평성대를 일컬어 '하·은·주' 시대를 '삼대지치(三代之治)'로 기리고 있는 것처럼, 신라가 중원의 삼대에 비견되는 태평성대를 맞아, 이를 칭송하기 위해 〈향가〉를 수집하여 '가곡집' 『삼대목』을 편찬한 것으로 인식한다.

삼대와 관련하여 신라의 삼대를 두고 『동전고』는 보다 구체적으로 역년을 언급했다. 무릇 56세를 누리면서 박씨가 10왕, 석씨가 8왕, 김씨가 38왕인데, 진덕왕 이전 28왕을 '상대'라 하고, 혜공왕 이전 8왕을 '중대', 경순왕 이전 20왕을 '하대'로 보았는데 『삼국사기』와 동일하다. 여기에 첨가하여 신라는 서기전 57년에 일어나 서기 935에 망할 때까지 삼국 통합 이전의 29왕 724년, 통합 후의 27왕 268년을 합쳐 992년의 역년을 누렸다고 설명했다.[95]

2) 신라의 국명변천과 자체존호

『동전고』「신라기」에, 신라 시조 원년 하 사월 병진에 혁거세가 즉위했다. 앞서 '조선유민'이 동해변과 산곡에 육촌(六村)을 이루어 살았는데 이를 '진한육부(辰韓六部)'라 했다. 육부의 장이 뜻을 모아 '혁거세'를 왕으로 추대했다. 시조는 성이 박 씨이고 이름은 혁거세로 한 선제 오봉원년(단기 2277, 서기전 57) 갑자에 즉위하여 '거서간'이라 불렀

94 『三國史記』「新羅本紀」"眞聖王 二年, 王素與角干魏弘通, 至是常入內用事, 仍命與大矩和尙, 修集鄕歌, 謂之『三代目』云."

95 『東典考』卷之十二, 歷代 "新羅,…凡五十六世, 朴氏十王, 昔氏八王, 金氏三十八王(眞德以上二十八王, 謂之上代, 惠恭以上八王, 謂中代, 敬順以上二十王, 謂下代), 合九百九十二年. 起甲子盡乙未(統合前, 二十九王, 七百二十四年, 統合後, 二十七王, 二百六十八年)."

다. 진한 사람들이 왕이나 귀인을 부르는 명칭이다. 국호는 서라벌인데. 라(羅)를 나(那) 또는 야(耶)라고도 했으며 또 서벌(徐伐, 서울의 우리말 표기)이라고도 했는데, 우리말의 서울이라는 뜻으로 사라(斯羅) 혹은 사로(斯盧)라고 하기도 했다. 재위기간은 61년이었다. 남해차차웅(재위서기 4~23)의 차차웅을 '자충(慈充)'이라고도 하는데 김대문(金大問, 생몰미상 신문왕대 인물『화랑세기(花郎世紀)』 등의 저술이 있었으나 부전)은 무(巫)의 방언이라 했다. 자충은 중(승려[僧侶])의 어원으로 보기도 한다. 무속에 북방무와 남방무가 있는데 신라는 '북방무' 계열이다.[96]

위의『동경잡기』기록은『삼국사기』「신라본기」'시조 혁거세거서간' 조의 일부를 거의 그대로 이기한 것이지만, 우리 고유의 왕에 대한 존호를 긍정적으로 인식하여 그대로 채록한 사실은 의미가 있다.『삼국유사』는 '혁거세거서간'이라 칭하지 않고 '혁거세왕'이라 했다.『동경잡기』에 법흥왕 이전의 신라 역대 영도자의 호칭을 '거서간' 등으로 기록한 점은,『삼국사기』의 저자 김부식과 인식을 같이한 것으로 주체적 역사 인식이다.

『삼국사기』「고구려본기」와「백제본기」에 기록된 최고통치자의 존호는 모두 '○○왕'인데, 신라만이 법흥왕 이전까지 유독 '거서간, 차차웅, 이사금, 마립간'이라 칭한 이유는 신라인의 민족적 자주적 긍

96『東京雜記』卷之一,「新羅紀」, "新羅始祖元年夏四月丙辰, 始祖朴赫居世立. 先是朝鮮遺民, 分居東海濱山谷間, 爲六村,…是爲辰韓六部, 六部長, 共立赫居世爲君(出『東國通鑑』 詳見古蹟). 始祖姓朴名赫居世, 漢宣帝五鳳元年甲子, 卽位, 號居西干. 辰人稱王之語, 或云貴人之稱. 國號徐羅伐, 羅一作耶, 又云徐伐, 俗訓京字云徐伐, 以此又云斯羅, 又云斯盧. 在位六十一年. 南解次次雄, 或云慈充, 金大問云, 次次雄, 方言爲巫也."

지에 기인한 것이고, 김부식이 이들 민족 고유의 존호를 사서에 살린 사실도 의미심장하며, 『동경잡기』의 편저자가 이를 계승한 것도 주목된다. 그러므로 『동경잡기』 편저자의 뜻은 칭송받아야 마땅하다.

민족 고유의 자체존호를 신라가 사용한 까닭은 확언할 수는 없지만, 진시황의 압제를 피해 한반도로 이주한 중국 북방계 진인(秦人)과 연관이 있는 듯하다. 진시황 대에 이주한 진인은 한족일 수도 있으나, 만리장성 권역에 거주했던 한족이 아닌 북방 민족일 가능성이 더 많다. 몽골족 등의 북방민족의 최고 통치자의 호칭이 '칭기즈칸(재위, 1206~1228)'인 것과도 접맥된다. 박혁거세 '거서간'은 칭기즈칸보다 14세기나 앞선 영도자이다. 따라서 '간(칸, 격음화)'의 칭호 역시 1300여 년이나 신라가 앞서있다. 신라의 전신인 진한(辰韓)을 '진한(秦韓)'이라 한 것도 이와 연계된다.

단기 2227년(서기전 57)에 138년간 존속했던 진한은 신라 시조 혁거세거서간에 의해 합병되었다. 진한은 성책을 만들어 살고 있었는데 언어도 마한과 달랐다. 나라를 '국(國)'이 아니라 '방(邦)'으로, 활을 '궁(弓)'이 아니라 '호(弧)'로, 도적을 '구(寇)'로, 술잔을 돌리는 것을 '행주(行酒)'가 아닌 '행상(行觴)'으로, 서로를 부를 때 '도(徒)'라고 하는 등은 '진인(秦人)'과 같았다. 풍속이 가무를 좋아하여 술 마시기를 즐겨하여, 공후와 유사한 슬(瑟)을 연주했다. 왜와 가까운 고장 남여들은 문신을 하기도 했다.[97]

『동전고』는 경상도 좌도(左道) 경주 편에, 성곽이 있고 신라의 고도

97 『東典考』「歷代」"辰韓, 漢宣帝五鳳元年甲子, 辰韓爲新羅王赫居世所併, 凡一百三十八年. 有城柵言語不與馬韓同, 名國爲邦, 弓爲弧, 賊爲寇, 行酒爲行觴, 相呼爲徒, 有似秦人.…俗喜歌舞飮酒, 有瑟其形似筑,…近倭者男女文身."

로 국호는 '서야벌, 사라, 사로' 등으로 불렀다가 후에 신라라 칭했다. 현재 신라의 남은 성곽은 거의 없다. 혹시 신라를 병합한 왕건이 훼철한 것일까. 탈해왕이 '계림'으로 변경했다가, 고려가 신라를 없앤 뒤 '경주'로 격하했고 곧이어 '동경유수' 또는 '계림부'로 바꾸었다. 경주를 '진한, 낙랑, 월성, 금오, 문천'으로도 불렀다. 밀양(密陽)은 추화군(推火郡)으로 밀성(密城, 密은 추(推)의 방언으로 밀치다의 음차이다)으로 바꾸었다. 신라의 지명에 '화(火, 불·벌)'자를 읍의 명칭으로 삼은 지역이 많다. 화는 불의 전사로서 불은 '벌(伐)'의 이칭이며 방언에 벌판(평야)을 일러 '벌(뻘)'이라 했다. 지명의 끝 글자에 화(火, 불)와 벌(伐)이 붙은 곳은 평야나 벌판을 의미한다.[98]

우리는 반만년 역사를 가진 민족국가라고 자랑하고 있다. 국조 단군왕검 이후 초강대국 옆에서 민족과 국가를 지켜, 지금 남북분단의 역경을 딛고 10대 경제대국으로 성장하여 기적에 가까운 성취를 이룩한 지혜로운 민족이다. 반만년 역사 진행에서 불행하게도 삼국시대 이전 기록은 거의 없다. 신라의 『국사』 고구려의 『유기(留記, 신집[新集])』 백제의 『서기』 등의 이름이 나오지만 그 실체를 파악할 수가 없고, 심지어 이규보(李奎報, 1168~1241)가 인용한 『구삼국사기』도 김부식은 언급하지 않았다. 그러므로 우리 고대사는 중원 왕조들의 시각으로 축소 수정 왜곡된 각종 사서들에 의존할 수밖에 없다.

『삼국사기』를 편찬할 때 김부식은 잔존 사서들을 '고기(古記, 이규보는 「동명왕편」을 서술하면서 『구삼국사기』를 인용했다. 김부식이 말한 「고기」

98 『東典考』 「州郡」 "慶尙道 左道 慶州(有城), 新羅古都, 國號徐耶伐(或斯羅, 或斯盧), 後稱新羅, 脫解王更名鷄林. 高麗國除爲慶州, 改東京留守, 又鷄林府. 太宗復號慶州. 辰韓 樂浪 月城 金鰲 蚊川.…密陽, 新羅, 推火郡改蜜城(新羅多以火爲邑名, 火是佛之轉, 佛是伐之轉, 方言, 謂坪曰伐.). 高麗, 蜜州降歸化部曲."

중 하나가 이를 지칭한 것이 아닐는지)'라고 얼버무렸다. 사마천(서기전 135?~93?)을 비롯한 중원사가들이 그들의 고대사를 소위 서구식 실증주의의 칼날을 휘둘러 삭제시키지 않고, '삼황오제(三皇五帝)' 등을 남겨둔 것과도 비교된다. 『삼국유사』의 저자 일연은 김부식과 달리 고대사에 대한 관심이 많았으나, 남아있는 사료의 부족으로 '『전후한서(前後漢書)』, 『위서(魏書)』, 『통전(通典)』, 『책부원구(冊府元龜)』' 등 중원 사서들을 두루 참고하여 우리의 고대사를 애정을 가지고 기술했다. 현전 『위서』에는 단군에 대한 기록이 없다. 『위서』의 모태인 산일된 『위략(魏略)』을 일연이 참고한 것으로 보고 있다.

김부식은 『삼국사기』라는 책이름에 충실했는지는 모르겠으나, 우리나라의 개국시조인 국조 '단군왕검(檀君王儉, 단군원년, 서기전 2333년 무진, 즉위, 요([堯, 25년])'에 대한 기록 등은 전혀 없으며 오로지 『삼국유사』에만 전한다. 『삼국유사』가 없었다면 우리의 역년은 2천여 년으로 축소되었을 것이다. 『삼국사기』와 『삼국유사』에 수록된 한국 상고사나 고대사는 거의 전부 중원 『25사』의 「동이전」 등에서 인용했고, 후세에 간행된 각종 문헌에도 가감 없이 이를 이기했다. 만일 중원 사서들이 채록하지 않았다면, 우리 고대사는 그나마 고찰할 수도 없을 정도이다.

『삼국사기』와 『삼국유사』에 수록되지 않은 삼국시대 이전의 고대사를 우리는 인정치 않으려는 경향이 있다. 중원 사서들에 수록된 우리 고대사는 일정하게 수용하면서, 재야에 전해온 "『단군고기』, 『진역유기(震域遺記)』, 『규원사화』에 편차된 '「조판기(肇判記)」, 「태시기(太始記)」, 「단군기(檀君記)」'와 만주 신흥무관학교의 교재로 사용했던 '『신단실기(神檀實記)』, 『배달족강역형세도(倍達族疆域形勢圖)』' 등이 말한 고대사 내역들"을 도외시하고, 이를 과학이며 실증이라고 주장하고 있다. 위의 문헌들이 홍황(洪荒)하고 후세에 과장과 조작된 면도 다소 있는 것은 사실이다. 소위 『정사』로 인정되는 사서에도 과장과 조작은 부지기수이다. 역사는 상당 부분이 승자들에 의해 날조와 과장으로 점철된 '위사(僞史)'라는 설이 있다. 그러므로 상고사가 전무한 우리 현실에서 이를 전적으로 배제할 수만은 없다. 이들 기록 중의 상당부분은 사실일 가능성도 있다.

동서고금을 불문하고 역대 정권은 수도 방위를 중시했다. 지금 수도 서울에 '수도경비사령부'가 있는 것도 같은 축이다. 임진왜란 때 15일 여 만에 서울이 함락되고, 6,25 동란 때 3일 만에 서울이 점령당한 사실이 그 중요성을 웅변으로 말한다. 이처럼 수도의 이전은 해당 왕조의 성쇠와 관련이 있다. 고구려와 백제가 국내성에서 평양으로 한성에서 공주 부여로의 남천과, 송나라가 '항주(杭州)'로의 수도 이전이 결국 국세를 약화시켜 멸망의 전기로 작용했던 점이 그 증거이다. 반면 명나라는 남경에서 북경으로의 천도는 흥성의 계기가 되었다. 신라도 한때 제기되었던 중원경(中原京, 충주)과 대구로의 북천을 했어야 했는데, 국토의 남녘 동경에 천년 동안 주저앉아 있었던 것이 신라의 지속적인 비약을 막았다. 대한민국이 수도의 기능 일부를 '세종시'로 옮긴 것도 바람직하지 않다. 나름대로 역사에 관심이 있었던 김정일이 이를 칭찬하고 좋아했다는 전언도 있다.

천년을 존속했던 신라가 수도였던 서야벌(서라벌 · 동경)을 어떻게 방어했는지 궁금하다. 동경은 주변이 높은 산으로 둘러있었고 분지에 위치한 수도 안에는 동서남북으로 강물이 관통하여 천연 '해자(垓字)'

역할을 했다고 생각된다. 『동국여지승람』과 단기 4194년(1861)에 간행된 『대동여지도(大東輿地圖)』에 수록된 경주부 권역의 지명을 통해 신라가 수도 동경을 어떻게 방어 했는지를 유추할 까 한다. 앞서 지적한 것처럼 신라의 주적은 왜(倭)였다. 문무대왕이 왜구의 침입 길목이었던 '대왕암'으로 알려진 바위섬(문무왕 수중릉)에 유골을 안치하라는 유언을 남길 정도였다. 왜는 우세한 항해술에 힘입어 왜구들을 무시로 보내 신라 해안 마을들을 노략질 했다.

왜구는 대마도를 주된 거점으로 하여 동해와 남해 서해를 드나들며 인명을 살상하고 재물을 약탈했다. 왜구의 이 같은 악랄한 만행에 대해 국가 차원에서 엄중한 응징을 해야 함에도 불구하고, 당하기만 했던 역대 정권들의 무능에도 책임이 있다. 이와 달리 조선조 초엽 단기 3752년 세종원년(1419) 6월에 단행된 삼군도체찰사(三軍都體察使) 이종무(李從茂, 1360~1425)의 출정과 관련된 어변갑(魚變甲, 1381~1435)이 작성하여 올린 '정대마도교서(征對馬島教書)'는 오늘에도 엄중한 감계(鑑戒)이다.

> 대마도는 본래 우리 땅인데 지역이 협소하고 누추했기 때문에 왜노가 거처하는 것을 윤허했다. 이제 감히 개처럼 도적질하고 쥐처럼 훔치는 흉계를 품어 경인년(1410)부터 변경에서 방자하게 날뛰며, 군민을 죽이고 부형을 포로로 잡고 가옥을 불태워 고아와 과부들이 해도(海島)를 바라보며 통곡하지 않는 해가 없다. 이에 지사와 인인(仁人)이 주먹을 쥐고 탄식하며 그 살을 먹고 피부를 벗기고자 한 지도 여러 해가 되었다.…지금 농사철이긴 하나 장수에게 명하여 군사를 내어 부득이 하여 그 죄를 다스리게 했다. 간흉을 쓸어내고 백성을 수화의 환란에서 구출하고자, 이해(利害)를 열거하여 나의 뜻을 신민에게 고한다.[99]

대마도 정벌을 단행한 세종(사실은 上王 太宗이 주관했다)의 웅지는 오늘에도 귀감이다. 국가 간에 무력의 뒷받침이 없는 평화는 신기루에 불과하다. 일찍이 이승만(李承晩, 1875~1965) 대통령은 "소위 국제법은 일종의 사기다."라고 말한 사실이 떠오른다. 실제상으로 국제법은 고금을 막론하고 약소국을 억압하여 강대국의 이익을 도모하는 데에 초점이 맞추어져 있어, 약소국에게는 별로 도움이 안 되었다. 단기 4252년(1919) 「己未獨立宣言書」에 "위력의 시대가 거하고 평화의 시대가 도래 했다."라고 외친 안일한 시국인식은 한편의 소극이었던 사실이 연상된다. 물색없이 국제법을 믿고 이에 준하여 국가를 경영하면 낭패를 당하기 마련이다. 위장된 평화조약을 믿고 국가 간의 문제를 해결하려 했던 과거와 현재의 어리석은 국방정책에 대한 통렬한 경고이다. '부국강병'이 배제된 평화는 굴욕일 따름이고 그 이상도 이하도 아니다.

한반도 해안 곳곳에 천연으로 형성된 포구에 수군기지가 많이 있었던 이유도 여기에 있다. 신라는 수도 동경을 왜구로부터 방어하기 위해, 영일만에 '통양포(通洋浦, 兄山江於口, 흥해 두호동의 수군만호영(水軍萬戶營)과 장기곶 해안에 포이포영(包伊浦營, 水軍萬戶營)과 뇌성산 봉화대(磊城山烽火臺, 산 아래 들녘에 지금도 둔던[屯田?]으로 불리는 전답도 있다)와 복길(福吉), 감포(甘浦, 水軍萬戶營), 개운포(開雲浦, 水軍萬戶營)' 등지에 수군기지와 봉수대를 두었다. 임관군(臨關郡, 臨關)은 동쪽 45리에 성덕왕이 모화군(毛火郡)에 성을 쌓아 왜구의 침입로를 막

99 『東文選』 卷 二十四, 「教書」 "征對馬島教書, 對馬島本是我國之地, 但以阻僻隘陋, 聽爲倭奴所據, 乃懷狗盜鼠竊之計, 歲自庚寅始, 肆跳梁於邊, 虔劉軍民, 俘虜父兄, 火其室屋, 孤兒寡婦哭望海島, 無歲無之, 志士仁人, 掖腕歎息, 思食其肉, 而寢其皮, 盖有年矣,…今當農月, 命將出師, 以正其罪."

왔고 경덕왕이 '임관'으로 개칭했다. 고려시대에 주(州)에 합했으며 석성의 유적이 지금도 남아 있고, 사람들이 '관문(關門)'이라 불렀다.[100]

『세종실록』「지리지」에 병마첨절제사수어처(兵馬僉節制使守禦處)인 '울산진, 영일진, 동래, 영해진, 사천진'의 오진(五鎭)과 수군만호수어처(水軍萬戶守禦處)인 '염포, 서생포, 축산포, 오포, 통양포(興海), 포이포(長鬐, 牟浦), 감포, 개운포, 두모포(機張), 해운포, 다대포' 등 열한 곳이 그것이다. 그중에 하나가 경주에 있는 감포로 병선 6척과 군사 387명이 주둔하고 있다고 했다. 경주의 사경(四境)이 있는데 '동은 감포, 서는 경산, 남은 언양, 북은 청송'이다. 감포는 경주부와의 상거가 59리 이다. 역 11처가 있고 감포는 경주부 동쪽에 위치했으며 수군만호가 주차하고 있다고 했다.[101]

신라시대에도 감포는 포이포와 함께 수도 동경을 지키는 동해남부해안 수어처(守禦處, 해군기지)로서 왜구의 침략을 방어하고 격퇴하는 진지였고, 고려조를 지나 조선조 초기에는 고위직인 종사품(從四品) 수군만호가 주차했다. 당시 고을 현감의 위계는 종육품(從六品)이었다. '출육(出六)'이라는 말이 있는데 관료들이 육품(六品)을 벗어나는 것은 큰 명예였으며 신분상승의 전기가 되었다. 감포는 포이포 등과

---

100 『新增東國輿地勝覽』 卷 二十一, 「古蹟」 "臨關郡(在郡東四十五里, 聖德王時築城於毛火郡, 以遮日本賊路. 景德王改稱臨關, 高麗時合屬于州, 石城遺趾尙存, 人謂之關門.)."

101 『世宗實錄』「地理志」, "慶尙道, 兵馬僉節制使守禦處五, 蔚山鎭, 迎日鎭, 東萊鎭, 寧海鎭, 泗川鎭.…水軍萬戶守禦處十一, 塩浦在蔚山, 西生浦在蔚山, 丑山浦在寧海, 烏浦在盈德, 通洋浦在興海, 包伊浦在長鬐(今泊加嚴浦, 兵船八艘, 軍八百四十三), 甘浦在慶州(兵船六艘, 軍三百八十七), 開雲浦在蔚山, 豆毛浦在機張, 海雲浦在東萊, 多大浦在東萊.…慶州,…四境, 東距甘浦(五十九里), 西距慶山, 南距彦陽. 北距青松,…驛十一,…甘浦(在府東, 有水軍萬戶戍禦),"

함께 열한 곳의 해안 요충지에 모두 수군만호가 주차했다. 조선조 태종이 특히 이들 해안기지를 중시한 이유는, 세종(재위1418~1450)의 대마도 정벌(당시 병권을 세종에게 넘기지 않고 쥐고 있었던 상왕 태종이 주관했다. 병권은 임종까지 세종에게 넘기지 않았다)의 의지와도 연관이 있었던 것 같다.

4. 수도 동경 보위의 해안 요충지

문종(文宗재위1450~1452)원년(1450) 3월조에, 경상우도 도절제사(都節制使) 신수정(辛修睛, 세종 문종대인)이 앞서 도내 '옥포(玉浦), 감포(甘浦), 영등포(永登浦), 산달포(山達浦)'는 왜적이 제일 먼저 와서 정박하는 곳이니, 요해처(要害處)를 선택하여 목책을 세우거나, 중앙 거제진에 이설하여 방비함이 옳다.'라는 계(啓)를 올렸다, 관찰사 역시 '경주는 수재가 염려되는 곳이니 군인 2만 명을 동원하여 산을 만들고 개천을 열어 수환(水患)을 예방해야 합니다.'고 했다. 이에 토목의 대가였던 도체찰사(都體察使) 정분(鄭苯, ?~1454)이 이들 포구 요해처와 경주 산수형세를 순시하여 왕에게 보고했다. 문종은 "목책을 세우고 거제에 진지를 구축할 경우, 바야흐로 농번기이니 경주 공사가 완성되는 가을까지 기다리거나, 아니면 읍 자체를 옮기는 것도 방법이므로 다시 검토하여 보고하라."고 교시했다.[102]

102 『文宗實錄』"元年 辛未 三月, 先是, 慶尙右道, 都節制使辛修睛啓, 道內玉浦甘浦永登浦山達浦, 乃倭賊首先到泊之處, 請擇要害之處設木柵, 又移設巨濟鎭于中央, 使之防戍. 觀察使又啓, 慶州水災可慮, 請用軍人二萬, 造山開川, 以備水患. 至是都體察使鄭苯, 巡審各浦要害處, 及慶州山水形勢以啓, 上曰, 設

위의 『문종실록』 기사를 통해 15세기 중엽 경주는 수해가 빈발하는 지역으로, 감포 등지는 왜적의 침입을 막는 요해처로 인식되었다. 조정에서 토목전문가 정분을 파견하여 지세를 살펴 방어진지 구축에 관심을 가졌다. 조선조 초기에도 감포는 왜적의 침략 길목으로 지목되어 조정에서 중시되었음을 알 수 있고, 경주는 수해가 염려되는 고장이었기 때문에 당시에도 토목공사를 일으켜 이를 예방했다. 감포는 경주로 가는 길목에 있었기 때문에, 지형적으로 인접한 관계로 신라시대에는 비록 기록이 없지만 사실상 수군 진지로 예부터 중시된 포구였다.

『신증동국여지승람』「경주부」 관방 조에, '감포영'은 경주부 동쪽 72리 근처에 있는데, 세종 대에 수군만호 1인과 휘하의 군졸이 387여 명이 주둔하고 있었던 요새(要塞)였다. 정덕(正德, 1506~1521) 임신(壬申) 중종(재위1506~1544)7년(1512) 돌로 성을 쌓았다. 둘레가 736척(약 221여 미터)이고 높이는 13척(약, 4미터)의 견고한 성이었고 성안에 4개의 우물이 있었다. 16세기 초엽에 석성이 있었고 우물의 숫자까지 명기했다. 감포영은 동경의 관방으로 이처럼 큰 몫을 차지하고 있었다. 지금 석성의 흔적은 남아있지 않지만, 발굴하면 그 유허는 있을 것이다. 16세기 초반 수군만호 휘하에 수군 387명은 적은 숫자가 아니고 둘레가 220여 미터 높이가 4미터 정도였고 돌로 성을 쌓았다면 변방임을 감안할 때 그 규모가 컸다. 조선조가 왜적의 침탈을 방어하기 위해 구축한 것이다.[103]

木柵及移設巨濟, 則時方農務, 當俟秋成慶州之役, 與其動衆造山開川, 莫若遷邑, 更議以啓,"

103 『新增東國輿地勝覽』 卷 二十一, 「慶尙道」 慶州府 「關防」 "甘浦營, 在府東七

『증보문헌비고』「여지고」 관방 성곽 조에, 경상도 경주읍성은 석축으로 둘레가 4,075척(약1,223미터) 높이가 12척(3, 6미터)으로 성안에 우물이 4개가 있고 큰 연못 하나가 있다고 적고, 이어서 경주와 장기(長鬐)를 연계한 '감포진성(甘浦鎭城)'은 경주 동쪽 72리에 돌로 쌓은 성인데, 둘레가 736척(약221미터)이고 높이가 13척(약 4미터)이었지만 지금은 파기되었다라고 했다. '해방(海防) 1' 동해 편에는 경주와 장기를 연계하여, 감포는 경주 동쪽 72리에 있으며 옛날 만호진(萬戶鎭)이었다고 했고, '해방 2' 좌수군절도영 감포 조는 남 11리에 위치했고 과거 만호진이 있었다. 선조25년 경주에서 부산으로 옮겼다가 후에 남촌(南村)으로 옮겼으며 지금은 폐지되었다. 선조25년(1592)에 동래로 이전했고 성이 있었는데 성곽 편에도 기록이 전한다. 『동국여지승람』의 기록과 거의 같으나, 동래 부산 남촌 등으로 이치했다는 부분이 첨가되었다. 1592년 임진왜란 이후 동해안의 방어진지에 대한 중요성이 약화되어, 남해안 동래로 통양포 포이포 등과 함께 수군만호진을 이전했다고 했다.[104]

신라 천년의 수도였던 경주부의 성곽에 대해 필자는 전부터 궁금했다. 견고한 성이 있었을 것은 당연한데 후세의 각종 문헌들에 이에

十二里, 水軍萬戶一人. 正德 壬申, 石築, 城周七百三十六尺, 高十三尺, 內有四井,"

104 『增補文獻備考』卷 二十六, 「輿地考」 關防 城郭, "慶尙道 慶州邑城, 石築(周四千七十五尺, 高十二兩尺), 內有井八十, 大池一.…甘浦, 在東七十二里, 石築(周七百三十尺, 今廢)內有井四.…「輿地考」 關防七, 海防(一, 東海),…慶州爲長鬐之次(東北至長鬐官九十九里, 東至海五十里), 甘浦(在東七十二里, 舊有萬戶鎭. 宣祖二十五年, 移于東來, 石城, 見城郭),…海防(二, 南海),…東萊機長之次,…左水軍節度營,…甘浦(在南十一里, 舊有萬戶鎭. 宣祖二十五年, 自慶州移釜山, 後又移于南村, 今廢),"

대한 기록이 별로 없는 이유가 무엇인지도 의아하게 여겼다. 왕건이 신라를 접수한 다음 혹 신라부흥을 꿈꾸는 세력들의 거점이 될 것을 두려워 의도적으로 훼철했을 가능성도 있다. 신라 멸망 후 동경을 중심으로 부흥운동이 일어났던 사실이 이를 뒷받침한다. 다행이 『증보문헌비고』에 경주읍성 조에 그 실상이 수록되어 궁금증을 다소나마 해소시켜 준다. 읍성은 석성으로 축조되었고 둘레가 약 1,223미터이고, 높이가 대략 4미터 내외가 되는 큰 성곽으로 성안에 우물이 4개 큰 연못 하나가 있을 정도였다. 읍성은 반월성 인근이 아닌 동경 벌판에 있었고, 발굴한다면 석성의 유허가 있을 것이다.

『동전고』에 폐지된 진영과 군소 토성보루(土城堡壘)를 포함한 「진보(鎭堡)」 장절 경상도 편장에, '감포폐영, 울산서생포진첨사, 염포폐영, 포항별장(別將), 유포석보, 동래부산포진첨사, 해운포영, 축포보만호, 포이포만호, 축산포보만호, 기장두모포영만호' 등의 위치와 성보(城堡)를 첨가하여 기록했다. 영종(英宗 재위1725~1776) 조선조는 조종법(祖宗法)이 산만했다.(조는 본래 한분밖에 없어야 하는데, 세조부터 '인조, 영조, 정조, 순조' 등으로 난립하여 착종되었다. 『왕조실록』에는 정종 순종 등으로 표기했다) 신미년(辛未, 1741)에 영남의 '감포, 칠포, 축산포, 영등포, 상주포, 전포, 풍덕포' 등의 칠진(七鎭)을 폐지했다고 부기했다. 시세와 형세의 변화에 따라 진영과 보루가 폐지되거나 이전된 정황을 지적했다. 이들 기록을 접할 때 조선조가 문약에 흘렀다는 통념이 사실과 달랐음을 알 수 있다. 감포폐영은 경주부 동쪽 72리에 위치했고 수군만호가 주차했다고 했다.[105]

---

105 『東典考』「鎭堡(廢鎭堡附)」 "慶尙道 慶州 甘浦廢營(府東七十二里, 有萬戶),

『동경잡기』「성곽」 편에 경주(동경) 읍성에 관한 기록도 신라 도성의 면모를 파악하는 데 도움이 된다. 도량형의 기준이 시대에 따라 편차가 있기 때문에, 대략적으로 환산했으므로 다음의 환산 내용들의 차이가 있음을 감안하여 이해해야 할 것이다. 읍성은 둘레가 4075척(약1223미터) 높이가 12척(3.6미터)이었고 성내에 우물 80개가 있었다. 징례문(徵禮門)은 읍성의 남문인데 임진왜란 때 불탔다가, 숭정(崇禎), 임신(壬申, 1632, 인조10년)에 부윤 전식(全湜, 1563~1642)이 중수하고, 이어서 '동, 서, 북' 삼문을 순차적으로 건축했다.

금성은 부의 동쪽 4리쯤에 있으며 혁거세거서간 21년 갑신(서기전 37)에 경성을 건축하여 금성이라 칭했다. 흙으로 성을 쌓아 둘레가 2407척(약 723미터)이고 26년 기축(서기전 32)에 궁실을 지었다. 월성은 부 동편 5리에 있고 파사이사금(재위 80~111) 32년(22?) 신축(101, 간지로 볼 때, 22년이 맞다)에 축조했다. 형태가 반달처럼 생겼기 때문에 월성이라 했고 또는 '재성(在城)'으로도 불렀다. 성은 토축으로 둘레가 1023보로 『여지승람』은 3023척(약 907미터)이라 했다. 가을에는 왕이 이곳으로 이거했다.[106]

蔚山西生浦鎭僉使, 鹽浦廢營, 浦項別將, 柳浦石堡, 東來釜山浦鎭僉使, 海雲浦營, 丑浦堡萬戶, 開雲浦堡萬戶, 西平浦堡萬戶, 包伊浦堡(縣北十七里)萬戶, 丑山浦堡萬戶, 機長豆毛浦營萬戶,…英宗辛未, 罷嶺南之甘浦, 漆浦, 丑山浦, 永登浦, 尙州浦, 典浦, 豊德浦, 漆浦,"

106 『東京雜記』 卷 一, 「城郭」 "邑城 石築, 周四千七十五尺, 高十二尺, 內有井八十. 徵禮門, 邑城南門也, 火於壬辰兵亂, 崇禎壬申, 府尹全湜重修, 東西北三門, 次第繼建. 金城在府東四里, 赫居世二十一年甲申, 築京城號曰金城, 土築, 周二千四百七尺, 二十六年己丑, 營宮室於金城. 月城在府東南五里, 婆娑三十二年申丑築, 形如半月故名, 或稱在城, 周一千二十三步, 『輿地勝覽』, 周三千二十尺, 秋, 王移居于此,"

도성 주위의 중요한 성으로, 만월성은 월성 북녘에 있고, 흙으로 쌓았으며 둘레가 4945척(약1,484)이다. 명활성은 월성 동쪽에 있는데 진흥왕15년 갑술(554)에 축조했으며 진평왕(재위579~631)15년 계축(593)에 개축했다. 둘레가 3000보이다. 『여지승람』에는 주위가 7818척(2345미터)이라 했다. 자비왕(재위458~478)16년 계축(473)에 쌓아서 18년 을묘(476)에 여기에 이거했다. 남산성은 월성 남쪽에 있는데 진평왕13년 신해(591)에 쌓았다. 둘레가 2054보이며 『여지승람』에는 7544척(약 2263미터)이라 했다. 문무왕19년 기묘(679)에 증축했다.

부산성(富山城)은 부 서쪽 32리에 있고 문무대왕3년 계해(663)에 석축으로 쌓았다. 둘레는 3600척(약 1080미터)이고 높이는 7척(2.1미터)인데 지금 절반이 허물어졌으며 성안에 네 개의 개천과 연못 하나와 샘 아홉이 있고 군창이 있었는데 지금은 없어졌다. 관문성은 부 동녘 45리 울산 경계에 있고 석축이다. 둘레가 6799척(약 2040미터)으로 '만리성(萬里城)'이라고도 한다. 이상은 『여지승람』에 근거했으며 중간에 빠진 부분을 보완했다고 했다.

만월성은 토축으로 둘레가 약 1500미터나 되는 큰 성이고, 명활성은 둘레가 2345미터로 만월성보다 훨씬 컸다. 남산성은 둘레가 2263미터로 명활성과 비슷했다. 부산성은 둘레가 약 1100미터였으며 석축이었다. 관문성은 석성으로 둘레가 2000미터 내외로 만리성이라 부르기도 했다. 이들 동경 외각의 성들은 과거부터 수도 서야벌을 방어하는 보루였다. 특히 울산 경계에 조성된 관문성은 왜적을 격파하고 방어하는데 큰 몫을 차지했다.[107]

107 『東京雜記』 卷 一, 「城郭」 "滿月城, 在月城北, 土築, 周四千九百四十五尺. 明活城, 在月城東, 眞興王十五年癸丑改築, 周三千步, 『輿地勝覽』, 七千八百

경주 성곽의 남대문이었던 '징례문(徵禮門)' 호칭이 신라시대부터 있었는지는 모르겠으나, 읍성 남문의 명칭이 '징례문'인 것은 예를 숭상하고 불러온다는 서울 도성 남대문의 '숭례문(崇禮門)'과 같은 의미이다. '인・의・예・지・신(동・서・남・북・중앙)'의 오상(五常) 가운데 '예(치[徵]는 남, 숭[崇]과 징[徵]은 뜻이 상통하며, 신라시대에도 같은 명칭이었는지는 알 수 없다)'가 남쪽을 뜻하는 것도 동일하다.

신라 천년고도 동경의 지세는 서라벌 벌판 안에, '형산포(兄山浦, 굴연[堀淵]하류), 동천(東川(북천, 알천[閼川, 아리나리]), 서천(西川, 入兄山浦), 온지연(溫之淵, 천한도우처[天旱禱雨處]), 굴연천(堀淵川, 西川下流), 사등이천(史等伊川, 入西川), 문천(蚊川)' 등의 강이 흘러, 천연 해자 구실을 하여 수도방어에 자연적으로 큰 몫을 담당하고 있었다.[108] 이를 발판으로 삼아 왜적으로부터 경도를 지키기 위해, 임관군(臨關郡)을 위시하여 동경 주위에 '동기정(東畿停), 남기정(南畿停), 중기정(中畿停), 서기정(西畿停), 북기정(北畿停), 막야정(莫耶停)' 등 '육기정(六畿停)'의 군영을 설치하여 철통같이 보위했다. '정(停)'에는 대략 오늘의 여단 급의 군사들이 주둔했던 듯하다.[109]

十八尺, 慈悲王十六年癸丑葺之, 十八年乙卯移居于此. 南山城, 在月城南, 眞平王十三年辛亥築, 周二千五十四步, 『輿地勝覽』, 周七千五百四十四尺, 文武王十九年己卯增築. 富山城, 在府西三十四里, 文武王三年癸亥築石城, 周三千六百尺, 高七尺, 今半頹圮, 內有四川一池九泉, 有軍倉, 今廢. 關門城, 在府東四十五里蔚山界, 石築, 周六千七百九十九尺, 今稱萬里城(以上出『輿地勝覽』, 而間補其遺),"

108 『東國輿地勝覽』 卷 二十一, 慶州府 山川 "兄山浦(堀淵下流), 東川(北川, 閼川), 西川(入兄山浦), 溫之淵(天旱禱雨處), 堀淵川(西川下流), 史等伊川(入西川), 蚊川,"

동해안 최 전초 기지인 '감포영, 포이포영, 통양포영'을 축으로 '대왕암, 이견대, 감은사, 기림사' 등지의 사찰과 요새도 수도방어가 주된 목적이었다. 기림사 사찰에 걸린 현판들이 군영을 연상시키는 내용을 담고 있는 것이 그 증좌이다. 이들 사찰은 전통적인 호국불교의 현장이다. 먼저 『동경잡기』「관방」 조에, 다소 구체적 내용이 수록된 감포영에 대한 기록부터 검토하겠다.

감포영은 부의 동쪽 72리에 있고, 수군만호 1인이 주차했다. 정덕(正德, 明, 무종[武宗]의 연호, 1506~1521) 임신(壬申, 1512, 중종7년)에 돌로 성을 축조했다. 『여지승람』을 인용하여 둘레가 736척(약 221미터)이고 높이가 13척(3.9미터)으로 성내에 우물 4곳이 있었다고 적시한 다음, 보완하여 동래로 진영을 이전했다고 했다. 감포영은 1512년에 조성된 석축성이라고 밝혔다. 유사한 기록이 얼마간의 내용이 첨가되어 여러 문헌에 중복 기술되었지만 신인도를 제고하기 위해 다시 인용했다.[110]

감포영에 대해 『교남지(嶠南誌)』에도 『동경잡기』와 유사한 내용이 전한다. 감포영은 군 동쪽 72리에 있는데 만호 1인이 주재한다. 중종 임신(1512)에 돌로 성을 쌓았다. 둘레가 736척 높이가 13척이며 성 안에 우물 4개가 있다. 현묘(顯廟, 재위1659~1674)대에 동래로 이전했다

109 『三國史記』「雜志」 第三, 地理 一, "臨關郡, 本毛火(一作蚊伐)郡, 聖德王築城, 以遮日本賊路, 景德王改名, 今合屬慶州.…東畿停, 本毛只停, 景德王改名, 今合屬慶州,…南畿停, 本道品兮停,…中畿停, 本根乃停,…西畿停, 本豆良彌知停,…北畿停, 本雨谷停,…莫耶停, 本官阿良支停(一云, 北阿良),"

110 『東京雜記』 卷 一, 「關防」 "甘浦營, 在府東七十二里, 水軍萬戶一人, 正德壬申石築城, 周七百三十六尺, 高十三尺, 內有四井(出輿地勝覽), 新增, 今移鎭于東萊,"

고 했다. 중국 연호를 사용하지 않고 조선조의 중종을 언급한 것은 취할 만하다. 성의 둘레와 높이가 『동국여지승람』과 같은 것은, 이들 기록이 신빙성이 있음을 말한다.[111]

감포영 권역 안에 동경 방호의 정신적 거점이기도 했던 '이견대(利見臺)'가 있다. '利見'은 덕을 갖춘 성인이 하늘에서 날아와 보위에 올라, 덕으로 국가를 다스려 만인이 우러러 존경하다는 뜻으로, 덕망을 구비한 임금을 가리킨 말로 '문무왕'을 지칭했다. 여기의 '견(見)'을 본다는 의미와 '현(見)'으로 읽어 문무대왕이 나타났다는 뜻으로 파악할 수도 있다. 이견대의 출처는 『주역』「상경(上經」의 원형이정(元・亨・利・貞) 중에 "현용재전(見龍在田), 이견대인(利見大人)"이라는 구절이 있다. 용이 지상에 나타나자 제순(帝舜)같은 군주가 나와 도덕으로 국가를 통치했다는 표현이다.

이에 곁들여 "용비재천(飛龍在天), 이견대인(利見大人), 현용재전(見龍在田), 덕시보야(德施普也)"라고 하는 구절도 있다. 용이 하늘에 날고 있으니 대덕을 구비한 군주가 땅에서 덕정을 베풀고, 지상에 용이 나타났으니 덕이 널리 퍼졌다는 의미로 역시 현군(賢君)을 예찬하는 내용이다. 공부자는 '같은 소리는 서로 응하고, 기질이 같으면 서로 구한다. 물은 흘러 사물을 적시고, 불은 건조시키며, 구름은 용을 따르고, 바람은 호랑이를 쫓고, 성인이 나오면 만물이 제 모습을 보인다.'라고 설명했다.[112]

111 『嶠南誌』 卷之四 "慶州郡 甘浦營, 在郡東七十二里, 萬戶一人. 中宗壬申石築, 周七百三十六尺, 高十三尺, 有四井. 顯廟移鎭于東萊."

112 『周易傳義大全』 卷之一, 「周易」 上經, "元亨利貞,…飛龍在天, 利見大人.… 見龍在田, 德施普也.…見龍在田, 利見大人,…飛龍在天利見大人, 何謂也, 子曰, 同聲相應, 同氣相求, 水流濕, 火就燥, 雲從龍, 風從虎, 聖人作而萬物覩."

이익(李瀷, 1681~1763)은 이견대에 관해, '세상에 전하기를 신라왕 부자가 오랫동안 서로 떨어져 있다가 만나게 되자, 대(臺, 利見臺)를 세워 부자의 기쁨을 한껏 누리며 이 노래를 지어 불렀다고 했다. 그 대를 일러 이견이라 했는데, 『주역』의 대인을 봄이 이롭다는 뜻을 취한 것이다. 왕의 부자가 떨어져 있을 까닭이 없으니, 혹은 이웃나라에 가서 만났다 하기도 하고, 인질이 된 것이라 하기도 하는데 알 수 없다.'고 『해동악부(海東樂府)』에서 말했다. 『여지승람』에는 신문왕이라 했으나 사실과는 같지 않다. 『고려사』 「악지」 「삼국속악」 '이견대' 편장을 성호가 인용한 것으로, 문무왕을 위해 신문왕이 축조했다는 이견대의 내력과는 다르다.[113]

문무왕은 임종에 임하여, "만기(萬機)를 총람하던 제왕들이 죽어서 거대한 봉분의 무덤을 남겼으나, 결국 나무꾼과 목동이 그 위에서 노래하고, 여우 토끼들이 굴을 파는 터에, 막대한 경비를 드려 조성할 필요가 없는 만큼, 화장하여 동해 왜적이 침입하는 어구에 있는 큰 바위에 장례를 치루고, 이 뜻을 원근에 포고하여 모두 알게 하라."는 유언을 남겼으며, 세속에 문문왕은 붕어하여 용이 되었고, 왕이 묻힌 바위를 '대왕석(대왕바위)'이라 칭한다."고 『삼국사기』는 기록했다.[114]

113 李瀷; 『海東樂府』 利見臺 "世傳, 羅王父子久相失, 及得之, 築臺相見, 極父子之懽, 作此以歌之. 或其臺曰利見, 蓋取『易』利見大人之意也. 王父子無相失之理, 或出會隣國, 或爲質子, 未可知也. 『輿地勝覽』, 爲神文王事, 與此不同,"

114 『三國史記』 卷 第七, 「新羅本紀」 "文武王 下, 二十一年, 秋, 七月一日 王薨, 諡曰文武. 群臣以遺言, 葬東海口大石上, 俗傳王化爲龍, 仍指其石爲大王石. 遺詔曰,…昔日 萬機之英, 終成一封之土, 樵牧歌其上, 狐兎穴其旁, 徒費資財, 貽議簡牘,…依西國之式, 以火燒葬,…布告遠近, 令知此意,"

『삼국유사』「만파식적(萬波息笛)」 조에, 제31대 신문대왕의 이름은 정명(政明)이고 성은 김씨이다. 개요(開耀) 원년 신사[辛巳, 당, 고종 681] 7월 7일에 즉위하여 아버지 문무대왕을 위해 동해변에 감은사(感恩寺)를 창건했다. 절에 있는 기록에 '문무대왕이 왜병을 진압하기 위해 이 절을 짓기 시작했는데, 완성하지 못하고 붕어하여 바다의 용이 되었다. 아들 신문왕이 개요2년(682, 영순[永淳]1년)에 공사를 마쳤다. 금당 섬돌아래 동쪽을 향해 구멍 하나를 안배하여 용이 절에 들어와 돌아다니게 하기 위해서였다. 아마 유조(遺詔)에 따라 뼈를 묻은 곳을 대왕암이라 했으며, 절 이름을 감은사라 했는데, 후에 용이 형체를 드러낸 곳을 일러 이견대(利見臺)라 했다.'라는 부기가 있다. 감은사 유구 석물에 예의 구멍이 지금도 남아 있다.[115]

다음 해(682) 5월 1일 해관(海官) 파진찬 박숙청(朴夙淸)이 동해에 작은 산이 감은사를 향해 와서 파도에 떠다닌다는 보고를 받고, 7일에 이견대에 행차하여 그 산 정상에 있는 대나무를 취해 '소리로서 천하를 화평하게 한다.'는 악론(樂論)에 입각하여, 피리를 만들게 하여 이를 불면 적군이 물러가고 병이 치유되고 한발과 장마가 그치고 파도가 잠잠해지고 천하가 화평해진다고 했으며 이를 '만파식적(萬波息笛)'이라 칭하여 국보로 삼았다. 5월 16일 감은사에서 기숙한 뒤 17일에 기림사 서편 시내 가에 머물면서 점심을 먹었다. 신문왕이 순시하고 머물었던 '대왕암, 감은사, 이견대, 기림사'는 바다에서 동경으로

115 『三國遺事』 卷 第二, 「萬波息笛」 "第三十一神文大王, 諱政明, 金氏. 開耀元年, 辛巳, 七月七日卽位, 爲聖考 文武大王, 創感恩寺, 於東海邊(寺中記云, 文武王欲鎭倭兵, 故始創此寺, 未畢而崩爲海龍, 其子神文立, 開耀二年畢. 排金堂砌下, 東向開一穴, 乃龍之入寺, 旋繞之備, 遺詔之藏骨處, 名大王岩, 寺名感恩寺. 後見龍現形處, 名利見臺.),"

가는 지름길로 왜적이 침입하는 통로였다.[116] 신문왕은 유람을 한 것이 아니라 국방을 점검하고 확인하는 행차였다. 기림사는 외적이 동경을 기습할 수 있는 요해처였으며, 승병이 주둔해 있었고 전각의 현액(懸額)도 병영을 연상케 하는 내용이 많다.

이견대에 관한 기록은 『동경잡기』에 좀 더 구체적으로 나와 있다. 이견대는 부의 동편 70리 해안에 있다. 세상에 전하기를 왜국이 자주 신라를 침범하자, 문무왕이 이를 우려하여 죽어서 용이 되어 나라를 지키고 도적들을 방어하겠다고 맹세했다. 문무왕이 임종에 이르러 왜구의 입구인 동해 가운데 장사를 치르라는 유명을 남겼다. 신문왕이 부왕의 유지를 따라 장례를 마친 후, 왕을 추모하기 위해 대를 축조하여 장지를 바라보니 큰 용이 해중에 나타났다. 인하여 대의 이름을 이견대라 명명했다. 이견대 아래 10보[117]쯤 바다 가운데 4각형의 돌이 네 개의 문처럼 솟아올라 있는데 여기가 장처이다. 지금 이를 일러 대왕암이라 한다.[118]

현재 대왕암을 지척에 둔 백사장은 그 영험함을 믿고 무속들의 성

116 『三國遺事』 卷 第二, 「萬波息笛」 "明年壬午五月朔, 海官波珍飡朴夙淸奏曰, 東海中有小山浮來向感恩寺, 隨波往來.…其月七日, 駕行利見臺望其山, 遣使審之, 山勢如龜頭, 上有一竿竹,…聖王以聲理天下之瑞也, 王取此竹作笛吹之, 天下和平,…王宿感恩寺. 十七日到祗林寺西溪邊, 留駕晝饍.…駕還, 以其竹作笛, 藏於月城天尊庫, 吹此笛則, 兵退病愈旱雨雨晴風定波平, 號萬波息笛爲國寶,"

117 주척[周尺]의 1보는 8척[周代 이후는 6척]이니 80척이 되고, 상거가 약 25미터이다.

118 『東京雜記』 卷 一, 「宮室」 "利見臺, 在府東七十里海岸. 世傳倭國數侵新羅, 文武王患之, 誓死爲龍, 護邦國而禦寇盜. 將薨, 遺命葬于東海濱水中, 神文王從之, 葬後追慕, 築臺望之. 有大龍見于海中, 因名曰利見臺. 臺下十步海中有石, 四角聳出如四門, 是其葬處, 至今稱爲大王巖,"

소로 변모하여 일반인들의 접근이 어색하다. 이견대가 부왕을 추모하기 위해 장례 처인 대왕암을 성묘하는 마음으로 바라보기위해 신문왕이 축조한 것이다. 신문왕이 부왕을 그리며 바라보자 큰 용이 나타났기 때문에 이견대라 명명했다고 적었다. 이견대와 대왕암의 상거는 약 250미터 내외에 불과하다. 대왕암은 왜구가 동경으로 쳐들러오는 길목이다. 이견대는 왜구의 배가 오는지를 감시하는 초소 역할도 했다. 감은사 역시 지림사(祇林寺, 지역민들은 기림사를 지림사로 부른다. 사서에도 혼용했고, 방언에 길을 질이라 하는 것과도 관계가 있다)처럼 승병이 주둔했다.

'감포영'과 '이견대, 감은사, 기림사'는 수도 동경을 지키는 요충지였다. 신라가 왜구에게 당한 고통과 피해는 상상을 뛰어넘는다. 문무왕의 수중릉인 '대왕암'과 '만파식적'의 모티프는 왜로 부터 동경과 신라를 지키는 절절한 소망이 내재되어 있다. 전설에 의하면 왜가 신라의 대종(大鐘)을 약탈하여 본국으로 가져가는 도중, 배가 난파하여 종을 잃어버렸다는 속전이 있는데, 종이 수몰된 강을 '대종천(大鐘川)'이라 했다. 대종천은 감은사의 근처인 것으로 알려지고 있다. 기림사는 함월산에 있고 감은사는 부의 동쪽 50리에 있는데, 그 동쪽 3리에 이견대가 있다고 하여 이들 유적은 수도를 감호하는 연계 고리였다.

「만파식적」 조에는 신라인의 절실한 염원이 담겨있다. 신문왕 시 동해 중에 작은 산이 있어 감은사를 향해 떠와서 파도를 타고 왕래했다. 신문왕이 이상하게 여겨 배를 띄어 그 산에 들어가니 꼭대기에 대나무 한 그루가 있어 피리를 만들게 했다. 이 피리를 불면 적군이 물러가고 병이 낫고 가뭄에 비가 내리고 장마가 그치고 바람이 그치고 파도가 잠잠해지는 신통력이 있어, 이름 하여 '만파식적'이라 일컬어 역대의 보물이 되었다. 효소왕이 존호를 추가하여 '만만파파식적(萬萬波波息笛)'이라 했으나 지금 없어졌다. 옥피리의 길이는 약 40cm이고 그 소리가 맑고 청아했다. 세속에 이르기를 동해의 용이 준 것이라 하여 역대로 보배로 여겼다. 신라인이 제왕의 신통력과 용과 악기의 힘을 빌려 염원을 성취하려는 의지를 읽게 된다.[119]

한국의 역사 기술은 『삼국사기』와 『삼국유사』가 기반이다. 이후 기록된 역사는 모두 이 양대 사서의 부연이고 연역이며 약간의 첨삭에 불과하다. 삼국시대 이전 우리 역사는 중원 『25사』에 의존했다. 고구려의 『유기』 백제의 『서기』 신라의 『국사』 등의 사서들은 전란으로 잔부 소실되었다. 당나라가 고구려를 점령한 뒤 평양성 광장에 모든 서적을 모아 불태웠다는 기록이 그 증거이다. '고기'라고 말한 사료들이 『삼국사기』와 『삼국유사』 등에 인용되었으나, 그 실체를 알 수가 없는 점도 아쉽다.

『동경잡기』 역시 『삼국사기』와 『삼국유사』를 바탕으로 하여 약간의 부연으로 엮어졌다. 『동경잡기』 「各坊」 조에 동해변에 이방(二坊)이 있었는데, 감포에서 '구지(仇之)'까지가 1방이고, '내아(乃兒)'에서 이견대까지가 1방이라 하고, 검독관(檢督官)과 창감관(倉監官) 등이 있었다는 기록도 전한다.[120] 『증보문헌비고』 『동국여지승람』 등의 다양한 각종 문헌들 역시 내용은 동일하다. 그러므로 내용들은 되풀이

119 『東京雜記』 卷 二, 「古蹟」 "萬波息笛, 神文王時, 東海中有小山浮來, 向感恩寺, 隨波往來, 王異之, 泛海入其山, 上有一竿竹, 命作笛. 吹此笛則, 兵退病愈旱雨雨晴風定波平, 號萬波息笛, 歷代傳寶. 至孝昭王, 加號萬萬波波息笛, 今亡. 玉笛長, 尺有九寸, 其聲淸亮, 俗云東海龍王所獻. 歷代傳寶之."

120 『東京雜記』 卷 二, 「各坊」 "東海邊二坊, 自甘浦至仇之爲一坊, 自乃兒至利見臺爲一坊, 以上檢督官一人, 倉監官例兼, 有司二人, 勸農二人."

나 중복이 전부라고 해도 과언이 아니다. 우리의 고대사와 중세사 자료의 소략함이 실감된다. 따라서 본고도 내용의 중복이 많지만 신빙성을 확보하기 위해, 대동소이함에도 불구하고 모두 인용하여 논의를 전개했다.

5. 통일신라의 속국합병 포용전략

조선조는 고려조와 달리 동아시아 기반 이데올로기인 예악론과 성리학에 일가견을 지닌 삼봉(三峯) 정도전(鄭道傳, 1342~1398) 등 개국공신들의 개국이념을 근본으로 하여 국가를 통치했다. 문물전장과 직결된 '예학(禮學)'은 물론이고 '악학(樂學)'에도 많은 관심을 가졌다. 그 한 예로 1493년에 발간된 『악학궤범(樂學軌範)』을 들 수 있고, '악(樂)'에 '학(學)' 자를 첨부한 것도 그 중요성을 강조코자 한 의도이다. 조선조는 이들 『악서(樂書)』를 통해 '신라, 고구려, 백제' 악무들에서 신라의 〈처용가〉와 고구려의 〈동동〉 백제의 〈정읍사〉를 민족의 정통 국조 〈삼대악무〉로 설정한 의도도, '부여계'와 '삼한계'의 민인 통합을 위한 예악론적 시도이다.

〈동동무(動動舞)〉를 〈고구려악무〉라고 최초로 언급한 사람은 조선조 성종이다. 단기 3814년(1481) 성종12년 8월 명사(明使)의 내방 시, 경도(京都)에서 영의정 정창손(鄭昌孫, 1402~1487)과 월산대군(月山大君) 이정(李婷) 등이 모여 술잔을 돌릴 때 동기(童妓)가 일어나 춤을 추었다. 상사(上使)가 춤이 아름답다고 예찬하며 무슨 춤이냐고 묻자, 성종은 "고구려 때부터 있었던 춤으로 〈동동무〉"라고 했다. 덕과 복이 충만하기를 비는 '송도지사(頌禱之詞)'로 알려진 '기구(起句, 德으란 곰배예 받잡고, 福으란 림배에 받잡고, 德이여 福이라 호날, 나자라 오소이다)'의 내용을 참작컨대, 고구려 조정에서 연희된 〈악장악무(樂章歌舞)〉로 여겨진다.[121]

만일 신라가 삼국통일을 하지 않고 고구려 백제 신라가 계속 정립해 있었다면, 국세가 미약했기 때문에 중국에 병합되어 한반도는 전부 속국이 아니라, 한사군의 전례처럼 군현으로 편입되었을 것이라고 생각된다. 통일신라는 인구와 영토 면에 있어서 중원 국가가 쉽게 정복할 약소국이 아니었다. 그러므로 신라의 삼국통일을 폄하하고 실상보다 과대평가된 고구려를 동경하는 인식은 떨쳐버리고, 냉철한 과거사의 재평가를 해야 할 시점에 와있다. 신라는 삼국을 통합하여 고구려 백제의 백성들을 비교적 인덕(仁德)으로 포용하여 신라인으로서의 안락하게 살아가게 할 나름대로의 조건들을 갖추고 있었다.

신라는 개국과정도 고구려 백제와 달리 육촌의 촌장들이 모여 민주적으로 혁거세거서간(세상을 밝히는 등불인 太祖)을 옹립했다. 아울러 로마제국의 원로원과 유사한 '화백제도(和白制度)'가 있어 중대한 국사를 만장일치로 처리했으며, 한 사람이라도 반대가 있으면 시행하지 않았다고 했다. 이는 부족연맹 시대부터 있었던 오래된 유풍에 기인한 것으로 보고 있다. 신라는 삼한통합 이후 이 같은 개국의 근본이 되었던 민주적이고 합리적인 방안을 계승하여, 통일 신라를 통치하여 266(268)여 년간의 '팍스서라벌'의 역년 992년을 누렸다.

---

121 『成宗實錄』第一百三十二, 十二年 辛丑 八月, "上曰, 兩大人諸許留, 我當先飮, 兩使叩頭, 上使連進雙杯, 上回賜雙杯, 副使亦如上使禮, 叩頭各就座. 月山大君婷行酒時, 童妓起舞, 上使曰, 是何舞也, 上曰, 此舞, 自高句麗時, 已有之, 名曰〈動動舞〉. 上使曰, 此舞則好矣,"

신라는 고구려 백제와 달리 '박, 석, 김' 3성의 제왕이 대체로 유혈 충돌 없이 평화적으로 교체하여 권력을 행사했기 때문에, 역동성이 부여됨과 동시에 정체와 부패를 예방하는 기능으로 작용했다. 골품제(骨品制)의 '성골, 진골'이라는 신분의 근간이 된 삼성(三姓) 간의 혼인 제도가 기여한 것으로 상정된다. 『삼국사기』를 보면 삼국 간의 민인들의 이동이 더러 있었는데, 고구려 백제의 백성들이 신라로 온 것이 대부분이고, 신라 민인들이 고구려나 백제로 간 기록은 거의 없다. 이는 신라가 백성을 편안하고 안락하게 품었기 때문이 아니었을까. 현 남북한 민인들 사이에 북한으로 가고자 하는 사람은 전무하고, 대한민국으로 오고 싶어 하는 북한 거주 동포들이 넘쳐나는 현실과 유사하다.

우리 학계와 민인들은 고구려를 과대평가하고 신라를 과소평가하는 경향이 강하여, 고구려에 대한 막연한 동경이 보편화 되어 있는데 반해, 외세를 끌어드려 고구려와 백제를 멸망시켰다고 지금도 일부 지역의 민인들은 신라에 대한 앙심을 품고 있다. 지역을 근거로 하여 집권하려는 삼류 정치가들이 이 같은 망국적 민족 갈라치기를 조장하는 행태를 언제까지 보고 있어야 할지. 아울러 이에 편승하여 맞장구를 치며 즐겨 반감을 증폭시키며 도와주는 민인들의 행태가, 천여 년간 지속되는 현상이 민족과 국가에 과연 얼마나 도움이 되고 있는지. 고구려는 우리가 알고 있는 것처럼 주체적 왕조가 아니었고, 신라는 일반의 인식처럼 사대적 왕조가 아니었다. 민족 최고 통치자의 존호를 중국식의 '○○왕'이 아닌 '거서간' 등 신라만의 고유의 존호를 사용한 점을 감안 할 때, 신라가 여타 2국보다 더 주체적인 국가였다.

본고는 경주부(동경) 부근 요충지들의 연혁과 위상에 대해 전래한 각종 문헌을 섭렵하여 기록을 바탕으로 검토했다. 혹 필자가 접하지 못한 문헌이 있는지는 모르겠지만 설사 있다고 해도 특이한 내용은 없을 것이다. 『삼국지』『위서』「동이전」의 '한(韓)'과 '변진(弁辰)' 조에 의하면, 고대 한반도의 78소국 중 진한 지역의 변진 12국 가운데, 경주부 인근에 있었던 소국은 '변진(弁辰), 근기국[勤耆國]·난미리미동국[難彌離彌凍國]·염해국[冉奚國]·변진반로국[弁辰半路國]·변진감로국[弁辰甘路國]·호로국[戶路國]·변진주조마국[弁辰走漕馬國]·사로국[斯盧國]·우유국[優由國]' 등이다.[122]

근기국(勤耆國, 신라시대의 근오지[斤烏支])은 영일군 일대, 난미리미동국은 의성군[義城郡] 단밀면[丹密面] 일대, 염해국은 울산 염포[鹽浦] 지역, 반로국은 성주(星州, 本彼) 지역, 감로국은 김천 감천[甘川] 유역, 호로국은 상주 함창면[咸昌面] 일대, 주조마국(走漕馬國, 『日本書紀』의 卒馬?)은 김천 조마면[助馬面] 지역, 사로국은 경주 일원, 우유국은 청도군 일대 등으로 학계에서 비정하고 있다. 말 그대로 비정이므로 확실하지는 않다. 이들 지역들은 신라의 모태이며 기반이 된 소국들이었다.[123]

인류역사에 있어서 통시적으로 빈부와 존귀의 차이는 있었다. 인류는 평등하다는 주장은 망상이거나 희망에 불과하다. 평등을 추구코

122 『三國志』 卷 三十, 『魏書』 東夷傳 "辰韓 弁辰亦十二國, 弁辰,…勤耆國, 難彌離彌凍國,…冉奚國, 弁辰半路國,…弁辰甘路國, 戶路國,…弁辰走漕馬國, 斯盧國, 優由國,"

123 『韓國史』 「古代篇」 弁辰諸國의 位置比定表 294~297 쪽과 權相老編 『韓國地名沿革考』 412~413 쪽 참조.

자 계속 노력했다고 하는 것이 사실에 가깝다. 정치를 통해 평등을 추구하겠다는 주장 역시 구호에 불과했다. 서기전 6세기 무렵에 공부자(孔夫子, 서기전 551~479)도 "국가를 소유한 자는 적음을 걱정하지 않고 균등하지 못함을 근심하며, 빈곤을 근심하지 않고 불편함을 근심해야 한다고 했으니, 균등하면 가난을 느끼지 못하고 화평하면 부족을 모르고, 마음이 평안하면 전복됨이 없다."라고 말했다.

이에 대해 『논어집주대전(論語集註大全)』의 주석은, 이 무렵 '노군(魯君)'은 백성이 없었고, '계씨(季氏)'는 나라를 차지하고 있었다고 하며. 그 세주(細註)는 '균무빈(均無貧)' 이하 '화무과(和無寡) · 안무경(安無傾)'은, 이어지는 문장과 참치착종(參差錯綜)되어 문리가 맞지 않는다고 지적했으며, 국(國)과 가(家)는 노군과 계씨를 각각 지칭했다고 했다. 실권자 계씨와 허울뿐인 노군 사이에 고민하는 공부자의 조심스런 심정을 읽을 수 있다. '가'는 집 또는 가정이 아니고 식읍(食邑)이나 채지(采地)를 지칭한 말이다.[124]

공부자의 이 장절을 두고 「논어주소해경(論語注疏解經)」의 하안(何晏, 三國時代 魏의 학자)과 형병(邢昺, 北宋의 학자)은 '해(解)'와 '소(疏)'를 통해 국은 제후 가는 경대부(卿大夫)를 지칭했으며, 토지와 인민의 과소를 걱정하지 말고, 정리(政理)의 '불균평(不均平)'을 걱정해야 한다고 했고, 인민의 가난을 걱정할 것이 아니라, 백성이 안온하면 나라가 절로 부해진다고 했다. '정교(政敎)'가 균평하면 가난을 모르고, 상

124 『論語集註大全』 季氏 第十六, "丘也聞, 有國有家者, 不患寡而患不均, 不患貧而患不安. 蓋均無貧, 和無寡, 安無傾(是時, 季氏據國, 而魯君無民, 則不均矣.…均無貧以下, 文理參差與上文,…下三句又錯綜說,…夫子稱有國有家者, 正指魯與季氏言之,"

하가 화동하면 부족함을 근심할 이유가 없으며, 대소가 조화롭고 편안하면 나라가 전복되는 화가 없다고 부연했다. 요컨대 정치를 반듯하게 하면 가난도 걱정할 필요가 없다는 논리를 폈지만, 부의 균등은 민인의 불만을 없앤다는 사실은 각종 문헌들의 논리가 동일했다.[125]

인간은 출생부터 빈부와 존귀는 대체로 결정되어 있었고, 반드시 정당하지는 않지만 피할 수 없는 것이 현실이었으며, 후천적으로 증감되는 경우도 많다. 동아시아는 이를 간파하고 '예악론'을 통하여 일정하게나마 해소하려고 했다. '예'는 차이와 존비를 칭송할 수는 없지만 불가피하다고 인식하여, 화합을 추구하는 '악'을 원용하여 완화코자 했다. 신라는 피정복 소국의 문화와 악무를 존중했다. 〈대악(大樂)〉과 〈군악(郡樂)〉의 이름이 전하는 것이 그 실례이다. 평등을 외치는 '사회주의'는 백성의 90퍼센트 이상을 빈곤한 노예를 만들어 놓고, 행복한 삶을 누리는 외부와의 철저한 차단을 통해, 비교의 대상을 은폐하고 차단시켜 민인들이 이를 느끼지 못하게 하여, 대다수 백성들로 하여금 평등을 구가하며 행복하게 산다고 믿게끔 세뇌시켰다.

신라가 가야제국을 흡수한 뒤 북진정책을 감행하여 한강 유역을 차지한 다음, '삼한통합(三韓統合)'을 이루는 과정에 무수한 소국이 항복하고 또는 정벌하여, 대제국을 이룩하면서 '부·주·군·현'으로 강등되어 '속국'으로 편입한 많은 나라들이 있었다. 신라는 그들이 병합한 소국의 악무를 수용한 것도 이와 관련이 있다. 신라가 흡수하여 통합한 속국의 정보를 『동전고』는 비교적 자세하게 남겼다. 이들 속국 가

125 『十三經注疏』「論語注疏解經」 卷 第十六, 季氏 "孔曰, 國, 諸侯, 家, 卿大夫, 不患土地人民之寡少, 患政理之不均平.…孔曰, 憂不能安民耳, 民安則國富.…包曰, 政教均平, 則不貧矣, 上下和同, 不患寡矣, 大小安寧, 不傾危矣,"

운데 경주부에 인접한 나라는 '성주의 벽진가야 · 영해의 우시산국(于尸山國의 尸를 ㄹ로 보아 울산으로 보기도 한다) · 청도의 이서국 · 동래의 거칠산국 · 장산국 · 안강의 음즙벌국 · 경산의 압독국 · 의성의 소문국 · 개령의 감문국 · 영천의 골벌국 · 상주의 사벌국 · 흥해의 칠포국 · 경산의 고포국 · 안동의 창령국 · 울진 동해의 우산국(羽陵)' 등이다.

고대나 중세에 강국이 약소국이나 쇠락한 국가를 병합하면, 정복한 국가의 국세나 중요성에 기준하여 '부 · 주 · 군 · 현'으로 강등시켰다. 신라는 북방민족(진인[秦人]?)의 상무정신을 이어받아 주변 약소국을 정복하여 결국 한반도의 8할을 통합했다. 신라가 사벌국을 병탄하여 '상주(尙州)'로, 고려가 태봉국을 병탄하여 '동주'로, 신라를 접수하여 '경주'로 격하한 것이 대표적 사례이고, 위의 신라에 의해 통합된 국가들 역시 이 같은 유형으로 강등되어 멸망한 나라가 겪은 수모를 말하고 있다.

신라는 제후국이 아닌 황제국으로 자임하여 합병한 국가들을 「신라속국」 편장에 편차하여 열거한 것이, 신라 당대의 의도인지 아니면 『동전고』 편자의 시각인지는 모르겠으나, 중원이 주변 사이제국을 '속국'으로 인식한 점과 유사하다. '금관가야, 대가야 , 소가야, 아라가야, 벽진가야'를 비롯하여 30여 소국들을 항복받거나 정벌하여 복속한 다음, 이후 고구려 백제를 병합하여 삼한일가(三韓一家)를 이룬 신라의 통일위업이 이 편장에 수록되어 있다.

황룡사구층탑(복원모형). 대제국을 꿈꿨던 신라가 구한(九韓, 일본 중화 오월 탁라 응유 말갈 거란 여진 예맥)이 조공을 바쳐 예속한다는 웅지를 담은 탑이다.

『동전고』「신라속국」 편장에, (가락국)과 (대가야국)을 위시하여 '(소가야국)·(고령가야국)·(아라가야국)·(벽진가야국)·이서국(伊西國)·우시산국(于尸山國)·거칠산국(居漆山國)·장산국(萇山國)·음집벌국(音汁伐國)·보라국(保羅國, 포상팔국[浦上八國] 중의 하나)·고자국(古自國)·사물국(史勿國)·압독국(押督國)·비지국(比只國)·다벌국(多伐國)·초팔국(草八國)·소문국(召文國)·감문국(甘文國)·골벌국(骨伐國)·사벌국(沙伐國)·골포국(骨浦國)·칠포국(漆浦國)·고포국(古浦國)·가라국(加羅國)·임라국(任羅國)·창녕국(昌寧國)·구령국(鴝令國)·소라국(召羅國)·대방국(帶方國)·실직국(悉直國)·우산국(于山國)' 등이 그것이다. 신라가 한반도 동남부에 있었던 무수한 소국들의 위치를 병기하여 정복했거나 또는 투항해온 소국들이 나열되어 있다.[126]

신라가 복속한 한반도 각 지역의 명칭에서 시대의 흔적과 연혁을 알 수 있는 단서가 깔려있다. 병합한 지역의 호칭을 변경한 처사는 오늘의 행정구역 변경과 같이, 해당지역 민인들을 신라백성으로 포용하려는 정치적 의도가 작용했고, 이 같은 시도가 성공한 것으로 여겨진다. 따라서 신라조의 지명변경은 전략적 목적이 있었던 것으로 생각된다.

수천 년 동안 우리말은 외래어의 침식을 받아왔다. 우리말을 역대에 걸쳐 '방언(方言)'이라 표현한 것도 잘못이다. 세종대왕이 한글을 일컬어 '훈민정음'이라 규정한 어문정책은 이에 대한 반론이다. 세종이 우리말을 방언이 아니라 '정음(正音)'이라 인식한 것은 한국어의 위상을 확고하게 굳힌 시도이다. 그럼에도 불구하고 한자어가 70퍼센트나 차지하고 있는 실정이고, 설상가상으로 몽골어 일본어에 이어 서구의 영어 불어까지 가세하여 우리말을 침식하고 있다. 새로 짓는 아파트의 명칭은 거의 전부 외래어로 도배되고 있음에도 불구하고 이를 당연시하고 있다. 경덕왕의 '한화정책'에 이어 '서구화정책'이 질풍처럼 전개되고 있지만, 이에 대한 반성과 우려의 인식도 찾아볼 수 없다.

---

126 『東典考』 卷之十二, 「新羅屬國」 "駕洛國(一名 伽倻國),…土姓金氏名首露,…大伽倻國(高靈) 小伽倻國 古寧伽倻國 阿羅伽倻國,…碧珍伽倻國(星州), 一星山伽倻, 新羅滅之, 置本彼縣. 伊西國(淸道), 新羅儒理王伐取, 又合仇刀城(改烏岳縣)境內. 于尸山國(寧海), 新羅脫解王滅之. 居漆山國(東萊), 脫解王滅之. 萇山國(東萊), 新羅取萇山, 置居漆山郡, 『備考』列二國. 音汁伐國(慶州所屬, 安康縣), 新羅婆娑王滅之. 押督國(慶山), 一押梁國, 新羅婆娑王時(一祗味[摩]王取之)來降. 召文國(義城), 新羅伐休王滅之, 景德王改聞韶郡. 甘文國(開寧), 新羅助賁王取之, 柳山北有宮闕遺址, 縣北二十里有大塚, 俗傳甘文金孝王陵, 縣西熊峴里, 有獐夫人陵(『勝覽』). 骨伐國(永川屬臨川縣), 一骨火國, 助賁王取之, 置臨川縣. 沙伐國(尙州), 一沙梁伐, 一沙弗國, 新羅沾解王遣將于老滅之, 以其貳百濟也以爲州. 漆浦國(興海有漆浦營). 古浦國(慶山有古浦城). 昌寧國, 駒令國,召羅國(安東). 于山國(蔚珍東, 海島, 一羽陵[鬱陵島]),"

옛 지명들에 나오는 '감(甘)' 자에는 여러 가지 뜻이 있다. 음식 맛의 '달다'는 의미와 하늘의 '달'을 지칭하기도 했다. 월성(月城)과 달성(達城)의 월과 달이 연계되고, 지세가 분지나 벌판의 형국인 대구의 옛 지명이 達勾火(달구벌)와 達弗城(달벌성) 達城(달성)에서 '火'는 서라벌의 벌판 즉 평야를 의미하는 '弗(벌)'과 통하고, 대구의 어원에 준하는 '월배'라는 지명의 달(月)과도 관계가 있고 '달구'를 닭(鷄)으로 볼 수도 있다. 방언에 속 좁은 사람을 '달구창자(계장[鷄臟])'를 가졌다는 말도 있다.

현재는 과거의 귀납이며 현재를 연역하면 미래를 예측할 수 있다는 전제하에, 신라의 삼한통합을 돌이켜 보면서, 다시 제3의 민족 대통합을 고대하는 절실한 염원에 입각하여 본고를 작성했다. 단기 3002년 서기 669년에 신라가 삼한을 통합한 지도 어언 13세기가 지났다. 외세를 불러들여 삼국을 통일했다는 부정적적인 인식도 있지만, 한반도 최초의 '통일국가'를 이룩했다는 업적은 엄연한 위업이다. 초강대국 중국 옆에서 이정도의 성취도 기릴 만한 것이다. 고구려의 평양천도 이전과 발해조의 경국전략과 달리, 만주족과의 유대관계를 갖지 못하고 한족을 우선시하는 사대근성에 의거하여, 만주족을 야만족으로 인식한 것이 현재 한반도에 국한된 국세 위축의 원인이라고 생각한다.

역사에서 가정은 부질없는 일이지만, 만일 만주족[127]을 준 동포로 여겨 함께 국가를 경영했다면, 만주족도 소멸하지 않았을 터이고 우

127 말갈 · 여직 · 여진. 어순도 우리와 같고 출생 시 반점도 한족과 달리 있으며, 우리는 이들을 오랑캐로 비하했지만 그들은 우리를 형제 국으로 인식했다.

리는 만주 벌판까지 차지하여, 동아시아의 강국이 되어 현재의 중국과 대등한 국가가 되었을 것이다. 한족에 사대했던 우리는 살아남았고, 한족을 우러러 보지 않고 주체적으로 의연하게 대했던 만주족이 소멸한 사실에서 아쉬운 역사의 교훈이 있다. 시대가 흘러 남북이 분단되어 고구려 영역 일부는 북한이 차지했으며, 백제고지 일부는 정감적으로 독립하여 제2의 '여제동맹(麗濟同盟)'이 이면으로 잠행하고 있다.

고구려와 백제는 다 함께 동명성왕 고주몽(高朱蒙, 처음에 성을 해씨[解氏]로 했다가, 하늘의 후손으로 자임하여 고씨[高氏]로 바꾸었다)의 후손으로 알려져 있는데, 왜 고구려의 국성은 고씨이고, 백제 왕족의 성은 부여씨인 지도 문제이다. 통일신라 이전 삼국이 정치(鼎峙)했을 때, 고구려와 백제의 관계는 소위 형제 국임에도 불구하고 사이가 신라보다 더 나빴던 사실도 의아하다. 발원지인 부여를 두고 두 나라가 정통성 다툼을 한 것도 흥미롭다.

백제의 국호가 말년에 '남부여'였던 것도 부여의 후예임을 강조한 것일까. 두 왕실의 성이 고씨와 부여씨 등으로 상이했다는 사실은 더욱 불가사의하다. 모태인 '부여국'을 척도로 했을 경우 고구려가 백제보다 우위를 점하지 못한 까닭이 무엇인지. 광개토대왕17년(서기 407)에 북연(北燕)에 사신을 보내 같은 '고씨' 즉 동족이라 하여 이에 근거한 예를 베푸니, 북연의 왕(高雲)도 이발(李拔)을 사신으로 보내 답례를 했다. 북연의 왕 운(雲, 모용운[慕容雲, 본명은 高雲]이었는데, 연에 포로로 잡혀갔다가 입양된 뒤 성을 받아 모용씨가 되었고, 그 후 모용보(慕容寶)의 태자가 되었다가 왕위를 계승했다)의 조부 '고화(高和)'는 고구려의 국성 '고씨'는, 고대 고양씨(高陽氏, 전욱[顓頊, 재위서기전 2514~

2437?, 전욱제[顓頊帝의 號)의 묘예(苗裔)이므로, 성을 '고씨'로 했다고 밝혔다.[128]

신라 국성 김씨도 「백제본기」 말미 '논왈(論曰)' 조에 신라의 국성 '김씨'는 스스로 소호(少昊) 김천씨(金天氏, 재위서기전 2598~2515?)의 후예라고 했으며, 고구려 왕실의 성 '고씨'는 고신씨(高辛氏, 제곡[帝嚳, 재위서기전 2436~2367?])의 후예이기 때문에 고씨로 칭했다고 했다.[129] 『삼국사기』 「열전」 제1 김유신(金庾信, 595~673) 조에, 신라인들은 스스로 소호 김천씨의 후예인 까닭으로 '김씨'라고 했으며, 김유신의 비문에도 역시 원조(遠祖)는 헌원씨(軒轅氏, [黃帝재위서기전 2698~2599?])의 후예인 '소호지윤(少昊之胤)'이라고 했으며 김수로왕(金首露王, 42~199)과도 동성임을 암시했다.[130] '김천씨'는 황제(黃帝)의 아들이고, '고양씨'는 손자이며, '고신씨'는 증손자로 모두 황제의 후손이다. 고구려 국성 고씨가 중원의 시조 황제의 후예로 믿었던 이유가 무엇인지. 같은 북방민족이므로 그만한 까닭은 있었을 법도 하다. 황제는 사마천의 『사기』 「오제본기(五帝本紀)」 이후 한족의 조상으로 굳어졌지만, 고대에는 한족에 국한되지 않고 동아시아 북방민족들의 공통의 시조로 인식되었다.

21세기도 어언 초반을 지나 중반으로 접어들고 있다. 우리는 20세

128 『三國史記』 「高句麗本紀」 第六, "廣開土大王 十七年, 春三月, 遣使北燕, 且叙宗族, 北燕王雲, 遣侍御史李拔, 報之, 雲祖父高和, 高麗之支屬, 自云, 高陽氏之苗裔, 故以高爲氏焉."

129 『三國史記』 「百濟本紀」 第六, 論曰 "又聞, 新羅人, 自以小昊金天氏之後, 故姓金氏(見新羅國子博士, 薛因宣撰, 金庾信碑, 及朴居勿撰, 珧克一書, 三郎寺碑文) 高句麗, 亦以高辛氏之後(見『晉書』, 載記)."

130 『三國史記』 「列傳」 第一, "金庾信, 新羅人自謂, 少昊金天氏之後, 故姓金. 金庾信碑亦云, 軒轅之裔, 少昊之胤, 則南加耶始祖, 首露與新羅同姓也."

기 전후부터 '군자'는 재야로 물러나고, '소인'들이 지도자로 부상했다. 『서전』에 "소인이 득지하면 반드시 장차 화를 불러와 난을 일으키며, 군자는 재야에 물러나 있고 소인이 직위를 꿰차고 있으니, 백성들로부터 버림을 받고 하늘이 재앙을 내린다."라고 경고한 바도 있다.[131] 예나 지금이나 소인배의 패륜과 악행은 시공을 초월허여 무소부지(無所不至)로 자행되었다. 이에 소인배인 음붕(淫朋, 사악한 집단) 무리들의 득지는 행악을 일삼는 계기가 되어, 그 행악의 폐단이 미치지 않는 곳이 없다는 탄식이 뒤따른다. 조선조에 들어와 당파를 일러 붕당이라 한 것도 '음붕정치(淫朋政治)'를 했다는 의미를 내포하고 있었다.

『상서(尙書)』「태서(泰誓)」편에, 무왕이 은나라 폭군 주왕(紂王)을 정벌하려 가는 도중, 강을 건너 그 북쪽에 머물 때 서토(西土) 병사들에게, "내가 듣기로 길인(吉人, 君子)은 선을 행함에 날이 부족하고, 흉인(凶人, 小人)은 불선을 행함에 날이 부족하다."고 하면서 주왕을 길인이 아닌 흉인에다 비유했다. 불행하게도 수 천여 년 전 『상서』의 경고가 그대로 우리나라에 지금 재현되고 있다.[132] 그 결과 '선대, 후대, 좌파, 우파'를 막론하고 '음붕'의 무리들이 권력을 전횡하여, 도덕관념의 황폐화는 물론이고 시비선악의 척도까지 괴멸시켜, 사회를 난장판으로 만들고 국정까지 오도하여, 민족의 나아갈 진로조차 오리무중으로 몰아가고 있다.

외래 종교에 물들지 않은 대다수의 우리민족이 '단군성조'의 자손

131 『書傳』「虞書」堯傳 "小人得志, 必將召禍而起亂矣.…「虞書」大禹謀, 君子在野, 小人在位, 民棄不保, 天降之咎,"

132 『尙書』卷 第六, 「周書」"泰誓, 惟戊午, 王次于河朔,…嗚呼西土有衆, 咸聽朕言, 我聞吉人爲善, 惟日不足, 凶人爲不善, 亦惟日不足,"

이라고 믿고 있는 것처럼, 중국인들도 모두 황제의 후손이라 생각하고 있다. 전설적 고대 지도자인 황제는 한족의 조상이기 전에 북방제 민족들의 조상이기도 하다. 소위 중원문화는 한족이 종합한 것으로, 그들이 천시했던 '사이족'의 문화가 대부분임에도 불구하고, 한족은 이를 전부 자신들이 창조한 것으로 왜곡했다. 몽골족의 원나라와 만주족의 청나라가 중원문화에 기여한 바는 엄청나지만, 한족들은 파렴치하게 이를 깔아뭉갰다. 한족이 악감을 가지고 일괄하여 '북적'이라고 폄하했던 북방 민족들은 거개가 한족과 함께 '황제'를 자신들의 먼 조상으로 믿고 있었다.

중원 북방에 웅거했던 흉노족은 자신의 선조가 '하후씨(夏后氏)'의 후예라고 밝혔다. 흉노족의 호칭 '흉노(匈奴, 험윤[玁狁])'는 사특한 한족이 가장 나쁜 글자를 애써 찾아서 붙인 명칭이다.[133] 서하족(西夏族, 신강위글 지역의 민인)의 원호황제(元昊皇帝, 景宗, 李元昊[1003~1048의 본명은 척발원호])는 서하국 최초의 칭제건원을 시행한 민족주의적 통치자로서, 그들의 혈통이 황제의 아들 '창의(昌意)'의 후손이라고 하여 황제의 후예임을 자긍했다. 향국 258년을 누린 서하국은 만주족의 금나라와 공존하다가 원나라에 의해 동시에 멸망했다.[134]

만일 신라가 삼국통일을 하지 않고 '고구려, 백제, 신라'가 분단된 체로 남아있었다면, 국토와 인구의 약세로 인해 흉노와 거란 만주족처럼, 중원 강대국들에 병합되어 우리 민족은 지금까지 존재하지 못

133 『史記』 卷 一百十, 「匈奴列傳」 五十, "匈奴, 其先祖, 夏后氏之苗裔也,"

134 『宋史』 列傳 第二百四十四 外國 一, "夏國 上,…元昊旣悉有夏,…遣使上表曰, 臣祖宗本出帝胄, 當東晉之末運, 創後魏之初基" 外國 二, "夏國 下, 逮元昊始顯稱帝, 厥後因之, 與金同亡. 槪其歷年二百五十八年, 雖嘗受封冊于宋,…其心未嘗有臣順之實也,"

하고 소멸되었다고 생각된다. 고구려 강역의 대부분은 통합하지 못한 아쉬움은 있으나, 통일신라의 영역과 인구는 주변 강대국이 쉽게 넘겨보아 합병할 정도의 소국은 아니었다. 그래서 신라 고려 조선조로 계승되어 오늘의 대한민국으로 웅비하고 있는 것이다. 휴전선 이남의 강토만으로도 10대 강국이 되었는데, 신라가 당시에 압록강과 두만강까지 확보했다면, 이후에 만주영역까지 차지하여 지금은 5대 강국까지 바라볼 수도 있다고 여겨진다. 이런 연고로 주변 국가들이 남북한의 통일을 내심으로 바라지 않고 있는 것이 아닐까.

원제국(元帝國)은 아랍과 유럽 소련 및 광활한 중원과 장성(長城) 주변 및 북녘 요하(遼河) '동, 서, 북' 쪽 지역과 남중국과 넓은 만주 땅을 깡그리 병탄했지만, 결과적으로 한족에게 이를 전부 헌납하여 한족에 의한 패권주의의 기틀을 공고하게 해주었고, 미필적 고의로 동아시아 민족주의적 역사 진행에 역기능을 행사한 저돌적 왕조로 평가된다. 동서양을 석권했던 몽골족은 지금 북방 초원지대에서 간신히 국가를 유지하고 있으며, 거란족과 만주족은 아예 역사의 이면으로 사라져 흔적도 찾기 어렵다.

예부터 성씨를 중국과 결부시키는 것을 명예로 인식하는 사대주의적 관념의 일환으로 볼 수도 있지만, 우리 겨레를 포함한 동북아시아 민족 거개가 북방민족 계열의 후손이므로 전혀 근거 없는 발상은 아니다. 성은 황제나 제왕만이 부여할 수 있었다. 신라 육부(六部)의 성(이 · 최 · 손 · 정 · 배 · 설)도 단기 2365년 유리이사금이 재위 9년(32)에 하사했다. 성격은 좀 다르지만 신라로 투항해온 '김유신'의 선대와 그 일가를 '신라김씨'로 바꾸었고, 고려로 귀순한 발해 왕자 '대광현(大光顯)'을 고려가 '왕씨'의 성을 내리고, 이름도 '계(繼)'로 바꾼 것도 같은 예이다. 이처럼 중세의 '사성'은 정치와 깊이 연관되어 있었다. 고구려의 국성(高氏・解氏)은 신이한 고주몽의 출생과 연계했을 때 백제와 달리 '부여씨'가 아닌 것이 분명하고, 두 나라의 관계가 줄곧 좋지 않았던 이유도 이와 관련이 있는 것 같다.

'황제'는 소전(少典, 이름이 아닌 제후국의 칭호임)의 아들로서 성은 공손(公孫)이고 이름은 헌원(軒轅)이다. 치우(蚩尤, 황제의 적대적 인물로 동이족의 선조라는 설도 있다)와 투쟁에서 승리하여 제후들의 추대를 받아 '신농씨'의 뒤를 이어 황제가 되었다. 황제는 25명의 아들을 두었다. 이 중에 성을 얻은 자는 14인에 불과했다. 성은 이같이 얻기가 쉽지 않았다. 황제에게는 25명의 아들이 있었으나 성을 얻은 아들은 14명이고, 이 가운데 중복된 성씨를 제외하면 결국 12명의 아들만 성(姓, 희[姬]・유[酉]・정[鄭]・기[己]・등[騰]・함[蒧]・임[任]・순[荀]・희[僖]・길[姞]・현[儇]・의[衣])등의 성을 받았다.[135]

신라 제3대 유리이사금은 단기 2365년(서기 32) 관료의 위계를 17등급으로 정비하고, 서라벌의 모태인 진한육부 육촌(六村, 六部, 양산부[楊山部－양부]・고허부[高墟部－사량부]・대수부[大樹部－점량부]・우진부[于, 干珍部－본피부]・가리부[加利部－한기부]・ 명활부[明活部－습비부])의 명칭을 바꾸고, 아울러 그 우두머리에게 '이・최・손・정・배・설' 등의 성을 하사는 등의 개혁정책을 실시했다.[136] 신라는 삼성의

135 『史記』 卷 一, 「五帝本紀」 第一, "黃帝者, 少典之子, 姓公孫, 名軒轅,…軒轅之時, 神農氏世衰. 諸侯相侵伐,…蚩尤作亂, 不用帝命. 於是黃帝乃徵師諸侯, 與蚩尤戰於涿鹿之野, 遂禽殺蚩尤. 而諸侯咸尊軒轅爲天子, 代神農氏, 是爲黃帝.…黃帝二十五子, 其得姓者十四人(十四人, 爲十二姓[姬, 酉, 鄭, 己, 騰, 蒧, 任, 荀, 僖, 姞, 儇, 衣, 是也.],…少昊金天氏, 爲己姓者耳.),"

136 『三國史記』 「新羅本紀」 第一, "儒理尼師今立,…九年春, 改六部之名, 仍賜

교차집권을 비롯한 부단한 국정쇄신을 추진하여, 정치 사회면에 신풍을 일으키며 역동적으로 국가를 경영했다. 성의 출발점 역시 도량권형과 같이, 음률 즉 율려(律呂, 古者聖人, 吹律定姓, 以紀其族)에 근거하여 만들어졌다고 알려져 있다.

6. 통일신라와 대한민국의 미래

7세기 중엽(백제는 서기 664, 고구려는 669년에 각각 신라에 병합되었다) 신라에 의해 통합된 고구려 백제 '유민(遺民)'들의 뇌리에 잠재된 신라에 대한 반감이, 오늘의 북한에 대한 호감으로 이어지고 있는 것은 아닌지. 남북한 민인들 사이에 복잡하게 잠재된 알력과 불협화음 역시 그 근저에 7세기 전후 삼한일가의 정치적 변혁에 기인한 것일까. 역사는 진보하는 것이 아니라 회귀하는 경우도 허다하다. 봉건제와 노예제도를 없앤다는 기치를 높이 든 정권들이, 역사를 후퇴시켜 표피를 교묘하게 분식하여 현대판 봉건제와, 백성을 노예로 만들기에 여념이 없는 국가들과, 이를 박수치며 호응하는 우매한 민인들도 많다.

이 같은 민족 분열을 조장하는 행위가 과거와 달리 증폭되고 있는 현상은, 권력과 물욕에 눈먼 5류 정상배들의 권모술수에 의한 행악에 말미암았다. 설상가상으로 지방자치제라는 명목으로 고대 78소국도 모두 되살아나고 있으며, 북한은 표면적으로 하나로 뭉쳐 있는 것과 달리, 편파 논리에 입각한 경남 일부 인사들 사이에 제기된 가야의

姓. 楊山部爲梁部, 姓李. 高墟部爲沙梁部, 姓崔. 大樹部爲漸梁部(一云, 牟梁), 姓孫. 于(干)珍部爲本彼部, 姓鄭. 加利部爲漢祇部, 姓裵. 明活部爲習比部, 姓薛. 又設官有十七等,"

부흥도 암암리에 추구하는 이른바 4국시대(신라, 고구려, 백제, 가야)로 재진입하고 있다. 지역을 기반으로 한 민인의 분열은 북한이 바라던 바이고, 암암리에 이를 조장하기도 했다. 우리는 이제 이 같은 망국적 상황을 어떻게 극복할 것인지가 초미의 과제이다.

1897년 고종은 황제위에 올라 연호 '광무'로 개원하여 황제국가가 되었다. 일본의 간계가 작용했지만 대한제국은 민족사 전개의 위업이었다. 일제의 강압으로 1908년에 퇴위하고 '융희'로 개원한 순종(純宗, 재위1907~1910)이 등극하여 4년간 통치하다가, 1910년에 일제의 획책한 흉계대로 '경술국치'를 맞았다. 그 동안에 1907년 7월 31일에 '군대해산'의 '칙령'이 반포되고 8월 1일에 군대가 해산되었다. 대한제국 이전 1882년 국가의 간성인 군대를 해산시킨 처사에 분노하여, 저항한 의거가 소위 '임오군란(壬午軍亂)'이 있었다.

임오군란은 대원군(大院君, 1821~1898)이 물러난 뒤 고종과 민비(閔妃, 1851~1895) 일족들이 일제의 사주를 받아, 권력쟁탈과 연계된 조선조의 군대를 무력화 시킨 망국적 만행에 저항한 구국적인 항쟁이었다. 국가의 간성(干城)이 무력화된 현상에 대한 군인들의 정당한 저항을 두고, 아직도 '군란(軍亂)'[137]이라 칭하고 있다. 일제의 사주를 받은 간신배들이 올린 군대해산을 명하는 '칙서(勅書)'에 옥새를 찍어준 유약한 황제를 둔 백성들이 가련하다. 망국 직전의 제왕들은 모두 용렬하고 함량미달의 위인이고, 주변 인물들 모두가 '음붕(淫朋, 사악한 무리)'이었다.

시각에 따라 전혀 다른 판정이 나올 수 있는 근현대의 많은 반국가

137 임오구국항쟁으로 칭함이 옳다.

적 분란과 소요 사건들이, 혁명과 의거 등으로 미화되어 이들 수많은 반국가적 소요사건들의, 주동자와 추종자 및 그 유족들이 백성의 혈세로 많은 물질적 혜택을 받았을 뿐 아니라, 자제들이 공직을 비롯한 각종 시험에 가산점까지 받아 합격하게 만든 일도 부지기수였다. 그럼에도 불구하고 국가를 위한 의거였던 '임오군란'은 지금도 '군란'으로 부르고 있는 사실을 어떻게 평가해야 할 것인지. 한때 대학 구내에 '열사'로 분식된 폭도들의 기념비가 도처에 세워졌던 기억이 새롭다. 지금부터 일부 특정 세력들의 감성적 주관이 객관으로 포장되어 칭송받는 적폐도 혁파되어, 정의롭고 미래사회의 좌표가 될 사안들의 경우는 재평가의 과정을 거쳐, 정당한 위상의 회복은 물론이고 응분의 보상도 뒤따라야 할 것이다.

신라에 의한 삼한통합의 민족사적 소명을 이룩한 위업과 같은 민족 대통합이 다시 절실하게 요구되는 시점에 우리는 놓여있다. 천년왕국 신라와 그 수도 '동경'에 잠재된 삼국통일을 이룩한 기개와 지략을 되살려, 현재의 난맥상과 고착화되어 가는 민족의 분열을 극복하기 위해, 통시적으로 서라벌 동경 민인들의 저변에 흐르고 있는 그 웅지를 모범으로 하여 이를 과감하게 되살려, 다시 제3의 민족통일을 성취해야 할 계제에 우리는 와있다.

예부터 전쟁을 두려워하여 무사안일과 굴욕을 감수하며 노예근성에 기초한 매국적 '평화타령'을 했던 국가들은 예외 없이 외적의 침략을 받아 멸망했거나 속국으로 전락했으며, 침탈하려는 국가에게 가차없이 강력한 무력으로 반격하여 격멸시킨다는 의지를 가진 민족에게는 감히 도전하지 못했던 것은 역사가 증명하며. '임진왜란, 병자호란, 6, 25동란' 등이 그 대표적 실례이다. 신라가 외적의 침탈을 받지 않거나 물리쳐 향국 천년을 누렸던 근저에는, 신라인의 상무정신이 자리하고 있었으며 이를 바탕 하여 삼국통일도 이룩했다.

해방 이후 대한민국 정부는 동족인 북한을 물심양면으로 엄청난 원조를 했다. 특히 좌파 인물들의 집권시기에는 알게 모르게 더 많은 도움을 주었다. 거액의 외화를 위시여 방대한 재화를 아낌없이 음양으로 공여했다. 북녘의 곤궁한 우리 동포들을 돕는 것에는 일말의 긍정적인 면도 있지만, 우리가 준 돈과 식량이 굶주리고 있는 동포들에게 돌아가지 않고, 거의 전부가 핵무기 생산과 전쟁준비에 투입되었다는 사실에 문제가 있다. 북한 당국자들은 외부와 철저히 차단된 상태에서, 민인 대부분이 더불어 곤궁하게 살고 있기 때문에, 자신들이 불행한 삶을 살고 있다는 사실도 알지 못하고 곤궁을 당연시하여, 별다른 불만이 없다는 사실을 인지하고 개의하지 않고 있다.

이 대목에서 주목되는 점은 북한은 비밀에 부쳐진 부분을 포함해서, 엄청난 양의 원조를 수령하고도 이에 대해 일언반구의 감사의 말도 없었다는 점이다. 과거 중원 정권들이 수천 년간 연속부절의 조공을 받고도 감사하다는 말 한마디 없었던 사실이 연상된다. 혹시 북한이 자신을 황당무계하게 황제국으로 착각하고, 대한민국을 어처구니없이 속국이나 제후국으로 여겨, 선의의 원조를 일종의 '조공'으로 여기지 않았나 하는 의심도 가고, 허세를 즐기는 북한이 내심으로 간절히 바라면서 표면적으로 요구하지 않았음에도 불구하고, 알아서 스스로 조공처럼 바쳤기 때문일 수도 있다.

북한은 수령한 원조의 대가로 치기어린 권위와 비밀에 싸인 지도자와의 만남을 선물처럼 악용했고, 일부 국가들이 이를 감격스럽게 여겨 회담을 하면 전 세계 언론의 각광을 받아, 졸지에 초미의 관심

인물로 부각되는 점을 기대한 것일까. 중국과 북한을 비롯한 일부 공산정권들의 이런 간교한 술수를, 유명해지는 기회로 인식했던 사례는 중국과 북한의 전략과 실상에 무식했던, 키신즈와 트럼프(노벨평화상의 수상을 노림) 유의 인물들이 흉계를 품은 패권 국가를 방조하여, 세계사를 오도한 일단의 서방지도자들도 예외가 아니었다.

중원의 장구한 역사를 기록한 『사기』를 비롯한 『25사』를 읽지 않았으면 중국을 안다고 할 수가 없다. 한족이 수천 년 동안 전 세계 모든 국가와 민족을 속국이나 오랑캐로 취급했던 '중화주의'는 지금도 한 치의 변화가 없다. '동이, 서융, 남만, 북적'이라는 소위 사이의 호칭이 이를 증명한다. 언론의 각광을 받으며 중공을 방문하여 우쭐대었던 키신즈 유의 위인들도, 중국이 볼 때는 전부 서쪽에 사는 오랑캐의 한 사람 정도로 취급했고, 그 이상도 이하도 아니었음을 지금도 깨닫지 못하고 큰 업적을 이루었다고 으스대고 있다.

서방의 유수한 정보기관들이 수집한 중국에 관한 자료들은 흥미위주의 첩보수준에 불과한데, 이를 바탕으로 대 중국 전략을 짜는 행위는 호랑이 새끼를 키우거나 언 뱀을 가슴에 품어 소생시키는 것과 같아서, 결국 도움을 받아 살아난 뱀과 성장한 호랑이에게 물리게 된다. 현재 미국과 중공의 위상이 이 경우에 해당된다. 국가 간의 분란과 전쟁의 배후에는 군수재벌이 있다. 생산된 남아도는 무기를 팔고 또 계속 만들기 위해, 부도덕한 정치가들과 결탁하여 전쟁을 의도적으로 일으킨 예도 많았다. 북한의 핵무장을 '전략적 모호성'이니 하는 따위의 말장난을 하며 눈감아 준 것도, 위험을 느낀 주변국가에게 재래식 무기를 팔기위한 술수였다는 견해도 있다. 우리는 통시적으로 미국에 속았고 소련에도 속은 사실을 기억해야 할 것이다.

이제부터 북한을 잘 아는 대한민국은 자부심을 갖고, 역으로 북한을 보호하고 통합해야할 속국으로 인식할 때가 되었다. 삼국통일 이후 신라조가 합병한 무수한 속국의 관료들과 민인들을 신라인과 거의 동등하게 애정을 가지고 품었기 때문에, 268여 년간의 통일국가를 영위했던 점도 반면거울로 삼아야할 전례의 하나이다. 삼국이 정립하고 있었던 7세기 중엽 당나라와 제휴하지 않고, 그 어떤 나라도 삼한통합은 불가능했다는 사실을 인정하는 것이 솔직하다. 강국으로 믿고 있었던 고구려에 의한 통일을 기대했던 사람들이 많았다는 점도 이해가 된다. 그 무렵 고구려는 이미 흥성하는 신라와 달리 쇠락의 길을 걷고 있었다.

이제 이런 유의 부질없는 망상을 버리고 냉철한 현실인식을 가질 때가 되었다. 그러기 위해 분단의 고착과 민족 분열이 심화되는 암울한 현실을 극복하기 위해, 과거 신라가 추구했던 '삼국통일'과 통일 이후의 '향국전략'을 지혜롭게 수용하고, 우호적인 주변 국가들과 힘을 합쳐, 대망의 민족 재통합을 위해 신라가 추진했던 '삼한일가(三韓一家)'의 통합정책에서, 그 정답의 일단을 찾을 수 있고 또 찾아야 할 것이다.

제4장

후삼국시대와 태봉의 칭제건원

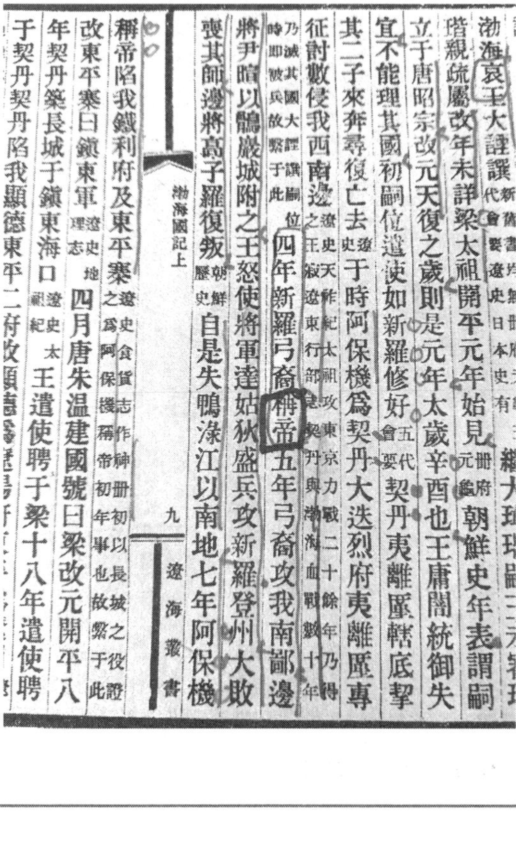
渤海哀王大諲譔新舊書並無傳代會要遼史日本史有[illegible]
瑎親疏屬改年未詳梁太祖開平元年始見冊府元龜朝鮮史年表謂嗣
立于唐昭宗改元天復之歲則是元年太歲辛酉也王庸闇統御失
宜不能理其國初嗣位遣使如新羅修好五代會要契丹夷離菫轄底挈
其二子來奔尋復亡去遼史于時阿保機爲契丹大迭烈府夷離菫專
征討數侵我西南邊遼史天祚紀太祖攻東京力戰二十餘年乃得之王寂遼東行部志契丹與渤海血戰數十年乃滅其國大諲譔嗣位時即被兵故繫于此
四年新羅弓裔稱帝五年弓裔攻我南鄙邊
將尹瑄以鶻巖城附之王怒使將軍達姑狄盛兵攻新羅登州大敗
喪其師邊將高子羅復叛朝鮮歷史自是失鴨淥江以南地七年阿保機
渤海國記上　九　遼海叢書
稱帝陷我鐵利府及東平寨遼史食貨志作神冊初以長城之役證之爲阿保機稱帝初年事也故繫于此
改東平寨曰鎭東軍遼史地理志四月唐朱温建國號曰梁改元開平八
年契丹築長城于鎭東海口遼史太祖紀王遣使聘于梁十八年遣使聘
于契丹契丹陷我顯德東平二府收[illegible]

▌281쪽 그림. 黃維翰; 遼海叢書 渤海國記 上

1. 궁예의 폄훼적 평가에 대한 반론

역사상 명멸했던 수많은 인물들 중에 후세인의 주관적 척도에 의해, 망각되었거나 과소평가된 사람이 적지 않다. 별 실질이 없는 인물이 특정 파벌과 현달한 후손에 의해 과대평가된 사람도 많고, 괄목할 만한 업적을 남긴 인물들이 관심 밖으로 밀려난 사례도 있다. 필자는 그들 가운데 궁예를 선택하여 그가 우리 반만년 역사상 중원 황제(皇帝)들처럼 최초의 '칭제건원(稱帝建元)'과 '오덕입국(五德立國)'을 시행한 영도자였던 사실을 밝히고자 한다.

지금 와서 '칭제건원'과 '오행입국(五行立國)'과 '오덕입국'이 왜 중요한가에 대해 의아하게 생각하는 사람이 많지만, 고대와 중세는 고대와 중세의 척도와 가치관으로 접근해야 그 실상이 구명된다. 하물며 칭제건원의 이념은 소멸된 것이 아니라, 현재에도 외세에 휘말리지 않고 주체성을 살려 자주독립을 성취하기 위해, 몸에 밴 사대주의를 버려야 한다는 인식도 그 근저에는 칭제건원의 경국이념이 내재되어 있다.

역사는 승자의 기록이므로 권력쟁탈에서 밀려난 패자에 관한 평가는 동서고금을 막론하고 잔인하고 혹독했다. 동아시아의 경우 하(夏)나라의 걸왕(桀王)과 은(殷)나라의 주왕(紂王) 진(秦)나라의 시황(始皇)과 조선조의 광해군(光海君, 1575~1641)이 그 대표적 제왕(帝王)이다. 승자였던 우왕(禹王)과 무왕(武王)은 문무겸전에다 도덕심도 갖춘 성인으로 기록되었다.

우리나라에도 이들과 비슷한 사례가 많지만, 반드시 짚고 넘어가야 할 인물로 필자는 궁예를 선정하여 본고를 작성했다. 승자였던 왕건

(王建, 877~943)은 관인후덕(寬仁厚德)의 대명사로 묘사되어 있다. 만일 왕건이 궁예의 칭제건원을 계승하여, 황제로 군임 하면서 발해의 유민과 합세하여 부국강병책을 써서 요(遼)나라에 대항했다면, 당시 무주공산이었던 고구려와 발해의 고토였던 만주지역의 절반은 수복할 수 있었다고 생각된다.

진실로 고려조의 우왕(禑王, 1365~1389)과 창왕(昌王, 1380~1389)의 성이 왕씨가 아니고 신씨(辛氏)였는지, 진시황의 성이 영씨(嬴氏)가 아니라 여씨(呂氏)인지도 의문이다. 승자인 이성계(李成桂, 태조, 1335~1408)와 유방(劉邦, 한고조, 서기전 247~195) 등 승자들이 역성혁명(易姓革命)을 합리화 하기위한 권모술수로 볼 수는 없는지, 이성계는 1389년에 우왕과 창왕 부자를 잔인무도하게 같은 해에 시해했다.

언제까지 잔혹 무도한 승자들의 이 같은 만행과 진실의 왜곡을 용인하고 또 기정사실로 여겨야 할 것인지. 이제 역사의 진실은 밝힐 때도 되었다. 궁예의 '칭제(稱帝)'에 대한 기록은 국내 사서들에는 일체 없고, 중국 측 일부 간책에만 전하고 있는데 그 이유가 무엇인지. 제후예악이 아닌 황제예악과 칭제건원의 경국이념으로 국가를 통치하다가, 왕건에 의해 처참하게 시해된 궁예의 경륜을 재조명하여 우리민족의 현재와 웅혼한 미래를 위한 나침판으로 삼고자 한다.

우리민족사의 역년을 반만년으로 일컫는다. 찬자미상의 청인(淸人)이 찬술한 『조선지(朝鮮志)』는 "단군조선, 기자조선, 한사군, 이부(二部), 삼한(三韓)의 마한 54국, 진한 12국, 변한 12국, 고구려와 백제를 병합한 신라의 삼국통일, 궁예(선종[善宗], ?~918, 재위, 890~918)의 후고구려, 견훤(甄萱, 867~936, 재위892~936)의 후백제, 고려조의 삼한통합, 조선조의 개국"으로 서술했는데 이를 합하면 그 역년이 반만년이 된다.[1]

위의 『조선지』가 정리한 한국 역대 왕조의 맥락에는, '위만조선'과 '부여'와 '옥저, 예맥, 낙랑'도 빠져있고, 우리가 부인하는 '기자조선'은 수록되어 있다. 단기원년(檀紀元年, 서기전 2333년, 당요무진년(唐堯, 戊辰年)에 개국한 '단군조선'의 '단군'을 한민족의 '시조(始祖)'로 인정한 것은 옳다. 궁예의 '후고구려'와 견훤의 '후백제'를 등장시킨 것도 합당하다. 단군조선의 '단군'을 최초의 '국조'로 인정했기 때문에 반만년의 역동적인 민족사가 정립되었다.

반만년 민족사의 진행 과정에 수많은 인물들이 명멸했다. 이 와중에 그들의 업적 가운데 공은 망각되거나 축소되고, 과오는 확대 재생산되어 정당한 평가를 받지 못하는 인물이 많다. 그러므로 역동적으로 나아가야 할 역사의 수레바퀴가 좌초되거나, 현재와 미래에 꼭 필요한 명제들이 간과되는 사례가 빈번했다. 그 중에서 반드시 재평가되어야 할 중요한 인물이 28년간 제왕으로 군임했던 궁예(後高句麗[890~901], 摩震[901~911], 泰封[911~918])이다. 서기 895년 을묘(乙卯)에 '칭군(稱君)', 901년 신유(辛酉)에 '칭왕(稱王)', 904년 갑자(甲子)에 '칭제(稱帝)'하여 위계를 단계적으로 격상했다.

본고는 궁예의 경국이념 중 역사상 중세왕조의 긍지와 자주독립의 표상인 '칭제건원'과 '오덕입국'을 최초로 실천한 업적을 밝히기 위해 집필되었다. 칭제건원 문제는 흘러간 과거지사가 아니라 민족의 자존심과 영광스런 미래를 위해서 반드시 밝혀져야 할 과제이다. '칭제건

1 南淮吳省蘭泉之輯;『朝鮮志』卷 上, 檀君肇國, 箕子受封, 皆都平壤, 漢置四郡, 二部, 自是三韓爪分, 馬韓統五十四國, 辰卞韓各統十二國, 厥後新羅, 高句麗, 百濟, 三國鼎峙,…新羅滅高句麗百濟, 及其衰也, 弓裔據鐵原, 稱後高句麗, 甄萱據完山, 稱後百濟, 高麗始祖, 統合三韓,…我康獻王, 建都漢陽, 定爲八道.

원'은 중국의 '번방'이나 '속국' 또는 '제후국'의 굴레에서 벗어나, 자주 독립 국가로서 중국과 대등한 왕조로 독립한다는 선언이며, '조공'의 질곡으로부터 해방된다는 목적도 있다. 역대 중원왕조가 이를 용인하지 않았던 이유도 여기에 있다. 또 본고에는 서술과정에서 여러 사안들이 참고한 문헌들에 반복 기재되었기 때문에, 논리의 전개상 부득의하여 중복되는 내용과 연대의 출입과 산정방법에 따른 차이 등도 그대로 살렸다.

중원 왕조들에 대한 우리 역대왕조들의 '조공' 역사는 길고도 오래이다. 서기 1005년(北宋, 眞宗[재위997~1022], 景德二年)에 편찬된 『책부원구(冊府元龜)』에 의하면, 우리 선대 왕조들의 최초 조공은 서기 32년 고구려 대무신왕(大武神王, 4~44)15년(후한, 광무제, 建武八年) 12월, 43년(후한, 광무제, 建武十九年)에 낙랑, 49년(후한, 光武帝, 建武二十九年)에 부여, 220년(魏, 文帝, 黃初元年)에 예맥, 281년(晉, 武帝, 太康二年, 三月)에 진한, 286년(晉, 武帝, 太康七年)에 마한, 429년(宋, 文帝, 元嘉六年)에 백제, 568년(陳, 光大二年, 六月)에 신라, 934년(後唐, 淸泰元年.고려, 太祖十八年) 8월에 고려 등, 우리 중세 왕조가 해당시대의 중원왕조에 각각 최초로 조공을 했다. 이는 전대 왕조들이 처음 조공한 사례이고, 그 이후 헤아릴 수 없을 만큼 수 천리를 오가며 방물과 미인들을 바쳤다. 서기 32년부터 959년 8월(後周, 恭帝, 顯德六年. 고려, 光宗, 光德十年) 고려조의 조공까지, 무려 927년 동안의 '조공사행'을 『책부원구』는 기록했다.[2]

2 『冊府元龜』 卷 九六八 外臣部 「朝貢」 一~五, 光武帝 建武八年, 十二月, 高句麗王, 遣使奉貢.…二十年, 樂浪貢獻.…二十五年, 夫餘王, 遣使貢獻.…太康元年, 辰韓王, 遣使獻方物,…太康七年, 馬韓, 等十一國, 使人來獻.…文帝 元嘉

고구려는 서기 32년(대무신왕, 15년)부터 656년(보장왕, 15년)까지 대략 120여 차례나 중국에 조공사행을 파견했다. 한동안 국가로 존속했던 낙랑도 44년(後漢, 光武二十年)과 261년(陳留王, 景元2년), 481년(南齊, 太祖, 建元3년)과 496년(齋, 明帝, 建武三年) 등 4회에 걸쳐 '고려국(高麗國) 낙랑공(樂浪公)' 이름으로 조공했다. 탐라국(耽羅國)도 661년(唐, 高宗龍朔元年)에 당에 조공했다. 낙랑이 고려국의 낙랑공(樂浪公)이었음을 알 수 있고, 탐라국이 임읍(林邑)의 남쪽해변 3국과 함께 당(唐)에 사신을 파견한 사실도 실려 있다. 탐라국은 7세기 중엽에 당나라에 알려졌으며, 당시 탐라국왕 이름은 '유리도라(儒李都羅)'였다.[3]

부여는 서기 49년(後漢, 光武二十五年) 왕이 사신을 파견하여 후한 광무제에게 공물을 바쳤고, 120년(後漢, 安帝, 永寧元年) 부여왕이 아들을 대궐에 파견하여 공물을 바쳤으며, 161년(後漢, 桓帝, 延憙四年)과 174년(後漢, 靈帝, 嘉平三年) 및 220년(後漢, 獻帝, 延康元年) 등 대략 5회에 걸쳐 조공사신을 파견했다. 고구려와 백제는 다 같이 부여계인데, 고구려 왕실의 성은 고씨(高氏)이고, 백제는 부여씨(夫餘氏)인 점도 미묘하다. 백제가 말기에 '남부여'로 국명을 바꾼 것도 주목된다. 아마도 두 나라가 조국 '부여'를 두고 정통성 경쟁을 한 것처럼 여겨진다.[4]

六年, 七月, 百濟王, 遣使獻方物.…陳 光大二年, 六月, 新羅國, 遣使獻方物.…後唐 廢帝 淸泰元年, 八月, 高麗人入國, 十月, 高麗國王王建, 遣使人朝貢方物.…後周恭帝 顯德六年, 八月, 高麗國遣使朝貢.

3 『冊府元龜』卷 九六八 外臣部「朝貢」一, 後漢 光武二十年,…韓人廉斯人蘇馬諟等, 詣樂浪貢獻. 陳留王 景元二年, 七月, 樂浪外夷, 韓, 濊貊, 各率其屬來朝貢.…唐 高宗 龍朔元年, 八月,…耽羅國王, 儒李都羅等, 並遣使來朝, 各貢方物, 三國皆林邑之南, 邊海小國也.

4 『冊府元龜』卷 九六九 外臣部「朝貢」一, 後漢 建武二十五年, 是歲夫餘王遣使

백제는 서기 429년(宋, 文帝, 元嘉六年) 7월 왕이 처음으로 사신을 파견하여 공물을 바친 뒤, 652년(義慈王, 12년, 唐, 高宗, 永徽三年)까지 22여 회에 걸쳐 사신을 파견했고 9년 후 멸망했다.[5] 신라는 서기 568년(眞興王, 二十九年, 大昌元年)에 사신을 처음으로 파견하여, 932년(後梁, 長興三年) 4월까지 77여 회에 걸쳐 사신을 보냈다. 신라는 '자체연호(自體年號)'를 시행할 동안에는 조공사행이 거의 없었다. 서기 650년 진덕여왕(眞德女王, ?~654)4년에 연호 '태화太和'가 폐지되고, 태종무렬왕(太宗武烈王, 604~661)과 문무왕(文武王, ?~681) 대에 조공사행이 부쩍 늘었다. 당의 힘을 빌려 삼한을 통합하려는 전략과 관계가 있다. 신라의 '태종(太宗)'이라는 묘호(廟號) 사용은 '태종무렬왕'이 처음이고 끝이었으며, 이후 신라왕은 전부 '조(祖)・종(宗)'이 아닌 'ㅇㅇ왕'으로 격하되었다.[6]

고려조도 934년(太祖, 十七年, 年號, 天授는 16년 만에 폐기되었다)부터 959년(光宗, 光德十年)까지 8회에 걸쳐 조공사신을 파견하여 공물을 바쳤다고 『책부원구』는 기록했다. 중국에 대한 조공은 『책부원구』의 기재된 대략 927여 년간의 조공 기록 이후, 고려조 광종(光宗, 925~975) 10년 이후부터 조선조 말엽까지 900여 년 동안에도 조공은

貢獻.…安帝 永寧元年, 是歲夫餘王, 遣子詣闕奉獻. 延光元年, 二月, 夫餘王, 遣使貢獻.…桓帝 延嘉四年, 十二月, 夫餘王並遣使來獻, 嘉平二年, 正月, 夫餘國遣使貢獻.…獻帝, 延康元年, 濊貊, 夫餘, 單于, 焉耆, 于蘭王, 各遣使貢獻.

5 『冊府元龜』外臣部「朝貢」一~三, 文帝 元嘉六年 七月, 百濟王, 西夏王, 河南國, 遣使獻方物.…高宗 永徽三年, 春正月朔, 吐谷渾, 新羅, 百濟, 並遣使朝貢.

6 『冊府元龜』卷 九六九 外臣部「朝貢」二~五, 光大三年, 四月, 新羅國, 遣使獻貢物.…卷 九七二「朝貢」五, 長興, 三年 四月, 新羅國, 權知本國王金傅遣使, 執事侍郎金朏貢方物.

계속되었다. 우리는 이처럼 수 천 년에 이르는 장구한 기간 동안 조공을 한 아픈 역사가 있었는데, 이 역시 칭제건원을 못하고 제후국에 안주한 사대주의적 경국이념과 관계가 있다.[7]

『삼국사기』와 『고려사』 『조선왕조실록』을 검토하면 『책부원구』보다 훨씬 더 많은 엄청난 조공사실을 자랑삼아 기록했다. 과거 우리 중세왕조들이 겪었던 고통을 생각하면 울분을 금치 못한다. 사가들은 조공이 '사대'가 아니고, 중세의 '교역'이라고 말하고 있지만 이는 자위적 해석이다. 조공 문제 역시 제후국이 겪은 고충임을 솔직하게 인정하는 것이 미래에 도움이 되지, 정감적으로 위로받기 위해 자위적 언사로 도회하는 것은 과거의 불행을 감계로 삼는데 장애가 된다.

조선조에 조공사행을 수행했던 무수한 학자들이 중원문물에 감격하여 사대적 시각에 근거하여 방대한 저술을 남겼으며, 이들이 집필한 「조천록(朝天錄, 漢族王朝)」이나 「연행록(燕行錄, 滿洲族王朝)」 등을 읽고 후학들은 감탄해 마지않았다. 「조천록」의 조천은 사대인데 반해 연행은 북경을 기행 했다는 의미이다. 한족을 높이고 만주족을 비하하는 시각은 옳지 않다. 조공 문제를 두고 숙종(肅宗, 1661~1720) 대의 북애자(北崖子)는 "후세 고루한 학자들이 중국문헌에 탐닉하여, 중국에 사대하고 주나라를 종주국으로 삼는 데에 몰두하여, 자주정신을 세워 우리나라를 빛내는 문제를 뒤로한 채, 전대 왕조부터 조공하기에

7 『冊府元龜』 外臣部 「朝貢」 五, 廢帝清泰元年, 八月, 青州言, 高麗人貢使金吉船至岸,…十月, 高麗國王王建, 遣使人朝貢方物,…八年, 九月, 高麗遣使, 王子太相王申一等, 來朝貢,…周太祖廣順二年, 高麗權知國事王詔, 遣廣平侍郎徐逢等, 九十七人來朝貢,…七月, 高麗僧思泰獻方物,…世宗顯德元年, 十月, 高麗國遣王子太相王融, 來貢方物,…六年, 正月, 高麗國王王昭, 遣使臣來貢方物,…恭帝顯德六年, 八月, 高麗國遣使朝貢. 十一月, 高麗復遣使朝貢.

여념이 없었다."라고 비판한 것도 조공에 대한 폐해를 밝힌 것이다.[8]

『책부원구』의 방대한 조공편장을 보면, 역대 우리왕조가 얼마나 많은 조공을 바쳤던가를 접할 수가 있다. 따라서 칭제건원을 해야 된다는 당위성은 충분하다. 우리는 한족왕조에 대한 사대와 조공은 당연시 하면서, 거란족의 요나라와 만주족의 청나라에 대해서는 앙앙불락했다. 한때 명나라에 반기를 들고 청나라에 호의를 갖는 사실을 두고 일부 학자들은 이를 민족주의로 호도하여 이를 찬양했다. 다 같은 이민족인데 유독 명(明)을 반대하고 청나라를 본받는다는 '반명친청(反明親淸)'을 일부 학자들이 왜 민족주의로 분식했는지 의아하다.

궁예는 신라 왕족의 후예이고, 견훤은 상주 가은 사람이다. 이들 모두 신라에 반감을 품고 망국으로 치닫는 신라에 피해를 입은 민인들을 규합하여, 강원도와 경기도 충청도 전라도 지역으로 진출하여 후고구려(摩震, 泰封)와 후백제를 세웠다. 궁예는 나당연합군에 의해 멸망한 고구려의 부흥을, 견훤은 백제의 재건을 각각 개국의 명분으로 삼았다. 견훤이 신라의 수도 서라벌(東京, 慶州는 왕건이 신라를 병합한 뒤 강등시킨 명칭이다)을 침공하여, 박씨 정권의 경애왕(景哀王?~927)과 그 왕비를 능욕하고 무고한 백성을 살해하고, 금은보화를 탈취한 뒤, 경순왕(敬順王, 金傅, ?~979, 敬順은 고려가 내린 諡號이고, 孝哀王으로도 칭했다)을 세우고 돌아갔다. 견훤의 이 같은 만행은 역으로 후백제 민인들로부터 복수했다는 느낌을 주었을 가능성도 있다.

궁예 역시 고구려를 멸망시킨 신라에 반감을 품고 있던 강원도와 북방지역의 고구려 유민들의 지역정서를 자극하여, 권력을 잡았으나

8 李敏弘; 『동아시아 역대왕조의 經國理念과 文物典章(박문사, 2021)』 제3장 「禮樂論의 추이와 중세왕조의 형세」 131~134면에 이를 검토했다.

토착세력인 왕건에게 시해 당했다. 10세기 전후에도 한반도에는 지역정서가 살아있었고 지금도 별 변화가 없다. 300년 전후 잉글랜드에 통합된 웨일스와 스코틀랜드가 현재도 독립의 뜻을 품고 있는 점을 볼 때, 지역정감은 전 세계 도처에 존재하기 때문에 이를 부정하거나 비난할 현상만은 아니다.

현재 우리 남북한의 상황도 그 근저를 살펴보면 '신라, 백제, 고구려'의 전통이 강하게 남아 있다. 필자는 일찍이 우리 민족은 '삼한계'와 '부여계'로 유분 할 수 있다고 진단한 바 있다. 한국은 신라를 강조하고 북한은 고구려를 부각시키는 원인도, 그 바탕에는 이 같은 인식이 깔려있다. 부여계의 맥은 고구려, 삼한계의 맥은 신라가 계승했다. 북한은 고구려 하나로 굳혀져 있는 반면, 한국은 '신라・백제・가야'가 되살아 나 공존하고 있다. 이는 호불호와 관계없이 엄연한 현실이다.

궁예와 견훤은 고구려와 백제의 부흥을 명분으로 하여, 신라를 적대시하는 시책을 펴서 권력을 잡았다. 오늘날의 정치가들이 암암리에 지역정서를 이용하여 권력을 잡으려는 시도와도 유사하다. 이를 칭찬할 수는 없지만 폄하만 하기에도 많은 문제가 있다. 이면으로는 '신라, 고구려, 백제, 가야'의 정서를 이용하면서, 표면으로는 지역감정은 없어야 한다고 하나같이 외치고 있다.

따라서 우리는 삼한계와 부여계에 뿌리를 둔 삼국의 굴레와 멍에를 앞으로도 탈피하기 어렵다는 사실을 솔직히 시인한 다음, 이 뿌리 깊은 질곡과 갈등을 해소시켜할 의무와 책임이 있다. 고구려와 발해가 대제국을 형성한 것은, 부여계와 삼한계 그리고 만주족을 포용하여 이를 통합했기 때문에 가능했다. 이와 달리 신라와 고려는 삼한계 위주로만 국가를 경영했다. 10세기를 전후하여 동아시아의 정치적 격변기를 살았던 궁예는 고종황제(高宗皇帝, 1852~1919)가 1897년 10월 대한제국(大韓帝國)을 재조(再造)하여 '칭제건원'을 시행하기 이전까지, 중세 왕조의 자주적 긍지의 상징인 칭제건원을 유일하게 실시한 지도자였다.

묘청(妙淸, ?~1135)이 세운 '대위제국(大爲帝國)'과 연호(年號) 천개(天開), 김헌창(金憲昌, ?~822)의 '장안국(長安國)'과 연호 경운慶雲(822), 이징옥(李澄玉, ?~1453)이 여진족과 제휴하여 세우고자 한 '대금국(大金國)'의 황제즉위 등 일부 인물들이 칭제건원을 시도했지만, 이는 본의와 달리 오히려 칭제건원의 의미를 퇴색시키는 역작용도 있었다. 묘청 일파들이 28년간 궁예가 실천했던 칭제건원의 경국이념을 재현시켜, 인종(仁宗, 1109~1146)에게 여진족의 금나라를 정벌하여 칭제건원을 하고, 도읍을 평양으로 옮기자는 건의 등은 의미가 있다.

이 무렵 당나라도 국운이 쇠퇴하여 907년에 멸망한 뒤, 후량(後梁, 907~923) 후당(後唐, 924~936) 후진(後晉, 936~946)에 이어 요(遼, 907~1126)가 흥기했고, 신라와 발해도 국운이 쇠잔하여 곧이어 멸망했다. 신라 말기 중원의 통일정권이 들어서기 전 난세를 틈 타, 궁예는 단기 3223년(890, 895에 칭군[稱君])에 후고구려를 세웠고, 견훤은 단기 3225년(892)에 후백제를 개국했다.

이후 태봉은 서기918년, 발해는 927년에 망했고, 신라는 935년에 멸망했으며, 후백제도 936년에 소멸되었다. 후삼국시대는 궁예와 견훤에 의해 비롯되었다, 이후 삼한을 통합한 고려조는 무주공산이 된 광활한 고구려와 발해의 부여계 왕조들의 영역이었던 만주고지(滿洲故地)를 회복할 천재일우의 기회를 왕건은 아쉽게도 놓쳤다. 『삼국사기』와 『삼국유사』 『고려사』 등은 고려시대 집권세력과 그 사관들에 의해 편찬되었다. 궁예의 '태봉'과 견훤의 '후백제'와 '신라'를 일컬어 '후삼국시대'라고 지칭하며, 왕건이 쿠데타를 일으켜 918년에 태봉을 멸망시켜 고려조를 개국한 뒤, 935년에 신라도 나라를 바쳤고, 936년 부자간의 다툼으로 자멸한 후백제를 흡수하여 후삼국을 통일했다.

삼한통합 이전 천수(天授)16년(933) 고려조는 이미 위축되어 후당(後唐)의 장흥(長興) 연호를 쓰고 있었다. 위의 사서들은 철저하게 왕건의 고려조 개국의 합리화에 기준하여 기술되었다. 태봉국의 28년 후백제의 45년간의 역년을 누린 두 나라를 두고, 『삼국사기』 말미 「열전」 편장에 「궁예열전」과 「견훤열전」으로 간략하게 서술한 것도 잘못이고, 이들 열전의 내용도 '아태조(我太祖)' 즉 왕건을 주인공으로 하여, 고려조 개국 합리화에 기준을 두고 이에 맞추어 기술했다.[9]

후삼국의 창업주 궁예와 견훤의 「열전」은 저자 김부식(金富軾, 1075~1151)이 지나치게 왕건의 후덕함을 기리는 내용에 치중하여 서술되었다. 『삼국사기』 「신라본기」 말미부분 역시 왕건의 고려조 개국의 정당화에 기준하여 사실의 삭제와 왜곡과 축소와 과장도 많다. 사서의 경우 동서고금을 막론하고 패망했거나 멸망시킨 전 정권에 대한 폄훼와 왜곡은 보편적이다. 역사는 승자의 기록이므로 상당 부분이 '위사(僞史)'라는 극단적 표현도 일리는 있다. 우리가 지금 볼 수 있는 것은 칭송 일변도인 승자의 기록밖에 없다. 그러기 때문에 당대의 진실을 파악하는데 어려움이 많다.

그러므로 고려조 태조 왕건과 조선조 태조 이성계의 과대평가 및 사실의 미화와, 궁예와 견훤의 폄훼적 평가와 사적의 축소와 왜곡은

9 『三國史記』 卷 五十 「列傳」 十, 弓裔起自唐大順二季, 至朱梁貞明四季, 凡二十八季而滅.…甄萱起唐景福元年, 至晉天福元年, 共四十五年而滅.

감수할 수밖에 없지만, 우리는 이를 가능한 한 벗어나 당대의 상황을 최대한 사실에 근접하도록 복원하여, 후세에 진실을 알리고 이를 교훈으로 삼을 의무가 있다. 우리 역대왕조와 사가들은 전조(前朝)에 대한 사서 편찬에는 매우 인색했을 뿐 아니라 아예 편찬할 의지도 없었다.

가야를 흡수한 신라가 '가야사(伽倻史)'를 엮지 않았고, 삼한을 통합한 고려조가 '태봉사(泰封史)'와 '후백제사(後百濟史)'는 물론이고, '발해사(渤海史)'도 편찬하지 않았으며, 궁예와 견훤의 두 「열전」도 고려조 개국의 정당화에 초점을 맞추어 서술했다. '신라, 고구려, 백제' 역시 고대 78여의 부족국가를 병합했으면서, 이들 소국에 관한 기록을 남기지 않고, 그 국세에 따라 '부 · 주 · 군 · 현'으로 강등시킨 사실만을 기술했다.

2. 승자와 패자가 겪는 영광과 오욕

고대와 중고의 중원왕조 가운데 오대(五代, 당[唐] 우[虞] 하[夏] 은[殷] 주[周])의 성군으로, 당 나라의 요임금(唐堯, 재위서기전 2357~2258?)과 우 나라의 순(虞舜, 재위서기전 2255~2208?)과 하 나라의 우(夏禹, 재위서기전 2205~2198?)왕, 은나라의 상탕(商湯, 재위서기전 1765~1760?)과 그리고 주(周, 서기전 1121~247)의 문왕(文王)과 무왕(武王, 재위서기전 1121~1116?)이, 사서들의 기록처럼 흠잡을 데 없는 위대한 지도자인지. 아니면 후세 사가들에 의해 단점을 은폐하고, 장점만 취해 이를 미화시킨 것인 지도 모를 일이다.[10] 당대의 불행과 불만을 호도하기 위해,

10 楊隱; 『中國音樂史(中華民國 76년 10월 再版)』, 歷代紀年表와 上古期 · 遠古至

실증하기 어려운 과거를 예찬하여 위안을 받으려는 퇴영적 사고에 기인한 것일 수도 있다.

중원왕조 중에 가장 칭송을 받는 나라는 주나라이다. 주나라의 창업주는 문왕과 무왕이다. 주나라가 긍정적으로 평가된 이유는 공감되는 바도 있으나, 권력을 쟁취한 승자였기 때문에 과장된 면도 많다. 문왕 재위 시 '주왕(紂王)'이 천자였는데, 과도하게 세금을 거두고 살육을 자행하며, 강량(康梁, 耽樂)과 침면(沈湎, 淫酒)의 무리가 궁중에 운집하여 이에 탐닉하고, 직언하는 사람의 피부를 지지고, 직언하는 사람의 살가죽을 벗기고, 임신한 여인의 배를 가르는 등의 만행을 일삼았으므로 민심이 이반했다. 이에 문왕이 '약자(弱者, 百里之國)'로서 강포를 제어하고 잔혹함을 제거하여 왕도를 성취했다고 기렸다.[11]

성군 우순도 아버지에게 알리지 않고, 제요(帝堯)의 두 딸(아황[娥皇]과 여영[女英])을 아내로 맞은 것은 불효이며, 예를 벗어난 행동이라고 비난을 받았다. 당요(唐堯)가 제순(帝舜)에게 '선위(禪位)'한 것도 두 딸의 남편 즉 사위였기 때문에 기꺼이 물려준 것이 아닐까. 자고로 자손을 두지 못하는 것을 가장 큰 불효로 취급했다. 자신을 살해하려 했던 완악한 아버지 고수(瞽叟)에게 알리지 않는 것은, 자식을 두기위해 부득의한 처사였다고 사가는 변호했다. 신라가 '박 · 석 · 김' 삼성으로 왕권이 별 문제없이 교체된 것도 혈연과 혼맥(婚脈)이 기저에 깔

戰國(BC, 3300~246)편 참조

11 『淮南子』; 「淮南鴻烈解」 卷 第十三 氾論訓,…舜不告而娶, 非禮也. 立子以長, 文王舍伯邑考, 而用武王非制也, 禮三十而娶, 文王十五, 而生武王非法也.…卷 第二十一 要略,…文王之時, 紂爲天子. 賦斂無度, 殺戮無止, 康梁沈湎, 宮中成市, 作爲炮烙之刑, 刳諫者, 剔孕婦, 天下同心而苦之.…文王欲以卑弱制强暴, 以爲天下, 去殘除賊, 而成王道.

려 있었기 때문이다.

장자를 후계자로 삼는 것이 법도임에도 불구하고, 문왕은 왕위를 장자 '백읍고(伯邑考)'를 버리고 차자 '발(發, 武王)'에게 전했다. 장자 상속을 부정하고 차자에게 왕위를 물려준 것은 제도를 벗어난 것이고, 15세에 무왕을 낳은 것도 법도가 아니라는 비판을 받았다. 사가는 이를 '폐장입성(廢長立聖)'이라 변호하고 또 '권도(權道)'라고 옹호했다. 이 경우 '성(聖)'은 총명하다는 의미이다.

당시 남자의 결혼은 30세 여자는 20세가 통례인데, 문왕은 12세에 관례에 이어 결혼하여 15세에 무왕을 낳았다. 문왕이 12세에 혼례를 치룬데 대해 사가들은 세성(歲星, 木星)이 12년마다 하늘을 한 바퀴 돈다는 논리를 펴서 정당화했다.[12] 서기전 3세기 무렵에도 권력을 장악한 승자를 일방적으로 칭송하는 것에 대해 비판의 소리가 있었다. 문왕은 97세 무왕은 93세에 생을 마감했다. '서백(西伯)'이었던 문왕은 제업(帝業)을 이루지 못하고 사망했다.

무왕은 문왕을 계승하여 '태공(太公)'의 계략을 써서, 무도한 주왕을 정벌하고 불의를 쳐서 목야(牧野)의 전투에 승리하여 천자의 자리에 올랐다. 문왕 서거 시 무왕의 나이는 82세였고 84세에 즉위했다. 이때 천하가 안정되기 전이었으나 문왕의 훌륭한 덕을 추모하기 위해, 원방의 이적(夷狄)들이 각기 공물을 가지고 조문하는데 차질이 없도록, 3년간의 기간을 뒀기 때문에 '삼년상(三年喪)'의 제도가 공식화되었다는 설도 있다.[13]

12 『淮南子』 卷 十三 「氾論訓」, 文王舍伯邑考, 而用武王非制也, 禮, 三十而娶[伯邑考武王兄, 癈長立聖, 以庶代嫡, 聖人之權耳]. 文王十五, 而生武王非法也[歲星十二歲而周天, 天道十二而備, 故國君十二歲而冠, 冠而娶, 十五生子, 重國嗣也, 故不從制也].

무왕은 90세 무렵 은의 수도 조가(朝歌)에 입성하여, 백성들의 환호를 받았다. 이에 스스로 불길에 타죽은 '상왕(商王, 獨夫, 受)'의 제사를 주왕 형의 아들 무경(武庚, 祿父)으로 하여금 잇게 했다. 또 감옥에 있던 기자를 석방하고, 갈취로 쌓아 둔 녹대(鹿臺)의 재물과 거교(鉅橋)의 곡식을 민인들에게 나누어 주었다. 성이 함락되자 주왕과 달기(妲己)를 포함한 두 폐첩(嬖妾)도, 주왕이 스스로 불길에 타 죽자 모두 목매어 자결했다. 무왕은 이들 시신에 각각 활 세발을 쏘고 창으로 찌른 뒤, 도끼로 주왕과 두 여인의 머리를 베어, 크고 작은 흰 깃대에 달아 군중에 휘두르는 잔인함을 보였다.[14]

이들 기록에서 노경에 이른 무왕이 늦기 전에 천자가 되고 싶었던 초조한 심경도 드러나 있고, 칭찬과 아울러 잔인한 성격도 묘사되어 있다. 주왕이 사서의 기록대로 잔인무도의 극을 치달았고, '달기'가 그처럼 잔혹한 여인이었는지. 과장이 심한 일부 중원의 사서들의 기록도 문제가 있다. 주왕의 폭정과 실정은 전부 달기로 인해 초래된 것으로 묘사되었다. 무왕은 이를 두고 "암탉은 새벽을 알릴 수 없고, 암탉이 울면 가정이 망하는 것처럼, 주왕이 달기의 말을 들었기 때문에

13 『禮記』; 「文王世子」, 文王九十七而終, 武王九十三而終[君子曰終, 終其成也]. …『淮南子』; 「要略」, 文王業之而不卒, 武王繼文王之業, 用太公之謀, 悉索薄賦, 躬擐甲冑, 以伐無道, 而討不義, 誓師牧野, 以踐天子之位. 天下未定, 海內未輯, 武王欲昭文王之令德, 使夷狄各以其賄來貢, 遼遠未能至, 故治三年之喪,… 武王立三年而崩. 成王在襁褓之中, 未能用事.

14 『尙書』: 「周書」 武成, 一戎衣, 天下大定, 乃反商政, 政由舊, 釋箕子, 封比干墓, 式商容閭, 散鹿臺之財, 發鉅橋之粟, 大賚于四海, 而萬姓悅服. 『史記』「周本紀」 第四,…遂入, 至紂死所. 武王自射之, 三發而後下車, 以輕劍擊之, 以黃鉞斬紂頭, 縣大白之旗. 已而至紂之嬖妾二女, 二女皆經自殺. 武王又射三發, 擊以劍, 斬以玄鉞, 縣其頭小白之旗. 武王已乃出復軍.

국가가 멸망했다"고 진단했다.[15]

이보다 앞서 희대의 폭군 은의 주왕은 서백(西伯, 文王)을 잡아 유폐시켰다. 주왕은 유폐 중 서백의 행동을 보고, 항간에 성자(聖者)라 말하고 있는데 이를 믿을 수 없다고 비판했다. '문왕'은 무왕에 비해 통시적으로 칭찬만 받은 인물이다. 그런 문왕을 두고 주왕은 성자가 아니라고 했다. 폭군의 말이라고 해서 전부 악이라고 단정할 수는 없다. 공부자는 순임금의 악무(樂舞, 大韶)는 '진선진미(盡善盡美)'하지만, 무왕의 악무 대무(大武)는 '진선(盡善)'하다고 볼 수 없다고 객관적으로 평했다.

문왕이 왕위를 장남 '백읍고'를 버리고 차남 무왕 '발'에게 물려준 것에 대해 여러 가지 설이 있으나, 주왕에게 백읍고가 피해를 입은 사실과도 관련이 있었다. 은나라 수도에 입성한 무왕이 자분(自焚)해서 죽은 주왕과, 자경(自經)한 두 폐첩의 시신을 훼손하여 목을 자른 잔인한 행동은, 아버지 서백과 형 백읍고에 가한 주왕의 폭거에 대한 복수였을까.

서백(名, 昌)이 주왕의 잔혹한 폭정에 대해 몰래 통탄했다는 말을 듣고, 주왕은 노하여 서백을 유리성(羑里城)에 감금했다. 이 사건을 두고 『제왕세기(帝王世紀)』는 문왕이 구금되자 장자 백읍고는 은나라의 질자(質子)로 들어가 주왕을 모셨다. 주왕은 백읍고를 삶아 국을 끓여 문왕에게 주며, 성인은 아들을 삶아 끓인 국을 먹지 않는다고 했으나 문왕은 이를 먹었다. 이에 주왕은 "문왕이 세상에서 성자로 알려진 것은 잘못된 평판이다."라고 했다.

15 『尙書』 卷 六 「牧誓」, 王曰, 古人有言, 曰牝鷄無晨, 牝鷄之晨, 惟家之索, 今商王受, 惟婦言是用[雌代雄鳴, 則家盡, 婦奪夫政, 則國亡. …妲己惑紂, 紂信用之].

『사기』 본문에 첨가된 이 주석의 내용이 사실이라면, 문왕이 장자 상속을 하지 않았다는 비난은 설득력이 없다. 무왕이 왕위를 물려받았을 때 장자 백읍고는 이미 주왕에 의해 살해된 뒤였다. 그 후 서백의 신하 굉천(閎天)의 무리가 미녀와 기이한 물건과 양마를 뇌물로 바치자, 주왕은 서백을 석방했다.[16] 권력을 잡은 승자와 나라를 잃은 패자가 겪는 영광과 오욕은 동서양을 불문하고 동일하고 한국도 예외가 아니다. 희대의 폭군으로 알려진 걸주와 성군으로 평가된 문왕과 무왕을 대비하여, 그 전말을 고찰하여 과연 사서의 기술이 전부 사실에 가까운지를 검토했다. 진실로 역사가 논증한 것처럼 그들이 성군이며 폭군인 지를 선입견을 버리고, 전래된 자료에 근거하여 살펴보았다. 중국의 '우왕, 탕왕, 무왕' 등의 제왕들을 서두에 등장시킨 이유는, 사서들에 악인으로 묘사된 궁예의 면모가 얼마나 사실에 가까운 지를 밝히는데 참고로 삼기 위해서이다.

김부식은 『삼국사기』를 편찬하면서 고구려 멸망 후 통일신라가 '267년'이나 더 존속했고, 고구려와 백제에 비해 남겨진 사료가 풍부했음에도 불구하고, 「백제본기」를 6권, 「고구려본기」를 10권으로 엮고, 「신라본기」를 12권으로 엮은 것은 잘못이며, 「신라본기」는 20권 이상이 되어야 옳다.[17] 우리는 김부식을 전적으로 사대주의자로만 인식하고 있는데, 이는 과거 선학의 일부가 잘못 판단한 것을 그대로 맹종한 결과이다. 『삼국사기』의 체제를 제후 왕의 사서가 아닌

16 『史記』「殷本紀」第三, 西伯昌聞之, 竊嘆, 崇侯虎知之, 以告紂, 紂囚西伯羑里[帝王世紀云, 囚文王, 文王之長子曰伯邑考質於殷, 爲紂御, 紂烹爲羹, 賜文王, 曰聖人當不食其子羹. 文王食之. 紂曰誰西伯聖者? 食其子羹尙不知也]. 西伯之臣閎天之徒, 求美女奇物善馬以獻紂, 紂乃赦西伯.

17 李敏弘: 『동아시아 역대왕조의 經國理念과 文物典章(2021, 박문사)』, 192쪽 참조.

황제의 사서체로 엮었으며, 왕에게 올리는 문체도 『고려사』처럼 '전(箋)'이 아니고, '표(表)'였다는 사실과, 「세가」가 아니고 「본기」로 명명한 점이 그것이다. 표는 황제에게 전은 제후 왕에게 바치는 문체이다. 『삼국사기』와 달리 『고려사』는 오히려 사대적 시각으로 편찬되었다. 조선조의 사대적 풍조에 물던 사관들의 인식에 기인했다.

당 빈공과(賓貢科) 출신인 최치원이 민족 고유의 제왕 칭호를 모두 '○○왕'으로 바꿔 기록한 것과 달리, 김부식은 '거서간(居西干, 1), 차차웅(次次雄, 1), 이사금(尼師今, 16), 마립간(麻立干, 4)' 등 신라 최고 통치자들이 사용했던 우리의 고유의 정통 존호를 그대로 채록했다. '거서간'을 비롯한 신라 초기 제왕들의 칭호는 주체적 민족의 자긍심이 담겨 있었음에도 불구하고, 우리는 지금까지 이들 호칭의 함의(含意)에 무관심했고 오히려 부정적으로 인식했다. 이들 제왕의 여러 호칭 가운데 '거서간'은 '시조(始祖)' 또는 '태조(太祖)'라는 뜻으로, 오직 시조 박혁거세(朴赫居世, 弗矩內, 光明理世, 天子)에게만 부여했다. '간(干)'은 칭기즈칸의 '칸' 등의 동아시아 북방 민족들이 최고 통치자를 일컫는 공통의 칭호이다.

3. 후삼국시대의 전개와 궁예, 견훤, 왕건

신라의 삼국 통일은 외세를 끌어 드렸다는 사실로 말미암아 부정적 인식이 통시적으로 잠재되어 있다. 궁예 역시 "당병을 끌어드려 고구려를 멸망시켜 구도 평양에 잡초를 우거지게 했다고 지적하고, 내가 반드시 고구려의 원수를 갚겠다."고 선언하여 해당 지역 민인들의 정감을 자극했다. 김부식은 궁예가 출생이후 신라에 당한 핍박 때문이라고 했지만, 나라를 세우겠다는 야심이 더 크게 작용했다. 당나라의 힘을 빌리지 않았다면 통일이 불가능했다는 사정을 감안해도, 이에 대한 비판은 피할 수 없겠지만, 신라의 삼국 통일은 민족사의 큰 진전이었다.[18]

삼국시대에는 오늘날처럼 동족의식이 없었다는 견해도 있으나 이를 강조하는 것은 옳지 않다. 그렇긴 하나 신라의 삼국통합 이후 신라가 부여계와 삼한계를 완전하게 융합시키지 못했다는 점은 지적되어야 한다. 앞서 말한 것처럼 삼한계와 부여계의 갈등은 지금도 해소되지 않고, 이면으로 살아 있고 쉽게 소멸될 것 같지가 않다. 권력을 잡으려는 지도자가 이를 이용하거나 증폭시켜 야욕을 채우려는 의지와도 연계되어 있다. 후삼국시대의 전개는 삼한계와 부여계 유민들의 마음속에 자리 잡고 있었던 정서와도 관계가 있다. 삼국시대를 살았던 선인들이 고향을 떠나지 않고 장구한 기간을 살았고, 고향을 떠나도 그 정서는 뇌리에 남아 자손들에게도 길이 전승(傳承)되었기 때문에, 지역감정은 소멸되지 않고 존속되었다.

견훤과 궁예와 왕건이 활동한 10세기 전후 중원은 당나라와 발해도 쇠망의 길로 접어들었고, 북방에는 거란족의 요나라가 흥기했다. 당의 멸망(907) 후 중원은 후량(後梁, 907~923)과 후당(後唐, 923~936) 등이 할거(割據)하는 '오대십국시대(五代十國時代)'가 펼쳐졌다. 이 무렵에 후삼국시대 전개의 선편을 잡은 지도자는 궁예의 후고구려

18 『三國史記』 卷 五十 「列傳」 弓裔, 天復元季 辛酉, 善宗自稱王, 謂人曰, 往者新羅請兵於唐, 以破高句麗, 故平壤舊都, 鞠爲茂草, 吾必報其讐, 蓋生時見棄故, 有此言.

(890~918)와 견훤의 후백제(892~936)였다. 중원의 난세와 신라와 발해의 쇠퇴기를 틈타, 궁예와 견훤은 재빨리 대응하여 개국의 위업을 달성하여 후삼국시대를 열었다. 견훤의 '후백제'는 궁예의 '후고구려'와 달리 역년 45년간 '백제'라는 국호를 그대로 사용했다.

김부식은 28년과 45년의 짧지 않은 역년을 누린 두 왕조를 '열전'의 틀 속에 국축시켜 편술하면서, 궁예에 비해 견훤의 대한 평가는 호의적이었다. 왕건은 견훤을 '상보(尙父)'로 봉하고 질자(質子)를 교환할 정도로 긴밀했고, 왕건이 궁예를 시해하고 즉위하자, 견훤은 사신을 파견하여 이를 경하했다. 견훤이 궁예의 죽음에 대해 축하를 한 태도는 잔인하다.

견훤은 "원삼국(原三國)은 마한이 시초이고, 이후 혁거세가 발흥했다고 하여 마한을 신라보다 중시했다. 신라가 소정방(蘇定方, 592~667)을 불러드려 백제를 멸망시켰으므로, 완산에 도읍하여 의자왕의 원한을 설욕해야 한다."라고 외친 뒤 국호를 '후백제'라 일컬었다. 견훤의 어머니가 광주의 호족이었다는 설도 있는 만큼, 그는 백제 고지에 나름대로 혈연적 기반이 있었다. 궁예가 자신이 통치했던 지역 주민에 의해 시해당한 것과는 대조된다. 후삼국시대의 재현은 이처럼 지역감정이 크게 작용했다. 궁예와 달리 견훤은 후당에 사신을 보내 스스로 '번국(藩國)'이라 칭하는 등 사대적 정책을 시행했다. 후당은 그 보답으로 그를 '백제왕'에 책봉하고 식읍(食邑) 2천5백호를 주었다. 외세에 의존하지 않고 민족주이에 입각한 자주적 정책을 폈던 궁예와는 사뭇 다르다. 궁예의 실패는 견훤처럼 지역민인과의 연결고리가 없었던 점도 일인이 되었던 듯하다[19]

19 『三國史記』 卷 五十 「甄萱列傳」, 甄萱巡至完山州, 州民迎勞, 甄萱喜得人心,

견훤의 멸망은 부자형제 간의 권력 다툼이 주인이었다. 왕건의 유화정책은 견훤으로 하여금 스스로 경순왕과 같이 나라를 바치도록 유도했다. 궁예는 개성 토착세력인 왕건의 배신으로 국가를 잃고, 자신도 시해되어 삶을 마감했다. 궁예가 중원에 통일정권이 들어서기 전 난세를 틈타, 중원왕조의 굴레를 벗어부치고 민족자존의 펼쳤던 웅지는, 단기 3251년(918) 신라의 경명왕(景明王, ?~875)2년, 발해 애왕(哀王, 재위901~926)18년, 후백제의 견훤27년, 거란의 신책(神冊)3년, 후량(後粱)의 정명(貞明)4년(918)에 막을 내렸다.

궁예는 '오행론(五行論, 五德論)'에 입각한 연호 수덕만세(水德萬歲)3년(914) 왕건을 파진찬시중(波珍湌侍中, 파진찬은 신라 관계의 17등급의 4급, 시중은 영의정에 준함)으로 봉하여, 많은 권한을 주었음에도 불구하고 이를 반역으로 갚았다. 왕건은 궁예의 만행과 횡포를 견디지 못한 신료들의 건의를 처음에는 거절하는 척하며 자못 충신인양 처신했다. 홍유(洪儒, ?~936), 배현경(裵玄經, ?~936), 신숭겸(申崇謙, ?~927), 복지겸(卜智謙, 생몰미상) 등 4인이 역모를 꾸민 후 밤중에 왕건의 집을 찾아가, "주상(主上)은 부당한 형벌을 일삼고 처자를 죽이고 신료를 베어 창생이 도탄에 빠져 살 수가 없습니다. 예부터 혼주를 폐하고 명군을 세우는 것은 천하의 대의라고 했습니다. 공은 청컨대 탕왕과 무왕처럼 처신하시길 바랍니다."라고 요구했다.

이 말을 들은 왕건은 "나는 주상에게 충성으로 일관했는데, 비록

謂左右曰, 吾原三國之始, 馬韓先起, 後赫世敎興, 故辰卞從之而興, 於是百濟開國金馬山, 六百餘秊, 摠章中, 唐高宗以新羅之請, 遣將軍蘇定方,…與唐兵合攻百濟滅之, 令予敢不立都於完山, 以雪義滋宿憤乎, 遂自稱後百濟王.…太祖欲權和, 以老其師移書乞和, 以堂弟王信爲質, 萱亦外甥眞虎交質,…遣使入後唐稱藩, 唐策授…百濟王食邑二千五百戶.

주상이 포악하다해도 감히 두 마음을 가질 수 없으며, 신하로서 섬기던 왕을 바꾸는 것은 혁명인데, 부덕한 나를 은나라와 주나라의 태조들에 견주는 것은 지나치다."고 하여 위선적인 소리를 했다. 반역을 요청했던 무리들은 '시호시호부재래(時乎時乎不再來)'라고 하며, 때를 만나기는 어렵고 잃기는 쉽다고 말하며 하늘이 준 명운을 취하지 않으면, 반대로 앙화를 받는다고 왕건을 압박했다. "현재 정치는 어지럽고 국가가 위기에 처하여 민인들 모두가 주상(主上, 弓帝)을 원수처럼 여기고 있습니다. 지금 공(公, 王建)보다 덕망이 출중한 인물은 나라 안에 없습니다. 항차 왕창근(王昌瑾)이 얻은 '경문(鏡文)'에도 예언된 바가 있는 터에, 어찌 굴종하여 독부(獨夫, 궁예, 포악한 독재자를 지칭, 진시황의 칭호로도 통한다.)의 손에 죽어야 합니까."라고 강력하게 설득했다.

이런 대화를 엿듣고 있던 왕건의 부인 유씨(柳氏)도 천명이 공에게 돌아온 것이라고 하며, 손수 갑옷을 입혀 주며 출전하라고 권유했다. 이에 왕건은 분연이 일어나 반역의 무리들을 이끌고 왕궁을 침탈했다. 시중 왕건의 반역을 예상하지 못했던 궁왕은 황급하게 궁궐을 빠져나가, 부양(斧壤, 平康) 민인들에게 시해되었으며, 서기 890년에 일어나서 918년간 존국(存國) 28년 만에 멸망했다. 김부식은 궁예의 역년을 언급하면서 통상의 '연(年)'자 대신 고자(古字) '년(秊)'을 사용했는데 이유가 무엇인지 궁금하다.[20]

---

20 『三國史記』 卷 五十 「弓裔列傳」,…此洪儒 · 裵玄慶 · 申崇謙 · 卜智謙之少名也, 四人密謀, 夜詣太祖私第言曰, 今主上淫刑以逞, 殺妻戮子, 誅夷臣僚, 蒼生塗炭, 不自聊生, 自古廢昏立明, 天下之大義也, 請公行湯武之事. 太祖作色拒之曰, 吾以忠順自許, 今雖暴辟不敢有二心, 夫以臣替君, 斯爲革命, 予實否德, 敢效殷周之事乎, 諸將曰, 時乎時乎不再來, 難遭而易失, 天與不取, 反受其咎,

「열전」의 내용을 면밀히 검토해보면 궁왕을 제거하고, 토착 개성인인 왕건을 옹립하려는 반역적 음모가 치밀하게 꾸며지고 있었던 정황이 엿보인다. 궁제(弓帝, 시해당시는 황제였다.)를 제거하려는 계획은 조직적으로 진행되어 궁중에까지 반역 무리들의 마수가 뻗쳐 있었음이 확인된다. 궁예가 통치영역의 중심인 중부지역 민인들의 민심이반이 있었는데, 그 이유는 여러 가지가 있겠지만 904년에 국호 '고려'를 '마진(摩震)'으로 고친 것도 작용한 것 같다.

역대 개국시조에게는 '비기도참설'이 항상 결부되었다. 홍유 배현경 등이 쿠데타를 획책 하면서, 왕건을 설득하는 과정에 왕창근의 '경문(鏡文)'을 인용한 것도 동일하다. 경문의 내용은 '상제가 진마(辰馬)에 아들을 보내, 먼저 닭을 잡고 이어서 오리를 잡는다, 두 용이 나타나 하나는 청목(青木)에 숨고, 하나는 흑금(黑金)에 나타난다.'라고 했는데 청목은 송경 흑금은 철원을 말한다고 했다. 『고려고도징(高麗古都徵)』「산수고(山水考)」에 의하면 이 비기가 처음 궁예에게 전달되어 궁예도 왕창근을 찾으라고 명한 바 있다고 했다.

결국 이 경문은 파진찬시중(왕건)이 천자로서 궁예의 태봉국을 복속시키고, 후백제와 신라를 병합하고, 압록강 지역을 거두어, 삼한을 통일한 것을 하늘의 계시로 여겨 김부식은 이를 정당화 했다.[21] 발해

今政亂國危, 民皆疾視其上如仇讐, 今之德望未有居公之右者, 況王昌瑾所得鏡文如彼, 豈可雌伏取死獨夫之手乎. 夫人柳氏聞諸將之議, 妾猶發憤, 況大丈夫乎, 今群心忽變, 天命有歸矣, 手提甲領進太祖, 諸將扶衛太祖, 出門令前唱曰, 王公已擧義旗,…王聞之不知所圖, 乃微服逃入山林, 尋爲斧壤民害弓裔. 起自唐大順二季, 至朱梁貞明四季, 凡二十八季而滅.

21 『三國史記』卷 五十「弓裔列傳」, 含弘等相謂曰, 上帝降子於辰馬者, 謂辰韓馬韓也, 二龍見, 一藏身青木, 一顯形黑金者, 青木松也, 松岳郡人, 以龍爲名者之孫, 今波珍湌侍中之謂歟, 黑金鐵也, 今所都鐵原之謂也, 今主上初興於此, 終

태조 '대조영(大祚榮, 高王, ?~719)'도 꿈에 신인이 나타나 '금부(金符)'를 주면서 "천명이 너에게 있으니 우리 '진역(震域)'을 통치하라."라고 했기 때문에 처음의 국호를 '진(震)'이라 했으며 연호를 '천통(天統)'으로 한 것도 이로 말미암았다고 했다.[22] 대조영의 국호 진(震)과 궁왕의 국호 마진(摩震)도 '진'이라는 공통점이 있는 만큼 그 의미는 서로 상통한다. 궁왕 역시 부석사(?)에 수행 중 까마귀가 발(鉢)에 던지고 간 '왕(王)'자가 새겨진 황아주(黃牙柱, 牙籤, 황금찌)를 얻은 뒤 은밀하게 제왕이 되려는 야심을 품었다.[23]

『제왕운기』에 나오는 '황아주'는 『삼국사기』「궁예열전」의 궁예가 양모로 부터 꾸지람을 듣고 10여 세에 불문에 들어가 승려 선종이라 칭하여 수행 중, 까마귀가 그의 발에 떨어뜨리고 간 '아첨(牙籤)'의 다른 표현이다. 아첨은 상아로 만든 책의 표제로 미래를 예언하는 도참기이다. 『동전고』는 태봉 편장에서 기상이 활달(헌지[軒輊])하여 승률에 얽매이지 않고 분방하게 살았는데, 일찍이 재를 올리려 가는 중 왕자가 새겨진 아첨을 접하고, 왕이 되고자하는 야심을 품게 되었다고 했다. 『동전고』는 궁왕의 태봉국을 일러 28년 동안 참호(僭號, 비공식의 왕호)를 행했다고 격하했다.[24] 『제왕운기』와 『동전고』의 내용은

滅於此之驗也, 先操鷄後搏鴨者, 波珍湌侍中, 先得鷄林, 後收鴨綠之意也.

22 北崖子:『揆園史話』,「檀君記」, 高王夢有神人, 授以金符曰, 天命在爾, 統我震域. 故國號曰震, 建元曰天統.

23 李承休:『帝王韻紀』, 後高麗記, 時以應鉢手中擎, 有烏含落是器中, 王字鏤在黃牙柱, 中心自奇秘不出, 方寸益復藏姦萌,

24『東典考』泰封(僭號, 凡二十八年), 泰封王(勝覽, 作憲康王)弓裔, 新羅憲安王孼子也, 生時有白氣如虹, 自屋上屬于天, 日官奏, 兒生有齒, 且以重五日生, 光怪異常, 恐不利於國, 王令殺之投樓下, 乳媼竊捧手觸眇一目, 抱而逃潛養之, 年十餘祝髮爲僧, 自號善宗, 軒輊有膽氣, 嘗赴齋有烏, 烏含牙籤落所持鉢中,

전부 『삼국사기』「궁예열전」에 근거했다.

조선조의 개국 역시 미래를 예언하는 계시가 있다는 '동요(童謠)'와 '비기도참설'이 작용했다. 우왕(禑王, 1365~1389)14년(1385) 백성과 병사들 간에 크게 유행했던 동요 〈목자득국가(木子得國歌)〉도, 우왕과 창왕(1380~1389)을 신돈(辛旽, 1323~1371)의 아들로 날조하여, '폐가입진(廢假立眞)'의 논리를 세워 이성계의 국권 찬탈의 명분으로 삼았다. 목자(木子)는 이성계를 지칭한 것으로 인식했다.[25] 역대 한국과 중원 왕조의 가장 대표적인 악랄한 가짜뉴스는, 이성계가 우왕 과 창왕의 성을 신씨辛氏(辛旽)로 바꾼 것과, 유방이 진시황의 성을 여씨(呂氏, 呂不韋, ?~서기전 235)로 바꾼 것이다. 역대왕조의 태조들은 통시적으로 비기도참설을 겉으로는 부정하면서 속으로는 신봉했다. 김부식 또한 이를 고려조 개국의 정당성을 밑받침하는 근거로 삼았다.

궁예는 서기 890년에 국가의 틀을 갖추어, 895년에서 901년까지 6년간의 '칭군시대(稱君時代)'를 거쳐, 901년부터 904년까지의 칭왕시대(稱王時代)를 지나, 단기 3237년(904)에 '칭제시대(稱帝時代)'를 전개하면서, 동시에 연호 '무태원년(武泰元年)'으로 선포하고 국호를 '마진(摩震)'이라 했다. 서기911년에 수덕만세(水德萬歲)로 개원한 뒤 국호를 태봉(泰封)으로 바꿨다. 성책(聖冊)7년(911) 수덕만세로의 개원은 중원황제와 동일하게 칭제건원에서 오덕입국(五德立國, 五行立國)까지 추가하여 황제국의 모든 조건을 완벽하게 갖추었다.

『삼국유사』와 달리 김부식은 『삼국사기』의 「열전」과 연표에는 태

書王字, 自此頗自負.

25 『高麗史』「志」卷 第八 五行 二, 三十三, 三十四 頁, 辛禑, 十四年, 童謠有木子得國之語, 軍民無少老皆歌之.

봉의 초기 국호가 '고려'였음을 명시하지 않았다. 왕건은 국호와 개국의 틀과 정책을 궁왕의 경국이념을 거의 그대로 답습했지만 이를 숨겼다. '칭왕'이전 '칭군' 시대였던 서기 898년 11월에 궁예가 '팔관회(八關會)'를 시작했다. 이후 팔관회는 고려조 500여 년간 국가축전으로 자리 잡았다. 국호도 궁왕 개국 초기의 '고려'를 복원시킨 것이다.[26]

중세 국가 통치의 근간의 하나는 '예악론'이었다. 예악론의 논리를 전근대적 사유로 취급하여, 이를 무시하는 경우가 대세이지만 이는 잘못이다. '황제예악'과 '제후예악'은 중세왕조의 통치 전략으로 공고하게 자리하고 있었다. 조선조는 역년 거의 전부를 '제후예악'으로 국가를 다스렸다. 정부 부서를 '호부(戶部)'가 아니고 '호조(戶曹)'라 칭한 것과, 행정수반을 '문하시중(門下侍中)'이 아닌 '영의정(領議政)'이라 부른 것을 위시하여, 왕이 자신을 '짐(朕)'이라 칭하지 않고 '여予'나 '과인(寡人)'으로 말하는 등, 그 사례를 열거하기 어려울 정도이지만 우리는 이들 호칭이 갖는 의미와 층위를 모르고 있을 뿐 아니라 알려고 하지도 않는다.[27]

궁왕은 904년 '무태원년(武泰元年, 稱帝)'에 처음으로 광평성(廣評省)을 설치하여 광치내(匡治奈, 侍中), 서사(徐事, 侍郎), 외서(外書, 員外郎)를 두고, 병부(兵部), 대룡부(大龍部, 倉部), 수춘부(壽春部, 禮部), 봉빈부(奉賓部, 禮賓省), 의형대(義刑臺, 刑部), 납화부(納貨部, 大府寺), 조위부(調位部, 三司), 내봉성(內奉省, 都省), 금서성(禁書省, 秘書省) 등 황제

26 三國史記 卷 五十「弓裔列傳」, 光化元年 戊午 春二月, 葺松岳城, 以我太祖爲精騎大監, 伐楊州見州, 冬十一月, 始作八關會.

27 李敏弘;『동아시아 역대왕조의 經國理念과 文物典章(박문사, 2021)』 제3장「예악론의 추이와 중세왕조의 형세」 편에 이를 구체적으로 검토했다.

예악의 구도와 호칭으로 관부를 개설했다. 궁왕의 위 '시중 · 시랑 · 성 · 부' 등의 조직과 명칭을 고려조가 그대로 답습했다. 조선조가 제후예악에 기반을 둔 '영의정, 이조, 형조, 병조' 등으로 부른 것과 대조하면, 궁왕이 '황제예악'으로 국가를 통치한 면모를 확인할 수 있다.[28]

『삼국사기』「열전」은 '개국칭군(開國稱君)' 정도로 표현하고, '칭제'는 아예 언급하지도 않았고, '천복원년(天復元季) 신유(辛酉, 901)에 선종(善宗)이 자칭 왕이라 했다.'고 하여, '칭왕'의 사실도 모멸적으로 표현했다. 현존 궁예의 관한 기록을 볼 때, 위와 같은 '황제예악적' 내외관직에 대한 지식과 정보를 어디서 습득했는지 궁금하다. 일찍이 불가에 몸을 담아 '사설괴담(邪說怪談)'이라는 비판을 받은, 불경에 관한 책 20여 권을 저술한 점을 참작컨대 불서에는 일정한 지식이 있었다.[29]

이들 저술과 정부조직 명칭과는 연관이 없다. 혹시 신라 말엽 당에 유학한 빈공과 지식인과 그 제자들의 조언에 의한 것인지는 모르나, 궁예가 중원왕조의 제후국에 안주할 수 없다는 주체적 경국이념을 갖고 있었던 것은 분명하고, 향국 28년 동안 그의 행적들이 이를 뒷받침한다. 고려조의 양대 인맥인 불가계와 유가계 지식인의 성향이 대체로 유가는 사대적, 불가는 민족적 성향이 강했음도 참고가 된다.

우리 민족은 과거부터 해외유학에 대한 관심이 많았으며 발해조도

28 『三國史記』卷 五十「弓裔列傳」, 天祐元季甲子, 立國號爲摩震, 季號爲武泰, 始置廣評省, 備員匡治奈[今侍中] 徐事[今侍郎] 外書[今員外郎] 又置兵部 大龍部[謂倉部] 壽春部[今禮部] 奉賓部[今禮賓部] 義刑臺[今刑部] 納貨部[[今大府寺] 調位府[今三司] 內奉省[今都省] 禁書省[今秘書省].

29 『增補文獻備考』卷 一百四十六「藝文考」五, 佛經二十卷, 弓裔自稱彌勒佛, 自述經二十餘卷, 皆妖妄不經之說. 碧巖寺禪錄, 閔漬編年綱目, 多引此書, 辨麗太祖之先, 出於唐宣宗.

동일하다. 9세기 전후 신라는 수백 명의 유학생을 당나라 수도에 보내 유학시켰다. 고려조도 원나라에 유학생을 보냈지만 당나라처럼 특혜를 주지 않고, 본국학생과 동등하게 처리했기 때문에 합격은 극소수에 국한되어 불가능에 가까웠다. 명나라에도 유학생을 파견하고 싶었지만, 명나라가 국책으로 막았기 때문에 불가능했다. 당나라가 '빈공과'를 설치한 이유는 제후국을 통제하기 위한 전략이었다.

시대가 흘러 19세기를 지나 20세기와 21세기에 들어와서도 '중국 · 일본 · 미국 · 영국 · 불란서' 등 대륙과 해양세력권의 나라들에 많은 유학생을 보낸 사실도 맥을 같이한다. 문제는 이들 유학생 거개가 해당국가의 문물에 심취하여, 사대주의자가 되어 우리 고유문화를 비하하고, 유학한 국가를 척도로 우리 전통문화를 부정하고 개조하려는 행위에 있다. 환언하면 그들 유학생들 대부분이 '신사대주의자(新事大主義者)'로 변질되어 순기능도 있었으나 역기능도 만만치 않았고, 이같은 풍조와 경향은 지금도 동일하다. 일반적으로 우리는 조선조를 사대주의라고 격하하고, 고려조를 자주국가라고 칭송하는 것이 상례로 되었다. 고려조가 과연 일반의 평대로 주체적 왕조였는지, 『고려사』「세가」에만 치중할 것이 아니라 「지(志)」 가운데 3권의 「오행(五行)」, 11권의 「예(禮)」, 1권의 「악(樂)」 등의 편장을 검토하고 내린 결론인지도 의문이다.

근대에 와서 '오행론, 예론, 악론' 등의 기록들을 경시하는 경향이 강했다. 수백 년 동안 이민족으로부터 받은 수모는 말할 것도 없고, 장구한 기간 동안 원나라의 '부마국(駙馬國)'이었다는 사실을 외면한 것은 아닌지. 고려청자의 아름다움에 빠져 갖가지 치욕을 망각한 것인지, 또는 일부 사가들의 주관적 역사인식에 오도된 현상일까. 일연은 그의 『삼국유사』에서 후백제 견훤 편장을 편차하여 견훤에 대해선 소상하게 기술한 반면, 궁예의 태봉국은 부수적으로 간략하게 언급했다.

궁예가 불교 전통 논리를 부정하고 '요망불경(妖妄不經), 사설괴담(邪說怪談)'으로 알려진 불서 20여 권의 저작과 연관이 있는 것일까. 이들 불교서적이 불교의 한국화로 볼 수는 없을까. 왕건은 일말의 양심이 있었던지 궁예를 '전왕'이라 일컫고, 전왕이 나라를 잃은 뒤 신하로서 한 사람도 위로해준 이가 없었는데, 유일하게 경의 부처만이 천리 밖에서 소식을 전하여 성의를 보였고 아울러 과인에게 귀의했으니, 그 의리를 잊을 수 없다고 영규(英規)를 칭찬한 뒤 좌승(左承)에 봉했다.

'사론(史論)'에 이르길 신라의 명운이 다하고 도가 손상되어 하늘이 돕지 않고, 백성들도 멀어져 도적의 무리가 곳곳에 봉기했다. 이 가운데 궁예와 견훤 두 사람이 대표적 인물이다. 궁예는 본래 신라의 왕자였지만 종국(宗國)을 원수로 여겨, 선조(先祖)의 화상을 훼손하는 등의 만행을 일삼았다. 견훤도 신라의 민인(民人)으로 그 녹을 타먹다가 앙심을 품고, 나라가 위험에 빠지자 서라벌을 침략하여 임금과 신하를 해치는 등, 금수와 같은 만행을 저지르는 원흉이 되었다. 이 같은 행위들로 인해 궁예는 신하들로부터 버림받았으며, 견훤은 아들과의 알력이 생겨 각각 나라를 잃었다. 이는 "스스로 화를 취한 것이므로 누구를 허물하겠는가. 비록 항우(項羽, 서기전 237~202)와 이밀(李密, 582~618) 같은 웅재가 있었으나 한나라와 당나라의 흥기를 막지 못했는데, 하물며 궁예와 견훤 유의 흉인(兇人)이 어찌 우리 태조를 대적할 수 있었겠느냐."라고 일연은 평했다.[30]

일연 역시 고려조의 승려인 만큼 왕건을 『삼국사기』와 마찬가지로 견훤과 궁예를 폄훼하고 왕건을 '아태조'라고 높였다. 왕건은 궁예가 시행한 '칭제건원'의 경국이념 가운데, 건원과 개원은 계승하고 '칭제'는 포기했다.[31] 당시 거란족의 요나라도 궁왕 칭제(稱帝) 3년 후 칭제를 했는 데 반해, 반대로 왕건은 궁왕의 칭제는 계승하지 않은 치명적 실수를 범했다. 고려가 요나라의 세력권에 들어간 것도, 칭제의 경국이념을 포기한 것도 작용했다. 10세기 초엽 중원의 정세를 감안했을 때, '칭제'가 불가능 한 것은 아니었다. 만일 궁예가 선정을 베풀어 계속 황제로 군임 했다면, 우리 부여계 선인의 북방영토를 더 많이 차지할 수 있었다고 생각된다.

4. 사서에 형상된 궁예의 개국과 좌절

궁예에 관한 사실은 『삼국사기』「신라본기」와 「열전」을 비롯하여 한국 중세 사서들 곳곳에 전하고 있다. 「신라본기」 진성여왕(眞聖女王, 재위887~897)5년과 8년 조를 위시하여, 효공왕(孝恭王) '2년, 3년, 7

30 『三國遺事』第二「後百濟 甄萱」, 謂英規曰, 前王失國後, 其臣子無一人慰之者, 獨卿夫妻千里嗣音, 以致誠意, 兼歸美於寡人, 其義不可忘也,…史論曰, 新羅數窮道喪, 天無所助, 民無所歸, 於是, 群盜投隙而作, 若蝟毛然, 其劇者弓裔甄萱二人而已, 弓裔本新羅王子而反, 以宗國爲讐, 至斬先祖之畵像, 其爲不仁甚矣, 甄萱起自新羅之民, 食新羅之祿, 而包藏禍心, 幸國之危, 侵軼都邑, 虔劉君臣若禽獸, 實天下之元惡, 故弓裔見棄於其臣, 甄萱產禍於其子. 皆自取之也, 又誰咎也. 雖項羽李密之雄才, 不能敵漢唐之興, 而況裔萱之凶人, 豈可與我太祖相抗歟.

31 李敏弘:『韓國民族樂舞史(성대출판사, 2017)』「발해조의 국통과 고려조」247쪽에서 필자는 궁왕의 稱帝建元 문제를 논했다.

년, 8년, 9년, 13년, 14년, 15년' 조와, 신덕왕(神德王, 재위912~917)3년 및 경명왕(景明王, 재위917~924)2년 조에도 나온다. 효공왕5년(901) 조와 「궁예열전」에도 칭왕의 기록이 나오고,[32] 8년(904)에 신라제도를 본받아 백관을 개설하고, 국호를 '마진'이라 하고, 개원하여 '무태원년(武泰元年)'으로 선포함과 동시에 칭제했다. 동왕9년(905) 7월에 수도를 철원 북쪽 '풍천원(楓川原)'으로 옮겼으며, 15년(911)에 국호를 '태봉'으로 바꾸고 연호를 수덕만세로 개원(改元)한 뒤, 신덕왕3년(914)에 다시 정개(政開)로 개원했다. 경명왕2년(918) 6월에 휘하의 모반으로 살해되었다고 『삼국사기』「본기」는 기록했다.

『삼국사기』「열전」은 궁왕의 칭왕을 평하여 '선종자칭왕(善宗自稱王)'이라 격하했다. 김부식은 '스스로 왕으로 일컫는' 것은 나쁘고, 중국으로부터 책봉을 받아야 정통이라는 사대적 인식에 근거하여, 제후국임을 자인했기 때문에 이 같이 표현한 것이다. 그가 진정 자주적 역사관을 가졌다면, 궁왕의 '황제위'를 왕건이 계승하는 것이 마땅하다고 주장하는 것이 옳다. 이로써 보건데 왕건과 그 신료들은 거개가 사대적인 인물들로 평가할 수도 있다. 또 김부식은 『삼국사기』 '권 제12(第十二)'의 '효공왕, 신덕왕, 경명왕, 경애왕, 경순왕' 본기는 실질적으로는 『삼국사기』 본래의 목적을 벗어나, '왕건본기(王建本紀)'로 왜곡 기술되어 사서의 본령과 공정성을 훼손시켰다.[33]

32 『三國史記』「新羅本紀」第十二 孝恭王, 五年, 弓裔稱王, 秋八月, 後百濟王甄萱攻大耶城不下, 移軍錦城之南, 奪掠沿邊部落而歸.…『三國史記』「列傳」第十 弓裔,…天復元年辛酉, 善宗自稱王, 謂人曰, 往者新羅請兵於唐, 以破高句麗, 故平壤舊都, 鞠爲茂草, 吾必報其讎, 蓋怨生時見棄, 故有此言.

33 『三國史記』「新羅本紀」第十一 眞聖王.…第十二 孝恭王, 神德王, 景明王 편 참조.

『조선왕조실록』에도 궁예에 대한 기록은 『세종실록』「지리지」 등에 몇 차례 나온다. 여기서도 예외 없이 왕건의 보조 인물로 궁예가 묘사되어 있지만, 진일보하여 '후고려왕'이었다는 사실은 밝혔다. 내용은 『고려사(1451)』「지리지」와 별 차이가 없고, 상당 부분 거의 그대로 이기했다. 『삼국사기(1145)』『삼국유사(1285)』는 고려시대에 편찬되었고, 『조선왕조실록』은 정사체로 편술되지 않고 일기형식으로 남아있다. 사관들에 의해 주관적 첨삭이 적은 점은 의미가 있다. 단기 3787년(1454) 『고려사』가 편찬될 무렵 궁예에 관한 인식의 변화가 있었다.

고려조가 멸망하고 조선조가 개국되자, 폄훼받기만 했던 궁예가 어느 정도 객관적인 평가를 받기 시작했다. 15세기 중엽에 완성된 『고려사』는 『삼국사기』와 다르게, 「태조세가」 첫머리에 비교적 자세하게 기록했다. 다소의 결함에도 불구하고 칭제건원의 경국이념에 대한 긍정적 인식이, 이면으로 작용하여 궁예를 재평가하기 시작한 것 같다. 고려 후기 이승휴(李承休, 1224~1300)도 『제왕운기』「동국군왕개국연대(東國君王開國年代)」 편에 '후고려기(後高麗紀)' 편장을 편차하여, 궁예가 후백제 건국 3년(2년으로 보기도 한다) 전 890년에 이미 '후고려'라 칭하며 왕의 기치를 든 다음, 28년간(890~918) 권좌에 있으면서 나라를 경영했다고 적었다. 이승휴도 직접적으로 왕이라 칭하지 않고 완곡하게 왕정(王旌, 왕의 깃발)을 들었다고 표현했다.[34]

『조선왕조실록』「지리지」 '나주목(羅州牧)' 조에, 본래 백제 발라군

34 李承休: 『帝王韻紀』「後高麗紀」, 名本善宗改弓裔, 投北原[今原州也]賊良吉兵[吉委任, 故傳其兵], 唐佋大順元庚戌, 稱後高麗立王旌, 初屯金城日闢土, 轉宅鐵郡新開京, 至梁貞明四戊寅, 二十有八年光更.

(發羅郡)으로 신라가 금산군(錦山郡)으로 개명했다. 신라 말 견훤이 '후백제왕'으로 칭한 뒤 이곳을 모두 차지했다. 얼마 안 되어 금산인(錦山人)이 '후고려왕' 궁예에게 귀부했다. 무진군(茂珍郡)은 본래 백제 무진주도독(茂珍州都督)이었는데 경덕왕(景德王, ?~765)이 무주도독(武州郡督)으로 바꾸었다. 진성여왕6년(892) 견훤이 무진주를 습격한 다음, 여기에 웅거하여 후백제왕으로 군임 하다가 전주로 옮겼다.

견훤의 후백제26년(917) 후 고려왕 궁예가 왕건을 시켜 수병을 풀어 이를 점령하게 했다. 황해도(黃海道)는 고구려 땅으로 신라가 병합했다가, 신라말엽에 '태봉국왕(泰封國王)' 궁예가 차지했다. 평안도는 삼국시대에 고구려가 영유했다가, 문무왕(文武王, ?~681)과 이적(李勣, ?~639)이 연합하여 이 땅을 점유했는데, 효공왕(孝恭王, ?~912) 9년(905)에 궁예의 소유가 되었다. 궁예가 철원에 웅거하여 자칭 '후고려왕'이라 하고 패서십삼진(浿西十三鎭)도 확보했다. 고려는 이를 패서도(浿西道) 또는 북계(北界)라 칭했다.[35]

왕건은 서기933년 천수16년에 이를 폐기하고, 후당의 장흥(長興,

35 『朝鮮王朝實錄』「世宗」卷 一百五十一 地理志, 羅州牧, 本百濟發羅郡, 新羅改錦山郡, 羅季甄萱, 稱後百濟王, 盡有其地, 未幾錦山人, 附于後高麗王弓裔.…卷 一百五十一 地理志, 茂珍郡, 本百濟武珍州都督[一云, 奴只], 新羅取百濟仍爲都督, 景德王十六年丁酉[唐肅宗, 至德二年], 改武州郡都督, 眞聖王六年壬子[唐昭宗, 景福元年], 甄萱襲據武珍州, 稱後百濟王, 遂移全州. 甄萱二十六年, 辛未[梁太祖, 乾化元年], 後高麗王弓裔, 以高麗太祖, 爲精騎大監, 帥舟師, 略定武珍界.…卷 一百五十二 地理志 黃海道, 本高句麗故地, 唐高宗滅高麗而不能守, 新羅遂幷之, 及其季世, 爲泰封國王弓裔所據.…卷 一百五十二 地理志, 平安道, 本古朝鮮故地, 在三國爲高句麗所有, 寶藏王二十七年戊辰[唐高宗, 總章元年], 新羅文武王, 與唐將李勣滅之, 遂倂其地. 孝恭王九年乙丑[唐哀帝, 天祐二年], 弓裔據鐵原, 自稱後高麗王, 分定浿西十三鎭, 高麗仍稱浿西道, 或云北界.

930~933) 연호를 사용했으며, 5년 후 재위 21년 938년에 다시 후진(後晋)의 연호 천복(天福, 936~943)을 사용할 정도로 고려조는 무기력했다. 발해가 망하자 발해유민 10여만이 세자(世子) 대광현(大光顯, 생몰연대미상, 왕건이 왕계[王繼]로 변성명했다)과 함께 고려로 귀순했는데도 불구하고, 왕건은 이들과 협력하여 발해고지를 차지하려는 의지도 없었다. 북방영토를 회복할 절호의 기회를 고려조는 놓쳤다. 발해의 세자는 조선조의 왕위계승자인 세자와는 다르다. 발해는 준 황제국이였기 때문에 왕위 계승자인 장자를 '부왕(副王)'으로 호칭했고, 세자는 일반 왕자에게 부여하는 명칭이었던 것으로 여겨진다.[36]

왕건이 지방호족들의 여러 딸들 수십 명을 왕후나 부인으로 삼은 것은 혼인을 통한 호족들을 장악하기 위한 전략이었다. 『고려사』「열전」 후비(后妃) 조에 유씨(柳氏)를 비롯해서 오씨(吳氏) 등 여러 명의 왕후와 다수의 부인이 나열되어 있다. 조선조는 일부일처제가 왕에게도 엄격하게 적용되었던 것과도 다르다. 중원의 황제들은 황후가 여러 명이 있었는데, 고려조도 황제예악에 수반된 제도를 따랐던 것일까.

단기 4241년 융희2년(1908)에 반만년 역사를 망라하여 편찬된 『증보문헌비고』에 궁예에 대한 자료가 호한하게 채록되어 있다. 『증보문헌비고』는 서기 1770년에 시작하여 1908년에 완성된 한국 역대왕조의 문물전장 전반을 검토한 저술이다. 왕계(王系)를 '제계(帝系)'로 조빙(朝聘)을 '교빙(交聘)'으로 명명하여 사대주의에서 벗어나려는 의

---

36 『舊五代史』 卷 一百三十八 外國列傳 第二, 「渤海靺鞨」, 渤海靺鞨, 其俗呼其王爲可毒夫, 對面呼聖, 牋奏呼基下, 父曰老王, 母曰太妃, 妻曰貴妃, 長子曰副王, 諸子曰王子, 世以大氏爲酋長.

지가 돋보인다. 중원왕조의 질곡에서 해방되어 자주적 왕조로 거듭나려는 자주정신의 발로였다.

『삼국사기』『삼국유사』『고려사』 등을 비롯하여 각종 문헌들을 낱낱이 섭렵하여 총 40여항에 이르는 자료를 수록했다. 이들 자료의 대부분은 기존 사서나 문헌에 등재된 것이지만 같은 책에 모아 놓았다는데 의미가 있다. 기존 책자에 없던 내용도 간혹 보이는데 , 그 중에서 궁예가 '후 고구려왕'이었다는 사실도 있다. 왕건을 휘하에 두어 영역을 넓힌 것도 구체적으로 적었고, 서기904년에 국호를 '마진'이라 하고 '무태'로 건원(建元)한 사실도 밝혀, 마진 이전 3년간의 국호가 '후고구려(후고려)'였음을 언급했다.[37]

특히 '태봉' 편장을 독립시켜 28년의 역년을 궁왕을 주축으로 삼아 비교적 객관적으로 기술했다. 『증보문헌비고』에 의하면 궁예는 서기 894년에 '명주, 금성, 철원' 등 10여 군을 복속한 뒤 다음해 894년에 '칭군(稱君)'했고, 901년에 '칭왕(稱王)'했으며, 904년에 '무태'로 개원과 동시에 '칭제'했다. 『삼국사기』「궁예열전」은 28년간 집권하면서 891년(唐, 大順二季)에 입국했다고 했는데, 궁예의 입국은 892년의 견훤(唐, 景福元年)보다 2년이나 앞섰다.

궁예는 '칭군' 6년 후 '칭왕', 칭왕 4년 후 '칭제(稱帝)'하여 '칭군, 칭왕, 칭제'로 위계를 높이면서 단계적으로 자신의 '칭제건원'의 웅지를 성취했다. 『삼국사기』는 칭왕 사실도 호도하여 격하했고, 칭제는 아예 무시하여 기록하지도 않았다. 『증보문헌비고』 역시 칭제 사실을

37 『增補文獻備考』 卷 一百七十社 「交聘考」 四, 新羅滅百濟高句麗, 及其衰也, 弓裔據鐵原, 稱後高句麗, 甄萱據全州, 稱後百濟. 『增補文獻備考』는 朝聘을 '交聘'으로 칭하여 중국과 대등하다는 자주적 정신에 기반 하여 편찬되었다.

말하지 않았으며, 중국 측 『요해총서(遼海叢書)』 『발해국기상(渤海國記 上)』에만 기록되어 있다. 이들 각종 사서에 '칭군, 칭왕, 입국' 등의 년도가 일치되지 않는 부분이 더러 있지만 기록대로 인용했다.

일반 사서들에 궁예의 집권과 칭군은 견훤의 후백제 건국 3년 뒤로 기록되어 있으나, 궁왕의 집권은 후백제 건국보다 2년이나 앞선 당 소종(昭宗, 재위888~904) 대순원년경술(大順元年, 庚戌, 890)이다. 실제로 궁예의 집권 기간은 28년인데 황제 재위기간은 13여 년이다. 칭제와 동시에 선포한 연호 무태는 중원 왕조로부터 독립했음을 의미한다. 궁제의 연호 '무태'는 대한제국 고종황제의 '광무(光武)'보다 993년이나 앞선 것이다. 왕건과 함께 '나주, 청주, 상주, 공주, 괴양(槐壤), 진도군(珍島郡), 고이도성(皐夷島城)' 등의 지역을 격파하거나 스스로 투항해온 사실들을 적고, 911년에 국호를 '태봉'으로 바꾼 다음 '수덕만세'로 개원하고, 914년에 다시 '정개'로 개원했지만, 918년에 부양(斧壤, 평강) 민인에게 시해를 당한 것으로 마무리했다. 왕건 휘하들의 사주(使嗾)로 자행된 시역으로 여겨진다.[38]

고려조 후기에 접어들자, 서기 935년에 경순왕이 천년사직의 신라를 왕건에게 바치고, 936년에 후백제 또한 견훤이 왕건에게 나라를

38 『增補文獻備考』 卷 十四 「輿地考」 二 泰封國, 『東史會綱』曰, 金弓裔新羅憲安王庶子[或云, 景文王之子], 以重午日生, 生而有齒, 光焰異常, 王命殺之, 投諸樓下, 乳婢竊捧之, 手觸一目眇.…祝髮號善宗, 新羅政衰盜賊蜂起,…甲寅入溟州, 衆至三千五百, 乙卯取猪足狌川夫若金城鐵圓等十餘郡縣. 始稱君, 海西[諸史多作浿西, 似誤]諸敵多來降, 松嶽沙湌王隆以郡歸,…辛酉僭稱王, 癸亥使王建率舟師, 由西海抵光州界,…甲子國號摩震, 建元武泰.…乙丑移都鐵圓之楓川原, 改元聖冊, 分定浿西十三鎭,…己巳使王建修戰艦, 又貞州海道, 進擊珍島郡, 又破皐夷島城.…辛未改國號泰封, 改元水德萬歲, 甲戌改元政開. 景明王戊寅諸將士, 以弓裔驕虐, 推戴王建爲君, 弓裔出奔, 爲斧壤民所害.

바친 사실에 견주어, 칭제건원의 자주적 웅지를 펼쳤던 궁예의 '태봉국'이 더 각광을 받았으며, 조선조에 와서 이 같은 경향은 한결 농후해졌다. 후백제는 왕건의 호의와 배려를 받았으며, 고려조 전반기까지 그 영향이 남아있었다. 역년이 태봉국보다 17년이나 더 존속했던 후백제가 후세에 들어와 문헌들에서 그 비중이 감소한 이유는, 지역에 기반 한 국가경영에 치중하여 민족사에 기여한 바가 크지 않았기 때문이다. 궁예에 대한 인식이 12세기 중엽과 13세기와 14세기 말엽 등에 발간된 『삼국유사』와 『고려사』가 『삼국사기』와 견주어 달라진 것도 같은 이유이다.

한치윤(韓致奫, 1765~1814) 『해동역사(海東繹史)』의 「세기(世紀)」 고려 편과 「제소국(諸小國)」 「조공」 등 항목에, '태봉' 조항을 설정하여 후백제보다 비중 있게 다루면서 태봉국의 역사를 기술했다. 왕건의 선대가 신라에 벼슬했고 아버지 금성태수 융(隆)이 처음으로 송악에 거주하면서 태조를 낳았다. 태조가 성장하여 궁예의 휘하에 들어가 시중이 되었는데, 궁예의 정치가 물란 해지자 장사들의 추대를 받아 나라를 세웠다고 했다. 태봉국의 옛 도읍은 철원군이었고 그 왕은 '김궁예(金弓裔)'였다.

『통감(通鑒)』과 『남당서(南唐書)』는 태봉을 '태봉(太封)'으로 궁예를 '궁예(躬乂)'라 표기했다. 신라 헌안왕(憲安王, ?~861)의 서자로서 진성왕5년(891) 난리에 편승하여 야심을 품고 죽주(竹州) 적괴(賊魁) '기훤(箕萱)'에 투신했다가, 892년 북원(北原)의 도적 '양길(梁吉)'에게 나아가 장군이 되었다.[39] 서기 901년에 칭왕 하여 송악군을 근거지로 나라

39 『三國史記』 卷 第五十 「列傳」 第十 弓裔, 善宗乘亂聚衆, 可以得志, 以眞聖王即位五年, 大順二年辛亥(891), 投竹州賊魁箕萱, 箕萱侮慢不禮, 善宗鬱悒不自

를 세우고 국호를 '마진'이라 하고 904년에 황제 즉위와 동시에 '무태'로 건원했다. 수도를 철원 '풍천원'으로 옮긴 다음 '성책(聖冊)'으로 개원했다. 다시 국호를 '태봉'으로 바꾸고, '오덕입국'의 선포인 수덕만세(水德萬歲)로 개원한 다음 정개(政開)로 또 개원했다.

『자치통감(資治通鑑)』에 정명(貞明)5년(919)에 대봉국(大封國)이 좌랑 김입기(金立奇)를 오(吳)에 파견하여 조공했다는 기록이 있지만, 이해는 궁예가 시해된 다음 해이므로 '고려조'의 착오가 아닌가 한다. 한치윤은 궁예가 건원과 개원을 계속한 것을 중시하여 그 의미를 평가했다. 28년간 권좌에 있었던 궁예가 잔인무도하여, 왕건이 시해하고 스스로 왕이 되어 '태봉'이라는 국호를 버리고 초기의 국호를 회복하여 책봉을 받지 않고 스스로 '고려왕'이라 칭했다.[40]

궁예에 관한 기사는 『신증동국여지승람』에도 몇 차례 보인다. 이 가운데 궁예와 관련된 사항들을 발췌하여 그 추이를 고찰하기 위해. 특히 4권 '개성부상(開城府上)' 「풍속」 조에 궁예가 되살린 '팔관회(八關會)'에 대한 부분에 주목했다. 팔관회는 신라 진흥왕(眞興王, 534~

安, 潛結箕萱麾下, 元會申煊等爲友, 景福元年壬子(892), 投北原賊梁吉, 吉禮遇之, 委任以事, 遂分兵使東略地.

40 韓致奫;『海東繹史』「世紀」十二 高麗 一, 案高麗之麗,…或以爲取義於山高水麗者非也, 王氏之先, 東史或以爲出於唐宣宗, 而此不可祥, 然世仕新羅, 至太祖父金城太守隆, 始居松嶽生太祖, 及長仕弓裔爲侍中,…卷 第十六,「諸小國」泰封, 案泰封國舊都在今鐵原府, 其王弓裔姓金氏[通鑒及南唐書, 泰封作太封, 弓裔作躬乂], 新羅憲安王庶子也, 以眞聖王五年辛亥, 投北原賊梁吉, 推爲將軍, 遂居松岳郡開國, 國號摩震, 建元武泰, 移都鐵原之楓川原, 改元聖冊, 又改國號泰封, 改元水德萬歲, 後又改元政開. 起唐昭宗大順二年辛亥, 至後梁末帝貞明四年戊寅, 爲高麗太祖所滅, 凡二十八年.…龍德二年大封王躬乂性殘忍, 海軍統帥王建殺之, 自立復高麗王.…卷 第三十四,「朝貢」二, 梁均王貞明五年[己卯], 大封國[案, 卽泰封國]遣佐郎尉金立奇, 入貢于吳[資治通鑑].

576)12년 개국원년(開國元年, 551)에 시작했는바, 고려 태조원년 유사가 전왕(前王, 弓王)이 매년 중동(仲冬, 11월) '팔관재(八關齋)'를 크게 개최하여 복을 빌었는데 그 제도를 계승하기를 청했다. 태조는 "짐이 부덕함에도 불구하고 대업을 수행하고 있는 마당에, 어찌 불교에 의탁하여 국가를 지키지 않을 수 있겠는가"라고 답한 뒤, 구정(毬庭)에 윤등(輪燈) 하나를 설치하고 그 주위에 향등(香燈)을 배열하여, 대낮처럼 불을 밝혀 밤새워 의식을 거행했다. 아울러 50여 척(尺)에 달하는 연대(蓮臺)같은 채붕(綵棚)을 두 곳에 설치했다. 멀리서 바라보면 신비스러웠고 그 앞에서 〈백희가무(百戲歌舞)〉를 펼쳤다. 〈사선악부(四仙樂部)〉와 '용(龍), 봉(鳳), 상(象), 마(馬), 거(車), 선(船)' 등은 모두 신라의 유풍이었다.[41]

궁예를 유사가 '전왕'으로 칭한 것을 태조가 용인한 까닭은, 궁예에 대한 일말의 미안함의 표현이다. 궁예가 개설한 '팔관회(八關會)'를 태조가 연례행사로 정착시켜 고려조 500여 년 동안 지속된 국가축전을, 이태조가 집권한 그 해(1392)에 폐지했다. 이태조는 한양으로 천도한 뒤 '경도(京都)'라 칭하고, 구도의 '황도(皇都), 개경(開京), 송도(松都), 개도(開都)' 등의 칭호에 포함된 '황皇, 도(都), 경(京)'유의 글자를 제거하고 '개성(開城)'으로 격하했다. 지도자의 경국의지가 지명까지 영향을 미친 예이다.[42] 황제국으로 자임했던 신라와 발해는 각각 '오경(五

41 『新增東國輿地勝覽』 卷之四 開城府 上 「風俗」 八關會, 八關會, 始於新羅眞興王十二年, 高麗太祖元年十一月, 有司言, 前王每歲仲冬, 大設八關會以祈福, 乞遵其制, 王曰, 朕以不德獲守大業, 盍依佛教安輯邦家. 遂於毬庭置輪燈一所, 香燈旁列, 滿地光明徹夜, 又結綵棚兩所, 各高五丈餘, 狀若蓮臺, 望之縹緲, 呈百戲歌舞於前, 其四仙樂部, 龍鳳象馬車船, 皆新羅故事.

42 李敏弘; 『韓國民族樂舞와 禮樂思想(집문당, 1997)』 6장 「高麗朝 八關會와 禮樂思想」 편장에서 이에 대해 구체적으로 검토했다.

京)'을 두었고 고려도 '삼도(三都)'를 설치했는데, 제후국으로 자처한 조선조는 '일도(一都)'에 만족했다. 조선조의 이 같은 소극적 시책에 대해, 양성지(梁誠之, 1415~1482)는 조선조도 '오경(五京, 上京[京都], 중경, 동경, 서경, 남경)'을 설치하여, 신라와 발해처럼 경영해야 한다고 주장했지만 시행되지는 않았다.[43]

고려조는 궁예 태봉국의 '황제예악'에 입각한 '문물전장'을 상당부분 계승했다. 태봉국의 경국이념은 이처럼 멸망 이후에도 위정자들의 마음속에 살아남아 암암리에 영향을 끼쳤다. 『신증동국여지승람』 47권 「철원도호부(鐵原都護府)」편에, 궁예가 기병하여 이곳 고구려 옛 땅을 차지한 뒤, 송악에서 옮겨와 도읍을 정하고 궁궐을 호화롭게 만들고 '태봉국'을 세웠다고 하고, '제영(題詠)'장에 궁왕의 수도 철원을 형상한 한시들을 수록했다. 궁왕이 북진정책의의 일환으로 수도를 철원 북쪽 풍천원(楓川原)으로 옮긴 이유는, 고구려 고지를 수복하여 영토를 확장하려는 의지에 말미암은 것이다.

『신증동국여지승람』 권47 「철원도호부」 건치연혁 편장에 수록된 한시(漢詩)의 작자는 '강회백(姜淮伯, 1357~1402), 조준(趙浚, 1346~1405), 이맹균(李孟畇, 1371~1440), 이원(李原, 1368~1430), 서거정(徐居正, 1420~1448), 이심원(李深源, 1454~1504), 권첩(權倢, 생몰미상), 성현(成俔, 1439~1504)' 등이고 모두 궁왕을 재제로 하여 음영했지만, 이들 가운데 강회백과 서거정과 성현의 칠언율시 세 편을 검토하겠다.

43 梁誠之; 『訥齋集』 卷 二 「奏議」, 乞以京都爲上京, 漢城府開城府爲中京, 屬京畿右道, 以慶州爲東京, 全州爲南京, 平壤爲西京, 咸興爲北京.

성긴 숲속 잡초 우거진 외로운 성에	孤城蕪沒帶疎林
불타고 부서진 비석 세월에 묻혔네.	斷碣燒殘歲月深
높았던 풍악소리 바람타고 어울러져	鼓角聲高風不止
펄럭이는 정기 석양과 함께 잠겼도다.	旌旗影動日將沉
에워 싼 산들 고국 천년의 한을 품고	山含故國千年恨
구름 가득 넓은 하늘 심회가 깃들었다.	雲抱長空萬里心
예부터 흥망은 모두 운세가 있는 법	自古興亡皆有致
후인들은 이를 감계로 삼아야 하네.	願因前轍戒來今[44]
(강회백姜淮伯)	

나라는 망해 한 주로 격하 되어	國破山河作一州
태봉의 유적 보는 이 슬프게 한다.	泰封遺跡使人愁
사슴 고라니 떼 지어 놀고 있고	至今麋鹿來遊地
오랜 옛날처럼 어룡만 적막하다.	依舊魚龍寂寞秋
석양에 연기는 하늘에 퍼져있고,	斜日淡煙天共遠
낙화 버들게지 물결 따라 유유하네.	洛花飛絮水同悠
당대 비기는 진정한 주인 예언하여	當時鏡讖歸眞主
궁왕의 왕업 웃음거리가 되었다.	可笑弓王事逸遊
(서거정徐居正)	

철원의 울타리 물결 옛 고장 둘러	鐵水雄藩古邑州
길손의 마음 속 수심만 가득하다.	客來無語謾含愁
풍운 패상 햇볕만 퍼져 있어	風雲沛上飛楊日
연기만 땅에 깔려 마음 아프게 한다.	煙爐咸場慘惔秋
두 나라 흥망 함께 적막한데	兩國興亡俱寂寂

44 『東文選』 卷 十七 七言律詩, 「弓王故都有感(持諸軍都摠公駐軍於此)」, 姜淮伯, 孤城蕪沒帶疎林, 短碣燒殘歲月深, 鼓角聲高風不止, 旌旗影東日將沉, 云云. 이 기록에서 故都 풍천원에 고려의 군대가 주둔했던 것으로 파악된다.

천년이 지나 성곽엔 잡초만 무성하다. 千年城壘莽悠悠
궁왕은 지난 날 실패 교훈삼지 않아 弓王不鑑前車覆
고소성에는 고라니 사슴만 노닌다. 付與姑蘇麋鹿遊
(성현成俔)

폐허가 된 궁왕의 옛 도읍지를 찾아가 사슴 고라니 뛰노는 모습을 보고 권력의 무상을 회고의 정을 담아 읊었다. 당시의 '경참(鏡讖)'이 왕건의 집권을 예언했는데, 이를 잘못 읽은 궁왕을 안타까워했다. 철원 옛 성곽의 형세를 패상(浿上)에서 만났던 항우(項羽, 서기전 232~202)와 유방(劉邦, 서기전 247~195)에 비유하여 궁왕의 실패를 풍자했다. 궁왕이 역사에서 패퇴한 제왕들을 거울삼지 않고, 왕건을 유방에 견주고 궁예를 항우에 비의했다. 강희백과 서거정과 성현이 궁예를 궁왕이라 칭한 심정을 이해할 것 같다. 이들 중 통정(通亭) 강희백은 「궁왕고도유감(弓王故都有感)」이란 제목으로 궁왕이 집권 초기처럼 반듯한 정치를 펴지 못했던 점을 아쉬워하며 궁왕이 품었던 칭제건원 등의 민족적 긍지와 전략에 대한 남다른 회포를 노래했다.[45]

쿠데타를 일으켜 궁예를 시해하고 권력을 장악한 왕건이 전조들의 사례에 의거하여 피 정복지를 '부·주·군·현'으로 강등시켜, 수도를 송악으로 이전한 후 신라 수도 '동경(東京, 서라벌)'과 신라영역을

45 『新增東國輿地勝覽』 卷 四十七 「鐵原都護府」 建置沿革, 本高句麗鐵原郡[一云, 毛乙冬非], 新羅 景德王改鐵城郡, 後弓裔起兵略取高句麗舊地, 自松嶽郡來都, 修葺宮室, 窮極奢侈, 國號泰封, 高麗太祖卽位, 徙都松嶽, 改鐵原爲東州.…古蹟, 楓川原, 弓裔所都在府北二十七里, 外城周一萬四千四百二十一尺, 內城周二千九百五尺, 皆土築, 今半頹落, 宮殿遺址, 宛然猶存.…題詠, 山含故國千年恨,…百二山河淪廢後,…靑山似畫圍平野,…蟬鳴喬木動新秋,…依舊魚龍寂寞秋,…觀心閣上草空沒,…秋深落葉塡金井,…千年城壘莽悠悠.

'경주'로 바꾼 것처럼 태봉국의 수도 철원(楓川原)과 그 통치영토를 '동주(東州)'로 강등시켰다. 동주를 유람한 송강(松江) 정철(鄭澈, 1536~1593)은 궁예고도(弓裔古都)의 유적인 북관정에 올라가서, 가사 「관동별곡」을 통해 궁예를 궁왕으로 높이며 회억(回憶)에 잠겼다.

> 동주(東州) 밤 계오 새와 북관뎡(北寬亭)의 올나 하니, 삼각산(三角山) 뎨일봉(第一峯)이 하마면 뵈리로다. 궁왕(弓王) 대궐(大闕)터희 오쟉(烏雀)이 지지괴니, 쳔고흥망(千古興亡)을 아난다 몰아난다.[46]

정조(正祖, 1752~1800)9년(1785)에 발간된 영재(泠齋) 유득공(柳得恭, 1749~?)의 『이십일도회고시(二十一都懷古詩)』에는 제목 그대로 역사상 명멸했던 왕조의 수도를 칠언시(七言詩)로 음영했다. 영재는 이 책을 중국까지 가져 가 석학들에게 보일만큼 득의의 저술이었다. 한국은 물론이고 중원의 사서까지 섭렵하여 치밀하게 고증했다, 영재는 궁예의 태봉국 수도였던 철원 편장을 만들어 '태봉'이라는 국명을 표제로 하여, 그 연혁과 역사 그리고 궁예의 개국과 좌절을 술회했다. 내용은 대체로 기존 문헌에 말한 것이 대부분이다.

『자치통감(資治通鑑)』에 당 천우(天祐, 904~907) 초엽 고려 석굴사 애꾸 중 '궁예(弓乂)'가 무리를 모아 개주(開州, 개성)를 점거하여 왕이라 칭하고 국호를 태봉이라 했다. 후량(後梁, 907~923) 정명(貞明, 915~920) 중 좌량위(佐良尉) 김입기(金立奇)를 보내 오에 조공을 했다. 이 무렵 태봉은 멸망했기 때문에 『자치통감』의 이 기록은, 태봉과 고려

46 鄭澈: 『松江歌辭』, 「關東別曲」, 4~5쪽, 東州는 태봉국이 왕건에 의해 격하된 칭호로서, 신라가 慶州로 된 것과 동일하다.

를 혼동한 것 같다. 『삼국사기』에 궁예는 신라인으로 아버지는 헌안왕(憲安王, 재위857~860) 또는 경명왕(景明王, 재위917~923)이라 보기도 한다. 후에 중이 되어 선종(善宗)으로 이름 했다. 경명왕은 헌안왕 두 딸의 남편으로 헌안왕의 사위이다.

후에 북원(北原, 原州)의 도적 양길(梁吉)의 휘하에 들어가 군대를 이끌고 동쪽 땅들을 공략한 뒤, 천복원년(天復元年, 901, 新羅, 孝恭王 5년)에 칭왕 했다. 국호를 마진 연호를 무태라 하고 철원성을 수도로 삼았다. 무태를 성책으로 개원하고 후량 건화원년(乾化元年, 911) 수덕만세로 다시 개원하고 국호를 태봉이라 일컬었다. 『여지승람』에 '풍천원(楓川原)'은 궁예의 도읍지로 철원부 북쪽 27리에 있는데, 궁궐의 유지가 완연하게 남아 있다. 영재는 각종 사서들을 인용하여 궁예에 대해 소상하게 그 전말을 기술하고 시를 지어 음영했다.

궁왕 대궐 터에 까막까치 날고	烏鵲飛邊認故宮
철원에 도읍했던 왕업이 처량하다.	凄涼霸業黑金東
궁왕의 생일 단오절이 생각나지만	設弧猶記端陽節
계림의 늙은 설공이 되지 못했다.	未作鷄林老薛公

궁왕 대궐 터에 날아다니는 오작을 보면서, 이를 노래했던 송강 「관동별곡」의 몇몇 장절을 "궁왕고궐(弓王古闕), 오작추추(烏鵲啾啾), 천고흥망(千古興亡), 지부지부(知不知不)"라고 한역(漢譯)하여 공유하며 권력의 무상함을 설파했다. 태봉국의 수도 철원의 황폐한 모습을 궁제(弓帝)의 생일 5월 5일과 결부시켜 회고하며, 끝내 계림의 설공(薛公, 미상)이 되지 못한 점을 개탄했다. 퇴락한 옛 국가의 수도들을 오가며 흥망이 모두 정해져 있으니, 집착할 필요가 없다고 영재는 말

했다. 궁예가 스스로를 미륵불(彌勒佛, 未來佛)이라 일컫고, 장남을 청광보살(青光菩薩) 차남을 신광보살(新光菩薩)로 호칭한 것은 모두가 부질없는 짓이었다고 개탄했다.[47]

『동전고』「태봉」 편장은 한 술 더 떠서 「궁예열전(弓裔列傳)」을 그대로 인용하면서, 궁왕을 더욱더 잔인무도한 인물로 묘사했고, 태봉국 역년 28년을 '참호(僭號)'의 시대라고 격하했다. 자신은 미륵불 장자는 청광보살 계자는 신광보살로 일컫고 불법으로 나라를 다스렸다고 평했다. 부인 강씨(康氏)의 행실을 의심하여 잔혹한 방법으로 살해하고, 친자가 아니라고 하여 두 아들도 함께 죽였다고 했다. 강씨의 살해방법이 너무 잔혹하여 과연 그것이 진실인지도 의문이다. 각 종 문헌은 궁왕을 중원의 폭군 '걸주(桀紂)'로 인식시켜, 소위 '아태조' 왕건의 태봉국 전복과 고려조 개국을 정당화하는 방편으로 활용했다.[48]

47 柳得恭;『二十一都懷古詩(李敏弘, 譯, 국학자료원, 2008)』泰封,『通鑑』, 唐天祐初, 高麗石窟寺眇僧弓裔聚衆, 據開州稱王, 號泰封國, 後梁貞明中, 遣佐良尉金立奇入貢于吳.『三國史』, 弓裔, 新羅人, 考憲安王, 或云景文王之子, 祝髮爲僧, 號善宗, 軒輊有膽氣, 羅季群盜蜂起, 善宗投北原梁吉軍中, 吉委任分兵, 使東略地,…遂擊破, 猪足 牲川 夫若 金城 鐵原 等城. 天復元年稱王, 國號摩震, 年號武泰,…朱梁乾化元年, 改聖冊爲水德萬歲, 改國號爲泰封, 自稱彌勒佛, 頭戴金幘, 身被方袍, 以長子爲青光菩薩, 次子爲神光菩薩,…『輿地勝覽』, 楓川原, 弓裔所都, 在鐵原府北二十里, 宮殿遺址宛然. 烏鵲飛邊認故宮, 凄涼覇業黑金東, 設弧猶記端陽節, 未作雞林老薛公. 烏鵲, 鄭松江澈,「關東別曲」, 弓王古闕, 烏鵲啾啾, 千古興亡, 知不知不.

48『東典考』泰封(僭號凡二十八年), 長子爲青光菩薩, 季子爲神光菩薩, 以佛法治國. 猜疑多, 殺夫人康氏諫, 以火鐵杵撞陰殺之(幷兩兒).

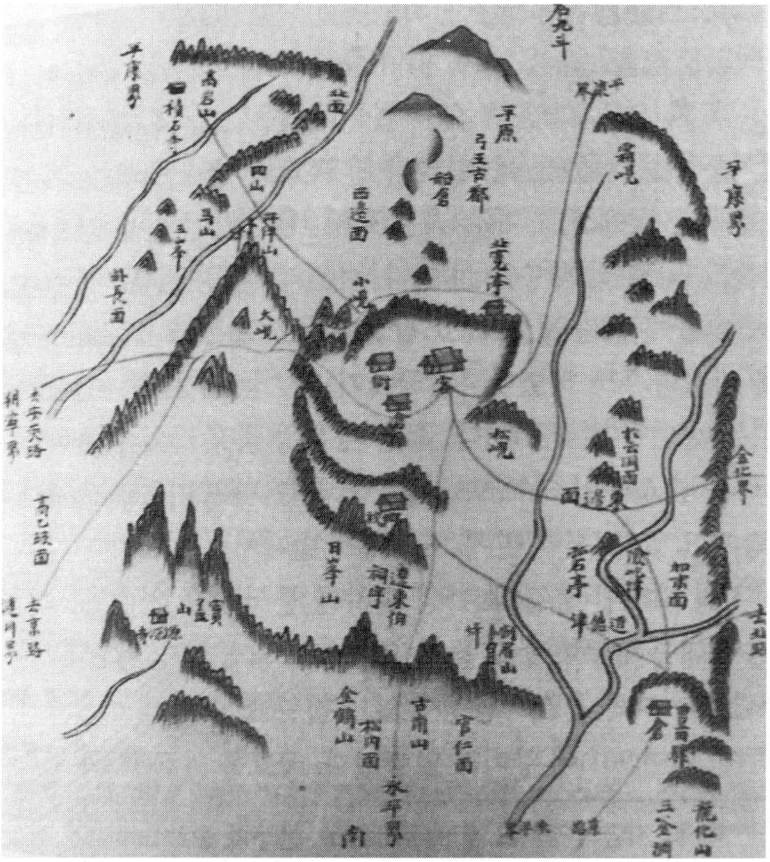

궁예 태봉국의 수도

5. 한국 역대 문헌들의 금기어인 칭제

통시적으로 민족사를 기록한 역대 사서와 기타 수많은 간책에 약속이나 한 듯이 칭제에 대한 언급은 그림자도 찾을 수 없다. 현존 최고의 사서인 그런대로 방대한 『삼국사기』와 『삼국유사』 어디에도 중원 왕조가 아닌 우리 왕조나 영도자가 '칭제'를 했다는 기록은 없다. 중원 왕조의 지도자들에게는 '황제폐하'라고 대서특필을 일삼으면서, 우리 민족의 제왕들에게는 황제라는 호칭은 일부 반역자로 지탄받고 있는 묘청 이징옥 등 몇 사람을 제외하고는 어디에도 붙인 사례가 없다.

『고려사』와 『고려사절요』 『제왕운기』를 비롯한 『동문선』 『증보문헌비고』 『동국여지승람』 『해동역사』 『동전고』 등은 물론이고, 하늘의 별처럼 많은 『문집』들과 『지봉유설』을 비롯한 수많은 『유서(類書)』들에도 약속이나 한 것처럼 신기할 정도로 칭제라는 단어는 찾을 수가 없다. 중원에서 우리나라를 일컬어 '문헌지국'이라 했는데 모래알처럼 많은 책들에도 예외 없이 황제나 칭제에 관한 언급은 씻은 듯이 없다. 우리 민족 지도자와 결부시킨 황제나 '칭제'라는 어휘가 이처럼 보이지 않는 이유는 어디에 있는 것일까.

필자가 나름대로 유추컨대 그 바탕에는 '사대주의'와 중원에 대한 '두려움'이 깔려있기 때문이다. 우리가 과소평가하는 일본은 소위 '천황제'를 시행하고 있는 점과도 크게 다르다. 중국에 대한 두려움은 지금도 옛날 그대로이다. 우리가 통시적으로 얕잡아보았던 거란족과 몽골족 만주족도 당당하게 칭제하여 수세기 동안 중원을 제패했는 데 반해, 유독 우리 한민족만이 전전긍긍하면서 비겁하게 수천 년을 살아온 까닭은 도대체 어디에 있는지.

우리 한민족이 중원을 비롯한 주변 민족에게 두려움을 갖는 이유는, 이들 이민족에게 역사적으로 무수히 침략을 당했고, 또 위협과 협박을 받으면서 살아왔기 때문이다, 국토가 협소했고 인구가 적었던 이유도 있었으나, 민족성이 상무적 기질이 없었고 아울러 학문에 몰두한 데서도 원인을 찾을 수 있으며, '부국강병(富國强兵)'을 이루지 못한 데에 있다. 강병이 없는 부국은 주변 부도덕한 국가들의 정복의 대상이 되어 침략의 미끼가 된다. 북국이 없는 강병은 만백성을 거지나 노예로 전락시킨다. 부국과 강병은 서로 만났을 때 힘을 발휘한다.

우리가 고구려를 동경하는 이유는, 상무적 정신과 강력한 군대를 거느리고 있었던 왕조였기 때문이다. 통시적으로 강력한 군대를 가졌던 왕조는 고구려가 유일하다. 필자가 궁예의 치적을 인정하고 긍정하는 이유도 스스로 당당하게 황제가 되었고, 왕건과 달리 부여계의 북방영토를 수복하려는 웅지를 가졌기 때문이다. 왕건과 이성계는 우리 고대 영역이었던 만주를 포기한 용렬한 군주였다. 동아시아 격변기였던 10세기와 14세기의 호기를 스스로 방기하고, 오로지 권력찬탈에만 몰두했던 반민족적 지도자들이다.

단기 3237년(904)은 한국 반만년 역사상 최초로 궁왕이 '칭제'를 했고 '무태'로 건원(建元)하여 명실상부한 '칭제건원'을 내외에 선포한 해이다. 그럼에도 불구하고 우리는 천여 년 동안 민족 최대의 획기적인 업적을 부정하거나 은폐하여 말하지 않았다. 왕건 또한 궁왕의 칭제건원에 대해 비급하게 침묵했다. 다행히 김부식은 궁왕의 '건원과 개원'은 열전에 실어 후인들에게 알려 주었다. 본고는 국내외의 각종 사료를 통해 칭제건원이 엄연한 사실이었음을 밝히고자 한다.

'칭제건원'은 중세 중원왕조의 압제와 질곡에서 해방을 추구하는 경국이념이다. 이에 대해 우리는 그저 옛날에 있었던 봉건적 용어 정도로 여긴다. 『삼국사기』와 『고려사』 등을 보면 중원왕조로 오가는 조공사행과, 우리의 제왕들을 중국황제가 책봉했다는 기사가 홍수처럼 넘쳐난다. 한 두 해도 아니고 천여 년간이나 변하지도 않고 사대한 까닭을 밝힐 때가 되었다.

사실이 이와 같은데도 사대주의에 물던 사람들은, 당연한 것으로 치부하여 특별한 관심을 갖지 않았다. 건원(建元)은 중국으로부터 '정삭(正朔, 歲首, 11月, 12月, 1月, 중 택일)'과 중국 연호를 쓰지 않고 자체 기년을 시행하는 자주적 경국이념이다. 우리는 천여 년 동안 중국의 정삭을 사용했고, 지금은 자존의식을 핑계치고 국가 공식문서에 서양의 정삭인 서기를 당연한 듯이 사용하고 있다. 일본과 북한도 저들의 자체 기년인 평성과 주체를 쓰고 있는 것과도 다르다.

중원의 정삭을 부정하고 중국 연호를 쓰지 않고, 자체 기년을 시행하겠다는 자주와 주체적 이념을 가졌던 최초의 지도자는 광개토대왕과 법흥왕 그리고 궁왕이다. 궁왕의 자주적 자체기년을 시행하겠다는 경국이념에 대해 지금까지 중시하지 않았다. 이유는 선인들의 의식속에 잠재되어 있는 사대주의적 타성에 기인한 것이다.

지금 '단기기년'을 미련 없이 포기하고, '서기'를 사용하는 것도 '신사대주의적' 행태이다. 세계적으로 보편화된 관례라 하면서 '서양기년'인 서기를 추호의 고민도 없이 사용하고, 이를 비판하는 사람을 봉건적이라 멸시한다. 자체기년이 무엇을 뜻하고 왜 사용해야 하는 지를 지금도 그 가치와 의미를 거개가 모르고 있다.

법흥왕은 단기 2869년(536, 재위26년) 중국으로부터 독립하여 연호 '건원(建元)'을 내외에 선포하여, 중국 기년에서 벗어나 자체 '기년(紀年)'을 실시했다. 단기 2724년(391) 광개토대왕이 '영락기년(永樂紀年)' 이후 145년이 지난 뒤이다. 궁왕은 법흥왕의 '건원기년(建元紀年)'으로부터 368년 뒤, 서기 650년 진덕왕이 '태화(太和)' 연호를 파기한 다음 254년이 지난 후, 단기 3237년(904) 자체기년인 '무태'를 선포하여 중국으로부터 책봉을 받지 않은 독립국가임을 선언했다.

신라는 삼국통일 전후 진덕왕 4년(650) 연호 '태화(太和, 647~650)'를 폐지하고, 당나라 연호 '영휘(永徽, 650~655)'를 사용하여 당의 '제후국'으로 전락했다. 김부식은 『삼국사기』를 통해 "편방소국으로서 천자의 나라에 신속하고 있는 터에, 법흥왕이 사사로이 연호를 갖는 것은 잘못된 처사."라고 비판했다. 신라도 자체 연호를 실시한지 114년 만에 이를 접었다.[49]

『삼국사기』 '진덕왕 조'의 기록은 7세기 전후 신라의 대 중국 외교의 굴종적인 행태와, 연호와 정삭이 얼마나 당시의 중대한 문제였던가를 생생하게 알려준다. 연호의 시행과 폐지를 통해 당대의 정치 현실을 구체적으로 접할 수 있다. 중세의 경우 자체 연호의 폐기는 곧 '제후국'이나 '속국'으로 강등된다. 당 태종은 "천자의 나라를 신하로서 모시고 있는 편방소국(偏邦小國)인 신라가 감히 '태종(太宗)'이라는 '묘호(廟號)'를 쓰고, 자체 '연호'를 사용하는 행위는 용인할 수 없다"라고 당나라에 간 신라 사신에게 사자(使者)를 보내 꾸짖었다.

사대주의에 물던 김부식도 여기에 편승하여 신라의 연호를 '사년(私年)'으로 격하했다. 연호가 중세 정치사회와 문화에 미치는 파급효과가 얼마나 엄중했던가를 『삼국사기』는 말하고 있다. 삼대(三代,

49 『三國史記』「新羅本紀」, 第四, 法興王立,…二十三年, 始稱年號, 建元元年.…眞興王立,…十二年, 春正月, 改元開國,…二十九年, 改元大昌.…三十三年, 春正月, 改元鴻濟.…第五, 眞德王立,…元年,…七月遣使入唐謝恩, 改元太和,…二年,…冬使, 邯帙許朝唐, 太宗勅御史問, 新羅臣事大朝, 何以別稱年號, 帙許言, 曾是天朝未頒正朔, 是故先祖法興王以來, 私有紀年, 若大朝有命, 小國又何敢焉, 太宗然之.…四年,…是歲始行中國永徽年號,…論曰, 三代更正朔, 後代稱年號,…偏邦小國, 臣屬天子之邦者, 固不可以私名年.…而法興自稱年號惑矣.

하·은·주)에는 '정삭'을 바꾸는 것을 위주로 했는 데 반해, 후대에 와서 '연호'를 중시하여 건원과 개원에 비중을 두었다. 상고에는 천자가 제후국에 한 해가 시작되는 달을 정해줬고 중세에는 중국의 연호를 쓰도록 강요했다.

하와 은을 멸망시킨 탕왕과 무왕은, '기(杞)'나라와 '송(宋)'나라를 세워 그들의 후손으로 하여금 선대의 제사를 계속하게 했는데, 왕건은 궁왕의 신임을 받아 '파진찬시중'이라는 중책까지 맡긴 궁왕을 배신하여 잔인하게 시해했다. 왕건이 주상으로 섬기던 궁왕의 시신을 어떻게 처리했는지도 의문이다. 주나라 무왕처럼 궁왕의 후손들로 하여금 제사라도 지내도록 하는 것이 최소의 예의임에도 불구하고 이를 주선하지 않았고, 궁왕의 두 아들은 궁왕이 죽였다고 「열전」은 적었는데 그 사실여부도 미지수이다.[50]

왕 태조는 재위 26년 동안 개원한 '천수' 연호를 중국에 사대하기 위해 중단하고, 933년에 후당 '장흥(長興, 930~933)' 연호를 쓰다가 다시 938년에 후진 '천복(天福, 936~943)' 연호를 사용했다. 재위 중 남의 나라 연호를 두 번이나 사용하여 '천수(天授)'가 폐기당하는 수모를 그는 겪었다. 고려조의 통치전략과 연호 시행 등은 궁왕의 경국이념에서 나왔다. 본래 왕건의 국가경영 이념에는 자체 기년에 대한 개념은 처음부터 없었다.[51]

---

50 『禮記』 卷 九 「禮運」, 言偃復問曰, 夫子之極言禮也, 可得而聞與[欲知禮終始所成], 孔子曰, 我欲觀夏道[欲行其禮, 觀其所成]. 是故之杞[杞, 夏禹氏之後]. 而不足徵也[徵, 成也, 無賢君, 不足與成也]. 吾得夏時焉[得夏四時之書也, 其書存者有不正]. 我欲觀殷道, 是故之宋, 而不足徵也[宋, 殷人之後也].

51 『高麗史』「世家」 卷 第一 太祖 一, 元年, 夏六月丙辰, 卽位于布政殿, 國號高麗, 改元天授.…卷 第二…自是除天授年號, 行後唐年號,…二十一年,…是月

'칭제건원'을 논의할 때 진시황(秦始皇, 서기전 259~210)과 한무제(漢武帝, 서기전 150~87)는 대전제이다. 칭제건원은 진부한 용어가 아니라 지금도 그 정신은 증폭되어 살아 있다. 진시황은 '황제'라는 호칭을 최초로 사용했고, 한 무제는 최초로 '건원(建元)'을 시행한 제왕이다. 진시황은 서기전 259년 1월1일 조나라 한단(邯鄲)에서 태어났다. 성은 영씨(嬴氏)이지만 조씨(趙氏)이기도 하다. 진나라와 조나라는 조상이 같기 때문에 서로 통용되었고, 이름이 '정(政, 正, 1일)'인 것은 정월 초하루에 출생해서였다. 13세에 즉위하여 37년간 국가를 통치하다가 51세에 붕어했다.

진시황 26년(서기전 221) 신료들이 "폐하의 업적은 옛적 오제(五帝, 黃帝·帝顓頊·帝嚳·帝堯·帝舜)도 미치지 못합니다. 박사들과 상의한 결과 옛적 '천황(天皇), 지황(地皇), 태황(泰皇)'의 삼황(三皇)이 있었는데 그중 '태황'이 가장 뛰어나니, 왕을 태황으로 칭하고, 명(命)을 제(制), 영(令)을 조(詔), 천자는 자칭 짐(朕)으로 함이 타당합니다."고 아뢰자, 시황은 "태황(泰皇)의 '태(泰)'를 뺀 '황(皇)'과 오제(五帝)의 '제(帝)'를 취하여 '황제(皇帝)'로 칭하는 것이 옳고, 중고(中古)의 시호(諡號)들은 죽어서 자식과 신하가 올리는 것은 도리가 아니니, 이를 없애고 일세(壹世)에서 만세(萬世)에 이르도록 무궁하게 전하는 것이 타당하다"고 했다.[52]

[秋, 七月]始行後晉年號.

52 司馬遷;『史記』卷 六,「秦始皇本紀」第六, 秦始皇帝者, 秦莊襄王子也, 莊襄王爲秦質子於趙, 見呂不韋姬, 悅而取之, 生始皇, 以秦昭王四十八年, 生於邯鄲, 及生, 名爲政, 姓趙氏[徐廣曰, 一作正.宋忠云, 以正月旦生, 故名正.索隱, 系本作政, 又生趙, 故曰趙政.一曰, 秦與趙同祖, 以趙城爲榮, 故姓趙氏].年十三歲, 壯襄王死, 政代立爲秦王.…今陛下,…自上古以來未嘗有, 五帝所不及. 臣等謹

진시황 역시 하의 걸왕(桀王)과 은의 주왕(紂王)처럼 '탕왕, 무왕, 유방, 항우' 등 승자들에 의해 공적은 묻히거나 축소되고 과오는 확대되어 능묘까지 훼손되는 치욕을 당했다. 태봉국 궁예에 대한 후세의 평도 이와 유사하다. 진시황은 중국 최초의 통일제국을 이룩하고, 법을 동일하게 적용하고, 도량형을 하나로 하고, 수레의 규모와 문자를 같이 하고, 영토를 확장하고, 세수를 10월로 바꿔 초하루에 조하를 받았다. 삼정(三正)은 '11월, 12월, 1월'인데 시황은 10월을 세수로 삼은 것이 특이하고, 10월을 세수로 정한 것은 진시황이 처음이고 마지막이다. 우리나라에서 '10월 상달'이라는 말이 있고 토속의례가 10월에 주로 거행된 것도 이와 관련이 있다.

형제와 자질에게 땅을 나누어 주는 '봉건제도'의 폐단을 없애고, '군현제(郡縣制)'를 실시하여 유능한 인재들로 하여금 다스리게 한 시황의 경국이념은 옳다. 한나라 유방은 현실과 타협하여 봉건제를 복원시켜 역사를 후퇴시켰다. 유가이념을 부정하고 '오행론'을 경국이념으로 삼은 것도 단점으로 보았다. 지역에 기반 하여 부귀영화를 자제들에게 세습하여 누렸던 지방호족과 토착세력에 의해, 진시황의 혁신적 통치이념은 정착되지 못하고 아쉽게 묻혔다. 사마천은 비교적 진시황의 공적을 객관적으로 『사기』에 서술했다.[53]

與博士議曰, 古有天皇, 有地皇, 有泰皇, 泰皇最貴, 臣等昧死上尊號, 王爲泰皇. 命爲制, 令爲詔, 天子自稱曰朕. 王曰, 去泰, 著皇, 采上古帝位號, 號曰皇帝. 他與議, 制曰可. 追尊壯襄王爲太上皇, 制曰, 朕聞太古有號無謚, 中古有號, 死而以行爲謚. 如此, 則子議父, 臣議君也, 甚無謂, 朕弗取焉. 自今已來, 除謚法. 朕爲始皇帝. 後世以計數, 二世三世至于萬世, 傳之無窮.

53 司馬遷;『史記』卷 六「秦始皇本紀」第六, 始皇推終始五德之傳[傳, 次也.謂五行之德, 始終相次也.漢書郊祀志曰, 齊人鄒子之徒論著終始五德之運, 始皇采用], 以爲周復得火德, 秦代周德, 從所不勝[秦以周爲火德.能滅火者, 水也, 故稱

궁예의 경국이념은 진시황과 한 무제에 근거하고 있었지만, 우리는 이를 살펴보지 않고 일부 사가들의 왜곡된 평가에 편승하여 천여 년간 궁예를 폄하했다. 이제 궁예가 품었던 자주적 경국이념을 객관화할 때가 되었다. 또 궁예는 단기 2860년(536) 신라 법흥왕이 중국과 대등한 자주 왕조임을 천명한 연호 '건원'을 선포한 전례를 따라, 서기 904년에 개원한 연호 '무태'도 이 전통을 이어 받았다. 법흥왕의 건원 이전 414년에 건립된 고구려 국강상광개토평안왕(國岡上廣開土平安王)의 능비에 '영락태왕(永樂太王)'이라 칭했는데, '영락(永樂)'은 연호이고 법흥왕의 '건원'보다 122년이나 앞섰다.

연호 영락은 '호태왕릉비(好太王陵碑)' 이외 여타 문헌에는 없고, 또 얼마나 지속되었는지 이후에 개원이 있었는지 여부는 알 수 없으나 '영락'은 한국 최초의 연호였다. 『삼국사기』에는 삼국시대 700여 년 동안 신라 말고 건원에 관한 기록은 없다. 법흥왕과 궁왕은 광개토대왕의 '영락건원(永樂建元)'을 몰랐을 가능성이 있다. 그러므로 궁왕은 진시황과 한 무제와 법흥왕을 모범으로 하여 연호를 시행하고, 또 이를 준거로 하여 경국이념의 틀을 짰다고 여겨진다.

신라는 서기 536년 법흥왕 23년 최초로 '건원(建元, 536~550)'으로 개원(開元)한 이후, 진흥왕의 '개국(開國, 551~567), 대창(大昌, 568~571), 홍제(鴻濟, 572~583)' 등의 개원(改元)과 진평왕의 건복(建福, 584~633), 선덕여왕의 인평(仁平, 634~646), 진덕여왕의 태화(太和, 647~650)로 114여 년간 건원과 개원을 계속했다. 진흥왕은 36년간 재위에 있으면서

從其所不勝於秦]. 方今水德之始, 改年始, 朝賀皆自十月朔.…分天下以爲三十六郡, 郡置守尉, 監,…一法度衡石丈尺, 車同軌, 書同文字, 地東至海暨朝鮮, 西至臨洮羌中, 南至北嚮戶, 北據河爲塞, 並陰山至遼東.

세 차례나 연호를 바꾸었다. 한 무제가 건원(建元)한 다음 개원(改元)을 10회나 했던 사실을 몰랐을 가능성도 있지만, 당시 당에 유학한 빈공과 지식인이 있었을 터이니 반드시 몰랐다고 단정할 수는 없다. 궁왕이 건원과 개원을 여러 차례 시행한 것은 이들 제왕들과도 연관이 있다. 역사적 사실을 지역정서와 자의적 척도에 근거하여, 고구려의 과대평가와 신라의 과소평가는 지금도 계속되고 있다.

한나라 무제는 중원에 명멸한 무수한 왕조들 가운데 최초로 연호 건원(建元, 서기전 140~135)을 시행한 55년 동안에, '원광(元光, 서기전 134~129), 원삭(元朔, 서기전 128~123), 원수(元狩, 서기전 122~117), 원정(元鼎, 서기전 116~111), 원봉(元封, 서기전 110~105), 태초(太初, 서기전 104~101), 천한(天漢, 서기전 100~97), 태시(太始, 서기전 96~93), 정화(征和, 서기전 92~89), 후원(後元, 서기전 88~87)' 등으로 10회에 걸쳐 연호를 바꾸었다. 6년 4년 단위로 바뀐 한 무제 연호들의 함의(含意)에는 한나라의 경국이념은 물론이고, 그 가운데 사이를 정벌하여 천하를 태평하게 하겠다는 뜻이 담긴 '정화(征和, 정벌하여 평화를 구축한다는 의미)'에는 제국주의적 야욕이 깔려있다. 17세에 즉위하여 54년간 제위에 있다가 71세에 사망했다.[54]

54 班固;『漢書』卷 六 武帝紀 第六, 孝武皇帝,…建元元年[師古曰, 自古帝王未有年號, 始起於此].…[建元]六年,…元光元年[以長星見, 故爲元光].…[元光]六年,…元朔元年[應劭曰, 朔蘇也.孟軻曰后來其蘇.蘇, 始也, 言萬民品物大繁息也.師古曰, 朔猶始也, 言更爲初始也, 蘇息之息, 非息生義, 應說失之].…[元朔]六年,…元狩元年[應劭曰, 獲白麟, 因改元曰元狩].…[元狩]六年,…元鼎元年[應劭曰, 得寶鼎故, 因是改元].…[元鼎]六年,…元封元年[應劭曰, 始封泰山, 故改年].…[元封]六年,…太初元年[應劭曰, 初用夏正, 以正月爲歲首, 故改年爲太初也].…[太初]四年,…天漢元年[應劭曰, 時頻年苦旱, 故改元爲天漢, 以祈甘雨.師古曰, 大雅有雲漢之詩, 周仍叔所作也.以美宣王遇旱災修德勤政而致能雨, 故

한사군은 한 무제 원봉 3년(元封三年, 서기전108) 여름 조선왕 위만(衛滿)의 손자 우거왕(右渠王)을 시해하고 설치되었지만, 그 근저에는 연호 '정화(征和)'의 야욕이 깔려 있다. 학계에 위만조선에 대해 논의가 분분하지만 서기전 1세기 전후 한 무제 시대에 존재한 국가임은 사실인 듯하다.[55] 중국이 주변국을 정벌하여 동아시아 제국을 속국화하려는 '정화야욕(征和野慾)'은 지금도 불변이다. 진흥왕과 궁왕이 개원을 여러 차례 했던 것도 시국의 변화와 통치 기간에 나타난 업적과 폐해를 고무하고 지양하기 위한 경국이념이 작용했다. 한국을 비롯한 동아시아 역대 왕조들이 내건 연호의 의미는 당대를 이해하기 위해 정밀한 검토가 필요하다.

궁왕이 연호를 자주 바꾼 이유는 진흥왕이 '개국(開國), 대창(大昌), 홍제(鴻濟)' 등 세 차례의 개원도 참고가 되었다. 신라의 자체 연호는 서기 650년에 마감했다. 진덕왕 4년 이후 태종무열왕대에 들어 자주적 경국이념에 근거한 신라의 연호는 역사 속으로 사라졌다. 삼국통일을 위해 당나라의 눈치를 보았던 것 같다. 신라와 달리 북국 발해는 패망 전까지 연호를 계속 사용했다. 궁왕은 발해조의 연호 사용에도 영향을 받았던 것처럼 보인다. 궁왕은 발해 남부를 공격하여 압록강 이남의 땅을 우리 영토로 만들었다.

칭제건원은 동아시아의 모든 제왕들이 시행하고자 했지만, 대체로

依以爲年號也].…天漢四年,…太始元年[言盪滌天下, 與民更始, 故以冠元].…太始四年,…征和元年[應劭曰, 言征伐四夷, 而天下和平],…[征和]四年,…後元元年,…二年, 二月,…丁卯, 帝崩于五柞宮[臣瓚曰, 帝年十七卽位, 卽位五十四年, 壽七十一].

55 班固;『漢書』卷 九十五「西南夷兩粵朝鮮傳」第六十五,…元封三年夏, 尼谿相參乃使人殺朝鮮王右渠來降,…故遂定朝鮮, 爲眞番・臨屯・樂浪・玄菟四郡.

중원을 통일한 왕조이거나 이에 비견되는 강성한 국가들만이 가능했다. '요(遼, 907~1126), 서하(西夏, 1032~1228), 금(金, 1116~1234), 원(元, 1206~1367)' 등과 일부 민족들이 실시하기도 했으나 그 기간은 한족왕조만큼 길지 못했다. 역대 중원왕조는 사이제국의 칭제건원은 허용하지 않고 제후국으로 묶어두려 했다. 중원왕조의 고압적 제국주의적 전략은 명칭을 달리하여 지금도 살아있다. 중국이 존재하는 한 동아시아에 대한 이 같은 통치전략은 불변일 것이다.

근세에 고종(高宗, 1852~1919)과 순종(純宗, 1874~1926)이 칭제건원의 기치를 들고 황제로 등극하여 광무(光武, 1897~1906)로 건원하고 융희(隆熙, 1907~1910)로 개원하여 대한제국을 선포하여 중원왕조로부터 해방되어 자주독립을 달성하려 했지만, 일제가 조선왕조를 중원으로부터 분리하여 침탈하려는 책략이 잠재되었기 때문에, 망국으로 가는 계기가 되어 칭제건원의 본질을 손상시켰다. 비록 일제의 책략이 개재되었다고 해도 이를 살리지 못한 후인들에게도 책임은 있다. 궁왕과 고종은 중국에 책봉을 받지 않고, 스스로 '천자'로 즉위한 황제였다. 칭제건원은 사대주의와 대칭되는 것으로, 고려조 이후 금기어로 인식되어 민족의 마음속에 내재되었다. 칭제건원의 중요성에도 불구하고 전근대적 사유로 치부되어 관심 밖으로 밀려 나있고, 이를 말하는 정치가나 학자들까지 백안시되는 풍조는 현재까지 남아있다.

민족주의나 주체성 정체성 자주성 등의 용어도 그 근저에는 '칭제건원'의 경국이념에 뿌리를 두고 있다. 장구한 시간 동안 이어온 '이소사대'의 현실주의도 칭제건원의 용어와 맞물려 있다. 이로 인해 나타난 사대주의의 질곡은 지금도 탈피하지 못하고 있다. 칭제건원은 중세의 경우 중원의 소위 황제국의 통제를 벗어나 자주독립을 이룬다는 의지의 정치적 선언이다. 제후 왕은 중원황제들에 통제를 받고 책봉을 받아야 지도자로 인정을 받았던 중세의 정치현실과 맞물려 있었다.

우리 중세 왕조들이 중국황제의 '책봉'을 받는 것을 영광으로 여겼다. 중원 황제들의 책봉을 받기위해 얼마나 많은 조공을 바쳤으며, 얼마나 많은 굴욕적 외교를 했던가를 돌이켜 보면, 그 폐해의 정도를 알고도 남는데 이에 대한 반성도 없다. 일본이 역대로 중국 황제의 책봉을 받지 않았던 까닭은 소위 '천황제'와 관련이 있다. 중국으로부터의 책봉은 관례에 불과하다고 말하는 학인들이 많은데 이는 자학적이고 자위적 인식이다. 그러므로 왕 태조가 궁왕의 칭제를 계승하지 않은 것은 큰 실책이다.

단기 3234년(901, 孝恭王5년, 후백제10년)에 선종(善宗, 弓裔)이 "신라가 당나라 군대를 끌어드려 고구려를 멸망시켰으니, 그 원수를 갚아야 한다."는 것이 '칭왕'의 명분이었다. 이는 '명주, 개성, 철원' 등 지역 민인들의 감정을 이용한 전략이었다. 효공왕(孝恭王, 재위897~911) 7년(903) 수도를 옮길 목적으로 철원 부양(斧壤) 등지의 산수를 주람(周覽)했다. 칭왕 전후 궁예는 사졸들과 동고동락하고 관직과 재물의 분배도 사심 없이 공평하게 처리하여 민인들의 사랑을 받았다. 효공왕8년(904) 백관과 직제를 신라의 제도를 본 따 개설하고, '무태'로 건원하고 국호를 '마진'으로 고친 뒤 '칭제(稱帝)'했고, 15년(914)에 국호를 태봉으로 바꾸고 수덕만세(水德萬歲)로 개원하여 오덕입국(五德立國)까지 첨가하여 황제국가로서의 문물전장을 완결했다, 「본기」에는 칭제 사실을 의도적으로 기록하지 않았다.[56]

56 『三國史記』 卷 十二 孝恭王 五年, 弓裔稱王.…八年, 弓裔設百官依新羅制, 國號摩震, 年號武泰元.…九年 秋七月, 弓裔移都於鐵原.…十五年, 弓裔改國號

이 무렵 송악에 기반을 둔 왕건도 궁왕의 휘하에 들어왔다. 송악군은 산수가 빼어나다고 하며 도읍으로 정했다. 집권 초기 영역을 넓힐 초창기에 궁예는 '공평무사한 지도자'로 평가받아 민심을 얻은 훌륭한 지도자였다.[57] 고구려의 원수를 갚는다는 명분으로 하여 '개국칭군'을 감행했으니, 국호에도 이 같은 뜻이 담겨 있었다. 고구려를 부흥한다는 정신에 입각하여, 견훤의 '후백제'와 같이 당 소종(昭宗, 재위 888~904, 용기[龍紀, 乙酉, 889]) 조항에 '후고려'나 '고려'가 국호였다고 명기했음에도 불구하고, 『고려사』「세가」에는 이에 관해 말하지 않았다. '고려'라는 국명은 궁예와 무관하고, 왕건이 창도한 것으로 얼버무리기 위해서였다. 『삼국사기』「열전」과 「연표」에는 904년에 국호를 '마진'으로 연호를 '무태'로 했다고만 적었다. 『고려사』는 「지리지」 등에서 궁예가 '고려'라는 국호를 사용했음을 인정하고, '고려왕'으로 일컬어 예우했다.[58]

『삼국유사』는 궁왕의 국호를 '후고려'라 하여, 천복(天復, 901~903, 원년신유901)에 '고려'라고 칭하다가, 천우원년갑자(天祐元年, 甲子904)에 국호를 '마진'으로 바꾸고 연호를 '무태'로 정했다고 했다. 개국연대의 표기는 『삼국사기』와 동일하나 '마진'이라는 국호는 904년에 정

泰封, 年號水德萬歲.

57 『三國史記』 卷 五十 「弓裔列傳」,…與士卒同甘苦勞逸, 至於予奪, 公而不私. 是以衆心畏愛,…善宗自以爲衆大, 可以開國稱君, 始設內外官職, 我太祖自松岳郡來投, 便授鐵原郡太守,…善宗謂松岳郡, 漢北名郡, 山水奇秀, 遂定以爲都.

58 『高麗史』「志」 卷 第十, 地理 二, 羅州牧,…甄萱稱後百濟王, 盡有其地, 未幾, 郡人附于後高麗王弓裔. 「志」 卷 第十一, 地理 二, 海陽縣, 本百濟武珍州[一云, 奴只],…眞聖王. 六年, 甄萱襲據, 稱後百濟. 尋移都全州. 後後高麗王弓裔, 以太祖爲精騎大監, 帥舟師略定州界. 「志」 卷 第十二, 地理 三, 北界, 本朝鮮故地, 三國爲高句麗所有,…孝恭王, 九年, 弓裔據鐵圓, 自稱後高麗王.

해졌다고 했다. 『삼국유사』는 901년에 개국하여 904년까지 3년 동안의 국명이 '고려'였음을 명기했으며, 궁예의 시해와 왕건의 왕위 찬탈 등의 숨 가쁜 역사의 소용돌이를 「왕력(王曆)」은 기록했다. 궁왕의 초기 국명이 '고려'였다는 사실을 『삼국사기』는 배제했지만, 『삼국유사』는 이를 기록했다. 궁예에 대한 인식이 『삼국사기』와 『삼국유사』는 이와 같이 약간의 차이가 있다.[59]

궁왕의 '칭제'에 관해 『삼국사기』와 『삼국유사』 『고려사』 『조선왕조실록』 등 관찬 사서와 개인이 지은 사서와 『야승(野乘)』 등 국내에서 발간된 모든 간책에는 이에 대해 일체 언급하지 않았다. 칭제가 부당하다고 생각했거나 중원왕조의 눈치를 보았거나, 아니면 그들을 자극하여 피해를 입지 않으려는 두려움에 기인한 것 같다.

6. 한국 최초 칭제건원의 영도자 궁예

역대 중원왕조는 주변 '사이왕조'의 칭제는 용납하지 않았다. 소위 '사이제국'은 제후국으로 남아있어야 한다는 것이 수 천여 년에 걸친 불변의 정책이었다. 조선조 사대부나 사인들은 '칭제건원'에 관한 한 내심으로 시행코자 하는 의지가 별로 없었다. 중원왕조에 대한 이 같은 굴욕적 자세는 지금도 계속되고 있다. 중공정권에 대한 저자세와 두려움 때문에 자주 독립적 긍지는 아예 묻어두고 있다.

59 『三國遺事』「王曆」第一, 龍紀乙酉(889), 後高麗, 大順(890), 弓裔大順庚戌(890), 始投北原賊良吉屯, 丙辰(896)都鐵圓城[今東州也], 丁巳(897)移都松岳郡, 辛酉(901)稱高麗, 甲子(904)改國號摩震, 置元虎(武)泰, 甲戌(914)還鐵原, 太祖, 戊寅(918)六月裔死, 太祖卽位于鐵原京, 己卯(919)移都松岳郡.

우리가 통시적으로 멸시하고 비하했던 거란족과 몽골족 만주족은 중원을 정복하여 요나라와 금나라 원나라 청나라를 세워 수 백 년 동안 칭제건원을 시행하여, 한족과 공존하거나 또는 멸망시켜 실시했지만, 유일하게 우리 겨레만 수천여 년간 '이소사대'를 국시로 삼아, '사대주의'를 부끄러워하지도 않고 오히려 자랑으로 여겨 이를 지속했다.

태봉국의 궁왕이 엄연히 '칭제건원'을 실천했음에도 불구하고, 그 많은 책들을 펴내면서 이를 언급하지도 않았다. 궁왕의 몰락 후 천여 년 동안 우리는 이에 대해 침묵했지만, 중원의 일부 학자들은 궁왕의 칭제 사실을 기록으로 남겼다. 왕건도 궁왕의 경국이념 중 '건원이념(建元理念)'만은 계승하여 태봉국의 연호 '정개'를 '천수(天授)'로 개원했다. 오늘의 가치관과 시비선악의 기준으로 후삼국시대와 고려 초기를 평가하는 것은 부당하다.

『삼국사기』는 준 황제예악에 입각하여 기술되었고, 『고려사』는 제후예악에 의거하여 집필되었다. '진삼국사표(進三國史記表)'와 '진고려서전(進高麗史箋)'에서 '표'와 '전' 그리고 「본기」와 「세가」 역시 층위가 다르다. 「본기」는 황제의 역사이고 「세가」는 제후의 역사이다. '표'는 황제에게 올리는 글이고 '전'은 제후 왕에게 올리는 글이다. '진삼국사기표'는 인종(仁宗, 1100~1146)을 '성상폐하(聖上陛下)'라 일컫고, '진고려사전'은 단종(端宗, 1441~1457)을 '주상전하(主上殿下)'로 칭했다. 이후 속간된 『삼국사기』에 「진삼국사기표」는 중국의 눈치를 보느라 책머리에 싣질 않은 채 종적을 감추었다. 우왕(禑王, 1365~1389)과 창왕(昌王, 1380~1389)을 신돈(辛旽, ?~1371)의 '위조(僞朝)'로 취급하여 '세가'가 아닌 열전 말미에 편차한 행위는 승자의 후안무치한 폭력이다.[60]

60 『東文選』 卷 四十四 「表箋」 進三國史記表, 伏惟聖上陛下, 性唐高之文思, 體

김부식의 '진사국사기표'는 황제예악에 바탕 한 '문체(文體)'로 후인들에게 긍지를 심어주었다. 그가 궁왕의 연호를 전부 기록한 것도 이 같은 주체의식과 관련이 있다. 후대에 발간된 『삼국사기』에 '진삼국사기표(『東文選』에만 실려 있다)'를 책머리에 싣지 않은 이유는 사대주의적 역사관에 기인했다. 궁왕은 단기 3234년(901)에 칭왕 했다. 처음 국호는 '후고려(후고구려)'였으며, 서기 904년에 국호를 '마진'으로 바꾸고 연호를 '무태'라 하고, 개국 초의 왕이라는 칭호를 버리고 칭제하여 '황제'라 스스로 일컬었다. 중국이 전가보도(傳家寶刀)처럼 휘두르는 책봉의 굴레를 벗어나 하늘이 내린 천자임을 천명한 것이다. 왕건이 개원한 연호 '천수'도 그 뜻하는 바는 같지만 제 구실을 하지 못한 허장성세(虛張聲勢)에 불과했다.

본래 연호는 황제만이 실시할 수 있었지만 황제라 자부했던 왕들도 시행했다. 신라 발해 고려조도 연호를 시행했다. 발해는 멸망 전까지 신라는 114년 고려는 통산 20여 년에 불과하다. 궁왕이 개창한 연호 무태의 '무(武)'는 소순(蘇洵, 1009~1066) 『시법(諡法)』에 "화란(禍亂)을 평정하고 대업을 보전하고, 공을 이룩하며 위엄과 지혜와 덕을 갖추고, 강직하고 올곧게 순리로 백성을 거느리며, 영토를 확장하고 적을 물리쳐 수모를 방지한" 업적을 이룩한 자에게 부여하는 것이라고 했다. 궁왕 태봉국의 연호 '무태'도 이와 같은 웅혼한 뜻을 담고 있다.[61]

단기 3802년(1469)에 편찬한 『경국대전(經國大典)』은 황제예악이

夏禹之勤儉,…伏望聖上陛下, 讓狂簡之裁. 赦妄作之罪. 『高麗史』 進高麗史箋,…避本紀爲世家, 所以示名分之重, 僞辛於列傳, 所以嚴僭竊之誅,…臣麟趾等, 誠惶誠恐, 稽首稽首, 恭惟主上殿下, 誕紹宏圖.

61 蘇洵 ; 『諡法(李敏弘, 譯, 문자향, 2005)』 四 武, 克定禍亂曰武, 保大定功曰武, 威强叡德曰武, 剛强以順曰武, 開土斥境曰武, 折衝禦侮曰武.

아닌 제후예악의 논리에 근거해 편찬된 책이다. 『경국대전』 서문에 서거정이 '호부상서(戶部尙書)'가 아닌 '호조판서(戶曹判書)'라고 칭한 사실이 그 한 예이다. 궁왕은 정부 각 부서를 '조(曹)'라 하지 않고 '부(部)'라고 했다. 따라서 항간에 부담 없이 사용하는 법조계(法曹界)라는 용어도 '법부계(法部界)'로 교체하는 것이 순리이다. 부는 황제 조는 제후 왕의 관청을 일컫고, 부의 우두머리는 '상서'이고 조의 수장은 '판서'이다.

부(部)와 조(曹) 그리고 상서(尙書)와 판서(判書)도 현재 우리는 대체로 분별 못하고 있고, 설사 안다고 해도 그게 무슨 문제가 되느냐고 반문한다. '육부(六部)'와 '육조(六曹)'의 층위도 모르고 육조를 자랑삼아 쓰고 있다. 현재 일반적으로 사용하는 '법조계(法曹界)'라는 용어도 그것이 제후국의 관부 칭호임을 아는 사람이 적고, '문하시중(門下侍中)'과 '영의정(領議政)'의 층위와 내역 또한 아는 이가 별로 없다.[62]

우리나라의 각종 사서에 중국의 '책봉(사冊封使)'가 드나들며 '조공사행(朝貢使行)'이 장구한 시간 동안 연락부절로 이어진 사실을 중시하여 자랑삼아 이를 낱낱이 기록했다. 중국 책봉사나 사신이 올 때마다, 사행들의 거만한 행위는 도를 넘었고, 이를 맞이하는 왕과 정부 고위관료들의 굴욕적 태도와 악무인들과 민인들의 불편은 목불인견(目不忍見)이었다. 한국에 입국한 중원 사행들의 오만불손과 무례한 갖가지 행패는 민인들의 분노를 자아내었다.

중원사행들의 기고만장한 행태와 이로 인한 불편과 울분은, 그들

62 『經國大典』 序 卷之一 「吏典」, 卷之二 「戶典」, 卷之三 「禮典」, 卷之四 「兵典」, 卷之五 「刑典」, 卷之六 「工典」 등 참조. 책 제목 때문에 六曹 편장 앞머리에 典으로 처리한 것만을 다행으로 여겨야 할 정도이다.

이 편찬한 '『조선기사(朝鮮紀事)』, 『유헌기사(輶軒紀事)』, 『조선지(朝鮮志)』' 등에 구체적으로 묘사되어 있다. 중원 사행으로 인한 역대 왕들의 수모와 고충도 열거하기 어려울 정도이다. 중국 사행들은 우리나라를 '소국'이라 칭하며 고압적 자세를 취했고, 영접 나간 우리 관료들은 중국을 '천조, 대조 , 상국'으로 칭하며 굴욕적 사대근성을 부끄럼 없이 반복했다. 이 같은 불행은 칭제건원을 못한 사실과도 무관치 않다.[63]

궁왕의 여러 연호 중 '수덕만세'는 황제예악의 완성을 뜻한다. 고대 왕조의 경우 '복희(伏羲), 제곡(帝嚳), 은(殷), 진(秦), 북위(北魏)' 등이 '수덕(水德)'을 표방했다. 역대 중원 왕조들은 거의 모두가 '오행입덕'을 내걸고 국가를 경영했다. 궁왕의 칭제건원은 수덕만세의 '오덕입국(五德立國)'을 첨가하여 완성했다. 공식적으로 우리 역대 왕조는 표면적으로 '오행입국(五行立國)'을 실시한 적이 없다. 원래 '오행입국'은 황제 나라만이 가능한 것으로 제후국은 할 수 없었다. 우리나라를 비롯한 동아시아 제국에 이면에 살아서 영향력을 행사하고 있는 점을 감안해서이고, 그 중요성에 비해 내심으로 관심을 갖고 있으면서, 이를 말하면 불이익이 있을까 하여 침묵하는 이중성을 비판코자 했다.[64]

'오행론'을 정치에 본격적으로 원용한 왕조는 '오덕종시설(五德終始說)'을 신봉한 진시황의 진나라이다. '오덕'은 '오행(五行, 水・火・金・

63 倪謙;『朝鮮紀事』. 姜曰廣;『輶軒紀事』, 撰人不詳;『朝鮮志』 등 중국인이 찬한 문헌에 사행의 행적과 오만방자한 실태가 자세하게 묘사되어 있는데, 필자는 이들 책을 읽으면서 분노와 탄식을 금할 수가 없었다.

64 李敏弘;『동아시아 역대왕조의 經國理念과 文物典章(박문사, 2021)』「오행론의 전개와 역성혁명(易姓革命)」 편장에 이를 자세하게 검토하여, 아직도 소멸되지 않고 살아 있음을 검정코자 했고, 아울러 그 중요성에 비해 관심 밖으로 밀려난 현실을 안타깝게 여겨서이다.

木・土)'의 다른 표현이다. 진시황은 오행 중 '수덕'을 표방했다. 흑색을 숭상한 것도 여기에 근거했다. 주나라를 '화덕(火德)'으로 보고 불을 이기는 것은 물이므로 '수덕입국(水德立國)'을 했다는 설도 있다. 우리 왕조의 경우 신라는 '금덕(金德)' 태봉은 '수덕(水德)' 고려는 '목덕(木德)'으로 상정되는데, 오행의 논리로 보면 금이 물을 낳고(金生水) 물이 나무를 키운다(水生木)는 것으로 그 순환의 고리를 따랐다.

우리들 이름의 항렬에도 오행 상생의 논리가 적용되고 있다. 궁왕의 연호 '수덕만세'는 오행의 순환논리를 적용했고, 신라를 금덕 왕조로 여겨 태봉국이 계승 극복한 것으로 읽혀진다. 동아시아 왕조 가운데 요나라와 원나라는 오행입국을 하지 않고, 만주족의 금조(金朝)는 '토덕(土德)'을 경국이념으로 삼았다. 궁왕은 우리 역사상 최초로 '칭제건원'과 중세 황제국의 경국이념인 '오덕입국'까지 감행한 영도자였다, 오덕입국의 표방은 궁왕의 연호 '수덕만세'가 그 증거이고 우리 역사상 최초이고 최후였다. 중세는 중세의 척도로 접근해야 중세의 위상이 규명되지, 현대의 서구식 잣대로는 그 실상이 밝혀질 수는 없다.

칭제건원을 못한 중세 제후국이 중원왕조로부터 받은 압박과 굴욕은 형언키 어려울 정도로 많다. 해마다 조공이라는 명목으로 미인을 비롯한 많은 공물을 바쳤다. 수천여 년간 연례행사로 물품을 바쳤으나 중원 국가들은 감사하다는 말은 일체 없었다. 제후국이나 속국이 당연히 해야 할 도리라고 인식했기 때문이다. 그들은 장구한 기간에 걸쳐 우리 전조들을 제후국이나 속국으로 취급했다. 일부 학자들이 조공은 무역의 일종이라고 말했지만 이는 자위적 수사에 불과하다. 중원 국가의 이 같은 무례한 인식은 지금도 동일하고 앞으로도 같을 것이다. 근래 중국 지도자가 공공연하게 우리나라를 일러 '속국'이었다고 한 망발도 동일 선상에 있고, 이에 대해 한마디 말도 못한 비굴한 당국자의 태도도 문제가 있다.

궁왕과 우왕 창왕을 왕건 이성계 등의 승자의 독단적 인식이 아닌 객관적 시각으로 재평가하는 문제는 오늘의 입장뿐 아니라, 내일의 공정성을 위해서도 필요하다. 중원의 속국이나 번방의 처지를 벗어나, 자주와 주체적 민족국가로 발 돋음 하기위해, 중세 중원 황제국가들이 줄곧 시행한 제국주의적 강압통치와 압제를 초극하기 위해, 궁왕의 '칭제건원'의 경국이념과 '오덕입국' 등을 봉건의 구도에 가두지 말고, 이를 현대적으로 재해석하여 그 뜻하는 바를 재조명하여 지표로 삼아야 한다.

황유한(黃維翰)과 신보(申甫)가 찬집한 『발해국기(渤海國記)』에는 『삼국사기』와 『삼국유사』 등 한국 사서들에 없는 중대한 내용들이 수록되어 있다. 이들 가운데 "궁왕이 황제로 즉위하여 칭제했다"는 사실을 기록한 점이다. 필자의 과문으로 황유한과 신보가 어떤 인물인지는 잘 모른다. 다만 신라 고려 사관들에 비해 발해에 대한 관심을 참작할 때, 발해의 후예이거나 또는 만주족으로 여겨지나 단정할 수는 없다.

『삼국사기』와 『삼국유사』 등이 구체적으로 검색 또는 참고하지 못했던 '『요사(遼史)』, 『요동행부지(遼東行部志)』, 『책부원구』, 『일본사(日本史)』, 『통감』, 『신구서(新舊書), 신당서 구당서』, 『오대회요(五代會要)』, 『문헌통고』, 『당회요(唐會要)』' 등의 사서들에서 발해에 관한 자료를 면밀히 검색하여 수록했다. 이들 책에서 궁왕은 주로 발해와 연계하여 논의했다.

『발해국기』는 경왕(景王, 大玄錫, 재위870~900)22년(891) 조에, 신라 궁예가 반란을 일으켜 북원(北原) 동부 10여 군현을 공략했다. 이로부터 발해 동남 변경이 피폐해졌다. 서기 892년 견훤이 후백제를 개국하기 이전이다. 경왕의 뒤를 이어 즉위한 발해왕 대위해(大瑋瑎, 哀王, 재위901~926, 마진[摩震]무태원년[武泰元年, 단기 3237, 서기 904]부터 弓王을 '弓帝'로 칭하는 것이 옳다)4년(904)에 신라 궁예가 '칭제'했다. 애왕(哀王5년, 905, 弓帝 聖冊元年) 궁예가 발해 남쪽 변경을 공격하자, 발해의 변장(邊將) 윤선(尹瑄)이 골암성(骨巖城)을 궁왕에게 넘겨주었다.

애왕이 노하여 장군 달고적(達姑狄)에게 군사를 주어, 신라 등주(登州)를 치게 했지만 크게 패하여 군사들이 많이 희생되었고, 잇달아 변장 고자라(高子羅)가 또 반란을 일으켰다. 이로 인해 발해는 압록강 이남의 땅을 잃었다. 이 기록에서 태봉과 발해가 영토를 두고 전쟁을 했다는 사실이 확인된다. 애왕7년(907, 弓帝.聖冊3년) 아보기(阿保機)가 칭제하여 발해 철리부(鐵利府)와 동평채(東平寨)를 함락했다. 거란 태조 아보기는 궁예보다 3년 뒤에 칭제했다.[65]

궁왕이 904년에 칭제한 사실에 대해 필자는 2017년에 이미 동아시아 형세와 결부하여 고찰한 바 있다.[66] 궁왕을 본격적으로 고찰하면서 보완하여 칭제 문제를 다시 부각시킨 것이다. 궁왕은 쇠약해진 발해를 공략하여 압록강까지 영토를 확장했다. 왕건의 발해에 대한 유화정책과 달리 궁예는 냉정하게 발해영토를 복속시키기 위해 북벌정

65 『渤海國記(黃維翰 · 申甫 纂輯)』 上 「國統」 八~九頁, 景王, 二十二年(891), 新羅弓裔叛, 略北原東部十餘郡縣, 自是渤海東南邊事日棘, 王之固其圉者, 史無明文也,…哀王, 四年(904, 泰封, 武泰, 元年), 新羅弓裔稱帝(904). 五年, 弓裔攻我南鄙, 邊將尹瑄, 以骨巖城附之. 王怒使將軍達姑狄, 盛兵功新羅登州大敗喪其師, 邊將高子羅復叛, 自是失鴨淥江以南地. 七年(907), 阿保機稱帝, 陷我鐵利府, 及東平寨.

66 李敏弘; 『韓國民族樂舞史(성대출판부, 2017)』 제7장 「발해조의 악무」편 247쪽에 서기 904년에 궁왕이 稱帝한 사실을 논했다.

책을(北伐政策)을 시행했다.

거란 초대 황제인 야율아보기(耶律阿保機, 872~926)보다 3년이나 앞서 궁왕이 황제로 즉위했는데도 불구하고, 지금까지 덮어둔 이유를 필자는 이해할 수 없다. 왕건이 혼인관계를 이유로 멸망의 길로 접어든 발해를 낭만적으로 접근한 것은 실책이다. 이와 달리 거란 아보기는 발해를 정복하여 동아시아의 패자로 등장했다.[67] 이 무렵 고려는 발해와 거란이 대치했던 시기에 북방외교에 실패하여, 요나라로부터 갖은 고통을 받았다. 고려가 칭제를 포함한 궁왕의 정책을 계승하지 않았던 결과이다. 거란은 초기에 고려에 유화정책을 써 사신을 파견하고 두 차례나 낙타를 선물로 보냈는데, 고려는 사신을 절도에 귀양보내고 낙타를 만부교(萬夫橋, 橐駝橋의 원명)에 묶어서 아사시켰다.

이로 인해 요나라로 부터 여러 차례 침략을 당하고, 끝내 요나라의 연호까지 사용하는 수모를 겪은 뒤, 송도에 '탁타교(橐駝橋)'만 남았다. 훗날 조선조 인조의 대청외교(對淸外交)의 실패로 치욕스런 '삼전도비(三田渡碑)'를 남긴 것과 같다. 성호(星湖) 이익(李瀷, 1681~1763)은 '탁타교'를 소재로 악부시(樂府詩)를 지어, 고려조의 무모한 대요전략(對遼戰略)을 비판하면서 다음과 같이 읊었다.[68]

지난날 송도를 지나다가	昔過靑木都
달려가 탁타교에 올랐다.	走上橐駝橋
과거사는 이같이 자세하고	往事記丁寧

67 李敏弘; 『韓國民族樂舞史(성대출판부, 2017)』 제7장 「발해조의 악무」 편에 발해조의 문물전장에 관해 전반적으로 검토했다.

68 李瀷; 『海東樂府(李敏弘 譯, 문자향, 2008)』 211면 '橐駝橋' 장에 이 詩의 전문이 번역되어 있다.

그 이름 전조에 비롯했다.	厥名起前朝
어찌 스스로 헤아리지 않고	如何不自量
강한 요를 자극 했나.	妄意攖强遼
추와 초는 적수가 아니고	小大鄒敵楚
구적은 요가 아닌 걸이다.	寇賊桀非堯
쇠미한 나라가 무슨 일을 했나	震亡干何事
고려 운세 날로 기울어 가는데.	麗運日飄蕭
보내온 낙타 죽일 줄만 알고	但見槖駝死
백성 죽는 것을 알지 못했다.	未覺蒼生凋
스스로 이웃나라와 불목하여	自從隣不睦
울타리 없어져 기둥이 흔들리네.	藩缺棟益搖
인종은 현명하고 지혜로와	仁宗最明智
몸 낮추어 나라를 편안케 했다.	詘迹事和調
폐백을 주어 큰 나라 섬겨	皮幣恭事大
사령은 교만을 금하게 했네.	辭令禁伐驕
동방이 이에 편안해져	東邦亦偏安
곤이와 훈육에 견줄 수 있다.	昆鬻與同條
전략에는 경도와 권도가 있어	謨猷有經權
화와 복 역시 자신의 책임이다.	禍服皆自招
끝난 일 후회도 소용없고	已哉何可悔
사직은 스스로 지탱하기 어렵다.	社稷不自聊
이를 탁타교 기둥에 새겨	願言銘橋柱
분명히 후세에 경계로 삼는다.	後戒示昭昭

성호는 송도(松都)를 '청목도(靑木都)'라 일컬으며 고려조가 수덕의 태봉에 비해 목덕을 표방한 국가임을 밝힌 뒤, 한족 왕조에는 사대를 당연시하면서 '사이(四夷)'의 왕조들에는 유독 날을 새운 정책을 부끄럽게 여겼다. 다 같은 사대인대 이처럼 상이한 이유를 이해하기 어렵

다. 혈연과 지역으로 봐서 거란족과 만주족은 우리와 더 가까울 수도 있는데, 이를 원수처럼 보는 까닭이 무엇인지.

거란족의 '요제국(遼帝國)'과 만주족의 '금제국(金帝國)'과 '청제국(淸帝國)'에 제압당하면서, '주, 한, 당, 송, 명' 등 한족왕조에 임하는 사대적 자세와 달리, 치졸한 자존심을 새워 무모하게 적대시했던 까닭도 알 수가 없다. 우리가 멸시했던 만주족(滿洲族, 靺鞨族, 女眞族)은 일찍부터 칭제건원을 수백 년간 시행한 사실을 애써 무시하는 태도 역시 유치하다. 선인들이 범했던 정감적인 정책은 지금도 뇌리에 남아있는 것일까. 현재 중공정부에 대한 비굴한 사대적 자세도 이와 관계가 있다.

발해를 중심으로 구성된 '연표(年表)'는 발해를 상단에 배치하고 다음에 당(唐, 梁, 後唐), 일본, 신라, 고려, 거란 순으로 짜여있다. 발해를 기록한 『발해국기(渤海國記)』와 김육불(金毓黻)의 『발해국지장편(渤海國志長編)』 등에는, 일본과 수십 차례에 걸쳐 사행하면서 일본을 천황국가로 인정하고, 일왕(日王)을 '천황(天皇)' 왕후를 '황후(皇后)'로 표기했다. 발해 사행이 일본에 가서 '친왕(親王)'을 만났다는 기록도 접하게 되는데, 황제의 아들은 친왕이고, 제후 왕의 아들은 대군(大君)이나 군(君)이다. 조선왕조 500여 년간 영친왕(英親王, 李垠, 1897~1970)과 의친왕(義親王, 李堈, 1877~1955)은, 고종이 황제로 등극했기 때문에 부여된 호칭이다. '신라, 고려, 조선조'는 일본의 천황제를 인정하지 않았다.

『발해국기』의 저자 황유한은 '연표 상(年表 上)' 신해(辛亥, 891, 진성여왕5년. 당, 소종(昭宗, 大順2년) 조에, 궁예가 반란을 일으켜 북원 동부 10여 군현을 공략 했다라고 적고, 무오년(戊午, 898, 신라, 孝恭王2년.

당, 昭宗, 光化元年. 일본, 제호제[醍醐帝], 昌泰元年)에 신라의 궁예가 패서도(浿西道)와 한산주(漢山州) 관내 여러 성을 점령했다고 했다. 갑자년(甲子, 904, 태봉, 무태원년. 당, 소선제[昭宣帝], 天祐元年. 신라, 孝恭王8년. 후백제13년)에 궁예가 '칭제'했다. 다음해 을축년(乙丑, 905, 태봉, 성책원년)에 신라 궁예가 우리(발해) 평양 이북 땅을 점령했고, 평양과 패서삼진(浿西三鎭)도 차지했다. 정묘년(丁卯, 907, 弓帝, 聖冊三年. 後梁, 太祖, 開平元年)에 거란시조 야율아보기(872~926, 황제위, 907~926)가 칭제했다.

궁왕은 칭제한 다음해에 '성책(聖冊)'으로 개원하고, 북벌(北伐)에 나서 발해조의 평양 주변 땅을 수복했다. 단기 3251년(신라, 景明王2년. 발해, 哀王18년. 거란, 太祖, 神冊3년)에 고려 태조 왕건이 나라를 세워 천수로 '개원'했다. 궁왕은 발해 소유였던 평양을 포함한 압록강이남 땅을 우리 강역으로 확보한 큰 업적을 남겼다. 왕건은 궁왕의 정복지를 정비했을 뿐 북방 영역을 더 이상 확충하지 않고, 발해고지를 거란의 강역으로 내주고 무사안일로 국가를 경영했다.[69]

발해 멸망 후 격변기를 맞아 무주공산이 된 우리 부여계 선인의 고토였던 만주 땅을 회복할 절호의 기회를 왕건은 놓치고, 이를 아쉬워하지도 않고 수십 명의 비빈(妃嬪)과 부인들을 거느리고 무사안일의 삶을 즐겼다. 궁왕은 발해가 쇠약해지고 거란이 강성해지기 전, 압록강이남 우리의 북방영토의 일부를 확보한 공적은 지대하다. 만일 궁

69 黃維翰; 『渤海國記』 下 「年表」 上, 辛亥, 弓裔叛, 略北原東部十餘郡縣.…戊午, 弓裔取浿西道, 及漢山州管內各城.…甲子, 昭宣帝, 天佑元年, 弓裔稱帝. 乙丑, 新羅弓裔, 取我平壤以北地, 弓裔取平壤, 及浿西十三鎭.…丁卯, 契丹, 阿保機, 卽帝位元年.…戊寅, 高麗太祖, 王建建國, 改元天授.

왕이 '칭제건원'의 '경국이념'에 입각하여 압록강이남 땅을 수복하지 않았다면, 우리의 강역은 보다 더 축소되었을 것이다.

고구려와 백제는 수도를 남쪽으로 계속 옮겼다. 중국의 경우 송나라 등과 같이 수도의 남천(南遷)은 거개가 왕조의 쇠망으로 이어졌다. 반대로 신라는 수도를 북녘으로 옮기지 않았기 때문에 국세가 정체했다. 장수왕이 압록강변의 '국내성'을 버리고 대동강변의 '평양'으로 천도한 것은 무사안일의 퇴행이다. 장수왕은 호태왕(好太王)과 달리 중국(燕)에 책봉도 받고 조공을 수차 했으며, 부왕의 연호 '영락'을 계승한 것 같지도 않다. 이와 달리 궁제(弓帝)는 수도를 개성 북쪽 철원(楓川原)으로 옮겨 북진정책을 감행하여 압록강이남 북방영토의 일부를 회복했다.

7. 궁예를 통한 한국 민족사의 지향과 교훈

고대는 고대의 시각으로, 중세는 중세적 시각으로 접근해야 그 실상이 밝혀진다. 근현대적 시각과 서구의 방법론으로 검토하면 당대의 실상이 왜곡되어 당시와 거리가 먼 엉뚱한 결론이 나온다. 그러므로 필자는 가급적으로 10세기 전후의 관점으로 후삼국시대와 그 시대를 살았던 궁왕을 검토했다.

고대 중원왕조의 '당요(唐堯), 우순(虞舜), 하우(夏禹)'는 선양(禪讓)의 형식으로 왕조가 교체되었으므로 패자가 없는 승자들의 역사였다. 그리하여 이 시대를 '삼대지치(三代之治)'로 칭송하여 태평성대로 일컫는다. 삼대를 지나 하나라 우왕(禹王)부터 '선양제도'는 없어지고, 부자형제 등 가족중심으로 왕위가 승계되었다. 선양으로 왕위를 물려

받은 우왕이 아들에게 권력을 물려준 것은 역사 진행의 후퇴이다. 하나라의 마지막 걸왕 때부터 '역성혁명(易姓革命)'이라는 용어가 생겨, 승자와 패자가 확연이 갈라지는 악순환이 시작되었다.

걸왕(桀王)을 축출한 탕왕(湯王)은 선인이고, 쫓겨난 걸왕은 희대의 폭군으로 묘사되어 악인의 상징이 되었다. 이로부터 승자는 선인이고 패자는 악인이라는 공식이 생겼다. 선인의 상징이었던 탕왕도 아들에게 왕위를 세습시켜, 말왕(末王) 주왕(紂王)에 이르러 주나라 무왕(武王)에게 잔인하게 살육되어 악인의 대명사가 되었다. 무왕의 후예가 대대로 세습한 주나라도 진시황에게 악인으로 평가받았으며, 진시황도 한나라에게 흉포한 제왕으로 낙인 찍혔다.

우리 한국 역시 승자는 '선' 패자는 '악'이라는 통념이 형성되어, 진실이 왜곡되는 악순환이 계속되었다. 역사는 통시적으로 승자에 의해 기록되었다. 대체로 패자의 행적을 채록하는 태사(太史)나 사관(史官)은 패자의 업적에는 눈을 감거나 폄하 왜곡을 능사로 여겨, 양심의 가책도 받지 않고 승자의 비위를 맞추기에 급급하여 곡필아세(曲筆阿世)를 일삼았다. 그 한 사례로 궁왕이 서기 915년에 잔인한 방법으로, 왕비 강씨를 살해하고 두 아들도 죽였다는 『열전』의 기록은, 혹시 왕건 일파에 의해 과장된 것으로 볼 수는 없는지 모르겠다.[70]

우리가 사서를 볼 때 이점을 망각하면 역사의 진실이 묻혀 진다. 서구적 실증주의는 자칫 승자의 사관들이 휘둘렀던 사서의 곡필을 그대로 수용하는 경향이 있다. 오로지 승자만을 칭송하기 위해 곡필 여

---

70 『三國史記』「列傳」第十 弓裔, 貞明元年, 夫人康氏, 以王多行非法, 正色諫之, 王惡之曰, 汝與他人奸何耶, 姜氏曰, 安有此事, 王曰我以神通觀之, 以烈火熱鐵杵, 撞其陰殺之, 及其兩兒.

하를 불문에 붙이고, 기록된 내용만을 인정하는 타성에 젖은 승자에 편에 선 삼류 사관들에 의해, 악인으로 낙인찍힌 제왕이나 사인들이 우리 역사에도 많다.

일부 곡학아세를 일삼던 사관들에 의해 폄하 왜곡된 그 대표적 인물로 '궁왕, 우왕, 창왕, 광해군' 등을 들 수 있다. 필자는 이들 네 제왕 중 '궁제(弓帝)'에 주목하여 본고를 집필했다. 축출된 패자 광해군(光海君, 1575~1641)은 멸시하던 여진족 황제에게 삼전도(三田渡, 석촌호수 근처)에 축조된 항단(降壇)에서 '삼배구고두(三拜九叩頭)'를 올린 옹졸한 승자 인조(仁祖, 1595~1649)보다 몇 배나 훌륭한 영도자였다.

이 치욕의 결과로 '한자어, 만주어, 몽골어' 등 동아시아 3국의 문자로 새겨진 소위 '삼전도비(三田渡碑, 大淸皇帝功德碑)'가 남았다. 이는 '인조반정(仁祖反正)'이 아니라 '인조반오(仁祖反誤)'였다. 우왕과 창왕을 '신우(辛禑), 신창(辛昌)'이라고 한 '가짜뉴스'를 퍼뜨려, 민족사 진행 중 최대의 치욕을 당한 인조를 예찬한, 조선조 파당에 오염된 사관들의 기록도 '후안무치(厚顔無恥)'의 곡필이다.

진시황을 '영정(嬴政)'이 아니고 여정(呂政)이라고 한 한나라 태사(太史)의 기술도 승자에게 아부한 곡필이다. 이 같은 승자의 의도적 완악한 오류와 곡필을 신원할 의무가 후인들에게 있다. 궁예를 악인으로 몰아 시해한 교활한 왕건과, 잔인무도한 이성계가 왕위 찬탈을 위해 '우왕'과 '창왕'을 신씨(辛氏)로 규정한 누명도 그 진실을 밝힐 때가 되었다.

궁왕은 향국 28년의 역년 중 13년 동안을 황제로 군임 했음에도 불구하고, 중국을 의식하여 우리 모든 사서들은 약속이나 한 듯이 기록하지 않았다. 이와 달리 중국의 황유한은 궁왕이 '황제'로 태봉국을 통치했음을 밝혔다. 왕건 측의 사관들이 궁왕을 잔인한 악인으로 적은 반면, 후백제를 통째로 바친 견훤을 '상보(尙父)'로 우대했다. 왕건이 천년사직을 헌납한 경순왕(敬順王, 一云, 孝哀)을 사위로 삼아 '정승공(正丞公)'으로 봉한 것도 동일하다.

철종대(哲宗代, 재위1849~1863)에 편찬된 것으로 여겨지는 찬자 미상의 『동전고』에도 경순왕의 행적에 대해 언급했다. 경순왕(金氏, 諱傅, 文聖王[재위839~857]裔孫)은 천성(天成, 후당 명종 연호[926~929]), 정해(丁亥, 927)에 견훤에 의해 옹립되어, 청태(淸泰)2년 을미(乙未, 935)에 고려에 천년사직을 바쳤다. 재위는 9년이다. 재위5년(931)에 고려 태조에게 만나자고 청하여, 태조가 50여 기를 대동하고 와서 국도 동경에서 회동했다. 김부는 임해전(臨海殿)에 성대한 잔치를 베풀어 왕건을 환대했고 수십일을 채유하다가 돌아갔다.

경순왕은 9년(935) 10월에 항복하기로 뜻을 모으자, 왕자가 간하여 '존망은 명이 있는바 목숨을 걸고 지켜야 마땅한데, 천년사직을 하로 아침에 남을 줄 수 없다.'고 울면서 호소했지만 듣지 않았다. 이에 태자는 왕을 하직하고 개골산으로 들어갔다. 왕은 백관을 대리고 개경에 도착하자 왕건은 교외까지 나와서 그를 영접하고 위로했다. 장녀 낙랑공주를 아내로 삼게 한 뒤 유화궁(柳花宮)에 살게 했고, 아울러 '상주국낙랑공(上柱國樂浪公)'으로 책봉하고 식읍(食邑) 8000호를 주었으며, 위계가 태자보다 높았으며 세록(世祿) 천석을 책정하고, 그가 바친 신라를 '경주'로 강등하여 식읍으로 삼게 했다."[71]

---

71 『東典考』「新羅」敬順王(金氏, 諱傅, 文聖王裔孫), 天成丁亥爲甄萱所立, 潞王淸泰二年乙未, 降于高麗, 在位九年. 五年請與麗祖相見, 麗祖率五十餘騎來會國都, 遂宴臨海殿, 留數旬還. 九年十月, 王謀降高麗, 王子諫曰, 存亡有命, 當以死自守, 豈可以千年社稷, 一朝與人, 王不從. 太子哭辭王入皆骨山. 王率百

나라를 바친 비겁한 지도자가 왕건에게 엄청난 혜택을 받은 사실을 두고, 일부 후세인들이 무고한 백성의 안위를 고려한 처사라고 칭송하며, 현명한 선택이었다고 기리는 태도는 파렴치에 가까운 주장이다. 그는 두 아들을 낳은 왕비를 버리고 왕건의 사위가 되어, 낙랑공주와 더불어 그가 바친 천년사직의 나라 신라를 식읍으로 받아, 죽을 때까지 양심의 가책도 받지 않고, 부끄러움도 없이 호의호식하며 여한 없는 안락한 삶을 누렸다.

또 노회(老獪)한 왕건은 만나자고 청한 견훤을 장군을 보내 영접하고, 예우하여 10년 연상임을 참작하고 '상보'로 일컫고, 남궁(南宮)에 거처를 정해주고 양주(楊洲)를 식읍으로 하고, 금과 비단 수놓은 이부자리와 노비 각 40명과 말 10필을 주고, 위계를 백관보다 높게 책정하는 등 경순왕과 같은 방식으로 회유했다. 이에 견훤은 당 소종(昭宗, 재위, 888~904) 경복원년(景福元年, 892, 진성여왕 6년)에 나라를 세워 45년의 역년을 누리다가, 후진(後晋) 천복원년(天福元年) 936년에 왕건에게 후백제를 바쳤다. 잘잘못을 떠나 자신이 통치하던 나라를 타인에게 넘기는 치욕적인 비열한 행위는 결코 용인될 수 없다.[72]

고종과 순종황제도 경순왕(孝哀)과 같이 나라를 일본에 바친 인물이며, 국가를 양도한다는 '양국문서(讓國文書)'에 옥새를 찍은 대가로, 일제로부터 '황가(皇家)'에서 격하되긴 했지만 '이왕가(李王家)'로 존치된 것과도 상통한다. 일제가 19세기 전후 별다른 저항 없이 500여 년

僚至開京, 麗祖出郊迎勞, 授舘柳花宮, 以長女樂浪公主妻之, 封爲上柱國樂浪王, 食邑八千戶, 位太子上, 歲祿千石. 除新羅爲慶州, 仍爲傅食邑.

72 『三國史記』「甄萱列傳」, 萱在金山三朔,…遣人請見於太祖, 太祖喜遣將軍黔弼萬歲等, 由水路勞來之, 及至待以厚禮, 以萱十年之長, 尊爲尙父, 授舘以南宮, 位在百官之上, 賜楊州爲食邑, 兼賜金帛蕃縟, 奴婢各四十口, 內廐馬十匹.

의 역년을 누렸던 조선조를 강점한 것은 세계사에 드문 유례이다. 모든 왕조의 멸망은 말기에 정권을 잡은 용열한 지도자들의 자질미달에 따른 무능이 결정적 역할을 했다.

조선조 말엽 일제로부터 각종 작위를 받은 친일파들과 매국적 난신적자(亂臣賊子)들에 의해, 군대를 해산한 것이 대한제국이 망국으로 가는 첩경이 되었다. 군대는 나라를 보위하는 간성(干城)이다. 일제의 흉계에 빠져 군대를 해산하는 것은 매국이나 다름이 없다. 이를 반대한 군인들의 정당한 저항을 일컬어 '임오군란(壬午軍亂)'이라고 칭하는 것은 자해적 역사인식이다. 호칭도 임오군란이 아니라 '임오구국항쟁'으로 변경하는 것이 적절하다. '왕건, 이성계, 사문명(姒文命, 禹王), 자리(子履, 湯王)'의 자손들이 수세기가 지난 뒤 비참한 말로를 맞은 것은 선대가 저지른 악행에 대한 업보였을까.

20세기에 들어와 선거를 통해 권력을 잡은 대한민국의 대통령들도, 거의 모두가 전임 대통령들을 무능하고 선하지 않은 지도자로 격하했다. 객관적으로 볼 때 전임 대통령을 비판하는 현직 대통령 모두가 유능하지도 않았으며 선인도 아니었다. 전임 통치자에 대한 비하는 곡학아세의 난신적자들이 온갖 간지(奸智)를 동원하여 증폭시키고 있다. 다시는 '김부'와 견훤, 인조, 고종, 순종 같은 부류의 지도자는 단연코 등장하지 말아야 할 것이며, 이들의 과오를 미사여구로 얼버무리며 칭송하는 후손과 학인들을 덮어놓고 추종하는 사람들도 없어야 한다. 지금부터는 패자와 승자의 공과(功過)가 공평무사하게 객관적으로 평결되어, 조국의 미래에 무한한 영광과 발전을 위한 척도가 되기를 고대한다.

영원불변의 경국전략은 부국강병(富國强兵)이다. 북한은 부국을 뒤

로하고 오로지 강병만을 추구했고, 남한은 강병을 뒤로하고 부국에 집중했다. 박대통령은 국가를 보존하기 위해 강병의 일환인 핵무장이 필수라고 인식하여, 이를 강력하게 추진했지만 미국의 방해로 좌절했다. 반면 북한은 중국과 소련의 동아시아를 지배하기위한 '이이제이적(以夷制夷的)' 전략에 입각하여 이면으로 협조 또는 묵인으로 핵무장을 이룩했다. 미국은 북한의 핵개발을 알면서도 '전략적 모호성'이니 하는 말장난을 하면서 사실상 묵인했다. 혹시 한국과 일본 등에 고가의 방어용 무기를 팔기위한 군수재벌의 의도가 개재된 것이 아닌가 하는 의문도 있다.

태봉의 황제 궁예는 부국보다 강병에 초점을 맞추어 쇠락의 길로 나아가는 발해의 땅을 차자하기 위해, 북진정책을 추진하여 고구려의 옛 강역을 수복하려는 의지를 가졌다. 이와는 달리 궁제(弓帝)를 시해한 뒤 권좌에 오른 왕건은 북방영토에 관심이 없었으며, 한반도 남부를 차지하는 것으로 만족하고, 29여 명의 비빈들과 어울려 안일한 삶을 누리는 것으로 만족했다.

궁왕(궁제)에 대한 다양한 각종 사서들에 채록된 정보는, 『삼국사기』「궁예열전」이 근간이라 할 정도로 영성하다. 필자는 가능한 한 최근세까지 모두 찾아서 이 편장을 서술했다. 끝으로 학계에서 부정하고 필자 또한 회이적인, 『환단고기』「고려국본기」 태봉국왕 '궁예장절'에 실려 있는 신빙성이 의심되는 다음의 내용을 인용하여 마무리 할 까 한다.

궁예의 선대는 평양인 보덕왕(報德王) 안승(安勝)의 먼 후예로, 아버지 강(剛)이 술가(術家)의 말을 듣고 어머니의 성인 궁씨(弓氏)로 바꾸었다. 대진국(大震國) 명종경황제(明宗景皇帝) 천복(天福)9년 5월

5일 외가에서 태어났다(발해[대진국]의 景王은 황제가 아니고, 연호 천복은 출처가 불명이고 연대도 엇갈린다). 후에 왕위에 올라 고구려의 원수를 갚는다고 하며 국호를 '후고구려'라 일컫고, 신라를 멸도(滅都)라 칭하며 사찰에 있는 신라 전왕의 화상을 칼로 훼손했다. 궁왕의 이 같은 행위는 신라왕족의 후예가 행할 일은 아니다. 후고구려 왕이었던 보덕왕 안승은 신라에 귀의하여 김유신 선대가 경주김씨가 된 것처럼 신라 김씨라는 성을 받았다. 혹 궁왕의 폭거가 선대의 이 같은 사실과 관련이 있는 것일까.

찾아보기

ㅁ

ㅂ

기타

이민홍李敏弘

이민홍은 경상좌도 장기현 모포리에서 태어나, 성균관대학교 국문과 학사를 거쳐, 동 대학원에서 석사와 박사학위를 받았다. 충북대학교 사범대 국어과 교수, 워싱턴대학 아세아어문학과 객원교수, 대만정치대학 교환교수, 한국 시가학회 회장, 충북대학교 사범대학 교무과장, 학장직무대행, 도남국문학상 수상, 반교어문학회 회장, 성균관대학교 인문과학연구소장, 한자한문능력개발원 이사장, 성균관대학교 인문대학장, 대학원장, 한국고전번역원 이사장 등을 역임했으며, 홍조근정훈장을 수훈했고, 현재 성균관대학교 명예교수로 있다.

주요저서로 『사림파문학의 연구』, 『조선중기 시가의 이념과 미의식』, 『조선조 시가의 이념과 미의식』, 『언어민족주의와 언어사대주의의 갈등』, 『한국민족악무와 예악사상』, 『한국민족예악과 시가문학』, 『한문화와 한문학의 정체성』, 『옛노래속의 낭만연인』, 『한문화의 원류』, 『한문화의 단상』, 『논어강의_위대한 스승 공자사상의 재발견』, 『한문화의 한반도 전개와 발전양상』, 『맹자 정치를 말하다』, 『한국민족악무사』, 『시암 이직현 평전』, 『동아시아 역대왕조의 經國理念과 文物典章』 등 저서 20권과, 역서 『泮中雜詠_윤기』, 『유득공의 21도 회고시』, 『海東樂府_이익』, 『諡法_소순』, 『通典(樂典_두우)』 등이 있으며, 공저 29권과 학술논문 논설문 각종 기고문 등 270여 편과 장편소설 『박제신화』가 있다.

한국 민족사의 인문학적 성찰

2025년 10월 15일 초판 1쇄 발행

지은이 : 이민홍
펴낸이 : 김병환
펴낸곳 : 학자원
주　소 : 서울시 강동구 천호대로 1121
전　화 : 02) 6403-1000
팩　스 : 02) 6338-1001
E-mail : hakjaone@daum.net
등　록 : 2011년 3월 24일 제2011-14호

ISBN 979-11-6247-384-9 93910
값 30,000원